本专著受资助课题：2017年广西哲学社会科学规划研究课题，基于金融包容视角下的广西少数民族地区城乡收入差距实证研究，批准号——17FMZ015。

基于金融包容视角下的我国城乡收入差距研究

蒋满霖 ◎ 著

西南交通大学出版社
·成都·

图书在版编目（CIP）数据

基于金融包容视角下的我国城乡收入差距研究 / 蒋满霖著. —成都：西南交通大学出版社，2018.8
ISBN 978-7-5643-6238-6

Ⅰ.①基… Ⅱ.①蒋… Ⅲ.①居民收入 – 收入差距 – 城乡差别 – 研究 – 中国 Ⅳ.①F126.2

中国版本图书馆 CIP 数据核字（2018）第 129733 号

基于金融包容视角下的我国城乡收入差距研究
蒋满霖　著

责 任 编 辑	左凌涛
封 面 设 计	严春艳
出 版 发 行	西南交通大学出版社 （四川省成都市二环路北一段 111 号 西南交通大学创新大厦 21 楼）
发行部电话	028-87600564　028-87600533
邮 政 编 码	610031
网　　　址	http://www.xnjdcbs.com
印　　　刷	成都蓉军广告印务有限责任公司
成 品 尺 寸	170 mm × 230 mm
印　　　张	19.5
字　　　数	350 千
版　　　次	2018 年 8 月第 1 版
印　　　次	2018 年 8 月第 1 次
书　　　号	ISBN 978-7-5643-6238-6
定　　　价	89.00 元

图书如有印装质量问题　本社负责退换
版权所有　盗版必究　举报电话：028-87600562

前　言

农业丰则基础强，农民富则国家盛，农村稳则社会安。有5000年历史的中国自古就是一个农业大国。"心中为念农桑苦，耳里如闻饥冻声"，温家宝总理曾引用唐代诗人白居易的诗句来表达对农村建设的关切。"民亦劳止，汔可小康。"习近平总书记指出：小康不小康，关键看老乡，一个民族都不能少。当前，随着工业化、城市化进程的加快，由"三农"问题又衍生出"农民工、失地农民和农地"这一"新三农"问题。当农民作为一种职业时，农业与农民产生了联系，同样的当农民作为代表居住生活在特定地理环境中的人群，农村与农民联在了一起，也就是说，农业和农村是作为农民生存的具体载体的附着其上的次生性问题。因此，中国"三农"问题不仅仅是经济问题，更多的是政治、经济、社会、文化等问题的综合体。

农村改革既是中国整体经济改革的时间起点，也是经济改革的逻辑起点。1978年，中国经济体制改革从农村起步，进而向城市推进。40年来，中国农村在为国家工业化和城市化做出巨大贡献的同时，自身也发生了翻天覆地的变化：农业持续快速发展，农村社会面貌发生巨大变化，农民人均收入由1978年的133.6元增加到2017年的13 432元，"三农"发展成绩举世瞩目。然而，我们不可否认的是，在这"翻天覆地"之下，农民增收难，农业基础薄弱，城乡收入差距、城乡发展不均衡凸显，若将城乡人口所占比重及各种社会保障因素计算在内，这一差距会更大。城乡收入差距的扩大不仅会阻碍经济的协调和可持续发展，也会给社会稳定带来威胁，在此背景下，城乡收入差距问题成为社会各界广泛关注的课题。

中国共产党一直关切"三农"，改革开放的"总设计师"邓小平同志早在1978年就率先提出对农村进行改革，以解决占总人口80%的农民的吃饭问题。2018年的中央一号文件又是"三农"，这是本世纪以来第15次连续将一号文件锁定于"三农"。党十八大以来，我国在脱贫攻坚上取得举世瞩目的成就，党的十九大又提出了乡村振兴战略，这为中国农业农村的现代化描绘了美好蓝图。2018年恰是贯彻党的十九大精神的开局之年，是改革开放40周年，是决胜全面建成小康社会、实施"十三五"规划承上启下的关键一年。目前,我国的城乡收入差距仍然比较凸显,主要表现为经济社会发展的不均衡,也是习近平总书记指出的"中国特色社会主义进入新时代,我国社会主要矛盾已经转化为人民日益增长的美好生活需要和不平衡不充分的发展之间的矛盾"。

金融作为经济的核心,在要素流通和资源配置中发挥着重要作用,在研究城乡收入差距问题中应重点考虑。1991年,邓小平同志指出:"金融是现代经济的核心。"26年后的2017年,习近平总书记提出"金融活,经济活"的精辟论述。由此,本专著重点选取了我国西部的广西壮族自治区和中部的湖南省两个农业大省为样本(以更接近中国的实际),从金融包容的视角,通过优化金融生态,提升区域金融竞争力,实现普惠金融的常态,勾勒破解我国城乡收入差距的途径,实现乡村振兴。

金融包容对促进经济增长、促进城乡居民收入水平的提高以及改善城乡收入差距具有积极影响。在2005年"国际小额信贷年"上,联合国首次提出金融包容这一概念,倡导通过建立包容性的金融体系帮助低收入群体获得金融服务,提高其收入水平。焦瑾璞(2006)首次把金融包容这一概念引入中国,提出所有群体尤其是低收入群体都应该有机会获取并使用金融服务。2013年11月十八届三中全会明确提出发展普惠金融中所涉及的群体重点在农民、小微企业(特别是新设创立小微企业)、城镇低收入人群和其他特殊群体。因此,在广西和湖南这两个集"少数民族、偏远地区、山区、落后"等于一体、农业人口占总人口的70%的地区来说,利用金融包容来解释城乡收入差距问题有着更深刻的现实意义。为了探讨金融包容对城乡居民收入差距的具体效应和影响,本书在总结前人文献的基础上结合了广西和湖南两地金融包容水平发展的实际情况,利用2010—2015年的数据,通过构建金融包容指数来测量金融包容水平并进行横向和纵向比较,与此同时,利用面板数据对金融包容与城乡居民收入差距之间的关系进行了实证研究,进而测度其金融生态和区域金融竞争力,并就此提出合理地发展包容性金融体系、缩小城乡收入差距的政策建议。

本书以独特视角从理论和实证两个维度诠释"农村金融包容",通过制度创新框架来优化农村金融生态,旨在破解城乡收入差距,为剖析"三农"提供新的研究范式。本书原创性地给出了一个包括观点、方法和政策的较科学的农村金融包容理论框架。创新意味着风险,研究也许不够精致,但以期能为乡村振兴的研究独辟蹊径。

在中国,研究"三农"几乎永不过时。从国外实践看,"三农"也长期存在过。西方国家政府在完善制度的前提下,都不遗余力对"三农"进行扶持,农村金融几乎就是"政策性金融"。当然,国外的经验并不能简单借鉴,但他们对"三农"的偏爱态度和对城乡平等的尊重,却是一个重要的启示。同时,金融包容水平是可以评价的。中国的东部、中部和西部的诱导性的制度创新框架应该有一定的差异性。这其中居最核心的是价值观层面的文化。在中国,我们应该从思想深处尊重城乡的平等性,同时,在全社会积累出城乡平等的价值观。

笔者将"从金融包容的视角,通过优化金融生态,提升区域金融竞争力,实现普惠金融的常态,勾勒破解我国城乡收入差距的途径,实现乡村振兴"这一逻辑通过本书表达出来的一个重要目的在于"抛砖引玉"。希望读者在读完本书后,有所启发,从而一起推动中国"三农"问题研究与破解工作。

本书是几个省级课题的成果,也是集体智慧和工作的结晶。感谢王艳红硕士、李慧平硕士、基建处李蓉助理工程师在本书中的贡献,其中,课题的部分成果形成王艳红硕士的硕士论文,李慧平硕士完成的第二章的撰写形成其硕士论文的一部分,李蓉助理工程师完成部分数据的处理和表格绘制及近三万字的撰写。当然,本书引用了很多参考文献,这些参考文献的诸位作者的辛勤劳动,为本书的研究奠定了良好的基础,在此致以衷心的感谢,站在别人的肩膀上,让我看得更远。本书的出版,还得到了西南交通大学出版社的臧玉兰、左凌涛两位编辑的大力支持,在此表示诚挚的谢意。所有这些衷心的感激都会化作我以后人生道路上的动力,不断前进。

由于作者的水平有限,书中难免存在错误和不当之处,欢迎读者批评、指正,作者的联系方式为:jiangmanlin@126.com。

作 者[①]
2018 年初夏

[①] 作者简介:蒋满霖,1974 年生,金融学博士,桂林电子科技大学副教授、研究生导师。

目 录

1 导 论 ·· 1
   1.1 研究背景 ·· 3
   1.2 研究目的与意义 ·· 7
   1.3 国内外研究动态 ·· 8
   1.4 研究内容和研究方法 ·· 29

2 金融包容与城乡居民收入的理论基础 ·································· 32
   2.1 金融包容理论 ·· 32
   2.2 城乡收入差距理论 ·· 39
   2.3 金融包容影响城乡居民收入差距的作用机制 ······················ 42
   2.4 金融包容、金融排斥、区域金融竞争力和金融发展之间的逻辑 ······ 47
   2.5 农村金融生态理论创新——"金字塔三分图" ······················ 56
   2.6 普惠金融理论 ·· 73
   2.7 农村金融包容和金融生态的核心是制度创新 ······················ 80

3 国外缩小城乡收入差距的经验 ·· 84
   3.1 农村建设的模式 ·· 85
   3.2 农村金融制度 ·· 89
   3.3 政府行为 ·· 96
   3.4 国外缩小城乡收入差距的经验 ·· 100
   3.5 对我国的启示 ·· 120

4 金融包容与城乡收入差距的现状分析 ·································· 130
   4.1 广西金融包容发展的现状分析 ·· 130
   4.2 湖南金融包容的现状分析 ·· 140

  4.3 普惠金融的缺失——三重二元金融结构 …………………… 144
  4.4 基本现状分析 ………………………………………………… 158
  4.5 低水平均衡制度性根源 ……………………………………… 174

5 金融包容水平和城乡收入差异的实证分析 …………………… 177
  5.1 农村金融发展与农村经济增长的实证 ……………………… 177
  5.2 基于基尼系数视角的广西城乡收入差距实证 ……………… 187
  5.3 广西金融包容水平的测度 …………………………………… 194
  5.4 广西城乡收入差异的测度 …………………………………… 201
  5.5 广西金融包容水平对城乡居民收入差距的实证分析 ……… 207
  5.6 湖南金融包容与城乡收入差异测度 ………………………… 214
  5.6 广西和湖南的金融生态测度 ………………………………… 233

6 提升金融包容的制度创新框架 …………………………………… 258
  6.1 实现功能性的农村金融制度创新,构建普惠的包容性金融 …… 259
  6.2 促进物种多元化的农村经济制度创新 ……………………… 270
  6.3 构建高水平均衡的农村金融生态生境的制度创新 ………… 276

7 结论与展望 ………………………………………………………… 286
  7.1 结 论 ……………………………………………………… 286
  7.1 研究的几点主要结论 ………………………………………… 287
  7.2 研究的不足和进一步思考 …………………………………… 289

参考文献 ……………………………………………………………… 291

1 导 论

农业丰则基础强,农民富则国家盛,农村稳则社会安。有5000年历史的中国自古就是一个农业大国。中华人民共和国成立以来,为了工业化和城市发展的需要,政府一直维持城乡二元结构的社会体制和城乡差别的发展战略,农业被安排承担起了原始积累的重任,农民被限制在农村里、土地上,终于渐渐形成了"三农"这个今天谁也无法回避的超越经济的严重的社会问题甚至政治问题,也成为"三弱"问题(农民是弱势群体,农业是弱势产业,农村是弱势地区)。当前,随着工业化、城市化进程的加快,由"三农"问题又衍生出"农民工、失地农民和农地"这一"新三农"问题①。怎样解决这千百年来的难题?在笔者看来,如表1-1所示,"三农"外延很广。故必须寻找一种新的思路来诠释中国的"三农"问题。

表1-1 中国"三农"问题的外延

农民问题	农业问题	粮食问题、农业竞争力问题、产业化问题等
	其他问题	小城镇建设问题、村民自治问题、乡镇政权调整问题、农村公共服务问题、农村金融问题、农民税费改革问题等
	其他问题	土地产权界定与保护问题、精神文明问题、农民增收问题、农民负担问题、扶贫问题、户籍改革与农民流动问题、农村劳动力转移问题、社会保障问题、新农村医疗保险问题、农民人力资源问题等

脱贫攻坚、乡村振兴是当前新时代中国农村发展的两个"关键词"②。中国

---

① 全书将"农业、农村、农民"简称为"三农"。其实,在中国大多数地区,农民很穷、农村很苦、农业很弱的现象还普遍存在。当然,世界经济发展的实践证明,一个国家在工业化初始阶段,农业客观上承担了为工业化、城市化提供积累的任务;当工业化和城市化达到相当程度后,还具有支持农业的能力。

② 2018年2月,新华社发布改革开放以来第20个、21世纪以来第15个指导"三农"工作的中央一号文件,4日由新华社受权发布,文件题为《中共中央 国务院关于实施乡村振兴战略的意见》。

作为世界上最大的发展中国家，一直是世界减贫事业的积极倡导者和有力推动者。党的十九大提出的乡村振兴战略，为中国农业农村的现代化描绘了美好蓝图。2020年之后，中国的扶贫重点要从目前的精准扶贫，即让贫困人口摆脱绝对贫困转向缓解农村的相对贫困问题。要让农村公共政策的红利更多地流向低收入人群，这是2020年之后的一个挑战，也是一个奋斗目标。其实，这更多是一个城乡收入差距问题。

2018年恰是贯彻党的十九大精神的开局之年，是改革开放40周年，是决胜全面建成小康社会、实施"十三五"规划承上启下的关键一年。"民亦劳止，汔可小康。"习近平总书记指出：小康不小康，关键看老乡；全面实现小康，一个民族都不能少。目前，我国的城乡收入差距仍然比较凸显，表现为经济社会发展的不均衡，也是十九大习近平总书记指出的"中国特色社会主义进入新时代，我国社会主要矛盾已经转化为人民日益增长的美好生活需要和不平衡不充分的发展之间的矛盾"[1]。由此，本书重点选取了我国西部的广西壮族自治区和中部的湖南省两个农业大省为样本，从金融包容的视角，通过优化金融生态，提升区域金融竞争力，实现普惠金融的常态，勾勒破解我国城乡收入差距的途径。

---

[1] 准确判断与把握社会主要矛盾及其发展变化，是一个国家制定正确方针政策的理论依据，是化解矛盾、实现经济社会全面协调可持续发展的理论前提，是关乎国家前途和命运的大事，也是十分重要的一条历史经验。事物是运动的，矛盾是发展的。中华人民共和国成立之后的几十年间，在不同历史发展时期，我国社会主要矛盾先后经历了四次重大转变。从中华人民共和国成立到土地改革完成之前，我国社会的主要矛盾是人民大众同帝国主义、封建主义和国民党残余势力之间的矛盾。从1953年到1956年社会主义改造的过渡时期，我国社会主要矛盾是工人阶级和资产阶级的矛盾。社会主义改造基本完成后，我国进入全面建设社会主义阶段。1956年党的八大指出：我们国内的主要矛盾，已经是人民对于建立先进的工业国的要求同落后的农业国的现实之间的矛盾，已经是人民对于经济文化迅速发展的需要同当前经济文化不能满足人民需要的状况之间的矛盾。因为历史原因，这一科学判断没能得到认真贯彻。党的十一届三中全会后，重新正确认识我国国情，毅然决定将党的工作重心从以阶级斗争为纲转变到社会主义经济建设上来。1981年，党的十一届六中全会通过的《关于建国以来党的若干历史问题的决议》对我国社会主要矛盾作了规范表述：在社会主义改造基本完成以后，我国所要解决的主要矛盾，是人民日益增长的物质文化需要同落后的社会生产之间的矛盾。此后党的历次代表大会，直到党的十八大报告中，相关表述都未发生实质性变化。进入新时代，习近平总书记以政治家的为民情怀、思想家的高瞻远瞩、改革家的责任担当、理论家的胆识气魄，站在时代发展的高度，深刻把握中国的基本国情，敏锐地洞察到了社会主要矛盾已然发生的深刻变化，进而得出了"我国社会主要矛盾已经转化为人民日益增长的美好生活需要和不平衡不充分的发展之间的矛盾"的科学判断。

1.1 研究背景

"心中为念农桑苦,耳里如闻饥冻声",2003年温家宝总理引用唐代诗人白居易的诗句来表达他对"三农"的关切之情。1978年,中国经济体制改革从农村起步,并进而向城市推进。40年来,中国农村在为国家工业化和城市化做出巨大贡献的同时,自身也发生了翻天覆地的变化:农业持续快速发展,农村社会面貌发生巨大变化,农民人均收入由1978年的133.6元增加到2017年的13 432元,"三农"发展成绩举世瞩目。然而,我们不可否认的是,在这"翻天覆地"之下,农民增收难,农业基础薄弱,城乡收入差距、城乡发展不均衡凸显(见表1-2、表1-3)中国共产党一直关注"三农"问题,邓小平同志早在1978年就率先提出对农村进行改革,以解决占总人口80%的农民的吃饭问题。2018年的中央一号文件又是"三农",这是21世纪以来第15次将一号文件锁定于"三农"。这到底为什么?思想的突围带来实践的突破。在全球金融经济时代,"三农"问题实质上是工业化和现代化进程中的结构变革和社会转型问题,带有某种普遍性,几乎各国在工业化的历史进程中都会遇到这一问题的困扰和挑战。

表1-2 2001—2017年我国城乡居民收入比变化情况

年份	城镇居民纯收入(元)	农村居民纯收入(元)	城乡绝对差距(元)	城乡收入比
2001	6860	2366	4494	2.90∶1
2002	7703	2476	5227	3.11∶1
2003	8472	2600	5872	3.26∶1
2004	9422	2936	6486	3.21∶1
2005	10 493	3255	7238	3.22∶1
2006	11 759	3587	8172	3.28∶1
2007	13 786	4140	9646	3.33∶1
2008	15 781	4761	11 020	3.31∶1
2009	17 175	5153	12 022	3.33∶1
2010	19 109	5919	13 190	3.23∶1
2011	21 810	6977	14 833	3.13∶1
2012	24 565	7917	16 648	3.10∶1

续表

年份	城镇居民纯收入（元）	农村居民纯收入（元）	城乡绝对差距（元）	城乡收入比
2013	26 955	8896	18 059	3.03∶1
2014	28 844	9892	18 952	2.92∶1
2015	31 195	11 422	19 773	2.73∶1
2016	33 616	12 363	21 253	2.72∶1
2017	36 396	13 432	22 964	2.71∶1

资源来源：国家统计局网站。

表1-3 1981—2007年中国基尼系数

年份	基尼系数	年份	基尼系数	年份	基尼系数
1981	0.273	2004	0.473	2011	0.477
1990	0.316	2005	0.485	2012	0.474
1995	0.376	2006	0.487	2013	0.473
2000	0.417	2007	0.484	2014	0.469
2001	0.490	2008	0.491	2015	0.462
2002	0.454	2009	0.490	2016	0.465
2003	0.479	2010	0.481	2017	0.464

资料来源：国家统计局网站。

乡村振兴是新时代中国共产党在新的历史条件下统筹城乡发展，全面解决"三农"问题的重要举措，有利于整个国民经济的健康和和谐发展。所以说，乡村振兴建设重心虽然在农村，但获益的并不仅仅是农民，其有巨大的正外部效应。在笔者看来，这是中国农村第五次制度变革[①]。作为有着深厚而悠久的小农农耕文明，长时期城乡二元分割，目前正处于快速工业化、城市化、现代化进程之中的发展中大国，如何统筹城乡发展，使农民能够合理分享经济社会发展

---

① 中华人民共和国成立以来，中国农村制度有了四次大的变迁。每一次变迁都对中国产生巨大影响。第一次制度变迁：土地革命。这极大地解放了农业生产力，为中国由农业国走向工业国清除了根本性的社会制度障碍。第二次制度变迁：农业合作化运动。在"耕者有其田"的基础上发展社会主义合作经济。第三次制度变迁：以家庭联产承包责任制为基本内容的农村改革。其最大的绩效在于突破了计划经济模式，这是整个中国经济改革的起点。第四次制度变迁：农业产业化经营。这实现了在分户经营基础上的农业规模化、集约化经营。

的成果,建设社会主义新农村,破解"三农"难题,不仅是中国现代化进程中的重大历史任务,也是21世纪人类社会的伟大实践。

农村改革既是中国整体经济改革的时间起点,也是经济改革的逻辑起点。在中国,作为多功能的农业,几乎被单一化为产业部门,就不得不走上与二、三产业同台打擂的悖论,从而导致了农民成为弱者,农村成为弱势,农业成为弱质[①]。事实上,从国际经验看,粮食的第一属性是生存必需品;第二是战略品;第三是国家公共产品。这对于拥有13亿之众的中国来说更是如此。中国的农业贡献已不仅仅限于人们常常提及的经济贡献,实际上农业贡献已体现到了经济、社会、生态、文化、政治等各个领域之中[②]。当然,现代化进程就是一个由农业社会向工业社会转型的过程,"农业、农村和农民"是以自然萎缩直至消融的消极方式融入工业化和城市化的进程之中。然而,自然而消极的方式显然不能适用于解决人口巨大的中国的"三农",仅就占人口总量2/3多的农民数量这一项指标,就是其他国家从未有过的挑战。如孟德拉斯(Henri Mendras)所说:"一个农民占50%的国家和一个农业劳动者占人口10%的国家当然有本质的不同。"[③]

"三农"的核心是农民,当农民作为一种职业时,农业与农民产生了联系,同样的当农民作为代表居住生活在特定地理环境中的人群,农村与农民联在了一起,也就是说,"农业"和"农村"问题是作为农民生存的具体载体的附着其上的次生性问题。因此,仅仅用经济眼光难以发现中国"三农"的根源,而这更多的是政治、经济、社会、文化等问题的综合体。

当然,经济、法律和道德是构成一个社会最基本制度的重要支撑。新中国成立以来促成几次农业大发展的关键因素并非大量的经济投入,而是制度创新。在今天,统筹城乡发展,建设新农村,实施工业反哺农业,城市支持农村,加大对农村的经济投入固然重要,但这种支持更应体现在对农政策的松绑和制度

[①] 农村金融更多是政策性的。曾建中(2006)研究认为,现实表明,我国的农村金融体制改革一直是向着使农村正规金融机构商业化方向推进的,其结果是对农业和农村经济发展的支持作用明显趋于减弱,农村金融主体供给不足。

[②] 农业多功能性概念的提出可以追溯到20世纪80年代末和90年代初日本提出的"稻米文化";认为日本文化与水稻种植密切相关,提出了水稻种植的文化等功能。1992年联合国环境与发展大会通过的《21世纪议程》正式采用了农业多功能性提法。1996年世界粮食首脑会议通过的《罗马宣言和行动计划》中明确提出将考虑农业的多功能特点,促进农业和乡村可持续发展。1999年9月联合国粮农组织和荷兰政府在马斯特里赫专门召开了100多个国家参加的国际农业和土地多功能性会议;同年,日本颁布了《粮食·农业·农村基本法》,以立法形式确立了发挥农业多功能作用的新概念,强调农业除具有经济功能外,同时还具有社会功能、生态功能和政治功能等多种功能。

[③] [法]H. 孟德拉斯:《农民的终结》,社会科学文献出版社,2005年版。

的创新上。因此，农村金融生态的根本问题在于制度创新①。对此，著名经济学家吴敬琏明确地指出："制度重于技术。"②

广西地处华南地区，作为五个少数民族自治区之一，广西的少数民族人口总数居全国第一位。改革开放后，随着经济的不断发展，广西居民收入得到显著提高，但与此同时，在"让一部分人先富起来，先富带动后富"的非均衡发展策略下，城乡收入差距不断扩大，如今趋势虽然有所缓解，但仍不容忽视。2014 年广西全年农村居民人均可支配收入 8683 元，城镇居民人均可支配收入 24 669 元，城镇居民可支配收入是农村居民人均纯收入的 2.84 倍，若将城乡人口所占比重及各种社会保障因素计算在内，这一差距会更大。城乡收入差距的扩大不仅会阻碍经济的协调和可持续发展，也会给社会稳定带来威胁，在此背景下，城乡收入差距问题成为社会各界广泛关注的课题。

金融作为经济的核心，在要素流通和资源配置中发挥着重要作用，在研究城乡收入差距问题中应重点考虑。广西金融一直保持稳定发展，存贷款规模持续扩大，存贷款总额分别从 2004 年的 3740.6 亿元、2786.8 亿元增长到 2015 年的 22 800 亿元和 18 100 亿元，年均增长 16.26%和 16.88%。金融机构规模不断扩大，金融机构网点数量从 2004 年的 5602 个发展到 2015 年的 6174 个，从业人员从 67 792 人增长到 91 431 人，金融服务的渗透性逐步提高。

金融包容对促进经济增长，促进城乡居民收入水平的提高以及城乡收入差距的改善具有积极影响。在 2005 年"国际小额信贷年"上，联合国首次提出金融包容这一概念，倡导通过建立包容性的金融体系帮助低收入群体获得金融服务，提高他们的收入水平。焦瑾璞（2006）则首次把金融包容这一概念引入中国，提出所有群体尤其是低收入群体都有应该有机会获取并使用金融服务。2013 年 11 月十八届三中全会明确提出发展普惠金融中所涉及的群体重点在农民、小微企业（特别是新设创立小微企业）、城镇低收入人群和其他特殊群体。因此，在广西这样一个集"少数民族、偏远地区、山区、落后"等于一体、农业人口占总人口的 70%的地区来说，利用金融包容来解释城乡收入差距问题有着更深

---

① 改革开放以来农村经济的改革、发展是从两个层面上展开的，一是以政府推动为主的自上而下的制度演进；二是以农民为主的自下而上的创业活动所形成的制度安排。政府推动的一系列体制机制转变大体属于强制性制度变迁范畴，以农民为主的群众创业活动所形成的制度安排，大体属于诱致性制度变迁范畴。
② 具体参见吴敬琏教授专著《发展中国高新技术产业——制度重于技术》，中国发展出版社 2004 年版。

刻的现实意义①。

为了探讨金融包容对城乡居民收入差距的具体效应和影响，本书在总结前人文献的基础上结合了广西和湖南金融包容水平发展的实际情况，利用2010—2015年的数据，通过构建金融包容指数来测量金融包容水平并进行横向和纵向比较，与此同时，利用面板数据对金融包容与城乡居民收入差距之间的关系进行了实证研究，并就此提出合理地发展包容性金融体系、缩小城乡收入差距的政策建议。

1.2　研究目的与意义

自从金融生态概念在中国产生以来，国内很多学者抱以极大地热情。民之所望，政之所向，从十九大到二十大，是"两个一百年"奋斗目标的历史交汇期，2018年恰是贯彻党的十九大精神的开局之年，是改革开放40周年，是决胜全面建成小康社会、实施"十三五"规划承上启下的关键一年。"民亦劳止，汔可小康。"习近平总书记指出：小康不小康，关键看老乡，一个民族都不能少。正如《"十三五"促进民族地区和人口较少民族发展规划》指出：由于历史、资源禀赋、区位条件、基础设施等诸多因素制约，贫穷落后、区域发展不均衡、城乡收入差异凸显，特别是金融服务的不均衡，仍是少数民族地区面临的问题。由于贫困人口分散，贫困程度深，贫困面大，传统的以地理区域等扶贫方法已经不再适合于解决民族地区的严重贫困。因此，研究"历史交汇期"下在民族地区向深度贫困地区聚焦发力，激发贫困人口内生动力，具有十分重要的历史和社会意义。那么，扶贫攻坚最为关键的着力点在哪？

1991年，邓小平同志指出："金融是现代经济的核心"；26年后的2017年，习近平总书记提出"金融活，经济活"的精辟论述。由此，本书拟选取我国西部的广西和中部的湖南作为研究对象，创新性地从金融包容的视角剖析地区城乡收入差异的根源，通过制度创新优化金融生态，以期找到"精准扶贫、精准脱贫"的经验，实现全国全面小康。

---

① 中国目前属于三重二元金融结构，距离普惠金融目标要求还比较远。所谓三重二元金融结构，是指正规—民间金融、城市—农村金融以及国有—民营金融。在这种格局下，农村边远贫穷地区、分散农户、小微企业和社会低收入人群的金融服务可得性尤其差。

1. 理论意义

在对金融包容的相关文献进行整理后，笔者认为在这一领域仍有发展和完善空间。首先，当前研究金融包容与城乡居民收入差距的文献仍然很少，且以国家宏观层面研究为主，缺乏以单个省份为研究对象的分析。其次，当前研究多从定性的角度研究金融包容与城乡收入差距的关系，定量分析的文献相对较少。最后，不同文献所使用的测度金融包容水平的指标存在混乱，指标的选择更依赖于作者的主观判断，缺乏客观性，最终使得金融包容对经济的具体效应没有达成一致意见。本书以广西和湖南为例，分析城乡收入差距发展现状。然后以金融包容为研究的切入点，运用多维度的指标测度城乡不同的金融包容水平。之后通过金融包容与城乡收入差异关系的研究，为金融包容能够促进收入增长和缩小地区差异的效应提供理论上的证明，也为其他地区解决收入差异问题提供借鉴。

由此，本书在理论上探讨金融包容与城乡收入差异的关系，对金融包容主要依托的空间形态和最终目的之间的作用机制进行探讨，研究中西部民族地区金融扶贫的对策和路径，对进一步丰富空间经济学、区域经济学、农村金融学、金融扶贫等学科研究的理论内涵并为之提供研究案例具有重要的理论意义。同时，课题也很好地诠释了新时代有中国特色的政治经济学，为破解党的十九大提出的我国社会主要矛盾已经转化为人民日益增长的美好生活需要和不平衡不充分的发展之间的矛盾提供路径。

2. 现实意义

时代是出卷人，人民是阅卷人。《"十三五"促进民族地区和人口较少民族发展规划》和2017年底的中央经济工作会议再次把民族区域精准脱贫作为工作的重中之重。在"历史交汇期"下，我们如何实现民族地区的全面小康？正如李克强总理所提出的对改革开放40周年最好的纪念就是要在改革开放上有新作为，着力保障和改善民生。本书从一个全新的角度，探究金融包容对促进收入增长及缩小民族地区城乡收入差距的效应，并提出了优化金融生态的制度创新，具有较强的科学性、实用性和可操作性的政策框架，对解决中西部民族地区城乡收入差距，实现全面小康具有十分重要的决策参考价值。

1.3 国内外研究动态

金融包容与城乡收入差距之间的关系研究始于金融发展与城乡收入差距之

间的关系研究,因此本部分首先就金融发展与城乡收入差距的相关理论进行综述,进而整理了金融包容与城乡收入差距的研究成果,进而也对目前的金融包容水平的测度方法进行了梳理。同时,也对金融生态、区域金融的相关研究进行梳理

1.3.1 金融包容和城乡收入差距的理论梳理

1. 金融包容的概念

国外学者较早时候就对金融发展、城乡收入差距以及金融发展对城乡收入差距的相关问题进行了深入研究。McKinnon(1973)和 Shaw(1973)提出了金融抑制(Financial Depression)和金融深化(Financial Deepening)理论,致力于研究金融发展与经济发展的内在联系。Clarke 等(2003)以私人信贷(Private Credit)作为金融发展的代理变量,结合 1960—1995 年 91 个国家的数据,分析了金融发展与收入差距之间的关系,结果表明金融发展有利于缩小收入差距。Kim 和 Lin(2011)以私人信贷(Private Credit)、流动性负债(Liquid Liabilities)、银行资产(Bank Assets)作为金融发展的代理变量,基于 1960—2005 年跨国面板数据研究了两者的关系,结果表明在金融发展的各个阶段,收入差距呈现阶段性特征:在金融发展的成熟阶段,金融发展可以有效地缩小收入差距。但金融发展水平不能仅通过单一维度来衡量,还要关注金融体系的其他维度,如覆盖面、金融服务成本等,金融包容则恰好从多维度测度了金融体系。"金融包容"(Financial inclusion)一词源于"金融排斥"(financial exclusion),在概念上起初被认为只是金融排斥的简单消减,进一步研究的金融包容的内涵和范围则更为深入。威尔士议会政府(WAG)将金融包容定义为不论收入水平或社会地位,每个人都可以接触到合适的金融产品、服务以及有效管理资金。里根与帕克斯顿(2005)则将金融包容的研究视野拓展到第二层次,他们认为完整的金融包容概念应包含两个层面:需求宽度(Breadth)与参与深度(Depth)。Ardicetal(2011)也认为金融包容的内涵包括金融服务的可获得性和金融服务的使用两个方面,前者取决于金融服务的供给,特别是金融机构营业网点和 ATM 机的分布和密度,后者由供求两方面因素决定。国外关于金融包容的研究,主要从研究对象、评价指标、研究方法几个方面展开。就研究对象来说,早期金融包容以微观为主,侧重于对个人银行账户的分析,后来发展到以宏观为主并宏微观兼顾,如 Sarma(2010)通过利用世界上 49 个国家的数据对金融包容水平的排序和比较,得出高收入水平的国家金融包容水平相对较高,金融包容水平与人均

收入水平高度相关。就评价指标来说，早期利用的只是储蓄和信贷账户，现在已发展到更为广义的金融服务，如世界银行推出的"全球金融包容性指标"（Global Findex），指标涵盖了银行账户、储蓄、借款、支付和保险，是目前为止指标最多最全的数据库。

收入分配失衡一直备受学者的关注，它不仅会导致一国消费需求下降，并且会加大一国掉入中等收入陷阱的风险。目前金融包容与城乡收入差距之间到底是否存在关系以及关系是否显著因为研究时间尚短而存在争议，主要有两种观点：第一种认为金融包容有利于促进居民收入增加和经济增长，即对缩小收入差距有正向作用。如 Sarma（2010）通过利用世界上 49 个国家的数据对金融包容水平的排序和比较，得出高收入水平的国家金融包容水平相对较高，金融包容水平与人均收入水平高度相关。王修华（2014）通过将收入差距划分为三种效应，再将三种效应分别与金融包容水平拟合发现，金融包容主要是通过提高农村居民收入来缩小城乡收入差距，要缩小城乡收入差距，就需要实现金融包容，金融包容对收入增长的作用在低收入地区最为有效。刘波、王修华和彭建刚（2014）认为提升金融包容水平有利于缩小"相对收入差"，对于低收入县域地理单元的作用更为明显。而叶志强、陈习定、张顺明（2011）对此则持完全不同的看法，他们认为金融发展不仅不能缩小城乡收入差距，反而明显扩大了城乡收入差距，金融发展与农村居民收入增长负相关。蒋满霖（2016）提出将金融包容、金融生态和金融排斥融为一体进行实证研究。张彤进（2017）运用实证指出包容性金融与城乡收入差异的相关性。

2. 金融发展与城乡收入差距之间的关系研究

金融发展的相关研究起初是重点讨论金融发展与经济增长的关系，直至 20 世纪 90 年代，国外学者才开始将研究重点导向金融发展能否减缓贫困，进而削弱收入分配的不均衡。至今，有关金融发展与收入差距的理论研究与经验论证均各放异彩。

第一，金融发展有利于缩小城乡收入差距。Galor 和 Zeira（1993）认为，在金融市场完善的前提下，金融发展有助于缩小城乡收入差距，同时提出金融发展水平的高低与信用约束和对物质与人力资本的投资有关，在金融发展水平低的地方，往往面临较多的信用约束，进而该地区的收入差距问题会加剧。加里安（Jalilian）和柯克帕特里克（Kirkpatrick）（2001）对发展中国家数据研究表明，金融机构的发展与经济增长存在显著相关性，金融发展可以促进居民收入水平提高，进而减少贫穷，从而缩小收入差距。Clarke G. R. G., Zou H. 和

Xu L. C（2003）通过对 91 个国家 1960—1995 数据构建面板回归模型，发现金融中介的发展有助于减缓居民收入的不平等。Beck T.、Levine R.、Demirguc-Kunt A.,（2004）则讨论了金融发展作用于收入差距的间接效应，认为金融发展可以为中小企业提供发展资金，而中小企业通过融资发展实体经济，通过员工薪酬水平的提高缩小收入差距。

国内这方面的研究中，冉光和和汤芳桦（2012）在对中国 1990—2008 年省级面板数据的研究中发现，非正规金融发展对城乡居民收入差距有明显的负效应，非正规金融的发展有助于缩小城乡收入差距，同时发现这一效应的强弱与金融资源分配不均衡和农村金融体系不完善有关，由于金融资源分配的不平衡以及农村地区金融体系不够完善，大量农村资金流向城市，导致农村地区发展缺乏资金，造成更加严重的城乡收入差距。胡振华、陈恒智（2013）从金融发展的规模和效率实证了与城乡收入差距的关系，认为金融发展的规模扩大了城乡收入差距，金融发展的效率缩小了城乡收入差距，因而政策的重点在于提高农村地区的金融发展效率。温涛、王小华、董文杰（2014）对中国西部 40 个区县 2001—2011 年的研究中发现，金融发展对城乡收入差距的影响强弱有明显的地区差别，虽然整体上看金融发展水平的提升有助于缩小城乡收入差距，但这一效应在发达地区更显著，欠发达地区并没有表现出明显的积极效应。

第二，金融发展扩大了城乡居民收入差距。Townsend R. M.和 Ueda K（2001）对泰国 1976—1996 年的数据研究发现，金融深化会恶化收入差距问题。Maurer 和 Haber（2003）认为金融自由化并没有使低收入群体和中小企业享受到金融服务，这是由于金融政策和各种有政治联系的企业控制，金融服务流向这些群体，加剧了现存的收入差距现象。

国内研究中，张立军、湛泳（2006）通过对中国农村 1978—2004 年的数据实证研究发现金融发展扩大了城乡收入差距，这是由于非正规金融的发展缺乏规范性以及农村的资金外流现象过于严重，因而政策的重点在于控制农村资金外流同时对非正规金融的发展加以规范。张立军（2007）在理论上给出了金融发展对城乡收入差距的作用机制，金融发展通过门槛效应、减贫效应和非均衡效应缩小城乡收入差距，不过他认为当前这些效应还不足以减小收入差距，反而是扩大了这一差距。胡宗义、朱丽、丁攀（2014）对中国 1985—2012 年的数据分析表明金融发展规模与城乡收入差距正相关，金融发展效率与城乡收入差距负相关，金融发展规模对城乡收入差距的影响大于金融发展效率，因而金融发展扩大了城乡收入差距。

第三，金融发展与收入差距呈现倒 U 形。Greenwood J.和 Jovanovic B.

（1990）首先对金融发展与收入差距之间的关系进行了研究，并建立了经济增长、金融发展和收入差距的 G-J 模型。他们认为金融发展对收入差距的效应在短期和长期并不相同。在短期内，由于金融服务的门槛效应，高收入群体可以比低收入群体更容易获得金融服务，这促进了高收入群体的财富积累，也扩大了高收入群体与低收入群体的收入差距，随着低收入群体有能力获得金融服务，这一差距开始缩小，也就是呈现倒 U 形趋势。Aghion P. 和 Bolton P.（1997）用金融的"涓滴效应"解释不同时期金融发展对收入差距的作用，认为在金融发展的初期由于资本市场的不完美，资本会流向高收入群体，加大收入差距，随后通过涓滴效应渗透到低收入群体，逐渐缩小收入差距，长期看来是一种倒 U 形。

乔海曙、陈力（2009）以中国县域截面数据为样本，以 20%、70%划分金融深度分位数，在金融深度分位数低于 20%的地区城乡收入差距呈现扩大趋势，在 20%~70%地区相关性不显著，而在高于 70%的地区金融深度促进了城乡收入差距的缩小，证明金融发展与城乡收入差距存在倒 U 形关系。李志军、奚君羊（2012）实证研究认为中国的金融发展与城乡收入差距之间呈倒 U 形关系，在目前我国仍处于金融发展对城乡收入差距的扩大阶段，未来有望越过拐点，缩小城乡差距。董晓林、张晓艳（2013）对中国 2010 年 31 个省市的截面数据的空间计量模型表明金融发展的规模和效率扩大了城乡收入差距，但在发展到一定水平后会缩小这一差距，金融发展与城乡收入差距之间存在倒 U 形关系。

但金融发展指标只是从发展规模和发展效率上进行计算，计算指标局限于贷款余额/GDP 和贷存比，计算指标的局限容易使研究结果缺乏可靠性，而金融包容则克服了这一问题，它通过多维度指标对地区的金融服务状况进行综合分析和评价，能够更科学也更可观的探索金融与城乡收入差距之间的关系。

3. 金融包容与城乡收入差距之间的关系研究

金融包容（Inclusive Finance）又译作普惠金融，在经历了小额信贷阶段、微型金融阶段后逐步演化成如今的包容性金融。其内在含义是以合理的成本为社会全体成员提供全方位有效的金融服务。目前金融包容与城乡收入差距之间到底是否存在关系以及关系是否显著因为研究时间尚短而存在争议，主要有两种观点。

第一种观点是，金融包容有利于缩小收入差距。Beck T（2007）在对金融包容对收入差距的作用的研究中表明金融服务在广度上的扩展可以缓解收入不均问题。Kapoor（2013）提出金融包容的"均衡调节器"作用，即金融包容不仅可以促进经济增长，也可以使社会成员的福利因为享受到金融服务而显著提升。认为在金融包容程度低的地区一般经济增速较慢，收入不均问题也更加严重。Demirguc-Kunt & Klappe（2012）进一步深化了关于金融包容的研究，认为由于金融包容为那些弱势群体提供了基础性金融服务，如储蓄、小额贷款等，改善了弱势群体的收入状况并提升了他们对未来的信心。Diniz，Birochi & Pozzebon（2011）意识到金融包容对收入差距改善的正效应发挥依赖于金融知识的积累，弱势群体只有掌握相应的金融知识才有望改善收入水平，否则容易陷入过度负债的困境。

国内研究中，黄莹（2013）在对我国2006—2010年农村金融服务水平的福利效应研究中发现，提高信贷覆盖程度将使农村企业和农村居民的融资需求得到满足，从而改善他们的收入状况，进而缩小城乡收入差距。徐敏和张小林（2014）在对中国1985—2012年金融包容与城乡收入差距之间的关系的实证研究中发现两者存在长期均衡关系，金融包容水平的提高有助于缩小城乡收入差距，但城乡收入差距的缩小不会促进金融包容水平的提升。王修华、关键（2014）将收入差距分解为收入变动、位次变动、人口流动三种效应并分别与金融包容水平建立模型，实证结果表明金融包容主要通过收入效应缩小城乡收入差距，白去除人口流动效应后，金融包容缩小城乡收入差距的效应十分显著。刘波、王修华和彭建刚（2014）认为提升金融包容水平有利于缩小"相对收入差"，这一效应在低收入的县域最为有效。蔡洋萍（2015）通过实证中部三省（湘、鄂、豫）的金融包容水平也证实了金融包容水平对农村收入和GDP的正向促进关系，通过促进农村经济增长、提升农村收入水平可以改善收入差距状况。

第二种观点是，金融包容对城乡收入差距的作用不明显。Arestis & Canner（2004）认为由于主客观多种条件的限制，金融包容并没有改变低收入群体被排斥在金融体系之外的现实，农村地区反而因为资金外流而更加贫穷。苏伟琦（2016）在对全国2008—2014年省级面板模型的研究中发现，将全国样本划分为直辖市、东、中、西和东北五大地区后，金融包容在不同地区对城乡收入差距呈现出不同的效果：在中部地区金融包容水平的提升扩大了城乡收入差距，东部、东北和西部地区的金融包容水平与城乡收入差距并没有表现出显著的线性关系。

4. 金融包容水平的测度

目前金融包容水平的测度方法大致有三种，主要有金融服务的可及性测度方法、利用金融排斥测度和金融包容水平的测度。

第一，金融服务的可及性测度。它从金融服务的供给层面出发设计金融包容水平的测度指标,是金融包容水平最初始的测度方法。Becketal（2005）最早提出通过对金融服务的可接触性测度衡量一个地区的金融包容水平,并于2007年提出了测度普惠性金融发展的八个指标,分别是每万人金融机构网点数、每百平方公里金融网点数、每万人ATM机数、每百平方公里的ATM机数、人均储蓄/人均GDP、人均贷款/人均GDP、每千人储蓄账户数、每千人贷款账户数。

第二,金融排斥水平的测度。金融排斥是指在金融体系中人们缺少分享金融服务的一种状态,包括社会中的弱势群体缺少足够的途径或方式接近金融机构,以及在利用金融产品或金融服务方面存在诸多困难和障碍。金融排斥是与金融包容相反的一个概念,金融排斥程度严重的地区金融包容水平较低,因而很多学者通过测度金融排斥程度间接计算金融包容水平,即金融包容水平=1-金融排斥水平。英格兰东南发展机构最早使用复合剥夺指数（Index of Multiple Deprivation）来计算金融排斥水平,在指数计算过程中使用到的因变量来自英国官方公布的原始数据,由于很多发展中国家包括中国政府部门并未就这一原始数据进行统计,因而目前在世界范围内这一方法没有得到普及,因此,目前国内外倾向于使用Kempson & Whyley（1999）六维度指标,即从地理排斥、评估排斥、条件排斥、价格排斥、营销排斥和自我排斥六个方面测度,如高沛星、王修华（2011）,李春霄、贾金荣（2012）等,因为这种方法的数据相对全面且更易搜集。

第三,金融包容水平的测度。Sarma（2008）首先提出了金融包容性指数（IFI）并创新性的从地理渗透性、使用效用性和产品接触性三个维度设立金融包容水平的测度指标,通过借鉴联合国人类发展指数的计算方法对金融包容水平进行测度。Arora（2010）改进了Sarma的方法并提出了交易便捷度和交易成本两个维度,分别从覆盖面、交易便捷度和交易成本进行计算,在测度方法上她对每个维度都用多个指标变量表示。Chakravarty & Pal（2010）则在金融包容指数的计算方法上做出了改进,采用公理性的测量方法确定各个维度贡献的权重,纠正了主观赋权的缺陷。田霖（2012）从农户、企业和区域三个维度构建农村金融包容综合指数,以此反映农村不同区域的金融包容状态。陈三毛和钱晓萍（2014）采用联合国人文发展指数方法的CP指数来对中国31个省市的金融包容水平进行测度,主要指标包含四个维度:分别是银行营业网点在地域上和人口中的分布指标、人均存款和人均贷款与人均收入比率指标。王修华（2014）,刘波、王修华和彭建刚（2014）则从渗透性、使用效用性和可负担性三个维度设计了共14个指标,沿用了Sarma的赋值方法对湖南87个县域的金融包容水平进行了衡量。

1.3.2 金融生态的文献梳理

在国外研究中，几乎还没有出现金融生态（Financial ecology）这个概念。负责《中国城市金融生态环境评价》的中国社科院李杨曾说，"金融生态"是具有中国特色的。当然，国外学者曾经提出过用生态学的理论来解释经济学的发展问题，如经济生态学。生态学概念是德国动物学家 E.Haeckle 在 1866 年首先提出的。20 世纪 20 年代中期，美国科学家 Mekenzie 首次把植物生态的概念与动物生态学的概念运用到人类群落和社会的研究，提出了经济生态学的名词。英国生态学家 A.G.Tansley 于 1935 年创立生态系统学，为后来生态经济学的产生奠定了理论基础。真正结合经济、社会问题展开研究的是美国海洋生物学蕾切尔·卡逊（Rachel Carson），她于 1962 年发表的科普读物《寂静的春天》，对美国滥用杀虫剂所造成的危害进行了生动描述，揭示了近代工业对自然生态的影响。20 世纪 60 年代后期，美国经济学家肯尼斯·鲍尔丁（Kenneth Boulding）在其重要论文《一门科学——生态经济学》中正式提出了生态经济学的概念。Kenneth Boulding 对利用市场机制控制人口和调节消费品的分配、资源的合理利用、环境污染及用国民生产总值衡量人类福利的缺陷等作了有创见性的论述。

在理论方面，自生态经济学概念诞生以来，全球出现了一大批生态经济学著作，如罗马俱乐部的第一个报告《增长的极限》、英国生态学家爱德华·哥尔德史密斯的《生存的蓝图》、法国学者加博的《跨越浪费的时代》、美国外交关系委员会主编的《60 亿人——人口困境与世界对策》、朱利安·西蒙（G.sinmous）的《最后的资源》。20 世纪 70 年代以来，随着生态危机的加剧的现实需要以及工程系统科学向生态学、经济学、管理学等领域的渗透，一大批论述经济生态问题的著作相继问世。从此，生态学、经济学和金融学互相渗透与融合，一门崭新的综合科学——经济生态学应运而生。

近年来，很多学者开始尝试从制度角度进行研究。Ross Levine（1998）提到法律对经济发展产生非常大的影响，同时产生的结果也对经济发展产生影响，并用数据实证了作为金融媒介的外生变量——法律和调整的外部环境，对经济发展的积极影响。美国经济学家 King 和 Levine（2001）对金融生态的指标进行了阐释。R.C.N.Abma（2003）用至少 25 年的数据检验了东南亚国家的情况，说明了金融改革的政策因素对经济发展有促进影响。Glenville Rawlims（2004）提出金融资源的流动受到政策效应的影响。Allen，Franklin，Qian，Jun 和 Qian，Meijun（2005）提出了在中国法律制度和金融系统不健全的情况下经济高速增长的原因，分析了法律、金融、经济三者之间的动态关系。

1. 金融生态概念的界定

金融生态源于生态学，是个非常重要且具创造力的仿生学概念，是从生态学领域引入到金融领域之后而产生的，是用生态学的理论和方法研究金融问题的一种创新，为研究和解决金融领域中的疑难杂症提供了全新的视角和方法。然而这一概念在英文文献中还没有相对应的词，国外的金融研究中还没有出现有关金融生态的研究，还是一个具有中国特色的概念和理论。目前，在国内比较具有代表性的定义有以下几种：

最早提出"金融生态"的周小川（2004）认为，金融生态是微观层面的金融环境，包括法律、社会信用体系、审计准则、中介服务体系、企业改革的进展及银企关系等方面，其中法律环境是金融生态重要构成要素。苏宁（2005）认为金融生态是一个比喻，它借用生态学的概念，来阐述金融业运行的内部与外部环境。王松奇（2005）则认为金融生态是金融结构和金融活动所面临的由政治、社会、文化、意识形态、体制条件、政治约束、微观基础、法律法规、传统习惯等多种因素构成的环境条件，它对金融机构的业务行为、经营效果、业绩评价等有着各种各样的牵制和影响。这类观点主要是从静态的角度强调外部环境对金融业的行为和运行结果的影响，可以称之为环境论金融生态观。

于此相对的是动态观点。徐诺金（2006）从生态学的概念出发，对比分析了自然系统与金融系统，将金融生态定义为各种金融组织为了生存和发展，与其金融环境之间及内部金融组织之间在长期的密切联系和相互作用过程中，通过分工、合作所形成的具有一定结构特征、执行一定功能作用的动态平衡系统。李扬等（2007）认为应将金融生态系统理解成由金融主体及其赖以存在和发展的金融生态环境共同组成的动态平衡系统，并指出金融主体不仅包括金融产品和服务的生产者，也包括金融产品和金融服务的消费者，以及保证金融交易得以顺利进行的第三方；金融环境指的是金融主体在其中生产、运行和发展的经济、社会、法治、文化、习俗等体制、制度和传统环境。谢太峰（2007）认为金融生态系统是各类金融活动主体之间、金融活动主体与其外部生存环境之间通过相互作用、相互影响而形成的相互依赖的动态平衡系统。应该说，这类观点在认同金融环境对金融主体具有重要影响的同时，还认为金融主体及金融主体与金融环境之间是互动的，把金融生态看作是一个动态平衡系统，升华了对金融生态的认识，为全面认识和研究金融生态问题奠定了基础，但对于系统构成还缺乏透彻的分析。

2. 城市金融生态研究现状

在城市研究方面，匡国建（2006）认为完善金融生态制度就是改善金融生态结构，增强金融生态功能和提高金融生态的生产力。林永军（2007）从系统论观点分析了金融生态圈内各子系统之间的相互关系以及决定我国金融生态系统的各种深层要素，认为我国金融生态圈的系统性缺陷主要表现在：金融生态主体发育不完善，各子系统发展失衡，金融生态圈内对内对外开放不协调以及金融生态圈外部环境欠佳。皮天雷（2007）认为一个社会的法律制度完善与否直接影响着金融交易费用及金融机构的完善程度。

在定量分析方面，具有代表性的是李扬和徐诺金。中国社会科学院金融研究所李扬等人在 2006 年对中国城市金融生态进行了系统研究，运用经济基础、企业减信、地方金融发展、法治环境、诚信文化、社会中介发展、社会保障程度、地方政府公共服务和金融部门独立性等 9 个金融生态环境指标，并选择 EDA 模型进行了定量分析，对全国 50 家大中城市的城市金融生态环境做出了评价和排名，并发布《中国城市金融生态环境评价报告》报告，在金融界产生了较大的轰动效应，这是定量分析金融生态问题的开端。徐诺金（2006）则以广东省各城市的金融生态为研究对象，将金融生态分为金融生态主体、金融生态环境和金融生态调节等三个状态指标、28 个子指标进行定量分析。

随着研究的深入，目前国内研究主要集中在区域金融生态环境评价与个案研究两个方面。中国人民银行张家界中心支行课题组（2005）以张家界为个案，对该地区的市、县域和乡村三层次金融生态结构进行评价和比较。萧安富和徐彦斐以四川自贡为个案从微观角度界定了金融生态因素（经济结构与制度环境），并分析了金融生态影响金融运行的途径及其制约下金融运行的新特点。张鹏和姜玉东（2005）、张志元和雷良海（2006）、汪祖杰和张轶峰（2006）、中国人民银行洛阳市中心支行课题组（2006）、皮天雷（2006）、唐平（2006）等从不同角度探讨过金融生态问题。汪祖杰（2006）建立了区域金融生态环境质量评估指标体系，分为目标层、领域层、准则层、指标层四个层次，运用主成分分析法，选取了安徽省 1999—2004 年间的各项数据对安徽省的金融生态环境质量进行了评价，得出 1999—2001 年安徽省金融生态环境质量处于稳步上升的阶段，2002—2003 年增长水平较前两年有较大幅度的提高的结论，该研究以省金融生态为研究对象，分析了安徽省金融生态的发展趋势，缺乏横向比较分析，还有待加以改善。李正辉（2008）则提出金融生态与国际竞争力的实证。金融生态国际竞争力涵盖法律制度、金融市场和信用制度三个层面。中国金融生态基本上处于世界后十位。黄国平（2008）采用前沿的数据包络分析（Data Envelopment Analysis，DEA）对中国的金融生态环境进行实证，包括经济基础、金融发展、企业诚信、司法环境、地方政府诚信、金融部门独立性、社会诚信文化、中介服务发展、社会保障程度和金融合规性。当然，具有半官方背景的中国金融生态城市评价委员会在 2008 年 11 月推出的中国金融生态城市评价体系，这也是目前国内唯一较为权威的指标体系，包括政府对金融业的支持、经济基础指标、信用环境、企业诚信、社会保障、法治环境，金融部门独立性和社会中介服务发展等八项指标。

3. 农村金融生态研究现状

总的看来，在中国对农村金融生态的研究起步要晚于对城市金融生态的研究。

在定性的研究方面，黄福宁（2005）从农村经济发展和农村金融及农村金融与金融生态环境的关系入手，对如何建设农村金融生态环境进行了分析，他认为农村经济要实现长期的、稳定的发展需要依靠农村金融的发展，而要保持农村金融的稳定发展，就必须要有一个良好的农村金融生态环境作为保障。黄庆安（2005）在参考有关金融生态研究的基础上对农村金融生态研究进行了扩展，分别提出了农村金融生态环境的评价标准、金融生态主体的评价标准和金融生态调节机制的评价标准，该研究虽然提出的评价标准相对还比较粗糙，各评价标准之间缺乏系统性的协调，但是它为农村金融生态评价体系的构建，为系统性地研究农村金融生态开启了良好的开端。刘文森等（2005）分析了民间融资与农村金融相关关系问题，认为民间融资的适度发展有利于形成良好的农村金融生态环境，应建立制度内金融与民间融资的互补与沟通机制，以建设农村地区良好的金融生态系统。刘伦等（2006）论述了农村金融生态优化理论，指出应在质量和数量上对农村金融系统、农村金融生态主体、农村金融生态平衡和农村金融环境进行动态调整和渐次优化，应通过提升农村金融物种质量、培育金融种群数量和提高群落适应能力和优化生态系统的协同能力上，做大做强农村金融生态主体，构建农村金融生态新机制。孙洁斐（2006）从金融生态和农村金融生态的基本内涵入手，从经济环境、金融运行环境、法治环境、信用环境、企业经营状况等八个方面总结了农村金融生态环境评价标准体系的构建，并认为在农村金融生态环境评价中，人民银行需要充分发挥作用，设计完善的评价内容和标准，同时加强宣传力度，引导政府部门、金融机构、企业和居民重视金融生态环境的评价，加强与政府及其他相关部门的沟通，推动我国农村金融生态环境评价体系的构建。张瑞怀等（2007）运用制度经济学构建了一个理论框架，诠释了农村金融生态体系中存在的问题，指出制度作为农村金融生态的一个重要的内生性变量，将直接影响到农村金融生态的好坏，应完善农村制度，增强农村金融生态的自我调节机制以构建良好的农村金融生态系统。李景跃等（2007）对西部农村金融生态进行研究，将金融生态评价指标分为金融主体意识形态指标、金融运行环境指标和金融主体主观能动性指标等三大类，每一大类中又选取几个指标，构成了金融生态评价指标体系，与孙洁斐的指标体系相比差别并不大，只是细枝末节上的差别，意义不大。此外，还有很多学者就农村金融生态评价指标进行了研究，但由于农村数据的缺失，大多数都没有将建立的指标加以定量分析运用，其实用性有待于检验，但对于深入定量分析农村金融生态，改善农村金融生态具有较大的意义。此后，有一些学者开始结合社会主义新农村建设的背景研究农村金融生态，但大多数仅局限于分析现状，或者是仅仅分析金融生态与新农村建设的关系，虽然扩展了农村金融生态研究的领域及增加了农村金融生态研究的数量，但是对构建农村金融生态评价体系以及有效地改善农村金融生态意义有限。

正因此农村的经济、政治、社会等数据的很难可获得性，对农村金融生态的定量研究相对城市金融生态还比较少。目前，比较典型的研究有：缪曼聪等（2006）以湖南农村为例进行的研究，他们将农村金融生态分为农村经济基础、农村金融发展、农村社会诚信、农村法制建设、地方政府公共服务、农村社会保障程度等六个方面，共选择了72个分项指标，以湖南省最具代表性的86个县为研究样本，采用层次分析法、BP人工神经网络模型及灰色系统理论对湖南省的农村金融生态环境进行了综合评价，测度了每一层面指标对金融生态系统的影响贡献度，较为客观全面地评价了湖南省农村金融生态质量。中国人民银行南宁中心支行课题组（2008）将广西区的农村金融生态评价体系分为三大部分，由五类指标27个子项构成，采用分解法将农村金融生态环境的总体评价分为若干级指标，在对次级指标进行简单的评分，最后利用指标体系对广西各地的农村金融生态环境进行了排序，为定量研究农村金融生态问题提供了可以借鉴的范例。向明等（2009）选择经济、法律和信用、市场环境、金融水平等四类指标运用因子分析法对贵州省农村金融生态环境进行了评价，按照各市县的因子得分进行了金融生态质量的排序，并针对排序的结果对贵州省农村金融生态中存在的问题提出了改进建议。

1.3.3 金融包容、金融排斥、金融生态的逻辑文献梳理

金融排斥（Financial exclusion）指的是社会中的一些弱势群体（如落后地区、低收入者、小微企业等）被主流金融体系所排斥，无法以恰当的形式获得必要的金融服务的过程。来自 2011 年金融包容全球合作伙伴组织（GPFI）的统计显示，全世界约 25 亿劳动适龄成年人无法获得正规金融服务。在 2011 年，超过 15 岁的成年人在正式金融机构所有的账户占 64%，而低收入人群在正式金融机构所有的账户仅仅占 47%。伴随着世界经济形势的下滑，金融排斥的程度处于恶化状态，而金融排斥对经济带来的负面影响也使各国政府和学者们对这一现象更加重视，金融包容的概念随之被提出。

联合国在 2005 年宣传小额信贷时首次提出"金融包容"一词，并将"包容性金融体系"的构建作为千年发展目标实现的重要途径。此后，亚太经合组织（APEC）2013 年年会将"提高金融包容性"作为公平、可持续增长的重要举措之一。国内也意识到了金融包容的重要性，如 2013 年 11 月十八届三中全会通过了《中共中央关于全面深化改革若干重大问题的决定》，其中将发展普惠金融（包容性金融）问题作为金融深化改革的重要内容。随着国内外学者对金融包容研究不断深入，金融包容对经济的正效应逐渐被证实，金融包容已经成为实现社会公正不可或缺的一部分以及建设公正、和谐、有活力的市场经济的必需手段。

1. 金融排斥与金融包容的理论辨析

金融排斥（financial exclusion）由 Leyshorn 和 Thrift（1993）首次提出，较早的金融排斥是指地理排斥。英国（Fuller，1998）、美国（Pollard，1996）等一些发达国家的研究表明，金融排斥具有明显的地理倾向性，贫困地区金融分支机构的关闭率相对较高，尤其在多民族地区、蓝领家庭和单亲家庭聚集的地区以及租赁房子的地区最为突出。其后的学者 Kempson & Whyley（1999）将金融排斥的研究扩展到人文指向性，在地理排斥之外将金融排斥概括为五个维度：评估排斥、条件排斥、价格排斥、营销排斥和自我排斥。Sherman Chan（2004）界定金融排斥为：在金融体系中人们缺少分享金融服务的一种状态，包括社会中的弱势群体缺少足够的途径或方式接近金融机构，以及在利用金融产品或金融服务方面存在诸多困难和障碍。

国内关于金融排斥的研究时间尚短，最早是 2006 年田霖在研究地理经济学时引入，田霖（2007）利用我国 31 个省份数据分析得出目前我国的金融排斥水平区域差异很大，这种差异不仅表现在贫困地区，富裕地区也存在不同程度的

金融排斥。此外，田霖（2007）在国内开创性的对中国的农村地区的金融服务使用状况进行了研究，结果显示落后的农村地区以及城乡边缘地区金融排斥尤为严重，她认为这些地区的生产能力和产出水平会因为受到资本制约而效率低下，从而陷入金融排斥更加严重的恶性循环，阻碍地区经济发展。此后关于农村金融排斥的文献还有王修华（2009），不同于田霖使用综合竞争力模型的测度方法，王修华创新地使用金融排斥的六维度确定计算金融排斥的指标，结果表明农村地区的金融排斥是影响新农村建设的重要原因，推动新农村建设必须破解金融排斥。类似的研究还有董晓林和徐虹（2012）通过对我国1896个县的实证研究，发现人口规模小、社会消费品零售总额小、金融基础设施状况差的县域更易受到金融排斥。鉴于中国不同年份统计数据的灰度较大，胡振（2013）创新的使用灰色聚类和灰色关联分析法对全国的金融排斥状况进行分析，得出吉林省农村金融排斥非常严重，且主要集中于东部和西部地区。刘长庚、田龙鹏等（2013）则对金融排斥与城乡收入差距之间的关系进行了研究，通过2006—2011年全国省级面板数据分析，实证研究了金融资源分配的不公平如何导致收入分配的不公平。结果显示农村金融排斥显著影响城乡收入差距，所有金融排斥维度对城乡收入差距的解释度达到了26.1%。焦瑾璞（2015）对目前我国的金融排斥分布情况进行了总结，认为金融排斥最大的困难群体是农户，其次是低薪工人（特别是农民工）、小微企业和失业人员。

如纵观以上金融排斥的文献，国内外学者对金融排斥的研究，基本围绕以下几个方面展开：金融排斥的内涵分析、区域差异、影响因素和对经济增长的影响机制。虽然研究时间不长但却取得了丰硕成果，但有些问题阐述的还不够深刻，第一，由于对金融排斥的内涵界定不一致，导致金融排斥的衡量指标较为混乱，造成不同文献的不可比较。第二，金融排斥的研究对象主要针对金融服务的需求者，没有站在供给者的立场考虑。金融排斥激化了金融服务需求者与供给者之间的矛盾，不利于双方问题的解决，正因为如此，金融包容的概念应运而生。

2. 金融包容与金融排斥的区别与联系

第一，金融包容源于金融排斥，是金融排斥的拓展和深化。

金融包容是在金融排斥的背景下提出的，但它又与金融排斥显著不同，这体现在金融包容是一个多维度的动态概念。首先，金融排斥仅仅是站在金融服务需求者的立场，就不能公平获得金融服务的使用者的诉求进行的研究。而金融包容突破了这一局限，它将金融服务的供给者也纳入了考量，也就是通过将金融服务的供给者和需求者联系起来，构建一个包容性金融体系来解决目前的金融服务公平性问题，而不仅仅是站在金融服务供给者的对立面，斥责其对某些弱势群体的金融排斥。总而言之，金融包容更接近一个公平和中立的立场，通过对双方的问题的分析，寻找最佳解决方案。其次，金融包容同时包含金融服务的宽度和深度，即体现在要求人们不仅可以接触到各种金融服务（银行、储蓄、信贷、保险等），也要有能力去使用这些服务。而金融排斥只是就人们被排斥在金融体系之外进行的研究，只涉及了产品接触性。可见，金融包容比金融排斥的研究内容更加深入，它是社会包容的一部分，而不是仅仅局限于对金融服务的接触。

第二，金融包容和金融排斥在治理和改善措施上存在共通点。

首先，金融排斥和金融包容都对经济增长和城乡收入差距的缩小起着非常显著的作用，破解金融排斥和推进金融包容都将有利于经济发展。其次，在影响因素方面，收入、地理位置和信息技术对两者的影响都非常显著，对这些因素的重视和解决不仅有利于金融排斥的破解，同时有助于金融包容的实现，因此，这样看来金融排斥和金融包容又是共通的。

3. 新常态背景下从金融生态角度剖析金融包容

"新常态"这个词最早是由美国太平洋资产管理公司前首席执行官（CEO）穆罕默德·埃里安（Mohamed Erian）在2010年提出的，用于描述2008年全球金融危机后可能出现的长时期经济衰退。在中国，"新常态"一词由习近平主席在2014年5月提出，并在此后引发了广泛讨论。中国经济的新常态概括起来说有两个基本特征：一是从高速增长转向中高速增长，二是从规模速度型的粗放增长转向质量效益型的集约增长。前者已是既成事实，后者则需要经过努力才有可能实现。在新常态背景下，作为我国经济重要组成部分的金融业，其生态环境不可避免的将受到新常态的冲击。所谓金融生态环境，是借用生态学的观点对金融外部环境的形象描述，通常指金融运行的一系列外部基础条件，主要包括宏观经济环境、法制环境、信用环境、市场环境和制度环境等方面（苏宁，2005）。研究表明，稳定的金融生态环境有利于降低金融运行风险、增强金融资源的配置效率。

随着很多国际组织（世界银行、国际货币基金组织）和国家（尤其是发达国家）对一系列金融包容政策的推广，金融包容的相关研究不断丰富，如产生原因、效应和促进措施等，但鲜有学者从金融生态角度对金融包容产生的相关机理进行研究。金融包容状态是整个金融生态的产物，是金融生态主体相互作用、金融生态环境相互影响的结果。因此，从具体的金融生态现状对金融包容进行分析，不仅可以了解目前的金融包容状况，知悉其产生的原因，还可以从根本上对症下药，促进金融包容水平的提高。因此，下文主要通过对影响金融生态的因素的分析，剖析金融包容产生的机理，并尽力梳理现有研究的观点和建议，以期对改善金融包容状态有所帮助。

第一，宏观经济环境。新常态下经济增速放缓已是短期无法改变的事实。张慧莲和汪红驹（2014）通过对中国经济新常态与美国经济新常态的比较分析，总结了中国经济增长减速、结构调整、要素供给等方面的新常态。刘元春（2014）认为，中国经济"新常态"实质上是一个从传统的稳态增长向新的稳态增长迈进的过渡期。总的来说，宏观经济的下行带来银行总资产的减少和不良贷款的增加，资产-负债比下降，银行资产状况恶化。截至 2015 年第一季度，中国商业银行不良贷款增至 9825 亿元，相比 2014 年第四季度增加了 1.16%。由此可见，金融业的盈利能力显著下降，经营风险显著上升。随着中高速的经济增长成为常态，这一形势并不会明显改善，金融生态面临恶化。但经济形势的恶化并不能成为影响金融包容实现的理由，相反，在新常态这一转型期，金融包容的倡导和实施将有助于缓和经济转型过程中的阻力。Calderon & Liu（2003）通过对 109 个发展中国家和发达国家 1960—1994 年金融发展与经济增长之间的关系的研究，发现金融发展促进了经济增长，并且经济增长反过来也促进了金融业的进一步发展。在发展中国家，这一效应更加显著。国内的相关研究也基本证实了这一说法，并且分别从减少贫困、缩小收入差距和促进金融发展等几个不同的方面都取得了显著成果。刘波、王修华和彭建刚（2014）实证研究结果表明金融包容从直接和间接两个途径促进了居民收入的提高。田杰、陶建平（2014）也利用中国 2006—2009 年 1877 个县（市）的面板数据证实了农村地区金融包容对提高农户收入的重要作用。粟勤、朱晶晶和刘晓莹（2015）认为从长期来看，金融包容、金融深化与经济增长互相促进，即随着金融服务覆盖面和金融交易规模的扩大，更多的企业，特别是创新型小微企业获得了资金支持，使这些企业在促进就业的同时也通过刺激技术创新推动了经济增长。

因此，在新常态背景下，虽然经济减速使金融生态环境面临恶化，但通过金融包容的发展，可以在改善金融生态的同时促进经济增长。金融生态与金融包容，并不仅仅是金融生态影响金融包容的关系，金融包容反过来也可以作用于金融生态，包容性的金融体系对金融生态有着显著的正效应。

第二，法制环境。法制环境影响着金融包容的进程，公正合理的金融法律制度将有利于金融包容程度的改善。邢会强（2011）从金融法的二元结构出发，认为低水平的金融包容违背了二元结构，反而转向了专为富人服务的一元结构，而包容性金融体系以包容性增长为背景，将复杂的经济社会分为"穷人"和"富人"分别具体对待，是符合金融法的，最后他提出了金融包容的关键在于"二元化"，通过对不同阶层和群体的不同政策标准，实现金融包容，从而减小贫富差距。戚莹（2012）认为金融法是保障金融资源配置公平的法律规范，而金融包容则通过给予弱势群体使用金融服务的机会而减少了不公平，同时金融包容带来的正效应也将促进金融机构的发展。霍昱廷（2013）认为监管框架的缺失是阻碍金融包容推进的重要原因，因此应当建立能够容纳各类金融机构独特的商业模式，通过对各类金融、移动金融乃至一些小的信用社和社区银行的审慎监管，金融包容并不难实现。周仲飞（2013）也认为金融包容的实现离不开监管，金融包容应成为监管机构的监管目标之一。此外，银行与公众是水与源的关系，银行的存款来自社会大众，因此银行具有向这些公众提供金融服务的社会责任。而站在金融机构的立场，成本收益和激励相容原则对小额信贷业务是不适用的，小额信贷贷款金额低，并不会给经济带来系统性风险，因此更加宽松的金融包容环境应该倡导。冯果、袁康（2014）则围绕开放和民生两个角度阐述了当前金融改革问题，金融改革应遵循"两种功能"和"三重价值"，金融的功能并不仅仅限于经济功能，还有社会功能。金融改革也不应仅限于金融安全与效率原则，金融公平原则也至关重要。金融包容就是对这些原则的体现，金融法改革应该保障社会公众尤其是低收入群体使用金融服务的权利，同时，金融机构应该将这一社会责任法律化，推动金融包容的实现，最终改善金融发展的生态环境。

第三，信用环境。信用问题产生的根本原因在于信息不对称，信息不对称是造成金融包容难以实现的重要原因。王蓉（2012）对江苏省中小企业的调查显示，没有做过资信评级的中小企业占全部被调查企业的45.28%，超过一半的企业被拒绝贷款的原因都是企业信用等级不够。而究其原因，是因为目前缺少合适的风险评价体系和信贷管理办法：国有商业银行对中小企业采用与大企业相同的信用评级标准，这造成中小企业信用评级相对较低。在农村这种现象也普遍存在，李韬和罗剑朝（2014）对山东泰安地区的农村调研显示有59.6%的农户受到了正规金融机构的信贷配给，而农户家庭自有土地面积是影响信贷配给的重要因素。造成上述现象的原因主要有两个方面，一方面资金供给者如金融机构一般要求贷款的农户和中小企业采用保证、抵押、质押、农户联保等方式来降低金融机构的风险，这样就使得一些无法提供这些材料的农户和中小企业难以获得贷款。金融机构在受理农户信用卡业务时,也会要求农户拥有固定收入来源,或者提供工作证、资产证明等,造成很多农户无法办理信用卡业务(谢丽华,2012)。另一方面资金的需求者如很多中小企业财务管理不规范,没有真正建立起现代企业制度,又缺乏自我约束意识。在出现信用问题时,往往选择逃避银行债务,以破产、分立、兼并、股份制改造、租赁、承包、拍卖出售等形式拒绝还款,严重影响了银行加大乡镇企业信贷投入的信心(李红,2008)。

因此,在新常态背景下,信用问题的解决对提高金融包容水平至关重要。主要体现在下列几个方面:第一,增强全社会的诚信意识、还贷意识;第二,完善征信体系,建立专门适用中小企业和农户的信用评级标准;第三,加强对新型融资服务手段、信贷产品及抵押和质押方式的创新和使用,如存货和应收账款抵押贷款、动产质押贷款、供应链融资、知识产权及股权质押贷款等,或以项目本身作抵押,解决中小企业抵押资产缺乏现象(王蓉,2012)。在良好的信用环境体系下,金融包容水平的提升才有保障。

第四,制度环境。易宪容、卢婷(2006)认为基础性制度的缺失是金融生态恶化的重要原因,基础性制度不仅决定了各个金融主体的行为方式及其约束条件和选择边界,使金融主体通过改变制度来影响金融生态环境,基础性制度的改进也可以促进公平有序的金融生态的形成,这需要市场主体公平公正交易的平台、有效的市场定价机制和市场主体产权保护制度的建立。目前这三个方面还很混乱,比如间接融资市场上,国内商业银行的信贷政策对国有企业和民营企业实行差别化待遇,对前者的金融服务需求包容度较高,而后者偏低。在直接融资市场上也是如此,由于证券市场制度在设计时就存在不平等,上市融资几乎只对国有企业开放,而民营企业则无法进入,只能依靠成本高昂的银行间接贷款。目前我国的利率尚未实现完全市场化,没有形成风险定价机制,国内上市公司通过制度缺陷获得了大量财富,而中小企业却成为制度的牺牲品。王景武(2005)则通过金融生态的研究对区域性的低水平金融包容给出了解释,认为区域金融生态差异是中央政府强制性制度变迁的必然结果,中央政府实施的有差别的金融制度安排最终造成了区域金融生态的差异,进而使不同地区的经济差距扩大。他提出政府应该加大对中西部地区金融发展的支持力度,改善中西部制度环境,促进金融资源的均衡配置。这种做法不仅可以改善金融生态环境,还可以改善中西部地区的金融包容状况,促进包容性金融体系的实现。

1.3.4 区域金融和城乡收入差距的文献

随着市场经济的迅猛发展，经济全球化趋势的到来，贫富差距问题越来越严重，国内外专家和学者对城乡收入差距的关注程度持续不减。通过查阅搜集研究国内外相关文献，可以了解到，目前为止，对我国城乡收入差距问题研究的文献相当丰富，取得了很大的成果。但是，直接研究区域金融竞争力和城乡收入差距之间关系的文献少之又少，无论是从全球、国家出发的宏观层面还是从某一区域出发的微观层面都是如此。而金融发展水平与区域金融竞争力之间有密切的联系，在研究中，我们发现衡量一个区域金融竞争力水平的指标和衡量一个地区金融发展水平的指标几乎一致，很明显，一个地区金融发展水平较高相应地区域金融竞争力就强，反之，区域金融竞争力越强的地区，在某种程度上，金融发展水平也高。因此，国内外对于区域金融竞争力和城乡收入差距之间关系的研究一直隐含在金融发展和城乡收入差距的研究中，而金融发展和城乡收入差距之间关系的研究包含于金融发展和经济增长之间关系的研究中。于是，对金融发展和经济增长关系的研究就显得十分必要。

1. 区域金融竞争力和经济增长

Gurley（1955）在《经济发展中的金融方面》一书中，明确指出了在经济发展过程中存在的一系列金融问题。Shaw（1956）在《金融中介机构与储蓄-投资》一书中，通过分析金融中介机构的职能、作用和运行机制，指出金融中介机构对过国家和地区经济发展的重要促进作用。Gurley 和 Shaw 这两位经济学家发表的著作引发了之后国内外专家学者对金融与经济发展问题的进一步探索。1969年，Goldsmith 运用统计分析方法以国际上三十几个国家为样本，搜集一百多年的数据，对金融发展进行研究。他指出必须要从经济角度分析影响金融市场、金融结构、金融交易工具和金融市场的成交量的原因，进而对金融发展的未来状况作出预测。二十世纪七十年代初期，由于国家经济发展的需要和政府制定的相关政策影响，发展中国家普遍采取国家干预金融发展的措施，通过中央银行控制和干预市场利率、外汇，对金融市场进行计划和指导，使金融市场受到严重抑制，政府过度的干预导致金融市场失灵，金融自由化道路被阻滞。最终，金融发展并未对经济发展产生积极性的促进作用，金融和经济两者之间的良性循环状态不复存在。Mckinnon 在 1973 年，提出了影响深远的金融抑制理论，他认为政府对金融的过度干预和控制对经济发展不利。同年，Shaw 在他的研究中发现，金融市场作为一种虚拟市场，与实体经济两者之间关系密切，虚拟经济和实体经济之间并未完全排斥的，实体经济的快速发展需要从虚拟市场获得扩大再生产、周转资金等环节的支持，虚拟市场的发展和壮大也是以实体经济的稳健运营为基础的，两者是相互促进、相互补充的关系。因此，发展中国家政府必须要改革金融发展中不合理的制度和措施，发挥金融对投资、储蓄、就业的良好带动作用，实现金融市场的自由化，使利率和汇率机制在市场的作用下自由波动，灵活变动，真正发挥金融对经济发展的拉动效应。

随着世界市场的发展，金融和经济结构都发生了很大的变动，国内外相关学者对金融发展问题的研究也进入一个新阶段，以便运用金融发展理论更好的解释经济现象解决为决策者解决经济问题提供更合理的参考。在这个阶段，经济学家主要运用数学工具、数学模型和统计学分析方法，通过搜集数据建立模型，把相关金融变量引用经济模型中，在定量分析的基础上实证研究金融发展和经济增长之间的关系。在实证研究的基础上，得出结论，从而科学地分析了经济增长和金融发展之间的关系，也可以提出更加科学合理的经济金融政策，实现两者协调统一和持续发展。

20世纪初期，发展中国家实践推行的经济学家提出的金融自由化发展政策并不理想，根据出现的问题和反馈，专家们进行了新一轮的思路。Stiglitz（1997）提出了著名的金融约束理论，该理论认为由于发展中国经济发展水平不高、金融发展体制不健全的情况下，政府需要引导和约束金融市场，采取适当措施干预金融，通过对利率和外汇实行规范和管制，建立公平有效的金融市场竞争秩序，提高企业和居民参与金融市场的积极性，引导企业通过金融市场来扩大再生产和融资，引导居民在金融市场投资和储蓄，提高金融市场的活跃度，通过政府的有效约束和引导把整个社会紧密联系起来，实现资源的有效配置，为经济发展提供保障。在他发表的《金融约束：一个新的分析框架》中，他也指出，发展中国家由于长期处在金融抑制的情况下，如果实行完全的金融自由化，不会取得理想的效果，发展中国家要在一个新的分析框架下，采用间接手段来约束和监管金融市场。过度的约束会导致金融发展受阻，形成金融抑制；过度的放任自由，会使得金融市场发展没有秩序，最终影响经济发展。

综合分析学者们的研究，金融发展与经济增长之间的关系可以分为三类。第一种，金融发展和经济增长单向相关。陈刚、尹希果、潘杨（2006）运用1979—2003年的数据，研究金融发展和经济增长之间存在怎样的变动关系。使用面板分析方法，用银行贷款总额和同期GDP的比值来衡量金融发展水平，得出结论，金融增长可以有效促进经济发展，但是，经济发展水平的提高并不一定提高金融发展水平。因此，两者具有单向的正相关关系。另外，研究还显示，我国1994年的分税制改革大大降低了金融对经济发展的促进作用。据此，他提出国家必须把政府体制改革、财税体制改革和金融改革并行，纳入统一的系统中，才能减缓财税制度对金融和经济的阻滞作用，让金融增长对经济发展的促进作用发挥到最好的效果。

张颖慧（2007）运用实证分析方法，动态的对中国农村金融和农民收入之间的关系展开研究。搜集 1978—2004 年的数据对我国农村金融增长和经济增长关系做协整检验和格兰杰因果检验，结果显示，农村金融增长与农村经济发展有显著的正相关关系。在农村金融增长与农民收入提高的实证研究中，结果显示，农村金融增长对农民收入提高并没有显著的相关性，也就是说，农村金融发展并不一定能够使农民收入相应增加。两者并不存在良好的互动关系。贾春新、夏武勇、黄张凯（2008）首次尝试使用银行分支机构增长代表的国有银行竞争力来研究金融发展和经济增长之间的因果关系。他指出，改革开放以来，中国的银行分支机构数量代表了银行在市场上的竞争力，因此，银行分支机构的大量增加可以促进经济发展，两者具有显著的正相关性。尤其是在 1998 年之前的东部地区，金融发展对经济增长的促进作用更加明显。陆静（2012）采用 1990—2010 年间 20 年的数据，采用 Granger 因果检验和协整检验方法，运用误差修正模型，分析了金融发展和经济增长之间的动态关系。结果显示，金融发展对经济发展存在显著的正向关系，描述金融发展水平的存款总量和贷款总量都是经济发展的格兰杰原因，但都不是经济发展的主要因素。劳动力投入、固定资产投入和经济增长都与金融发展具有协整关系。

金融发展与经济增长之间是相互促进、相互补充的。2003 年，石永东、武志、甄红线搜集整理了 1978—1999 年的数据，采用广义货币、准货币、国内信贷和名义 GDP 之比三个测量指标来衡量金融发展水平。运用柯布-道格拉斯生产函数和 Granger 因果检验实证分析了我国金融发展和经济增长之间的因果关系。结论显示，Granger 因果检验对供给主导假说和需求遵从假说都提供了有力支撑，换句话说，金融发展是经济增长的 Granger 原因，经济增长也是金融发展的 Granger 原因，两者是相互促进相互补充的关系。这种观点与 Patrick 提出的一致，在经济发展的早期阶段，发展水平不高，经济体系市场结构不够成熟，金融发展可以有力推动经济增长；而在经济发展的高级阶段，金融发展就处于"需求遵从"地位。

石永东的观点也与我国正处于市场经济的过渡期的国情相符合。

还有文献指出，金融发展与经济增长之间没有明显的相关性。庞晓波、赵玉龙（2003）运用统计分析方法，得出我国金融发展和经济增长之间关系相关性比较弱，甚至不存在因果关系。

1.3.5 评述

综合国内外文献可知，金融包容与城乡收入差距之间的关系仍处于探索阶段，至今没有形成一致结论。已有相关文献能为本书的研究给予指导性的建议与参考，但还存在以下需要改进与完善的地方：（1）从研究对象来看，目前学界大都从多国或全国等宏观角度研究金融包容与城乡收入差距之间关系，以省级为研究对象的分析很少见，特别是广西集少数民族自治区、偏远地区、山区和落后地区等特殊情况于一体，全国性的宏观分析对其并不完全适用，单独对广西进行分析更具针对性。（2）在研究内容上，对金融与经济之间的关系侧重于从深度角度也就是金融的规模和效率方面分析，缺少宽度即金融服务的覆盖面和金融产品的多样性的研究，目前包容性的金融体系是深度与宽度兼具的体系，因而需要加入金融宽度方面的定量研究。（3）在研究方法上，Sarma 提出的三维度指标应用广泛，但其使用的主观赋值法采用对多指标平等赋权或赋权重 0.25、0.5 或者 1 的方法主观性太强，使定量分析的结果缺乏严谨。

未来研究空间仍然广阔。主要体现在以下几个方面：第一，金融包容的理论分析。现有关于金融包容内涵和成因的研究基本上单一在金融排斥这一个视角，金融包容与金融发展、金融生态的关系鲜有提及，对这些视角的探讨将完善金融包容的理论体系。第二，金融包容研究对象的扩展。我国目前仍然缺少对广大农村、小微企业的研究，丰富对这些群体的研究将对解决中小企业融资难问题大有裨益。第三，包容性金融体系的建设措施。现有研究目前仍停留在理论层面，缺乏针对性和可操作性的推进措施，未来可以从法制、信用体系、制度等方面进行研究，结合金融生态的优化研究，促进金融包容程度的提高，——破解城乡收入差距。第四，互联网金融发展方兴未艾，未来有必要将其纳入指标体系来研究，且互联网金融的发展在一定程度上有利于提升金融包容水平。

1.4 研究内容和研究方法

1.4.1 研究框架

围绕金融包容与城乡收入差距之间的关系这一主题，本书的框架如图1.1。

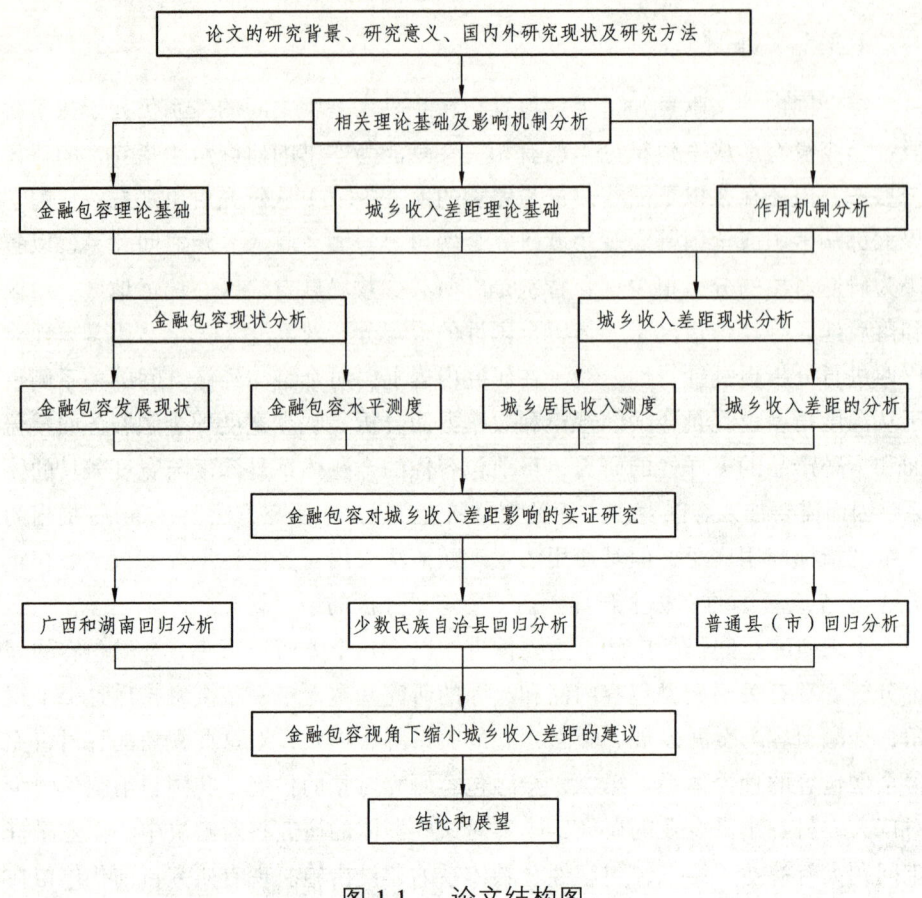

图 1.1　论文结构图

1.4.2　研究方法

经济学就是"学以致用"和"经世济民"的科学。本书密切联系中国新农村建设的实践，采取多种研究方法，以更科学地对中国农村金融生态的制度创新框架进行研究。

1. 理论和案例相结合的分析方法

本书通过分析经济基础、法治环境、社会诚信、政府公共服务与金融包容、生态环境的关系，为合理选择评价指标提供理论基础，同时利用广西和湖南省农村的各项指标数据，对农村包容水平和城乡收入差距进行实证分析。

2. 规范分析与实证分析

规范分析则侧重回答研究经济行为"好"与"坏"的标准，实证分析则侧重回答"是什么"的问题。实证经济学是从某些前提或经验事实出发，利用归纳和演绎方法去寻找经济变量之间的相互关系，寻找经济运行的规律性，分析和预测经济行为的后果，最终形成经济学的某种假说，如对于农村金融生态的实证。而规范经济学是以一定的价值判断为基础的对实证经济学的应用，如对于农村金融的改革反对过度市场化等。

3. 运用主成分等实证方法

为测度其质量，本书将使用主成分法、聚类法等多种先进的计量经济学的方法对经济增长与金融发展的关系、农村金融生态的时间和空间两个维度的比较等。

4. 比较分析方法

比较分析方法是认识事物的基本方法，是对两个或两个以上的事物或对象加以对比，以找出彼此之间的相似性与差异性的一种方法。在不同经济、社会和文化背景下，农村的发展环境存在较大的差异。为了能够准确把握中国新农村建设中的农村金融生态的真实性，本书将利用比较分析法进行对比考察，以找出国外相关实践的启示。

5. 调查分析法

由于中国农村经济、社会、文化等数据难以获得性，本书的许多资料和数据来自笔者课题组和学生一手的艰苦的实地调查，这使得本书的研究更趋于真实和客观。

另外，本书还使用多种分析方法，例如将博弈分析法、归纳与演绎方法、局部分析与整体分析方法等恰当地运用于整本书的研究之中。

2 金融包容与城乡居民收入的理论基础

理论是课题分析的工具。既然课题基于金融包容视角,通过优化金融生态,形成普惠金融的常态以破解我国城乡收入差距,以实现全面小康实现乡村振兴,实现我国十九大提出的"两个一百年"奋斗目标,那么,需要什么理论分析工具呢?本章在国内外学者研究的基础上,指出制度是农村金融包容的核心,对农村振兴、"三农"和农村金融包容、金融生态、区域金融竞争力、普惠金融和城乡收入差距等相关理论进行梳理和提升。这是在新的逻辑起点上构建一个全新的逻辑体系。

2.1 金融包容理论

2.1.1 金融包容的内涵

金融包容是 2005 年由联合国提出的,它强调改善金融基础设施,将金融服务的成本控制在那些欠发达的地区以及社会低收入人群可接受的范围,向他们提供一个价格合理、方便快捷的金融服务,不断提高金融服务的可获得性。Hanning 与 Jansen(2010)较早地将金融包容作为一个独立的研究专题和政策性目标,指出金融包容性水平的提高能够促进经济增长与金融的稳定,强调应将贫困人群纳入到正规的金融体系服务的范围。Femandez(2006)将金融包容视为包容性增长的关键维度,关注弱势群体,如低收入者、失业者等群体如何定期稳定地获取金融服务,以促进增长。著名的国际组织 AFI 采取了金融包容系统的理念,指出金融包容可以让被排斥人群获得主流金融服务,对经济发展、金融稳定及社会的凝聚力的提供有好处。

从全世界范围看,低收入群体相对较难获得金融服务,这是国内外普遍存在的现象,对这一现象最早的研究始于英国,金融服务对低收入群体的排斥导致了金融的荒漠化、收入差距的扩大等很多经济和社会问题,因而,包容性的金融体系相继被提出，联合国在 2005 年"国际小额信贷年"上首次提出普惠制金融，提出通过保障低收入群体获得公平和机会均等的金融服务，帮助他们改善生活条件，提高收入水平。我国学者焦瑾璞（2006）首次将金融包容概念引入中国，提出每个社会成员都有获得金融产品和服务的机会，尤其是那些被传统金融体系排斥的贫困地区和弱势群体。前央行行长周小川（2013）定义金融包容是"通过金融基础设施的完善，将金融服务以可负担的成本扩展到社会低收入人群和欠发达地区，让他们享受到价格合理、方便快捷的金融服务，以此使金融服务的可获得性提高，形成包容性金融体系"[①]。何德旭、苗文龙（2015）认为，简单的金融包容并不仅仅是对贫困地区和低收入群体的资金支援，金融包容更侧重于"造血"功能，在国家政策的扶持下，以可持续的方式为社会全体提供金融服务。虽然在国内也有人称作普惠金融，但鉴于两者表达的内涵一致，故在本书中对这两个概念不作区分。

在此，我们将金融包容定义为：金融机构以合理的成本和可持续的经营方式为排斥在传统金融服务之外的低收入群体、中小微型企业提供金融产品和服务的体系。

相比较传统金融，本书对金融包容的特点做如下梳理：

（1）服务对象的包容性。作为金融市场主要的金融服务供给者，商业银行往往出于趋利性的目的将贷款集中投向于大型企业，对个人和中小企业的信贷需求往往门槛较高。金融包容强调为所有社会群体提供金融服务，尤其是以前被金融体系排斥在外的低收益客户，包括农户、下岗工人、残疾人等低收入群体，小微企业尤其是处于初创期的中小企业，还有地处地理位置不便的山区和农村居民等。服务对象的包容性体现了社会的公平和公正，确保社会全体成员得到尊重和权利保护，增强了社会发展成果的共享性及共享成果的公平性。

[①] 前央行行长周小川是"金融生态"概念的发明者。2004 年 12 月初，在"中国经济 50 人论坛"上，周小川首次提出"改进金融生态"，并运用它对中国金融运行中的深层次体制和机制矛盾作了深入分析。随后他在多种场合阐述这个概念。自从周小川将生态学概念系统地引申到金融领域，我国金融界在金融生态方面从理论研究到实践活动都做出了十分有益的推进。金融生态是一个非常重要且具有创造力的仿生学概念，它借用生态学的理论，为我们理解金融体系的运行及其同社会环境之间的相互依存、彼此影响的动态关系，提供了新的科学视角。它以比较完整且科学的分析结构告诉世人：金融体系绝非独立地创造金融产品和金融服务的系统，它的运行更广泛地还涉及其赖以活动之区域的政治、经济、文化、法治等等基本环境要素，还涉及这种环境的构成及其变化，以及它们导致的主体行为异化对整个金融生态系统造成的影响。因此，管理金融风险，提高金融效率，应当成为一个全社会共同努力的工作；而且，从生态学的观点来看，通过完善金融生态环境来提高金融效率和管理金融风险，可能具有更为根本的意义。

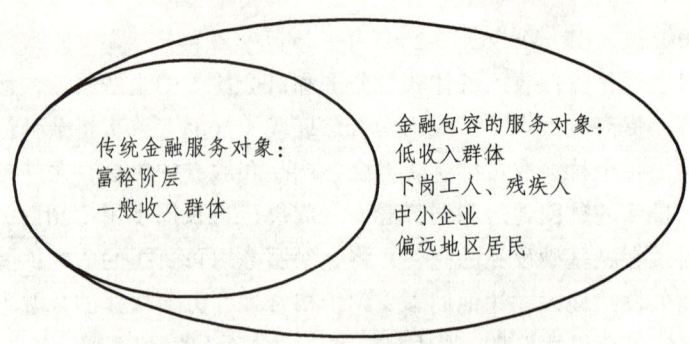

图 2.1 金融包容与传统金融服务群体比较

（2）服务主体的多元性。就金融服务的供给者来说，不再特指农村金融机构和小额贷款公司等以前主要为低收入群体提供金融服务的机构，而是包括所有金融机构，包括大型商业银行、股份制商业银行、城市商业银行等银行业金融机构，还包括财务公司、小额贷款公司、资金互助社、保险公司、基金公司等非银行金融机构，体现了金融供给主体的多元性。

（3）服务产品的全面性。相较于传统金融，金融包容的产品更加丰富多样，居民获取金融产品渠道更多，在普惠金融的概念提出之前，贫困及低收入者主要由小额信贷获取金融服务。但是普惠金融包含的金融服务或者金融产品的范围更加广泛，除了常见的储蓄和信贷外，还包括保险、转账汇款、抵（质）押、担保、养老金服务等，如针对农村的农作物保险、生产经营保险、针对中小企业的信用贷款等。金融服务产品的多元化可以大大改善农村金融服务资源的不足，满足农村的资金需求、提升从事生产经营活动的抗风险能力。

（4）商业模式的可持续性。虽然金融包容使居民获取金融服务的门槛和价格都有所降低，但它并非救济和施舍，也不是政府为了将资金免费地转移到低收入人群手中所采取的转移支付，它的门槛和价格较低是为了让更多有金融需求的人可以有机会享受到金融服务，进而改善生活状况，提高收入水平，也就是说，金融包容不是对包容对象金钱上的支持，而是机会上的给予，这是金融包容和政府补助的最大区别，金融包容是通过金融的"造血"功能，让有金融需求的人得到金融服务去从事相关活动，如生产经营、高等教育、生产保险、疾病救助等，这些金融支持有助于帮助这些群体向更好的收入层次提升，这也是为什么金融包容是社会包容的一个子集的原因。金融机构对这些对象的包容并不是毫无回报，通过给予金融支持，并不会给金融机构的稳健性和盈利性带来严重威胁，反而有利于金融机构的长远发展，它的商业模式是可持续的。

2.1.2 金融包容的发展历程

金融包容虽然 2005 年才被提出,但其发展和演进却经历了漫长的历程,其发展历程如图 2.2。

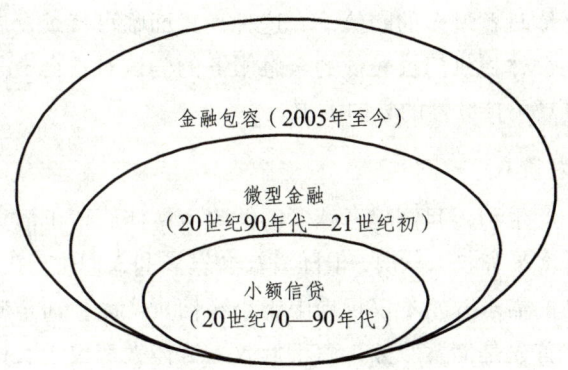

图 2.2　金融包容发展历程图

从最初只提供给低收入群体的小额信贷,到为低收入群体和中小企业提供信贷、储蓄、转账、小额保险等基本金融服务,直到发展成为现在不针对任何群体,但却包含所有群体的各种金融机构广泛参与的包容性金融体系,三个发展阶段体现了金融服务在广度和深度上的延伸,从不可持续的公益性救助向可持续发展的商业模式的转变。

1. 小额信贷阶段

包容性金融的萌芽最早可以追溯到 15 世纪,那时意大利的天主教堂通过较低的利率为低收入群体提供贷款服务,18 世纪,爱尔兰的"贷款基金"和德国的"社区储蓄银行"相继出现,前者更具慈善性质,以社会捐赠所得为低收入群体提供金融服务;后者在慈善救助的基础上强调了可持续性,为一些弱势群体提供基本金融服务。到了 20 世纪 70 年代,小额信贷在拉美国家迅速发展并取得了成功,比如孟加拉国穆罕默德·尤努斯教授开展的小额信贷扶贫实验;拉美的 ACCION 国际组织以及印度的自我就业妇女协会银行等,这些组织大都以小组互助的形式开展信贷活动,同时开始创新性的针对一些低收入群体和小微企业设计不同的贷款产品,不同的贷款产品形式各不相同,但贷款金额一般都在 10 万元以下,这些小额信贷形式是现代包容性金融的最初实践形式,为长期遭受金融排斥的低收入群体和小微企业缓解了部分资金困难,改善了他们的生活、生产经营状况,增加了他们的收入水平,有助于缩小社会群体间的收入差距。但由于处于初创阶段，难免会存在很多缺陷，比如小额信贷运营缺乏可持续性，主要体现在小额信贷的资金主要来自政府补助和社会捐赠，无法以吸收存款的形式获得可持续使用的资金；同时，小额信贷在初期慈善性质更显著，因而较低的贷款利率和较高的运营成本导致小额信贷组织的经营成本过高，在申请小额信贷群体日益增多的趋势下，这种模式面临可持续发展上的困境，但它积极为低收入群体提供门槛较低的金融服务的尝试对社会十分有益，因而小额信贷逐步向更具可持续性的方向发展。

2. 微型金融阶段

小额信贷的产生和兴起使越来越多的低收入群体获得了信贷服务，以此改善了自己的生活水平和收入状况，但随着社会发展和人们生产生活方式的变化，人们对金融产品的需求开始不仅仅局限于小额信贷产品，而是向更具宽度和深度的方向发展。首先是储蓄服务，由于低收入群体大都位于农村或地理位置偏远地区，他们对金融服务的接触程度很低，在收入水平极低的情况下，储蓄对居民的影响较小，但随着经济的不断发展，低收入群体的收入不断增长，储蓄的重要性日益显现出来，传统的储蓄方式在农村和地理位置不便的地方多表现为现金、实物储蓄等，这些储蓄方式明显存在收入波动性较大、安全性低、无收益的特点，因而居民对现代流动性、安全性和收益性都较好的金融储蓄服务需求迅速增加。其次是转账服务，地区经济发展的不平衡使劳动力从低收入地区流向高收入地区，农村地区大量的劳动力流向城市，劳动力的流动使资金转移更为频繁，使低收入群体对转账服务的需求增加。最后是保险服务。农村地区居民的收入来源多为第一产业和初级加工业，与制造业和服务业相比生产的波动性较大、收入不稳定性较高，面临较高的风险。保险可以防范农业的脆弱性和对价格风险的应对能力，对于稳定低收入群体的收入具有非常积极的意义。上述各种金融服务需求的增加促进了包容性金融从小额信贷向微型金融过渡，微型金融是世界银行提出的专门为低收入群体和小微企业提供小额信贷、储蓄、转账和汇款、保险等金融服务的统称，它对小额信贷的延伸和发展主要体现在两个方面：第一，金融服务的产品不断增加，小额信贷主要是给低收入群体提供小额信贷产品，即贷款服务，而微型金融在贷款的基础上进行了扩展，延伸到储蓄、转账和汇款、小额保险等多层次金融服务。第二，金融服务供给机构逐步扩展，小额信贷的提供机构多为一些非正规的金融机构，微型金融则不同，越来越多的商业银行、合作社参与其中，正规金融机构逐步成为微型金融服务提供的主力。

3. 普惠金融阶段

小额信贷和微型金融的成功实践表明了向低收入群体提供金融服务的可行性，低收入群体的信用并非如以往想象中那样低，随着微型金融的不断发展，其盈利性和可持续性不断改善，但与此同时也存在一些问题。首先，微型金融仍以非正规金融机构和一些政策性金融机构为主，由于这些金融机构的金融资源有限，难以应对日渐扩大的低收入群体的金融需求。其次，金融产品多样化不足，经济的不断发展催生了居民对金融服务的多样化需求，储蓄、转账等基本的金融服务已经难以满足居民的日常需求，低收入群体的金融需求也向差异化方向发展，如一些理财产品等。最后，微型金融缺乏政府的监管与相关兼容机构的参与，这些给其可持续发展带来了挑战。在这样的背景下，包容性金融体系在2005年被联合国提出，提出通过构建包容性的金融体系，将各种形式的金融机构组合起来，通过有效的政府监管和相关金融基础设施建设，为所有社会成员包括低收入群体和小微企业以合理的价格提供储蓄、贷款、保险和支付等现代金融服务。与微型金融相比，包容性金融体系主要在以下三个方面进行了扩展：第一，金融机构的包容性。对低收入群体的金融服务提供不再局限于非正规金融组织和政策性金融机构，所有金融机构都可以包含进来，成为国家构建的包容性金融体系的一部分，并且提倡各种金融机构通过创新为全体社会成员提供金融服务。第二，金融服务在广度和深度上的延伸。体现在金融产品日益多样化，针对不同群体的金融需求推出"量身定做"的金融产品，同时将服务群体向贫困和偏远地区居民扩展。第三，强调可持续原则。以往的小额信贷和微型金融扶贫性质比较显著，包容性金融则更强调可持续性。它对社会成员提供金融服务是以合理的成本而不是无偿，较微型金融可持续发展的能力更强。

2.1.3 几个代表性的金融包容理论

1. 核心—边缘理论

核心—边缘理论是由美国区域规划专家弗里德曼（J. R. Friedmann）提出的。他根据对委内瑞拉区域发展演变特征的研究，以及根据缪尔达尔（K. G. Myrdal）和赫希曼（A. O. Hirschman）等人有关区域间经济增长和相互传递的理论，出版了他的学术著作《区域发展政策》一书，系统地提出了核心—边缘的理论模式。核心—边缘理论主要是用于解释发展中国家区域或者城乡之间发展的非均衡性的演变。Friedmann对核心和边缘地区的具体划分如表2.1。

表 2.1 核心区域和边缘区域的划分

核心区 （指城市或者城市集聚区、工业发达技术水平较高、资本集中、人口密集等地区）	国内都会区 区域的中心城市 亚区的中心 地方服务和中心	
边缘区 （指经济较为落后的区域）	过渡区	上过渡区：联结两个或多个核心区域的开发走廊，处于核心区域外围
		下过渡区：其社会经济特征处于停滞或衰落的向下发展状态
	资源前沿区：又称资源边疆区，这个地区可能出现新的增长势头并发展成为次一级的核心区域	

弗里德曼认为随着社会经济的发展，经济空间结构可划分为四个阶段：前工业化阶段、工业化初期阶段、工业化成熟阶段、空间相对均衡阶段。核心边缘理论表明能充分发挥核心区的经济社会的带动作用，通过基础设施共享、交通带动、产业转移、生态补偿等促进各方面的合作，加强腹地扩展。核心边缘理论对改善城乡居民之间的收入差距、国内发达地区和落后地区的关系有一定的实际价值。

2. 循环累积因果理论

循环累积因果理论，是由著名经济学家缪尔达尔在 1957 年提出的，后经卡达尔、迪克逊和瑟尔沃尔等人发展并具体化为模型。缪尔达尔等认为，在一个动态的社会活动过程中，社会经济各因素之间存在循环累积的因果关系，某一社会经济因素的变化，会引起另一社会经济因素的变化，后一经济因素的变化，反过来又加强了前一个因素的那个变化，并导致社会经济过程沿着最初那个因素变化的方向发展，从而形成累积性的循环发展趋势。

在经济循环累积过程中，这种累积效应有两种相反的效应，即回流效应和扩散效应。前者是指资本落后地区，劳动力流向发达地区，导致落后地区要素短缺，发展较慢；后者是指发达地区的资本和劳动力流动落后地区，促进落后地区的发展。总之，循环累积因果认为，在经济发展过程中，一些较好的地区由于具备发展初期的优势以至于它超前发展，从而不断累积有利因素，不断地促进其超前发展，导致增长区域与滞后区域之间发生空间相互作用。

循环累积理论对于中国这样一个发展中国家解决区域经济发展不平衡问题

具有重要的指导作用,缪尔达尔认为政府应加强干预关于解决发展中国家的城乡居民之间的收入差距问题以及区域发展极度失衡的问题。累积循环理论为本书关于解决城乡居民收入差距提供了理论基础。

3. 增长极理论

增长极理论由法国经济学家佩鲁在1950年首次提出,增长极理论认为:在现实生活中一个地区的发展要出现一个绝对平衡的状况那是不可能的,经济增长通常是从一个或数个"增长中心"逐渐向其他部门或地区传导。因此,应选择特定的地理空间作为增长极,以带动经济发展。经济增长极作为一个区域的经济发展的新的经济力量,他自身不仅形成强大的规模经济,对其他经济也产生着支配效应、乘数效应和极化与扩散效应,具体情况如表2.2。

表2.2 增长极的理论效应

效应	含义
支配效应	一个单位对另一个单位施加的不可逆转或者部分不可逆转的影响。在现实的经济发展中,经济单位之间由于相互间的不均影响而产生一种不对称关系,一些单位处于支配地位,而另一些单位则处于被支配地位
乘数效应	这种效应主要指增长极中的推动产业与其他产业之间的联系,有的是前向联系,有的是后向联系,有的是旁侧联系。增长极的经济力量促使其他相关产业的建立,从而就业上、经济上和经济效益上,增长的数量表现出乘数效应
极化效应与扩散效应	极化效应又称回波效应,是指迅速增长的推动性产业吸引和拉动其他经济活动,不断趋向增长极的过程
	扩散效应是指增长极的推动力通过一系列联动机制不断向周围发散的过程。扩散作用的结果是以收入增加的形式对周围地区产生较大的乘数作用

2.2 城乡收入差距理论

2.2.1 城乡收入差距的内涵

城乡居民收入按照统计口径的不同有广义和狭义的划分,广义的城乡居民收入包括城乡居民所获得的所有货币性收入与隐性收入,隐性收入主要表现为一些福利性收入,如良好的社会保障体系、便捷的公共产品等。狭义的城乡居民收入指国家统计局使用的由工资性收入、财产性收入、经营性收入和转移性收入构成的农村居民人均纯收入和城镇居民人均可支配收入。鉴于广义数据获取存在难度，因而当前学术研究基本上使用狭义的城乡居民收入衡量收入差距。

城乡收入差距就是指城镇居民和农村居民之间收入差距，衡量城乡收入差距有绝对和相对两种标准。绝对收入差距是指以某种收入计量单位（通常为货币）为标准计算的城镇居民收入和农村居民收入绝对差额，它反映的是两者差距的绝对数；相对收入差距是以相对份额表示的城镇居民和农村居民之间的收入差距，由于随着经济水平的不断增长，两者的收入都在增加，绝对差额一般呈扩大趋势，因而对城乡收入差距的衡量存在失真，国内外普遍采用相对差衡量二者的城乡收入差距。常见的衡量城乡收入差距相对差的方法主要有基尼系数、城镇居民人均可支配收入与农村居民人均纯收入之比、泰尔指数等。

2.2.2 城乡收入差距的理论

1. 刘易斯的二元经济结构理论

1993 年伯克（Booke）在对印度尼西亚社会问题研究时首次提出了"二元经济"这一名词，刘易斯在 1952 年在对发展中国家经济研究时发现这些国家的劳动部门在城市和农村表现明显不同，因此，他对这一现象表述为农业部门和工业部门的"二元经济"现象。由于发展中国家对工业化的重视，将资源集中应用于工业部门，而农业部门由于向工业部门输送了大量的资源，发展滞后，形成的现状为农业部门基础设施落后、资金和技术不足、劳动力成本很低、生产效率较低、经济发展水平严重滞后；而工业部门则表现为基础设施完善、技术先进、资本密集、劳动力成本较高、生产效率较高、经济发展水平领先。因此，农业部门经济增长速度慢于工业部门，两者的差别带来在农业部门和工业部门劳动力收入上的差别，形成城乡收入差距。要缓解这一问题就要平衡农业部门和工业部门的差距，其作用机制主要通过剩余劳动力调剂。由于农业部门劳动力众多且成本较低，这会吸引工业部门向农村地区吸纳劳动力，以降低生产成本。其作用机制分为三个层次：首先是边际生产率为零的农村剩余劳动力向工业部门的转移，这时会促进工业部门劳动力成本的降低，增加农村居民收入，对农业部门的生产不会造成影响。其次是边际生产率大于零但是低于最低平均生活费用的劳动力的转移，这一转移会继续降低工业部门的劳动力成本，使低于最低平均生活费用的居民的收入增加。最后是边际生产率高于最低平均生活费用劳动力的转移，此时农业部门剩余劳动力消失，劳动力供给不足，这会促使农业部门进行技术创新，提高生产效率，结果就是农业部门最终会转化为现代工业部门，二元经济消失，整个国民经济发展为现代化工业部门，城乡收入差距得到缓解甚至消失。

2. 库兹涅茨的倒"U"形理论

1955年，美国经济学家库兹涅茨提出了城乡收入差距的倒"U"形理论，该理论认为城乡收入差距在不同的经济发展阶段会呈现出不同的结果，一般来说，在经济发展的早期，城乡收入差距会逐步扩大，当扩大到一定程度后会开始逐渐缩小，类似倒"U"形状。这一理论在美国、韩国、波多黎各和日本都得到了验证，库兹涅茨对这种现象的解释为：在经济发展初期，经济增长需要大量资本，资本的来源是储蓄，由于储蓄主要掌握在富裕阶层，因而富裕阶层可以享受到经济增长的成果，而低收入群体在经济增长中扮演廉价劳动力的角色，收入较低，从而两者之间形成了收入差距，伴随经济增长，这一差距会不断扩大。而后随着城镇化率的逐步提高，产业结构的逐步优化，会给低收入群体带来更多收入提升的机会，原有产业中高盈利模式也会逐渐减少甚至消失，使城乡收入差距开始缩小。同时，当经济增长到一定程度，城乡收入差距扩大到一定程度并成为尖锐的社会问题后，政府部门也会通过相关政策对这一问题进行调控，比如扩大对农村地区的转移支付、累进制的个人所得税率等，都有利于农村地区收入水平的提高，从而缩小城乡收入差距。

3. 林毅夫的理论

林毅夫教授用改革来解释中国的城乡收入差距，他2007年在《收入差距扩大的症结在于改革》一书中认为城乡收入差距的根源在于改革不到位。新中国成立时，为了实现工业化和经济腾飞，国家将发展的重点放在重工业上，忽视了农业和农村，城乡收入差距日渐扩大。改革开放以后，家庭联产承包责任制等形式激发了农村地区的积极性，农村居民收入显著增长，但与城镇相比仍存在较大差距，这与中国的经济体制有关，如行政垄断、金融结构失衡以及资源税负的不合理等问题。在金融结构上，我国的金融体系以国有控股大型商业银行为主体，中小金融机构的发展不足，中小金融机构作为重要的中小企业融资中介发展滞后使中小企业的融资面临困境，进而在产业升级和扩大规模上力不从心，也就难以创造更多的利润，造成的严重后果就是就业机会大大减少，使农村剩余劳动力难以向现代工业部门转移，城乡二元经济结构难以化解，城乡收入差距继续扩大。

2.3 金融包容影响城乡居民收入差距的作用机制

对于金融发展与收入差距的关系至今在学界尚未形成一致定论，但可以确定的是金融发展对经济增长有重要贡献，经济增长是缩小收入差距的重要途径，因而，理论上来说，金融包容可以通过促进经济增长间接减小收入差距。与此同时，金融包容对于城乡收入差距也有一些直接作用机制，比如通过提高地理渗透性让贫困地区人群更方便的享受到金融服务，对低收入群体和中小企业相对优惠的贷款利率让他们可以从事相关生产经营活动，从而直接通过金融上的努力改善他们的收入状况，从而缩小城乡收入差距，直接作用机制可以分为金融包容的门槛效应、非均衡效应和减贫效应。其具体作用机制如图 2.3 所示。

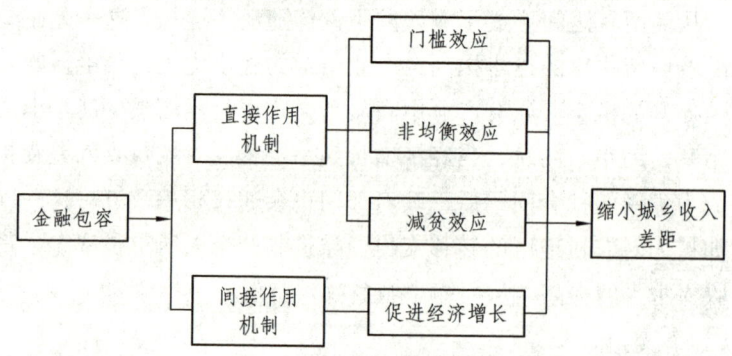

图 2.3　金融包容对城乡收入差距的作用机制

2.3.1　金融包容对城乡收入差距的直接作用机制

1. 门槛效应

金融服务的门槛效应是指低收入群体或中小企业在有金融需求时因为不满足金融机构设置的条件而被排斥在金融服务门外的现象。这些条件多为一定水平的收入、相当数量的抵押品或者一定等级的信用评价，低收入群体多为农民或者下岗工人、残疾人，他们收入水平很低甚至没有收入来源，没有商品房之类的抵押品，市场上也不存在专门为这些群体所使用的信用评价体系，因而这些群体在申请金融服务时，往往会被排斥在外。而收入相对稳定的阶层和大型企业则不会遇到这种问题，他们有较好的收入保障、相对充裕的抵押品，而且还有专门的信用评级，评级较高的贷款利率相对较低，从而使高收入群体和大型企业可以以较低的成本获得金融服务，这进一步促进了他们本已较高的收入水平的进一步提升，加大了城乡收入差距。门槛效应之所以存在主要有两个方面的原因：首先是低收入群体的收入来源相对不稳定，这增加了金融机构的风险成本，从而低收入群体的贷款利率反而比高收入群体更高。低收入群体如农民收入的主要来源为农业生产活动，农业生产相对工业生产来说弹性较低，风险较大，在面临自然灾害时往往无能为力，这使金融机构会附加额外的风险溢价。其次，低收入群体的教育程度相对较低，这对他们金融知识的获得形成了障碍。金融知识是获取金融服务的基础和前提，低收入群体受教育程度较低、金融知识缺乏，并不懂得如何使用金融服务，尤其是在政府出台相关金融优惠政策时，往往由于金融知识上的欠缺错失机会，而富裕阶层则因受教育程度相对较高，懂得如何利用金融产品实现收入的保值增值，通过相关理财产品增加收益，这也扩大了城乡收入差距。

门槛效应对城乡收入差距的影响途径主要有两个：第一，直接影响。主要是通过金融服务评估条件和价格上的差异对城乡收入差距产生的影响。金融机构的逐利性使其在金融资源分布上存在明显的城市倾向性，城市金融机构多于农村，这使城市居民在使用金融服务时更加便利，而农村地区金融机构则相对较少，金融产品单一，因而在金融服务的获取上存在障碍，不利于农村居民收入的提高。同时，城市有相对健全的信用评价体系，通过征信系统，信用较好的城市居民可以相对容易的以较低的价格获取金融服务，如小额贷款等，农村地区目前还没有相对成熟的信用评价体系，在申请金融服务时大多价格较高，不利于城乡收入差距的改善。第二，间接影响。主要通过企业传导到居民个体。城市汇集了大量的金融资源，城市企业获取金融服务相对便捷，从而可以扩大生产规模和技术改进，增加更多的就业机会也获取更多的利润，这有利于城市居民收入的增加；而在农村地区，大量的中小企业面临融资难问题，使这些企业无法扩大生产规模和产业升级，企业发展缺乏后劲，导致农村居民收入增加的可能性大大降低。综上来看，金融服务的门槛效应扩大了城乡收入差距，而通过构建包容性金融体系，可以降低低收入群体获取金融服务的门槛，有助于缩小城乡收入差距。

2. 非均衡效应

金融包容对城乡收入差距的非均衡效应是指由于金融资源在城乡之间分布上的失衡造成的城乡收入差距的扩大。金融机构出于利润最大化原则会将金融资源集中于城市地区，农村地区由于金融资源需求量少、服务成本较高且风险较大，金融机构会刻意减少对农村地区的金融资源投放，导致农村地区金融资源缺乏，阻碍了当地经济的发展，造成更大的城乡收入差距。金融资源的不均衡主要表现在三个方面：金融机构分布不均衡、信贷资源分布不均衡以及金融服务分布不均衡。

金融机构的分布不均衡是指金融机构将营业网点集中于城市地区，农村地区由于地理位置不便、人口密度相对较小、收入相对较低等原因对金融机构贡献的利润小于城市，所以金融机构会减少在农村地区的营业网点。我国于1998年开始的金融分支机构撤并改革，撤并了大量农村地区的金融网点，将金融资源主要布局在城市，虽然这在一定程度上提高了金融机构的整体效率和竞争力，但从长期来看，金融机构分布失衡使农村地区获取金融服务的难度更大，通常要跑到很远的地方办理金融业务，金融资源的稀缺使经济增长乏力，农民收入增长缓慢，城乡收入差距扩大。信贷资源分布的不均衡是指金融机构的信贷服务主要投向城镇居民，对农村居民信贷服务的价格较高，减少了农村居民使用信贷服务的机会。农村居民相比城镇居民，其没有相关信用记录，同时收入也相对不稳定，申请项目又多为价格波动性较大的第一产业，这使得金融机构会减少农村地区的信贷资源投放并在发放信贷时制定较高的价格，阻碍了农村地区居民金融服务的获得。金融服务的不均衡是指在金融服务的宽度上农村居民可享受的金融服务少于城镇居民。农村地区金融服务仍以储蓄、小额信贷、小额保险为主，在当前金融创新大潮下，这些服务显然难以和城镇相比，随着经济的发展农村居民也需要诸如理财、咨询等综合化的金融服务，这有助于在增加他们的财产性收入的同时帮助他们实现收入的保值增值，对于缩小城乡收入差距有重要意义。

金融机构、信贷和金融服务分布上的城乡分布失衡导致了农村地区金融发展滞后，难以对经济增长产生显著性影响，通过构建包容性金融体系，可以改善金融分布失衡现象，有助于城乡收入差距的缩小。

3. 减贫效应

金融包容的减贫效应是指随着金融体系不断发展，金融服务体系不断完善，低收入群体也可以通过使用金融服务提高自身收入，减少贫困。金融包容的减贫效应首先体现在金融服务渗透性的提高，即在贫困地区完善金融服务的基础设施建设，让低收入群体有条件去使用金融服务。就目前来说，在广西农村，新型金融机构发展迅速，这些金融机构可以抓住农村地区金融基础设施薄弱这一优势，为更大范围金融需求者服务，提高他们的收入水平。同时金融中介机构的竞争促进金融创新的大量出现，尽管目前金融并不能完全解决弱势群体所有的金融需求，但是通过近几年不断创新和发展，包容性金融已经越来越能够把稀缺的资源和金融要素传递到弱势群体手中，这样弱势群体就能够获得更多的金融服务，从而影响着城乡收入差距的缩小。

2.3.2　金融包容对城乡收入差距的间接作用机制

金融包容对城乡收入差距的间接作用机制是指金融包容以促进经济增长作为传导环节，通过促进经济增长增加社会就业机会，提升国民收入水平，减小城乡收入差距。其间接作用机制具体如图2.4所示。

首先，金融包容有助于促进经济增长，这是金融对经济宏观上的作用。Pagano（1993）以 AK 模型研究了金融发展对经济的作用，认为金融发展通过对金融资源的有效配置、提高储蓄-投资转化率和储蓄率三个方面推动经济增长。Levine（1993）从金融资源的有效配置方面探讨了金融发展对经济的作用，认为金融发展会促进金融资源的优化配置，从而使有效投资额增加，有利于企业利用投资扩大生产规模和产业升级，促进社会生产效率的提高，增加企业的资本积累，从而促进经济增长。Rajan & Zingales（1998）提出金融发展可以降低企业的融资成本，从而降低企业财务成本，提高利润率，促进经济发展。综合现有研究成果可以得出，金融包容作为对金融发展概念上的延伸和深化，对经济增长有着积极的促进作用，其主要体现在两个方面：第一，它可以通过对金融资源稀缺地区（农村）的金融渗透提升储蓄率，储蓄率的提升会使金融机构可利用的资本增加，降低企业融资成本，促进储蓄向投资的转化，企业融资成本的降低将推进企业扩大生产规模和技术改进，由此可以促进宏观经济的增长；第二，金融包容将有助于金融资源的有效配置，通过对农村地区有发展潜力的企业和项目的投资，将促进农村地区经济的发展。

其次，经济增长对缩小城乡收入差距有促进作用。在前文城乡收入差距的相关理论中已有提及，虽然争论颇多，但争论不一致的焦点多汇集在短期，绝大部分的学者包括库兹涅茨都认为从长期来看经济增长对城乡收入差距的作用是积极的。这基于两个方面的原因：第一，经济增长会创造大量的就业机会，这会吸纳大量的农村剩余劳动力，提升他们的收入水平；第二，经济增长会促进整体国民收入的提高，尽管经济增长会导致城乡收入的绝对差扩大，但相对差会逐步缩小。尤其是在经济发展到一定程度后，政府关于平衡城乡收入的相关政策会更加积极，比如累进制的个人所得税率、针对贫困地区的转移支付等，都有助于城乡收入差距的缩小。

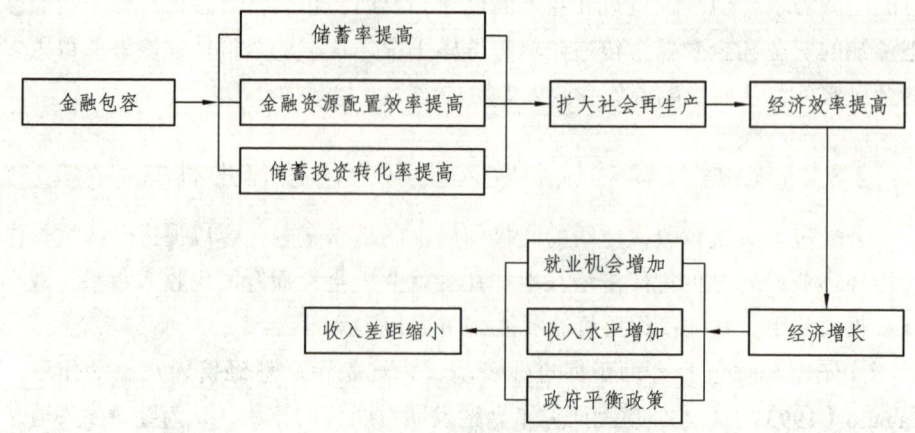

图 2.4 金融包容对城乡收入差距的间接作用机制

2.3.3 金融发展与经济增长关系

许多学者通过研究发现：金融的发展与经济的发展呈正相关关系，通过金融可以为经济的发展提供很多便利条件，如提供货币促进商品的生产和流通、提供信用促进资金的融通等，为现代经济的增长提供了必要的条件，而且金融产业的产值的快速增加，直接影响国民生产总值，从而提高了经济发展水平。

2.3.4 经济增长和城乡居民收入的关系

关于研究经济增长与城乡收入差距的关系，实际上就是关于倒"U"理论能否成立的争议。库兹涅茨曲线（Kuznets curve）倒"U"曲线、库兹涅茨倒"U"字形曲线假说，表明在经济发展过程开始的时候，尤其是在国民人均收入从最低上升到中等水平时，收入分配状况先趋于恶化，继而随着经济发展，逐步改善，最后达到比较公平的收入分配状况，呈颠倒过来的"U"的形状，从这个理论来看，经济的增长有利于缩小城乡居民收入差距。

2.3.5 金融发展、经济增长以及城乡居民收入差距之间的关系

金融的发展使金融机构吸收存款并通过资金配置向资金需求方发放贷款，从而扩大再生产，使得经济效率提高，从而促进经济的增长，使得全社会人民

的收入增加，随着经济的发展，环境逐步改善，最后达到比较公平的收入分配状态，逐渐消除城乡居民的收入差距。

2.4 金融包容、金融排斥、区域金融竞争力和金融发展之间的逻辑

2.4.1 金融排斥与金融包容的区别和联系

1. 金融排斥与金融包容的区别

金融制度随着历史的发展直到现在，仍然存在无法克服的局限性。市场交易主体在市场竞争中不能自由发挥，进入金融市场的门槛比较高，由于自身资产数量较少，不足以缴纳金融机构所规定的隐形租金，所以很难进入金融市场。而即使勉强进入金融市场的市场交易主体，由于市场规则制定的缺陷，不能为所有的市场参与主体提供合理公平的竞争机会，尤其在资金借贷方面，有一些具备良好发展潜力和优良还款潜质的市场参与者，由于目前缺乏资金无法支付金融市场的资金借贷门槛，或者在金融机构中没有一定的社会关系，使得资金需求者很难从金融机构中获得所需的资金。金融排斥现象非常普遍，金融排斥会大大降低金融发展效率，沉淀金融风险，不利于金融资源的优化配置，更加阻碍了经济健康有序持续性发展。

金融包容的概念源自金融排斥，发展金融包容实质上是为了使得普遍存在的金融排斥现象得到解决，Kempon（1999a）和 Whyley（1999b）以及 Sarma（2010）对金融排斥的类型进行总结，认为其大致分为五种情况：第一，条件性排斥。也就是说，由于金融机构和金融组织实施的某些政策措施将一些群体排斥在金融服务和金融产品的使用之外。第二，地理排斥。指的是由于地域问题，位于较为偏远的山区或交通难以到达的地区，将一些人群排斥在金融服务和金融产品的使用之外。第三，市场性排斥。指的是由于金融机构和金融组织的销售策略、营销人群、市场定位、金融风险评估体系限制将某些人群排斥在正规的金融服务和金融产品的使用之外。第四，价格排斥。指的是金融机构将金融产品定制过高的价格，低收入人群、弱势群体、中小企业等无法支付金融产品的人群和企业被排斥在正规的金融产品和金融服务之外。第五，心理排斥。指的是一部分人群由于长期没有接触到正规的金融产品、享受过金融服务或者是

自己的某些正当金融需求曾经被金融机构拒绝，导致存在一定的心理障碍，害怕被拒绝以至于被排斥在金融服务和金融产品的使用之外。

1949年中华人民共和国成立，为了快速发展经济，摆脱贫困落后的局面，从战后衰败的经济中尽快走出来，国家实行优先发展重工业的战略措施，接着，国家对部分地区实施优惠政策，并且优先发展城市，而与之相对应的金融制度成为国家经济发展的重要工具，失去了自由竞争的市场环境和政策支持。第一产业农业、第三产业服务业、农村地区和没有国家政策倾斜的地区自然而然就被排斥在金融服务体系之外。

首先，从1949年到1981年，国家实施优先发展重工业的战略方针，全国各方面都以重工业发展为首要目标，各种资源以重工业优先占有。这期间，为了服从建设与发展大局，我国农业为哺育工业发展，做出了很大的牺牲。在此情况下，农村的金融体系并没有解决农村资金借贷问题，对农村的金融扶持功能也没有充分发挥，农村金融资金通过农村信用合作社，基本都流向了重工业（陆磊、丁俊峰，2006）。由于国家政策的导向，金融对产业和地区的排斥非常严重，在我国，即使在经济发展已经走出落后局面，国家意识到地区产业城乡之间发展的不平衡，在花费大量精力进行调整的时候，但由于历史的原因，金融排斥所造成的影响也一时很难消除。

2. 金融排斥与金融包容的联系

面对普遍存在的金融排斥问题，促进包容性金融的发展，二十世纪七八十年代，国际上开始兴起对微型金融理论和小额信贷理论的研究，从此，金融包容的概念被提出了。接着，二十一世纪初期，世界银行首次提出了衡量世界各国金融包容程度的指标体系，这套指标体系的出现为国际上其他的大型金融机构和金融组织沿用并发展，并且在一些发展中国家得以实施。金融包容的概念在我国被翻译为"普惠金融"，指的是正规金融机构在合理的价格水平下，能够为中小企业、弱势群体、贫困地区、偏远地区以及低收入地区等被排斥在正规的金融服务之外的人，或者是由于金融服务和金融产品的价格过高、金融机构的风险评估体系限制、成本要求等限制，不能频繁有效使用金融产品和服务的人群，提供合理便利的金融产品和服务，提高他们的经济水平，促进社会稳定可持续发展。

金融服务于经济。在整个社会中或特定的历史条件下，由于资源的有限性，使得国家优先发展重工业的政策得以实现必定要农业做出一定牺牲。加之国家在不同时期实行的有差别的金融优惠政策。如国家对东部地区批准的经济特区，在国家政策的主导下,向东部地区给予的优惠政策,如低息贷款、金融创新自主权和自由的利率浮动权,从此,国家整齐划一的金融政策形成了区域间不平衡的状态。国家的差别化金融政策,属于地区性金融排斥现象,而面对逐步加重的金融排斥现象,为了解决这个问题,金融包容性发展理论越来越受到重视。

金融排斥和金融包容是一个硬币的两面,两者针对的服务对象相同,都是弱势群体、中小企业。金融包容和金融排斥都是金融发展理论的一个组成部分,从不同的角度研究如何通过金融实现整个社会公平合理,在经济繁荣发展的大环境下,让每一个人所有的阶层都可以享受经济发展成果,减少国家和地区的贫困人口,降低贫困发生率。此外,明晰金融排斥对象,才能使提高金融包容性的具体措施更有效。

2.4.2 金融包容与金融发展的区别和联系

1. 金融包容与金融发展区别

金融包容是衡量金融发展的一个重要维度,国内大部分专家和学者对金融发展水平的衡量是从金融发展的深度即金融发展规模来衡量的,衡量的指标一般为以广义货币与国内生产总值的比重来描述的麦氏指标,以金融资产与国内生产总值之比来描述的戈氏指标,经济发展水平、科技发展能力、证券市场规模、上市公司数量、教育水平、保险市场发展状况、银行每年的贷款数量等指标来衡量金融发展的规模。武志(2010)提出了更准确的戈氏指标衡量方法,采用数理方法剔除了其中的虚假成分。Bittencourt(2012)选取资本市场指标如存款与贷款比值、股票市值与国内生产总值之比,能更合理有效地衡量金融发展水平。金融发展深度指标的衡量是从国家角度的宏观层面研究的,而金融发展的广度(也称宽度)是从微观层面的个人、企业、区域、行业等对金融服务和金融产品的使用频率和可获得性角度出发进行研究。

金融包容是指弱势群体、低收入群体和偏远地区的人群也可以通过正规金融机构获得所需的保险、银行账户、储蓄、贷款、理财等基本的金融服务(CGAP,2011)。金融包容的实质是从两个方面来解读,包括金融服务和金融产品的使用频度和可获得性。金融服务和金融产品的使用频度受多方面因素的影响,个人消费习惯、当地金融市场体系完善程度、消费观念、金融机构的营销策略、价格门槛等。很多人拥有银行账户、股票账户、保险账户,但使用频率很低,这一部分人群也属于金融排斥的范畴,自我排斥、心理排斥、价格排斥、市场排斥、地理排斥都有可能影响金融服务和金融产品的使用频率。它是由供求双方共同决定的。金融包容的可获得性是由金融机构决定的，是一个单向因素。评价金融包容可获得性的指标有很多，国内外相关学者的衡量指标选取各有侧重，主要包括银行营业网点的数量、每一千人所拥有的 ATM 数量、每个成年人所拥有的银行账户、保险账户、股票账户以及每个成年人每年的存款和贷款频率。

衡量国家或金融中介机构的金融创新或金融政策是否为金融包容，需要具备几个核心要素。

首先，金融服务和金融产品的可得性是最重要的因素。通常情况下，用百公里人均 ATM 数量和千人人均贷款率以及成年人所获得金融服务在总人口中的比例来衡量金融包容的可得性。

在满足金融产品和金融服务可得性的前提条件下，获得金融服务和金融产品还需要具备便利性的条件，如果缺少便利性，路途遥远或者程序流程较复杂、时间较长、交易繁琐，人们享受金融服务和购买金融产品、储蓄、理财、消费的积极性都会大大降低。因此，通过满足金融服务和金融产品的便利性条件，可以减少鞋底成本、交易成本和时间成本。

在金融产品和金融服务可得性的基础上，对于金融产品和服务的定价要使得消费者和生产者都感到满意，也就是说，让金融产品和服务的获得者得到相应的消费者剩余，让金融产品和服务的提供者获得相应的生产者剩余，在这样的情况下，消费者会认为自己购买的金融产品物有所值，没有被欺骗，在没有收到价格歧视的情况下，可以大大提升消费者的满意度，建立良好的口碑效应，扩大消费人群。而金融中介机构在提供金融产品和金融服务的同时，以适当的价格、金融机构可以负担得起的价格，也得到了适当的利润，维持了可持续经营，同时也符合国家政策所倡导的提高金融包容，促进金融公平共享经济发展成果的国家政策。

在金融产品和金融服务可得性的基础上，金融中介机构提供的金融服务和金融产品要在国家法律允许的范围内进行，金融创新的方法、手段和金融工具必须经过国家相关金融监管部门的批准和审核，不能恶意欺骗消费者，违背诚信原则，触犯国家法律，损害广大消费者的利益。而且，金融中介机构要保障消费者的金融托管资金和各种储蓄、理财、保险、投资等金融账户的安全性，避免不法分子恶意入侵账户，盗取消费者资金，金融中介机构也不可随意挪用客户的保证金和金融账户的资金。当消费者的金融权益受到侵害时，比如，资金账户费用不明晰，被恶意入侵账户实施的不符合消费者意愿的操作，股票、保险、基金账户的非法套现行为，以及消费者和工作人员之间发生纠纷时，金融中介机构应该保护消费者的正当合法权益，要站在公正的客观的立场为消费者争取自身的利益，不可以站在旁观者的角度不闻不问。

金融中介机构提供的金融产品和金融服务要具备全面性。消费者基本的金融需求为取款、贷款、存款、转账、结算等，为了提高消费者的满足程度也即效用最大化，应该为资金充裕的消费者提供保险、理财、投资、信用体系评价等各个方面的金融服务。

在明确了金融产品和金融服务是否属于金融包容的范畴这一基本的五大要素前提下，还需要界定金融中介机构的服务对象。2006 年，联合国（United Nations）对金融包容的服务对象有了最早的界定。接着，中国国务院对金融包容的服务对象做了更加全面具体的界定，指出金融包容的服务客体是社会各阶层、所有群体。时任中国人民银行行长周小川指出判定金融创新是否为金融包容的范畴，一个重要的条件就是看金融服务对象是否为每一个人。将金融包容的服务对象界定为每一个人或社会上所有群体，这样的说法势必会扩大金融包容的范围，曲解金融包容的概念，进而在国家制定金融包容促进政策时产生一定偏误，对金融中介机构针对金融包容的金融政策和金融创新产生误导。实质上，在总结和梳理国内外对金融包容的服务对象界定的研究中，被学界所普遍认同的观点是，金融包容的服务对象是指一部分特殊人群、弱势群体，如老人、穷人等资金存量小、财富增长速度慢、缺乏知识、教育水平低的那一部分人群，和企业资质不健全、属于科技创新性的小微企业，发展潜力大但目前属于起步阶段等中小企业。

通过梳理国内外专家学者的文献（Demirgüc-Kunt et al.，2008），发现弱势群体被排斥在正规的金融机构的服务和金融产品的使用之外，有几个重要原因。

首先，随着金融市场的逐步发展，规模不断扩大、经营业务范围的拓展，逐渐走向了垄断经营的发展阶段。此时，在消费者储蓄时，储蓄者和金融中介机构之间处于供求不平衡的状态，金融中介机构的利率很低，储蓄者把资金放到金融中介机构，几乎得不到任何利息，甚至金融中介机构会强制居民储蓄，而当中小企业或者居民由于资金缺乏需要从金融中介机构获得贷款资金时，利率又很高，贷款者从金融中介机构获得贷款需要支付很大一笔利息费。由此看来，垄断式的金融机构通过存贷款利率的调整，从居民和企业手中攫取了巨额利润，价格排斥严重，社会不满情绪高涨。在这样的情况下，民间融资逐渐发展起来。其次，金融中介机构在选择贷款对象时，往往选择与政府关系密切、由国家批准的大项目以及与政府领导官员有关的项目，而像知识产权类公司、科技型小微企业等极具社会发展价值的中小企业往往很难得到所需的贷款。即使这些中小企业在通过了畸高的资金关系门槛之后，艰难获得贷款，贷款的费用也很高，这对于初创的中小企业来说也是一个很大的负担。像现在很多小微的电商企业，如果需要资金，就更难从正规的金融机构获得资金了。

中国的证券交易所只有上海和深圳两个，全国性的上市企业也存在东部地区多，中西部地区少的现象。而且上市的企业均为规模市值较大的大企业，一些极具社会发展价值和发展空间的中小企业很难在全国性的金融市场上市，中国也缺少县级、市级、省级的融资平台，导致很多中小企业因暂时性的资金短缺导致企业无法周转，并最终破产。另外，中国金融市场的门槛很高，即使有充裕的资金、完善的财务体系、庞大的市场占有率，金融机构审批的集权性也限制了企业上市。有些企业为了上市获得融资，不惜违背法律、道德、诚信、制造虚假财务报表、走关系、行贿。这些不良现象在某种情况下，会沉淀金融风险，为社会经济发展带来不安定因素。另外，证券交易所集中在上海和深圳两个交易场所，无形中为经济发展和本地投资增加了很多机会，中西部地区以及金额市场不发达的城市或区域投资机会就相对减少了，故在实质上，金融交易场所所在地对其他城市形成了一定的金融排斥。

在中国这个特殊的发展中国家，关系型金融现象普遍存在。人与人之间的关系大部分是通过血缘关系、地缘关系来维系。维持的纽带要靠道德，道德高低和影响力程度是巩固社会地位的一个重要因素。中国在深化改革的过程中，国有企业部门经历了股份制改造，在这个过程中，国家行政命令和市场规则并不能完全发挥作用，依据道德关系维系的地缘和血缘关系仍存在于金融市场中。关系型金融指的是与银行等金融机构有关系或者有熟人的人群，可以很容易获得贷款，而且利息比较低，银行内部人员获得相应的利益回报。第二种情况的关系型金融指的是银行或金融机构仅仅为了个人利益，依据企业贷款人员行贿金融的高低，借助职务便利，向与其没有任何关系的人贷款。因此，可以看出，在关系型金融浓厚的中国人情式社会下，与银行等金融机构有无关系成为了企业是否能获得贷款资金的关键因素。谢平、陆磊（2005）在文章中指出，银行在贷款业务方面获得的资金来自三个方面，首先是企业为获得贷款给予银行等金融机构人员的人情费，其次是金融机构向企业收取的远远高于正常利率的利息收入，还有一部分是在银行等金融机构的账面出现坏账、呆账等不良贷款数额较大可能导致金融机构破产时，国家政府向金融机构注入的大笔资金。

2. 金融包容与金融发展联系

关于金融包容与金融发展之间的关系，学界主要侧重于两个方面的研究，其一为金融包容与经济增长之间的关系，其二为金融包容对缩小城乡收入差距的影响，对减贫的作用。在金融包容与经济增长之间的关系中，主要分为三种观点，即金融包容对经济增长有正效应、负效应或者没有相关性，三种观点的不同是基于前提条件的不同。对于金融包容于城乡收入差距的关系、对减贫的作用，也是在不同的条件下，有不同的结果。通过梳理国内外专家学者的文献，可以看出金融包容与城乡收入差距之间的关系为缩小、扩大或者呈倒"U"形。本书主要从金融包容的视角，研究在金融发展具备包容性时，对经济发展和社会进步带来的积极作用。

包容性金融发展对个体经济行为有着很大影响。当金融发展具备包容性时，金融包容的服务对象弱势群体、中小企业和低收入人群、偏远地区人群等，经济行为会发生一定的改变。Karlan & Zinman（2010）在他的研究中指出中小企业在获得了所需的金融服务、获得金融产品之后，企业的生产规模、经营范围、投资额度都有很大提高。低收入人群和偏远地区在银行等金融机构开立储蓄账户、理财账户、保险账户、投资账户等金融账户时，使用频率往往比较高，相应地在获得金融服务和享受金融产品的同时，收入和消费都有大幅提高。Dupas &Robinson（2013）也对金融包容性对个体经济行为的影响做了实证研究，结论指出，在银行等金融机构开立金融账户的人群，个人消费和投资都有很大幅度提高。

包容性金融的发展，女性受益高于男性。其中，主要的原因是：由于历史原因，女性在社会中的地位比较低，尤其是自古沿袭来的观念认为女性应该更多地把时间和精力投入到家庭中，加上女性受到的教育低、在工作上受到歧视，通过自身能力获得收入就比男性低。所以，金融服务和金融产品本身并不存在性别排斥，但由于能力有不同，收入就会不同。收入比较低甚至没有收入的女性对金融服务的需求就比较低，或者她们因为没有足够的资金而无法参与到金融市场中。Dupas & Robinson（2013）通过对肯尼亚的研究，指出女性在得到一定经济能力之后参与到金融市场中，个人消费和投资都明显提高。

包容性金融发展能够促进经济增长。金融包容程度的提高可以促进资源优化配置，使低收入者、中小企业等弱势群体参与到金融市场中，促进消费，增加收入，提高积极性，进而促进经济增长。研究表明，成年人在正规金融机构设立储蓄账户、投资账户、理财账户之后，账户使用频率越高，对经济发展的促进作用越大，账户使用频率越低，越不利于经济发展。一个国家或地区的基础设施越完善，对经济发展的促进越大。金融中介机构的服务成本越高，提高金融包容越不利，一部分被排斥的群体因费用过高就无法获得相应的金融服务，服务费用相对减低，则可以促进经济增长。

包容性金融发展可以促进社会整体发展。金融包容性的提高对弱势群体参与金融市场提供了很大便利，低收入人群和弱势群体通过享受金融服务获得金融产品，可以提高个人收入，收入的提高可以使社会发展更加公平，减少犯罪率和不安定因素，提高城市化率。收入的增加使人们对个人收入的支配更具选择性，支配也更加符合个人意愿，投入教育的比例也会相应提高。Anand & Chhikara（2012）指出，金融包容的发展可以提高人类发展指数，降低贫困发生率。金融包容指数每提高一个百分点，人类发展指数会提高千分之一点四。而且，包容性金融发展对金融创新的要求比较高，移动支付、POS 机、ATM 机的使用等，在客观上可以完善金融市场，降低交易成本，提高经济发展的效率。

2.4.3 金融包容、金融排斥、区域金融竞争力和金融发展的关系研究

国内外对金融发展理论的研究侧重于探索金融发展对经济增长所产生的作用，对于金融发展是促进经济增长还是延缓经济增长或者关系不明显的情况，学者们经历了三个阶段的探讨。首先，在金融深化和金融抑制阶段，1973 年，麦金农和肖提出了针对发展中国家的理论。该理论指出，发展中国家存在通货膨胀现象，国家对金融发展采取限制措施，严格管制市场价格、利率管制、控制竞争，大大降低了居民储蓄的积极性，导致外来资本难以进入市场，金融市场受到抑制。在这种情况下，经济发展受到影响，发展缓慢。为了改善金融抑制现象，发展中国家的政府要逐步放宽对金融市场的管制，使得价格、竞争、利率充分发挥自身功能，起到优化资源配置，促进经济发展的作用。这个过程，被称为金融深化。

金融深化和金融抑制理论在发展中国家的实践并没有改善发展中国家的经济发展状况，起到促进经济增长的效果，反而造成了金融市场的混乱以及诚信问题，造成信用体系崩溃。面对这样的情况，国内外学者提出了金融约束理论。在金融约束发展阶段，从制度经济学的角度出发，研究政治、经济、文化、教育、法律、制度等对经济发展的促进作用，认为政府应该对金融市场适当干预，通过利率、汇率等金融工具和金融政策的出台，提高居民储蓄的积极性，提高企业生产、投资的热情，将金融资源在市场中更有效的配置，提高资源配置的公平合理性。接着，学者们将目光转向金融发展的广度上，主张提高金融包容性，金融服务的可得性和使用频率越来越受到关注，扩大金融服务的覆盖面，延伸金融服务对象。提升金融资源配置的公平性。

国内外对于区域金融竞争力的文献主要集中在指标体系的设计上，通过衡量区域金融竞争力的强弱，判断国家或区域经济发展水平，找到区域金融发展的问题，有针对性地提出解决建议。通过梳理国内外相关文献，对区域金融竞争力的衡量指标主要有金融自身发展差异和金融环境差异两大体系，金融自身发展差异又可以细分为金融组织规模差异、金融资产规模差异、金融结构和金融发展效率；金融发展环境差异包括开放力差异和经济实力差异。对金融发展侧重于研究与经济增长和城乡收入差距之间的关系。通过对比区域金融竞争力和金融发展水平的衡量指标，可以发现，区域金融竞争力越强的地区，金融发展水平越高；区域金融竞争力越弱的地区，金融发展水平也较低。反之，金融发展水平高的区域，金融竞争力也越强。实际上，区域金融竞争力是金融发展的一个方面，金融发展包含了区域金融竞争力这一概念，两者的评价指标对此也做出了验证。

包容性金融发展已经成为世界经济发展的基调。包容性金融发展主张全社会所有人、所有阶层都可以享受经济发展的成果，注重社会公平，强调要照顾弱势群体。金融包容性增长可以帮助低收入阶层走出贫困、促进实体经济发展。有数据表明，在我国小微企业在整个国家所有企业中占了 95 个百分点，为国家贡献了 60% 的 GDP，为社会提供就业岗位比例达到了 80 个百分点，大部分的专利发明是在小微企业。尽管如此，小微企业仍面临严峻的形势，首先，小微企业很难从正规的金融机构获得贷款，大部分资金来源于内源融资，依靠银行等金融机构贷款的比率几乎为零。正规金融机构对小微企业的没有一套适合的衡量体系，导致小微企业无法从正规的金融机构获得贷款。此外，为小微企业提供保险、担保的机构也很少。完善针对小微企业的担保体系和保险制度，可以大大提高市场创新能力，降低破产清算的风险。

包容性金融增长可以减少贫困发生率，提高一个国家的人均消费水平，提高收入，促进社会稳定和谐。经调查发现，当弱势群体获得银行或正规金融机构的贷款时，一般将这些资金用于改善生活、日常消费、医疗保健、提升自身文化水平上。生活的改善意味着生活消费品购买量增加，消费水平提高；用于提升自身文化水平意味着本国或地区的劳动生产率会提高。而高收入人群由于原本生活就很充裕，资金会出现剩余，当收入再次上升时，高收入人群一般用来购买国外的奢侈品。因此，包容性金融发展对于金融排斥群体来说边际贡献更大。包容性金融可以提高一个国家或地区的区域金融竞争力，其相应金融发展水平也会进一步得到提高。

区域金融竞争力一般是从金融发展规模这一角度来衡量，反映了金融发展的深度，是金融发展在"量"上的表现，而金融发展在宽度上的表现形式为金融包容，金融包容是金融发展在"质"上的表现。所以，区域金融竞争力和金融包容分别是衡量金融发展水平的两个维度，也称为金融发展的深度和广度。而金融包容又源于金融排斥，因此研究金融发展就必须把金融包容、金融排斥、区域金融竞争力结合起来才能够更深入分析金融发展，促进经济增长，缩小城乡收入差距。

金融包容和金融深度都是衡量金融发展水平的重要维度，金融发展水平的提高根本上是为了经济发展提供保障，促进经济增长。在中国这样一个发展中国家，市场经济不完善、金融体制不健全、法律体系有待进一步完善，大部分金融资源向东部发达城市或者中西部省份的金融辐射中心流动，最终集中于少数的大企业和富裕阶层，中小企业、弱势群体和低收入阶层这些社会的大多数人，却拥有极少数的金融资源，难以获得正规金融机构所提供的金融产品和金融服务。而整个国家经济的增长必定不是以少数富人和大企业为中心轴的，中小企业发展限制和低收入人群、弱势群体的金融排斥如果不能消除，对整个国家经济增长会造成很大影响。

金融包容水平的提高可以促进经济增长。金融机构对金融产品的价格合理控制，降低中小企业和弱势群体的进入门槛，主动扩大服务对象，延伸服务范围，降低交易成本，减少信息不对称，可以有效解决金融资源配置不均衡的问题，促进整个社会协调健康发展。因此，金融包容是衡量金融发展水平一个不可或缺的重要维度。

2.5 农村金融生态理论创新——"金字塔三分图"

基于对动态中相关学者研究的梳理，笔者尝试原创性的构建一个全新"金字塔三分图"的农村金融生态理论。同时，诠释了"三农"、新农村建设与农村金融生态的逻辑关系。应该说，这个理论创新丰富了农村经济、金融学与农村金融学等相关理论。

2.5.1 相关概念界定

德国生物学家 Haeckel（1866）认为生态学是研究动物对有机和无机环境的全部关系的科学。目前，生态学者普遍认为其是研究生物与环境之间的相互关系及其作用机理的科学。从原意上讲，生态学是研究生物"住所"的科学。在生态学中，生态因子是指对生物生长发育具有直接或间接影响的外界环境要素（食物、热量、水分、地形、海拔、土壤和气候等），有时又称为生存条件。所有生态因子构生物的生境。同时，在食物链中的生物是以各种不同等级的群落形式存在。由此，本书对相关概念进行界定。

1. 农村金融主体群落和农村经济主体群落

生物群落是一个泛指名词，可用来指明各种不同大小及自然特性的有机体集合，包括一切动物、植物和微生物。生物群落中的所有物种是相互联系的。同时，群落与环境是不可分割的。一方面，环境特征（气候、土壤、地形等）在决定着群落的类型和特征，但另一方面，群落对环境的特征也起着重要作用。如植树造林，可以防止风沙、涵养水源、改变局部的气候等。当然，群落形成过程可简单地分为：一是侵入定居阶段。这一阶段的特征是一些生态幅度较大的物种（先驱种）侵入定居并获得成功。二是竞争平衡阶段。此时，物种之间的竞争激烈，有的物种到了繁殖的机会而定居下来；而另一些则被排斥。三是相对平衡阶段。物种通过竞争平衡地进入协调进化，使资源的利用更为充分、有效。有时可能再增加一些共存的物种，使群落在结构上更加完善，群落有比较固定的结构和层次。其实，群落的形成发展和演替是一个连续的不断变化的过程。

同理，在农村金融生态中也存在群落，相当于生态中的有机环境。我们把存在于农村区域的农村各种经济主体称为农村经济主体群落；把存在于农村区域的各种金融主体称为农村金融主体群落。这些群落是相互依存的。农村经济主体群落是农村金融主体群落的基础，高效的农村金融主体群落会促进农村经济的发展[①]。按照食物链所处的位置，生物群落有高级和低级之分，那么正如上述的分析，在农村金融生态中的农村金融主体群落属于高级生物群落，而农村经济主体群落较之而属于低级生物群落。

2. 农村金融生态生境、限制因子、主导因子

生态因子是指对生物的生长发育具有直接或间接影响的外界环境要素（食物、热量、水分、地形、海拔、土壤和气候等），又称为生存条件，也即无机环境。所有生态因子构生物的生态环境。环境因子指生物有机体以外的所有环境要素，是构成环境的基本成分。限制因子是指在众多的生态因子中任何接近或

---

① 在这里，笔者极不认同不要农村经济基础而单纯依靠政府的农村金融的观点，这是有悖于实际的调查的。

超过某种生物的耐受性极限而且阻止其生长、繁殖或扩散甚至生存的因素。在自然界中，各种有机体和环境的相互关系是复杂的，环境因子对生物的作用是各不相同的，有的显得特别重要，而有的则居于次要地位。诸环境因子中，任何一个因素，只要超过或接近其有机体耐受程度的极限时，就可能成为一个限制因子。在一个生态系统中对应任何一种生物都有一种限制因子来阻止其过度膨胀，否则这个系统将失去原有的均衡，甚至会导致该物种的最终衰败。[1]

对应农村金融生态理论中也应该存在生境的概念。本书将农村经济主体群落和农村金融主体群落以外的所有因素的总和，也即农村金融生态中的所有的生态因子（无机环境）定义为农村金融生态生境，如法律、法规、政府、文化、道德等各种因素。

在农村金融生态中，这些环境是决定农村经济主体群落和农村金融主体群落生存的基础，其中一个或者两个因子，在一定条件下，起着主导作用，即该主导因子改变时就会引起所有生态因子的重大改变，而形成另一生态类型。在农村正处在转型期（由自然经济向现代农业转变），为了促成这一伟大转变，应该主动寻找主导因子即影响转变的主要影响因素，并通过改革化解影响因素。这些就是我们下文要论述的制度创新框架。比如政府行为，中小企业融资（难）等就可以视为农村金融生态中的一个主导因子。因此，在整个农村金融生态生境中，寻找起非常关键的的主导因子是很有意义的。

同样，最小因子定律存在于农村金融生态中，当所有条件都已经匹配的时候，农村经济主体或者农村金融主体往往会因为一个个别因素的不足而导致发展的终止，比如农业产业化中的乡镇企业融资瓶颈问题，农村金融主体的法律地位问题等。当然，在农村金融生态系统中限制因子的存在也是必需的，它是维持农村金融生态平衡的一个必要因素。对于农村金融主体这类物种，往往政府的监管成为其继续发展的限制因子。

3. 农村金融生态的高水平的均衡——优化的农村金融生态

本书之所以引入农村金融生态的概念目的是将其作为一种途径或方法去破解"三农"难题，也就是所谓的优化的农村金融生态。在现实中，生态系统的

---

[1] Liebig 的"最小因子定律"：德国化学家 Liebig 在研究谷物的产量时，发现谷类植物常常并不是由于需要大量营养物质所限制，而是决定于那些在土壤中极为稀少，且为植物所必需的元素（如硼、镁、铁等）。他认为：植物的生长取决于那些处于最少量状态的营养成分，如果环境中缺乏其中的一种，植物就会发育不良，甚至死亡。如果这种营养物质处于最少量状态，植物的生长量就最少，后来人们把这种思想成为"Liebig 的最小因子定律"。

发展和演化，实质是一个生态系统在时间上的运动问题。同时，我们知道生物多样性的存在价值是指其伦理学和哲学的价值，作为农村金融生态系统也是发展的，是变化的。既然如此，墨守成规的做法是不正确的。事实上，目前的低水平的农村金融生态的均衡是无法解决"三农"问题的，甚至会滋生"迷失的农二代"的问题，那从何建设新农村？我们应该主动通过制度创新的适应变化引导演变。比如，根据当前的形势，农村金融生态系统中应该通过各种手段使其物种多样化以提高其自我抵御和化解风险的能力。至于物种的多样性，也就是生态入侵（ecological invasion）[1]。农村经济主体和农村金融主体目前所形成的平衡状态已经不能满足农村经济发展的需要，因此，引入新物种打破现有平衡将是一个很有价值的建议。但新物种的引入一定要在科学论证基础上，在引入初期要使得新物种具有可控性，以避免产生不理想的新的均衡生态系统，如我们应该理性看待进入农村的外资金融机构、非正规农村金融等。这一过程对于新农村经济结构调整和农村金融创新来说非常重要。一是必须尊重实物发展的阶段性。二是作为管理者在此过程中必须积极主动，及时发现新问题，及时研究新的管理方案。三是充分认识新物种的影响，发挥其积极的一面，化解其不利的方面。比如金融机构的创新、金融产品的创新、新的农村经济成分的进入。当然，新农村建设需要新的农村经济主体和农村金融主体。在这个过程中我们必须及时、科学的管理和控制，不可盲目求速度而忽视了主体之间的有机性，避免冒进。

  本书界定的作为解决新农村建设途径的农村金融生态的优化是一种农村金融生态高水平均衡的状态，整个农村金融生态生境是低交易成本的、高效的，能够促进农村经济主体群落的多元化，而多元化的农村经济主体群落是农村金融主体群落的基础，农村金融的创新又进一步推进农村经济的发展，也在一定程度上使得生境的改善。

  基于上述的分析，本书认为目前的金融生态的概念是无法解释问题的全部，

---

[1] 生物入侵是指某些生物种类因偶然的机会进入某一适宜其生存和繁殖的地区。其种群数量不断增加，分布区逐步稳定扩展的过程。新物种的入侵必将对原有的生态系统产生影响，往往会打破原来系统的平衡，产生新的平衡。当然，群落形成过程可简单地分为：一是侵入定居阶段。这一阶段的特征是一些生态幅度较大的物种（先驱种）侵入定居并获得成功。二是竞争平衡阶段。此时，物种之间的竞争激烈，有的物种到了繁殖的机会而定居下来；而另一些则被排斥。三是相对平衡阶段。物种通过竞争平衡地进入协调进化，使资源的利用更为充分、有效。有时可能再增加一些共存的物种，使群落在结构上更加完善，群落有比较固定的结构和层次。其实，群落的形成发展和演替是一个连续的不断变化的过程。

很多学者的农村金融生态的解释只是在"金融生态"前面简单的加上"农村",甚至还是简单地指责农村金融制度,好像这是"三农"的根源。其实,这是极不科学和严肃的。由此,本书认为农村金融生态研究的是农村金融主体(从事农村金融活动并以活力为目的的主体)、农村经济主体与制度环境因素之间内在、逻辑的关系。因此,本书给出的农村金融生态的定义是由农村金融主体群落、农村经济主体群落和农村金融生态生境构成的一个动态的金字塔式的体现农村经济、社会、政治、文化和生态文明的制度集合①。这种金字塔式的设计更多的是昭示农村金融生态生境是决定农村经济主体的,而农村经济主体是决定农村金融主体的逻辑关系。没有农村制度的创新,何谈农村经济的发展,没有经济的支持,任何国家"偏爱"的农村金融只是沙漠之塔。在现实的研究中,当我们对农村金融主体指手画脚时,殊不知农村金融主体是最显性的,农村经济主体是站在农村金融主体后面的决定力量。不幸的是,我们往往忽略了最重要、也是最内在的农村金融生态生境。这是问题的关键,而这也是最难解决和突破的。应该说,这样的概念界定是科学性与合理性的,是对生态学在农村经济学的继承与发展。甚至可以说,本书提出的农村金融生态生境的概念是史无前例的,是笔者多年思考的结果。由此可以看出本书根据农村金融生态的内在逻辑设计的金字塔三分图是科学的。当然,创新意味风险,这种设计也许不够精致,但是至少给出一个研究农村金融、农村金融生态的方向。

2.5.2 "显性""半显性"和"隐形"的农村金融生态"金字塔三分图"

基于上述分析,既然要研究生态,就明确这个生态中的物种和其所处的环境。

农村金融生态物种可以分为两种:一是农村金融主体物种,二是农村经济主体物种。生境为核心的制度环境包括政治、文化、人口、地理、风俗习惯、法治环境、社会诚信、政府公共服务等。其结构和水平关乎经济主体和金融主体生存条件。经济主体群落必须以一个特定的制度环境为基础,任何离开具体生境的经济主体群落都是抽象的,生境是经济主体赖以存在和发展的基础。而金融主体群落则寄生于经济主体群落。两个群落相互竞争和依赖:一是从能量看,我们将利润看做金融生态物种生存的能量,两个群落之间存在对利润的划

---

① 具体参见邹冬生、高志强:《生态学概论》,湖南科学技术出版社 2005 年版。笔者对于农村金融生态和金融包容的逻辑就思考了多年,是个非常艰苦的过程,请教了很多专家。到底什么是农村金融生态?什么是农村金融包容?笔者的解释在多次的学术年会上,得到很多专家的认可和鼓励。当然,还有很多不足,请指教。

分竞争。二是金融主体群落为经济主体群落提供经济主体群落生存发展必需的金融资源支持，同时金融主体群落必须匀分一部分来自经济主体群落的能量（利润）维持生存和发展。结合金融学的基本理论，二者之间还存在着另外一种关系即风险的消转问题，金融主体群落可以为经济主体群落消转其生存所面临的一些风险，比如不可抗力的自然灾害风险和市场价格风险，通过保险和期货等金融创新可以达到很有效的风险消转效果，等等。当然，从生态学的食物链的角度来看，核心的制度层面属于生境范畴，经济主体属于食物链的底层，金融主体属于经济主体群的上层。

在生物金字塔的模型中，生境处于最底层，属于基础层面；生物主体群落为第二层，即基于现有的制度环境存在的经济主体群落的总和（包括农村的第一产业、农村区域内的的第二产业以及农村区域的第三产业，但不包括农村区域的金融主体）；金融主体群落位于塔尖，处于食物链的最高层。因此从生态学的角度看：核心制度层面是农村经济主体群落生存的基础，经济主体群落是金融主体赖以生存的基础，详见图2.5。

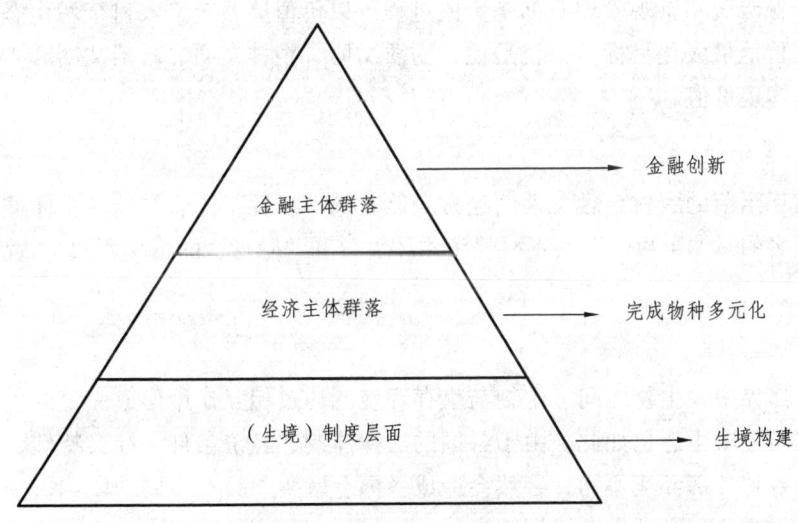

图2.5　农村金融生态"金字塔三分图"

事实上，我们大多数学者在研究农村金融生态中，研究最多、最常见的，多是"显性"的农村金融生态主体群落，而忽视了"能量来源"的处于"半显性"农村经济主体群落。其实，这些有机的东西更多的受控于最关键的核心的处于"隐形"农村金融生态生境。这也是大多数学者一叶障目的根源，我们只看到冰山一角，殊不知更关键的东西在水面以下。因此，如果要研究中国的农村金融生态,必须抛弃传统的教条式的金融理论研究方法,同时,也应该彻底的完善目前大多数学者对于农村金融生态的"简单罗列"式的研究。这也是本书的核心理论创新,也是整本书的理论框架。

基于以上结论,结合农村金融学的基本研究和中国农村经济、社会、政治和文化的现状,本书将主要从生境、经济主体群落、金融主体群落这三个方面进行研究。三者之间是有机的整体的系统,贯穿这一系统的是创新以及风险的消转,最终构建一个可操作的、高效率的、实现新农村经济建设目标的、科学的农村金融生态体系。

2.5.3 农村金融生态特点

农村金融生态是个仿生学概念。因此,其在一定意义上就具有生态学的特点。

1. 价值性

价值理论是一切经济理论的基础,否则,农村金融生态理论将成为无本之木。金融宏观和微观管理,都是价值过程。以价值关系定义农村金融生态,明确了其价值最大化目标。也就是说,物质文明、精神文明、政治文明和生态文明都能体现价值。

2. 系统性

对于当前的农村金融,人们经常只能看到"显性"的农村金融主体群落,其实更多的是"半显性"的农村经济主体群落和"隐形"的生境所致(蒋满霖,2008)。

3. 适应性

自然界中,生物之间、生物与生存环境能通过相互作用形成一定的生态平衡。农村金融生态也如此。由于各国的法律体制、经济条件、社会特性、文化传统等各种外部环境不同,必然会造成各国金融生态具有不同的印记,一国的金融活动主体也必须动态地调整自己的交易原则和交易策略。因此,绝不能简单拷贝成熟市场的农村金融生态,而必须立足中国,给出特殊市场条件下的农村金融发展模式和农村金融生态。

4. 演进性

自然生态系统是一个不断演化着的动态系统。农村金融生态作为一个仿生态系统,其发展同样呈现为不断演进的动态过程。自从金融活动产生以后,农村金融主体就沿袭着自然形成的文化、理念、传统、法理等不断进行或发展着金融活动。这种自发性可以在一定程度上达到平衡。但随着经济、社会中各种新生因素的出现，农村金融生态原有平衡也随之被打破。为防范金融风险的发生，国家就需要制定相关的金融法律法规和政策，并着力营造适宜的经济、社会和文化环境，以恢复农村金融生态的平衡。

5. 信息性

在自发的市场经济秩序下，信息主要是由市场发现的。在中国现阶段的农村金融市场上，信息并不是充分的，加上市场本身会出现失灵和其固有的局限性，农村金融市场呈现混乱状态，市场发现信息的功能难以发挥，农村金融生态的信用环境差。

2.5.4 农村金融生态内在机理

基于上述的分析，构成"金字塔三分图"的三者之间的内在机理是清晰的。

1. 农村经济主体群落决定农村金融主体群落

一般来看，经济基础对金融的影响主要表现有三：一是经济基础对金融工具、金融机构、金融市场和金融制度环境具有作用力。经济基础通过促进金融部门的发展、促进相关金融制度的确立与完善，提高金融生态系统的内部运行效率。二是经济基础代表了区域的产出能力，对区域整体的金融资产质量有着十分重要的影响。一般而言，区域的经济基础好，微观经济主体实力越强，其偿债履约的能力也就越强，对其金融工具的支付能力也越强，从而微观经济主体与金融部门之间就越容易进入良性循环，形成较良好的金融生态平衡能力，推动整体金融资产质量的提高。三是经济基础是社会生产力和市场制度相互作用而共同发展的结果。在市场力的作用下，与社会生产力发展不相适应的市场制度环境终究面临被淘汰的命运。就这种基本原理，社会生产力发达的区域，其经济金融领域的市场制度环境将会更为完善与和谐。市场制度的约束与激励机制便在某种程度上决定了微观经济主体的偿债履约或金融工具主动支付的意愿，并最终影响到区域金融状况。由此，李扬认为，城市金融受到经济基础的深刻影响，见图2.6①。

农村经济基础是关键。显然，农村经济主体群落是决定农村金融主体群落的。同时，一个功能完善的农村金融主体群落也是促进农村经济主体群落的必要条件。

---

① 该图来源于李扬等：《中国城市金融生态环境评价》，人民出版社2005年版。

2. 农村金融生态生境对农村经济主体群落和农村金融主体群落的影响

在此,本书从构成农村金融生态生境的法治环境、社会诚信和政府公共服务最主要的主导因子来论述生境是农村经济主体群落和农村金融主体群落的生存条件。

(1) 法治环境。

根据新制度经济学观点:制度是一系列被制定出的规则、守法程序和行为道德伦理规范,而法律是最基本的制度。完善的法律制度可以有效发挥制度的激励作用,增强金融生态的自我调节功能。同时完善的法律制度还有明晰产权的作用,有利于减少金融活动的交易费用,促使交易效率提高,因此法律制度会直接影响农村金融生态。

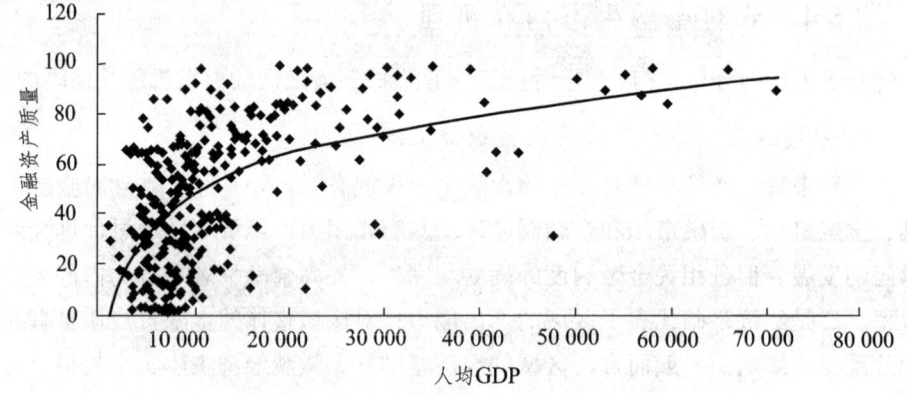

图 2.6 金融资产质量与经济发展关系图

一是法律制度是农村金融生态的基础环境。在金融生态系统中,一切金融业务都表现为合约的订立与履行,同时金融监管也表现为一个合约的执行过程。因此,法律制度成为农村金融生态运行的重要基础。二是法律制度决定农村金融活动的交易费用。减少交易费用是人们对有关金融法律制度进行选择与改革的主要动因。一个好的法律制度有利于降低金融活动的交易费用,提高金融效率,反之,法律制度的不利变化,会影响金融生态的内部结构,弱化金融功能,甚至破坏农村金融生态平衡。三是法律制度对农村金融的发展有重要的保障和推动作用。在中国的农村金融生态中,无论是解决市场失灵还是避免政府失灵,都要倚重法律制度手段。金融监管的法律制度,可以规范金融机构的经营行为,提高金融机构的内控水平,防范和化解金融风险;金融业务的法律制度,可以优化金融结构,推动金融机构创新;金融环境的法律制度,有助于优化金融发展环境,提高金融生态生产力;金融自律的法律制度,有助于防范金融恶性竞争，增强农村金融生态的稳定性与适应性。四是法律制度的好坏会明显改变农村微观经济主体的预期。一个好的法律制度，可以有效发挥激励作用，增强金融生态的自我调节功能。因此，如果法律制度存在漏洞，就会破坏金融生态系统平衡。如果好的法律制度得不到执行，那么这种制度信息就会对微观主体预期产生强烈刺激，导致集体违规等行为。

（2）社会诚信。

诚信，就是诚实守信，可以从伦理道德方面和制度层面上，甚至文化理解。目前，大多学者倾向于从制度层面来界定其内涵。在研究金融生态问题时，如果将经济交易形成的各种关系看成是契约关系，如社会交往就是社会契约关系，这些契约关系构成市场经济制度的基础，市场经济制度是一系列契约的组合，那么诚信就可以被界定为签约双方对契约和承诺的遵守。这里的契约和承诺既包括正式的具有法律效力的契约和承诺，也包括隐含的、但交易双方都有一致理解的契约或承诺。诚信可看作签约方对契约和承诺的遵守，由于在社会交往和经济交易过程中，失信行为具有"外在性"和"传染性"，一个不信任的社会可能就会陷入"所有人对所有人的战争"，即霍布斯丛林（1651）。一是诚信可以降低信息成本。如果一个市场经济环境普遍是缺乏诚信的，那么无论是个人还是机构，都需要花费很大的资源和时间去应对信息不对称带来的影响。简言之，诚信可以节约成本。二是诚信能够扩展社会经济交易边界。在中国传统社会，依赖"血缘"和"裙带"使得经济交易和社会交往的半径是很短的，居民、企业之间的交流是很少的。相反，如果社会是普遍诚信的，那么正的外部性就会出现，扩展经济交易和社会交往的范围，从而大的经济实体就更容易产生。三是诚信能够产生报酬递增效应。诚信对于一个社会中的交易方具有十分重要的作用，通过降低交易费用，推动社会的和谐运行，产生社会经济效益规模递增。然而社会一旦缺失诚信，将对农村金融生态环境产生严重的破坏作用。[①]一般来看，诚信包括政府诚信、企业诚信和个人诚信三个层面，政府诚信是基础。因此，只有政府严格遵守承诺，做诚信政府，企业和居民的诚信才能够逐步建立。只有具备较好的诚信环境，才能保证金融机构所放出的资金能够及时收回，债券市场上的投资者能够获得回报。反之，既不利于农村金融的发展壮大，也不利于农村区域经济和社会的稳定发展。因此，就需要将社会诚信作为一个重要指标纳入评价体系。

---

① 据统计，失信每年给中国带来损失 6000 亿元，http://www.chinanews.com/gn/2014/07-09/6366382.shtml。

（3）政府公共服务。

不可否认，政府干预经济和金融，对经济发展有一定的促进作用，但是远不是奥尔森所描述的那种市场扩展性的政府，政府干预经济和金融的行为已经超出了市场需要，对经济金融的发展造成了不利影响[①]，甚至形成所谓的"第二财政"（周立，2006）：一是扰乱了市场经济秩序，影响统一市场的建立。二是影响了正常金融秩序，造成了大量不良贷款。三是损坏政府信誉，不利于社会信用形成。这在农村更为突出。

由上分析可知，农村金融生态生境对农村经济主体群落的影响是直接的，具有决定性的。当然，其也是也是农村金融主体群落的生存条件，表现主要是间接性。同时，多元化农村经济主体群落和创新的农村金融主体群落有利于完善农村经济生态生境。

2.5.5 农村金融生态优化的机理——金融创新、物种多元化和生境构建

如上，要优化农村金融生态的关键是在农村金融主体群落中实现金融创新，在农村经济主体群落中实现物种的多元化，在生境实现产权清晰、交易成本低的生境构建。

2.5.6 农村金融生态与金融稳定、金融功能的逻辑

1. 良好的农村金融生态环境有利于农村金融稳定

（1）金融生态环境影响宏观经济政策的实施。

如果一个市场经济的法律制度健全、信用环境优良、企业制度完善、市场基础条件优越，从而具有良好的金融生态，这就为货币政策的制定、执行提供

[①] 为什么政府热衷于干预经济金融？即在计划经济体制下，地方政府不具有"经济人"的特征。然而 1994 年实行分税体制以后，地方政府转变为拥有合法独立地位和利益并可以此与中央及其他地区进行合理利益博弈的"子公司"演变。作为"政治人"的政府的政绩考核在很大程度上取决于当地经济的发展，地方政府就不得通过行政干预金融机构运营，争夺国有金融资源的手段来发展经济，最终导致区域金融生态恶化的局面。原因主要体现在：一是地方政府财权与事权的不对等。二是地方政府缺乏正常的市场化融资手段和配套的制度。三是 GDP 政绩考核导向与届别机会主义行为。四是由于我国的金融体系具有极强的外部性，中央政府以国家信用为商业银行提供隐含担保，风险转嫁给中央政府，地方政府通过行政干预本区域内的国有金融分支机构，以支持地方经济发展，就成为地方政府利益最大化的最优选择。具体见周建松，《中国金融业发展改革的回顾》，决策支持网，http://www.dss.gov.cn/。

了一个理想的外部环境。货币政策能够被顺畅地传导，货币政策的效果自然会得到最大程度的发挥，宏观经济的非均衡能被及时调控，有利于保持适度的经济增长，甚至是充分就业。

（2）金融生态环境影响金融机构的投资行为。

在一个金融生态恶化的地区，缺少了银行的资金支持，企业以及一个地区的经济发展都会受到制约，而农村地区经济发展缓慢，市场经济不活跃、不发达，又会对地区金融生态环境造成负面影响。从而，农村地区经济的发展就会陷入恶性循环。

（3）金融生态环境影响金融市场的稳健运行。

良好的农村金融生态环境有利于提高金融市场的透明度，提升市场主体的信用等级，增强投资者的信心，促进金融市场的稳健运行。市场经济要提高效率，必然要求货币与资本能够得到最有效配置。反之，政府直接干预使得资本往往流向效率不高的地方。在这种情况下，资源配置的自发机制被扭曲了，成为一个低效率甚至无效率的市场。这将进一步影响国家的金融稳定，金融生态也会进一步恶化，危害国民经济。

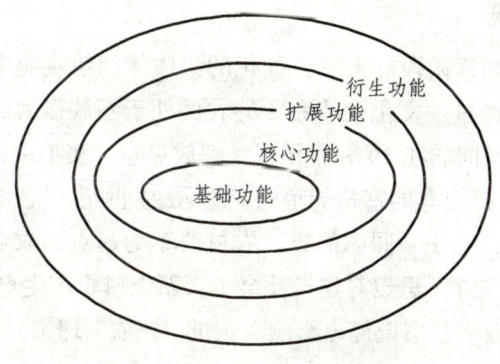

图 2.7　金融功能图

注：基础功能：服务功能、中介功能。核心功能：资源配置。扩展功能：经济调节、风险规避。衍生功能：风险交易、信息传递、公司治理、引导消费、区域协调、财富再分配。

（4）金融生态环境影响经济体的竞争力。

在市场经济的条件下，区域间资金流动性、效益性、安全性更多地取决于地区信用环境和金融环境，即金融生态。如果一个农村地区具有透明的政策法律环境，社会信用状况良好，当地企业有良好的信用等级和信用记录，银企关系融洽，中介机构健全，金融债权能得到切实保护，那么，这个地区对于投资者就有吸引力，就能吸引来资金，地方经济就可以较快发展，农村经济、金融就会步入良性互动快速发展的轨道。

2. 可以更好实现金融功能

著名金融学家罗伯特·默顿和滋维·博迪教授认为，任何金融体系的主要功能都是为了在一个不确定的环境中帮助在不同地区或国家之间在不同的时间配置和经济资源。金融体系的这六种功能并不是彼此独立的，实际上，任何一家金融机构所从事的金融业务都可能是在行使这六种功能中的一种、两种或者更多种功能，见图 2-3。①（优化）农村金融生态作为一种制度创新，基本上体现了金融功能。在某种意义来说，农村金融生态是在农村实现金融功能的最好制度，有利于新农村建设和破解"三农"问题。

2.5.7 "三农"、乡村振兴和农村金融生态的逻辑

"农，天下之大业也。""三农"、乡村振兴和农村金融生态到底是什么样的逻辑关系呢？

1. "三农"的提出

中国社会主义初级阶段的人民公社化的集体体制使农业生产力水平受到极大的限制，同时，经过"文化大革命"的农民处于不敢作为的阶段。在这种思想的困扰下，邓小平同志在 1978 年作了《解放思想，实事求是，团结一致向前看》的主题报告②，提出共同富裕的道路。进入 21 世纪，"三农"仍是制约新农村建设的关键所在，邓小平同志的以"农村改革为起点，农业发展为中心，农民富裕为目的"的"三农"思想对建设社会主义新农村将产生重大而深远的影响。

在新时代，习近平总书记提出影响深远的"三农"理论。习近平总书记"三农"思想十分丰富，内容涵盖"三农"各个方面，科学回答了新时期"三农"发展的许多重大理论与现实问题，体现了习近平总书记对"三农"问题的深入

---

① 具体地说，可以将金融体系的功能分为以下六种功能：一是清算和支付结算；二是聚集和分配资源；三是在不同时间和不同空间之间转移资源；四是管理风险；五是提供信息；六是解决激励问题。具体见朱宝宪、唐淑晖：《基于功能观点的金融体系改革论》，《经济学动态》，2002 年第 8 期。

② 邓小平 1978 年 12 月 13 日在十一届三中全会上的讲话："在经济政策上，我认为要允许一部分地区、一部分企业、一部分工人农民，由于辛勤努力成绩大而收入先多一些。一部分人生活先好起来，就必然产生极大的示范力量，影响左邻右舍，带动其它地区，其它单位的人们向他们学习。这样，就会使整个国民经济不断地波浪式地向前发展，使全国各族人民都能比较快地富裕起来。"——引自《邓小平文选》，人民出版社 1983 年版。

研究、深谋远虑和深厚感情,形成了新时期解决我国"三农"问题的理论探索与顶层设计。在习近平总书记"三农"重要论述中,"三个必须""三个不能""三个坚定不移"最为系统和鲜明,居于总括性总要求的地位。在2013年中央农村工作会议上,习近平总书记提出:中国要强,农业必须强;中国要美,农村必须美;中国要富,农民必须富。"三个必须"通过论述"三农"强、美、富与国家强、美、富之间的关系,指出"三农"问题是关系中国特色社会主义事业发展的根本性问题,是关系我们党巩固执政基础的全局性问题,这是对"三农"工作基础性地位的总把握。2015年7月,习近平总书记在吉林调研时指出:任何时候都不能忽视农业、不能忘记农民、不能淡漠农村。"三个不能"从历史维度审视"三农"发展规律,表明了在任何时期、任何情况下都始终坚持强农惠农富农政策不减弱、推进农村全面建成小康社会不松劲的决心和态度,明确了我们党在经济上保障农民物质利益、在政治上尊重农民民主权利的宗旨使命。2016年4月,习近平总书记在安徽凤阳县小岗村召开的农村改革座谈会上强调:要坚定不移深化农村改革,坚定不移加快农村发展,坚定不移维护农村和谐稳定。"三个坚定不移"从全局角度明确了"三农"工作重点,在关键时期释放了党中央高度重视"三农"工作的强烈信号,表明了我们党坚定深化农村改革、加快农村发展、维护农村和谐稳定的政策目标,既是加快农村改革的响鼓重槌,也是推进"三农"发展的必由路径。这三个方面的论述,虽各有侧重,但主题一致、相辅相成,既有着眼长远的战略判断又有立足当前的政策部署,既有理论的继承和创新又有实践的总结和发展,既有历史经验又有现实思考。这些思想进一步丰富和发展了我们党的"三农"思想,集中体现了我们党对农业农村改革发展稳定的坚定自信和对亿万农民群众的责任担当,是指导新时期"三农"工作的强大思想武器。

习近平总书记关于"三农"的重要论述,既讲大逻辑又说大众话,体现了对农业农村发展的深刻洞察、对农民的殷殷情怀。习近平总书记有着丰富的基层农村工作经验,因而总是能用深入浅出、善接地气的语言阐释"三农"重大问题,一语中的,直指要害。比如,"中国人的饭碗任何时候都要牢牢端在自己手上";"小康不小康,关键看老乡";"望得见山,看得见水,记得住乡愁";"绿水青山就是金山银山"……这些生动语言,无不体现了习近平总书记系列重要讲话高瞻远瞩与深接地气的完美结合,是新时代"三农"理论的最好诠释。

2. "三农"与乡村振兴的逻辑

乡村振兴的内涵与外延要比"三农"理论深刻和广泛,但核心仍是"三农"。2018年中央一号文件《中共中央国务院关于实施乡村振兴战略的意见》为中国特色社会主义乡村振兴道路作出全方位的部署。农业农村农民问题是关系国计民生的根本性问题，实施乡村振兴就是实现十九大提出的"产业兴旺、生态宜居、乡风文明、治理有效、生活富裕"总目标，对农村经济建设、政治建设、文化建设、社会建设、生态文明建设和党的建设作出全方位的部署。当然，乡村振兴战略的内容与新农村建设相比较，内涵与外延都有很大的提升。

3. 三者的逻辑关系

如前所分析，仅仅用经济的眼光难以发现"三农"根源，而更多的是政治、经济、社会、文化等问题的综合体。而新农村建设的20字方针，描绘出一幅新农村的美好蓝图，体现的是在中国农村高水平的物质文明、精神文明、政治文明和生态文明。

作为勾勒乡村振兴最佳途径（工具）的农村金融生态所要解决的不仅是农村地区的"资金洼地"问题，更多是实现社会主义初级阶段广大农村地区的政治文明、精神文明。事实上，这也就基本上体现了"产业兴旺、生态宜居、乡风文明、治理有效、生活富裕"这20字的精髓，也体现"新型农民、发达农业、和谐农村"的内涵。这也是对邓小平同志在1978年提出的"以农村改革为起点，农业发展为中心，农民富裕为目的"的"三农"思想最好的诠释。至少在笔者看来，在某种程度上，"三农""农村金融生态"和"新农村建设"在本质上基本是一致的，是一个问题的三个方面，"三农"是问题的起点，新农村建设是终点（目标），从起点到终点的途径很多，包括不同的资源、技术和制度投入等。只不过是农村金融生态是最好的手段，农村金融生态的优化过程就是"三农"问题的破解。事实上，当一个地区良好的农村金融生态形成"资金洼地效应"时，相应的"新型农民、发达农业、和谐农村"也就基本上形成，"三农"问题也就得到解决，三者的逻辑图见图2.8。

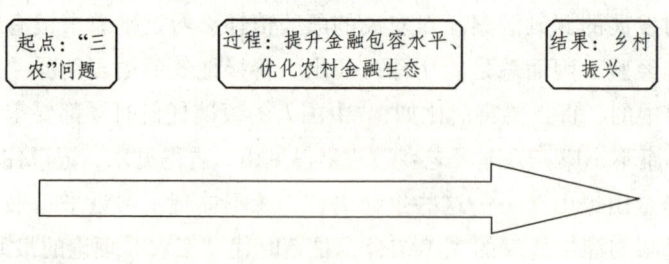

图2.8 三者的逻辑图

事实上，如果我们用简单的函数来表明：$E=f(X_1,……,X_n)$，其中E为新农村建设绩效，$X_1,……,X_n$为n种路径，"三农"是给定的条件，那么X_1

为农村金融生态优化,至少在目前的中国为最好的途径。毕竟,优化的金融生态有赖于制度创新。

2.5.8 对农村金融的"平反"的逻辑

由于农村金融市场的严重的信息不对称等原因,使得农村金融机构不愿意放贷。因此,农村金融机构成为口诛笔伐的对象。在中国,只要是说到"三农",必然会指责农村金融机构的不作为。由此,而认为需要的是农村金融创新。这就是目前中国大多数学者的观点和逻辑,见图2.9。笔者是反对完全牺牲农村金融机构的利益去支持"三农"的。这是短视的,不符合科学的。事实上,我们简单去指责农村金融机构是不科学的,片面的。本书构建的"金字塔三分图"所展示的就是新的逻辑,详见图 2.10。本书的逻辑是符合经济规律和生态原理的,具有可持续性。其实,这样也更有利于农村金融功能得以实现。

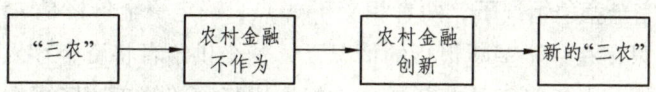

图 2.9 旧的被动的农村金融逻辑(研究模式)

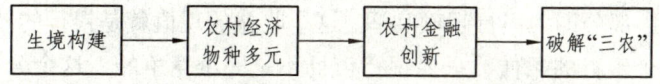

图 2.10 新的主动的农村金融逻辑(研究模式)

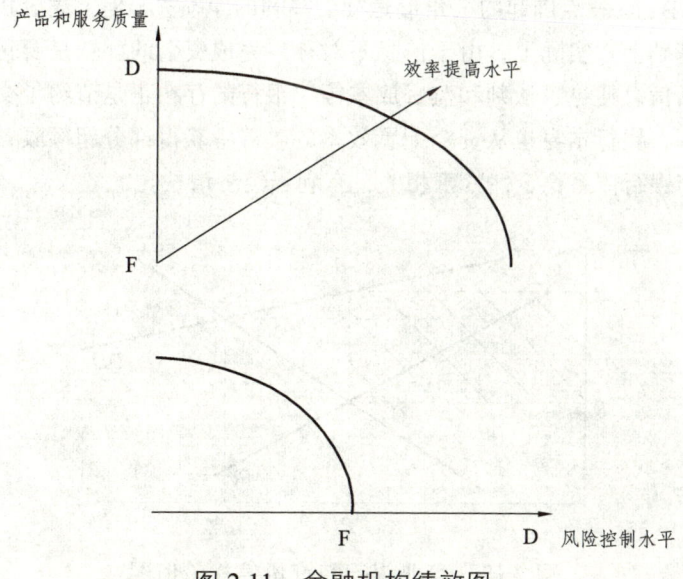

图 2.11 金融机构绩效图

在这里，即便我们用传统的金融理论也能找到答案：作为一个金融机构，获取经济利润是正常的。何以获得？必须有一个良好的经济基础。金融机构在两方面创造价值：一是提供金融产品；二是经营风险并获取风险收益。因此，金融机构的绩效就取决于产品和服务质量以及风险控制水平（见图2.11、2.12），其实，在农村也是如此的。

如果以牺牲农村金融机构的利益来支持"三农"，必然会导致经济崩溃。毕竟，银行业的稳健关系到一国金融体系乃至经济体系的安全。因此，国家决定了银行不是完全竞争的行业，决定了银行的特许权是有价值的，以获得超额利润。同时，银行的负债是可以作为支付手段的，这使得银行可以吸收远超过自己资本金规模的负债来从事投资获益。而经验也证明，银行体系不稳定性往往是和其特许权价值下降相关。银行的特许性质决定了银行的投资收益和负债成本之间存在一个差值（见图2-12）。图2-12中SS、DD分别代表资金的供给和需求线，在完全竞争情况下，两者相交于A点，确定资金价格是R^*，供给量是P^*。在假定只存在一个垄断银行的情况下，资金供给者将资金存入银行，需求者从银行借款，由于银行是垄断的，它根据边际收益等于边际成本原则来确定利率和数量，存款者获得利率R_1，贷款者付出R_2，资金量为P_1。这样，银行获得的图中阴影部分即为银行超额利润，这个收益的现值就是银行的特许权价值。放宽只有一个银行的条件，只要银行市场不是完全竞争的，这个分析仍成立，也就是银行特许权价值来源。从理论上看，存在这个租金不是资源的最优配置，图中由A、B、C三点围起的三角形是社会福利的净损失。但上述分析是建立在信息充分基础上。实际上，由于信息不对称，完成资金的配置是要付出交易成本的，包括信息搜寻、谈判和监督成本等。银行的存在正是节约了交易成本，提高了效率，银行本身也从资金配置效率的改善中获得部分超额收益。因此，特许价值与银行体系稳定性紧密相关，有利于经济增长。

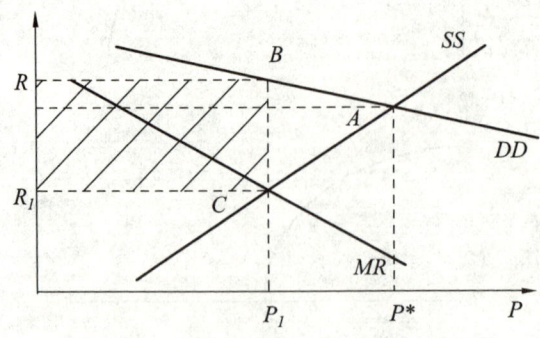

图2.12 商业银行特许价值权价值图

其实，我们通过对两种农村金融理论的研究模式可以发现，本书提出的研究模式是科学的，也是符合中国实践的。其中，农村金融生态生境的构建是关键。

2.6 普惠金融理论

从上文的分析可以得知，金融包容、金融生态、金融发展和普惠金融存在内在的逻辑性。由此，有必要对普惠金融的代表性理论进行梳理，以更好的服务破解城乡收入差距，实现乡村振兴。

大多数的发展中国家都在大力推进普惠金融。在 20 世纪 70~80 年代，小额信贷在南亚、拉美等地取得广泛成功，成为普惠金融的"燎原星火"；2005 年，联合国正式提出普惠金融理念，此后又与世界银行、全球普惠金融合作伙伴（GPFI）、普惠金融联盟（AFI）等多个国际组织共同推行；自 2011 年 AFI 全球政策论坛（GPF）举办至今，已有 57 个国家加入《玛雅宣言》（Maya Declaration），开始构建国家层面的普惠金融体系。中国同样将其定为一项国策，2015 年中国银监会设立普惠金融部，2016 年国务院印发《推行普惠金融发展规划（2016—2020 年）》（以下简称《规划》）。这标志着中国普惠金融国家战略顶层设计的初步完成。同时，普惠金融尚未形成一个基本的理论框架。各国在践行普惠金融时，或是参考 AFI 等机构制订的指标做出短期部署，或是在有限监管条件下依赖市场自由发展。对长期内普惠金融的形态演化和路径变迁问题的处置与防范、价值评判的一般标准、普惠金融与包容性增长的逻辑机理等深层次核心问题，缺乏整体性认识和前瞻性考虑。[1]

---

[1] 由于，缺乏理论参考的普惠金融实践，甚至出现了比金融排斥更加棘手的问题。其一，一些国家操之过急，或者率意而为，最终得不偿失。例如，泰国大力推行"万铢乡村基金计划"，结果却是社会成本远高于社会收益；尼日利亚政府要求银行提留收益，借此推行中小企业（SMEs）股权投资计划，但此项目在运行中鲜有问津者。其二，普惠金融行业发展缺乏界限和标准，导致小微金融机构（MFIs）"使命漂移"（Mission Drift）。此类现象最早发现于 20 世纪 90 年代的拉丁美洲，并且成为至今未决的世界性难题。其三，在措施不当或监管不力的条件下，发展普惠金融甚至会引发金融危机。2010 年印度安得拉邦的小额贷款危机，就是发展中国家的典型案例。事实上，鉴于美国次级住房贷款是向居无定所的低收入者提供服务，那么，2008 年次贷危机就可以定性为发达国家的"普惠金融危机"。

2.6.1 普惠金融基本概念与理论概念的界定

普惠金融的基本概念强调共享理念,与金融排斥针锋相对。但是,目前各方的表述并不统一。联合国(United Nations,2006)对此做出了初步界定。近年来,更加全面的是中国国务院《规划》和周小川(2015)的表述。前者认为"普惠金融是指立足机会平等要求和商业可持续原则,以可负担的成本为有金融服务需求的社会各阶层和群体提供适当、有效的金融服务";后者强调"为每一个人在有需求时都能以合适的价格享受到及时、有尊严、方便、高质量的各类型金融服务"。其实,普惠金融可以归纳为:可得性、价格合理性、便利性、安全性、全面性。同时,为了更好地界定普惠金融,必须明确它的服务客体。只有在核心要素和服务客体同时符合要求,该金融服务才能称之为"真正"的普惠金融。在现有的概念表述中,普惠金融服务客体被界定为"社会各阶层""每一个人"。但是,若简单地理解为"每一个人",则所有金融服务都可以理解为普惠金融,势必造成普惠金融概念的宽泛化和无效性。按照联合国(2006)和我国政府的《规划》,普惠金融服务客体主要是指弱势群体,通常包括低收入者、小微企业、老年人和残障人士等特殊人群。他们财富占有少、个体多,统计上具有长尾分布特征,因此可以称之为"长尾群体"。其实,普惠金融的服务客体是指非自愿的、被金融机构所排斥的弱势群体,其相关划分可详见表2.3。

表2.3 自愿被排斥者和非自愿被排斥者的划分

自愿被排斥者		非自愿被排斥者(普惠金融服务客体)		
原因	代表性的群体	原因	特征	代表性的群体或现象
不需要	另类思维者、抵触金融者	自身禀赋	(1)收入低	贫困人口;农民
			(2)财富少	贫困人口;小微企业
			(3)能力弱	残疾人;受教育少者
			(4)居住偏远	农民;老少边穷
宗教束缚	部分国家的妇女	外部环境	(5)市场不完善	信息不对称;产品功能弱
			(6)法制环境差	合同执行差;权益保护差
			(7)导向性政策	宏观金融政策、监管标准

资料来源:作者分析和整理。

在理论概念界定上，本书认为，普惠金融论是一个研究金融发展与金融福祉的经济理论。具体而言，它是以金融福祉分配的公平合理为原则，对金融发展的演化路径及其"优劣"予以分析和评价的经济理论。

经济学研究范式有规范分析和实证分析，普惠金融论的研究需要将二者结合，以金融产品和金融福祉公平分配为视角，揭示金融发展的实质，解读金融发展与经济增长之间的逻辑关系。在这个层面上，普惠金融论的功能类似于福利经济学，后者侧重于从经济福利分配的视角，来解读和评判经济发展。

2.6.2 普惠金融在经济学体系中的地位

经济学是社会科学中的明珠，金融学源于此。由此，有必要理清它与相关理论的脉络关系，以此构建一个理论框架。

普惠金融的实现过程，是由最初的金融排斥，发展到最终的金融包容乃至金融公平，或者说普惠金融，相关详见表2.4。至今，代表性的分支理论有金融结构论、金融抑制/金融深化论、内生金融理论和金融约束论等。它们与普惠金融论都有深层次的理论渊源。此外，普惠金融论的研究内容涉及多个学科。比如，共享、公平是"人本主义"经济学的范畴，即发展经济学与现代福利经济学的交集；普惠金融的实现，需要技术、组织、制度等多个方面的创新，进而实现原有体系无法达到的广度和深度，因此又与新制度经济学紧密相关。当然，普惠金融论与金融发展理论中各个分支理论一脉相承，具有紧密的内在关联性。金融结构论（Gurley & Shaw, 1955; Goldsmith, 1969）认为，"二战"之后发展许多第三世界国家重资本形成、轻资源配置的做法，会导致金融结构滞后，进而约束普惠金融。有趣的是，我国经济学家林毅夫也提出新结构经济学[①]。

[①] 林毅夫倡导的新结构经济学之所以引发广泛的关注并带来强烈的争议，根本原因在于其中的"有为政府"概念、积极的"产业政策"以及"政府动机"等与新古典经济学的"有限政府"概念、自发的"市场机制"以及"企业家精神"等发生了激烈碰撞。同时，学者们的学术取向和价值立场主要取决于其知识结构以及相应的社会理念而非个人利益或身份背景，而一些学者对新结构经济学持反对态度，也正因为他们持守新古典经济学以及奥地利经济学派等正统经济学的传统智慧，受制于它们的思维和信条。当然，真正的学者致力于"为己之学"，从而努力从学术争论中吸取为己所用的东西，而不会倾力地将自己的观点强加给别人。显然，如果能够遵行这种良性争论，我们的视野就会拓宽，认知也会提升，学术也就会由此获得推进。

表 2.4　金融发展分支理论的核心观点及其与普惠金融论的内在关联

背景	主要分支理论	核心观点	与普惠金融论的内在关联
20世纪60年代 基础理论； 结构主义	金融结构论 研究对象： 金融工具 金融机构	金融发展的本质，是金融结构的变化。 金融机构优化提升储蓄投资转化率和投资效率，促进经济增长。 各国金融结构演化有趋向性	金融结构决定金融产品的数量、质量和覆盖范围。 金融结构及其演化路径不同，决定了各国普惠金融发展特征不同
20世纪70—80年代中期 基础理论； 新自由主义； 外生增长理论	麦金农-肖理论 （金融抑制论/金融深化论） 研究对象：金融政策 金融抑制模型	金融抑制（利率扭曲、市场分割高准备金率）可以强化政府调节作用，但会导致资源配置低效。 金融市场可以实现自身的帕累托最优均衡状态。 建议解除放松利率汇率管制，取消信贷配给，以金融自由化促进经济增长	信贷配给等于预政策，抑制低收入者和小微企业的外源融资需求。 理论上，市场可以实现自身的普惠金融最优状态
20世纪80年代后期—90年代 基础理论； 新凯恩斯主义； 内生增长理论	金融控制/金融约束理论 研究对象： 金融政策 金融中介 金融约束模型	政府根据经济条件变化，相机抉择金融市场化进程。 通过限制银行业准入和直接融资给银行创造租金，促其加大金融服务力度。 金融控制/金融约束是金融抑制和金融深化的过渡	限制银行业准入和直接融资，同时排斥了金融服务客体和服务主体。 金融服务普惠性受限于政策导向
20世纪80年代后期至今 基础理论；新自由主义；新制度经济学；内生增长理论	内生金融发展理论 研究对象：金融中介 金融市场金融制度	金融体系形成需要成本，形成根源是降低交易成本。 金融发展通过储蓄率、储蓄投资转化率、资本配置效率影响经济增长。 金融法制、文化习俗、利益集团等影响金融发展	贫穷国家和穷人社区无力覆盖金融体系形成的成本，故金融排斥明显。 政府需要补贴，降低普惠金融体系形成成本。 制度是约束普惠金融发展的重要因素

2.6.3　普惠金融和金融包容的逻辑

　　金融包容、金融发展与经济增长的关系始终是金融发展理论的重点内容，普惠金融论也是如此。普惠金融的基本经济效应主要涵盖于两个领域：一是金融发展与经济增长的总体关系；二是金融发展与贫困、不平等的关系。对于前者，学界的定性结论是当限定条件不同时，金融发展与经济增长的关系存在不确定性，这点本书也在前面做过阐述，所谓的折中观点。后者更多的是认为金融发展对减贫的影响依赖外界条件：一是性别差异效应。性别差异效应主要是指在普惠金融的发展过程中，女性的受益程度高于男性。究其原因，主要是现实中女性得到金融服务较少。金融服务本身并无性别排斥，但是它存在能力排斥。它所表现出的性别排斥，大多是源于社会环境因素造成女性的能力偏低，例如教育歧视、传统文化歧视、工作歧视等（Gaurav & Singh，2012）。当上述环境因素得以改善时，普惠金融发展中女性的边际收益就会更高，包括女性创办的小微企业。对此，Dupas & Robinson（2013）的研究给出了佐证，基础金融服务存在明显的性别差异效应，对女性的经济行为影响相对明显，男性则反之。二是个体行为效应。个体行为效应是指当服务客体得到普惠金融服务时，他们的经济行为会发生改变[1]。三是经济增长效应。金融体系的一个核心功能就是资金的优化配置，并以此促进经济增长。世界银行数据显示，成年人正规金融账户拥有率与经济增长正向相关。四是社会发展效应。普惠金融可以带动国民社会的整体发展，包括收入水平、平等程度、文化、城镇化率等诸多方面[2]。

由此，包容性经济增长成为全球经济发展的主旋律[3]，这和习近平总书记提

---

[1] Dupas & Robinson（2013）和 Karlan&Zinman（2010）的研究表明，当低收入者在金融机构设立账户，并且使用频率较高时，通常会伴随较高的消费和收入；小微企业也是如此，它们的投资额度和业务规模会有效扩大。例如，Dupas& Robinson（2013）对肯尼亚的实证研究发现，当地的女性打工者在正规银行开通账户后，个人投资会增长约45%，个人消费会增长27%-40%，其中食品消费增长10%-20%。

[2] Anand & Chhikara（2012）利用多国数据分析表明，普惠金融指数与人类发展指数呈正相关，与贫困率负相关。其中，普惠金融指数每增加1%，人类发展指数就会增长0.14%。此外，普惠金融强调金融创新，可以改善金融交易环境，降低全社会的交易风险和交易成本。尤其是借记卡、信用卡、手机银行等技术应用，以及ATM、EPOS机、结算系统、征信系统等金融基础设施的推广。

[3] 包容性增长又称包容性发展或共享式增长，也有人译作共享性增长，世界银行认为，应该动员潜在的劳动力来使经济活动的劳动力最大化，不只是要保持经济平衡来实现持续的增长，还应该促使贫困的减少；欧洲2020战略强调"巧妙的，持续的，包容性的"增长，即强调的是竞争中的创新，对环境的保护和高就业率以及社会和地区的凝聚力。总之，包容性增长就是在保持较快经济增长的同时，更多关注社会领域发展，关注弱势群体，让更多的人享受经济全球化的成果。同时，我国习近平总书记所作的党的十九大报告在外交部分开宗明义宣示："中国共产党是为中国人民谋幸福的政党，也是为人类进步事业而奋斗的政党。中国共产党始终把为人类作出新的更大的贡献作为自己的使命。"中国共产党人是这样说的，也是这样做的。党的十八大以来，习近平总书记以卓越的政治家和战略家的宏大视野和战略思维，高瞻远瞩地提出构建人类命运共同体的重要思想。这是习近平新时代中国特色社会主义思想的重要组成部分，是当代中国对世界的重要思想和理论贡献，已经成为中国引领时代潮流和人类文明进步方向的鲜明旗帜。

出的构建人类命运共同体有演进之处。这些思想强调经济社会的和谐发展、公平合理地分享经济成果，并侧重于对弱势群体的呵护。这些经济的发展有赖于金融的发展。显然，普惠金融与包容性经济增长的发展理念和关注一致，见图2.13。

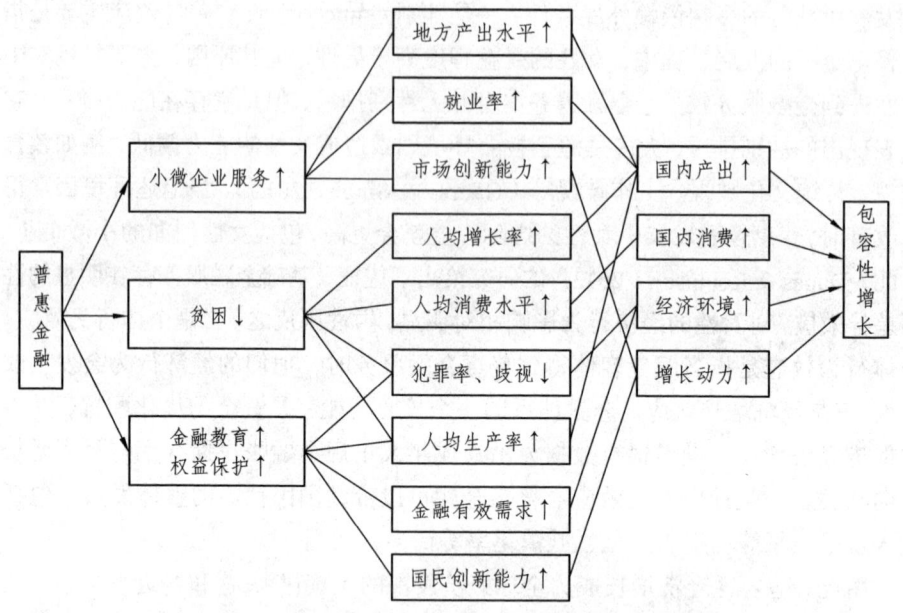

图 2.13　从普惠金融到包容性增长的理论逻辑

因此，普惠金融可以改善金融生态环境，提升金融包容水平，激发出更多的有效金融需求，也就相当于扩大了金融服务的深度和广度。

当然，从规范经济学的视角看，共享和公平是普惠金融论对金融发展价值评判的核心准则。[①]普惠金融论价值评判的主要依据，即制定金融福祉分配标准的理由。金融福祉（Financial Well-being）源自居民金融行为与金融生态的相互协调，是一个复杂的概念，关乎居民的金融观念、金融行为、金融满意度和客观上的金融服务状态等多个方面（Joo，2007；Gutter & Copur，2011）。从服务客体出发，它是指在金融活动中，居民的金融需求所获得满足并由此产生的幸

[①] 普惠金融论的价值评判是人类社会千百年以来共同的追求：一是中国儒家思想中关于人类社会的最高理想，以共享和公平为准绳的大同社会，如《礼记·礼运》曰："大道之行也，天下为公""使老有所终，壮有所用，幼有所长，鳏、寡、孤、独、废疾者皆有所养"。二是在西方，无论是古希腊先哲柏拉图的"理想国"，抑或中世纪末空想社会主义的杰作"乌托邦"，都表达了相似价值理念。三是共享和公平贯穿于马克思和恩格斯构建的科学社会主义理论体系，及其中国化的代表性理论之中。四是自20世纪初福利经济学诞生后，主流经济理论也开始关注公平问题。

福感。与上述侧重于结果公平的方案相比，阿玛蒂亚·森（Sen A.K.）的主张强调人本主义思想，更加注重分配过程中人们的可行能力（实现各种功能性活动组合的实质自由）及其差异性（Sen A. K., 1982, 1999）。这是一种强调过程公平的按需分配原则。本书认为，普惠金融价值评判中的公平准则可以以此为理论依据。一是金融只是一种实现经济分配结果公平的手段和路径；二是金融发展的公平不等于金融资源或金融服务的均等化，它应该强调不同居民的金融可行能力（获得金融资源的权力、能力和机会）及其差异性。

表 2.5　福利经济学思想中普惠金融论价值评判的理论依据

流派	代表	主要观点	普惠金融价值评判推理	分配原则
古典功利主义	边沁	个人财富增加边际效应递减。财富分配越均等，社会幸福总和越大	个人服务边际效应递减。金融服务均相等，全社会金融福祉越大	结果平等
旧福利经济学	庇古	社会福利最大化方法：一是增加国民总收入，二是收入分配均等化	同上	
新福利经济学	第一定理、第二定理	市场机制可以实现帕累托效率	一是金融福祉增加，其他所有人不变，全社会金融福祉就会增加	无需关注，市场主导，先富后穷
	第三定理	不存在满足所有人偏好的社会福利函数	金融福祉分配不可能让所有人满意。	无法关注
罗尔斯主义	罗尔斯	社会福利最大化的标准：让境况差的人福利最大化	只需提升低收入者的金融福祉	最大最小，结果平等
人本主义	阿玛蒂亚·森	满足人们的可行能力的平等，注重人际差异	分配金融福祉，要注重有效需求和个体差异	按需分配，过程公平

资料来源：作者分析和整理。

对于普惠金融公平系数的制定，可以引用经济学中洛伦兹曲线的理论，普惠金融公平系数的测度如图 2.14。普惠金融公平系数的功能，即测度金融发展的公平程度。为了量化普惠金融公平系数，需要引入一个基本的假设条件：金融可行能力可以由个人（或企业）的收入水平或财富总量考量。即个人（或企业）的收入水平越高、财富总量越大，他理应获得更大额度的金融服务。当此成立时，在居民层面上，就可以将洛伦兹曲线作为测度金融发展公平程度的基准线；同时，可以遵照洛伦兹曲线的构建方法，按照每百分比人口得到的贷款占比来衡量，生成一国当前的金融服务分配曲线。可以更进一步借鉴基尼系数的构建方法，生成普惠金融公平系数：

$$普惠金融公平系数 EIF=1-面积 A/（面积 A 面积 B）$$

显然，EIF 系数越大，一国的普惠金融程度越高，金融发展越公平；反之，EIF 系数越小，一国的普惠金融程度越低，金融发展越不公平。

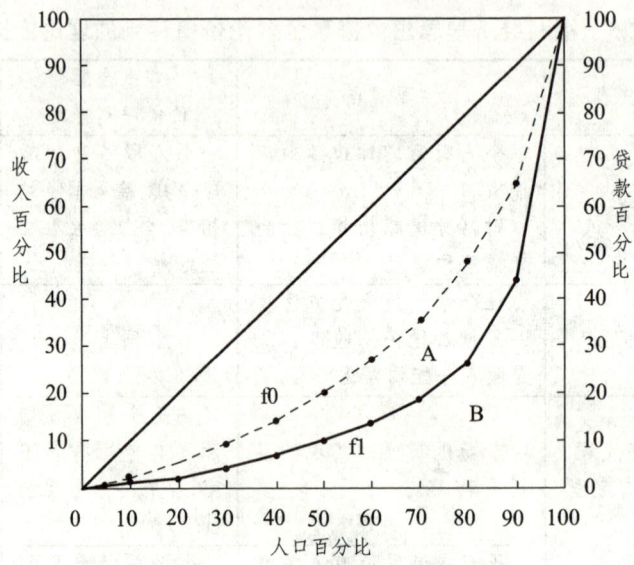

图 2.14　普惠金融公平系数的测度

2.7　农村金融包容和金融生态的核心是制度创新

如前所述，从一般意义上看，制度是一系列被制定出来的规则，守法程序和行为的道德伦理规范，旨在追求主体福利或效用最大化的个人行为。诺斯指出："制度是社会博弈的规则，是人们创造的用以限制人们相互交往的行为的框架。"有效的制度安排提供了一种激励，将个人的经济努力变成经济发展活动的一部分，使经济发展的愿望变成现实，从而提高制度的经济绩效。新古典经济学的一个标准假设是将制度设为外生变量，各类主体已经很好地适应了制度，并且无摩擦、无成本地从事经济金融活动。20 世纪中叶开始，政府干预经济的成效和经济日益全球化使得制度的作用日益凸现。而从已有的理论和实践经验来看，制度无疑是农村金融生态的运行中的关键变量。

以科斯为代表新制度经济学则将制度经济学与新古典经济学的理论方法有机地结合起来，新制度经济学的理论内核不外乎以下四方面：一是交易费用理论。交易费用是为完成交易所必需的度量、界定和保证产权、寻找交易伙伴和进行交易价格谈判、订立交易合约、执行交易和监督违约并对之制裁、维护交易秩序的各种费用的总和。二是产权理论。它主要研究产权的性质与结构、产权的起源与功能以及产权制度的效率比较和产权制度的演变，其中心旨意是说明如何通过明晰、调整产权安排，以降低交易费用，提高资源配置效率。三是制度变迁理论。其内容主要是探讨制度的起源、构成和功能，影响制度变迁的主要原因，制度变迁的主体、动力、方式、过程和类型以及制度变迁的路径依赖等，旨在说明制度因素在经济发展中的作用。四是契约理论。新制度经济学派一般以产权、交易费用、经济组织等作为关键性的解释变量，沿用新古典主义经济学的核心假设、方法和工具，并在有限理性、效用最大化、机会主义等假设基础上，重新研究和估价市场配置资源所必须依赖的制度条件，侧重从微观和个人主义角度分析研究制度的构成、运行以及制度在经济生活中的作用。

2.7.1 制度创新理论

1. 制度创新产生的原因

诺斯在其与另一位制度经济学家戴维斯所著的《制度变革和美国的经济增长》一书中指出，制度创新是指能给创新者带来额外利益的对现存制度的变革。

2. 制度创新的方式

制度变迁的方式分为诱致性制度变迁与强制性制度变迁。诱致性制度变迁是指现行制度安排的变更或替代，或者是新制度安排的创造。它由个人或集体，在响应获利机会时自发倡导、组织和实施。诱致性制度变迁必须由某种在原有制度安排下无法得到的获利机会引起。从初始制度均衡，到制度不均衡，再到制度均衡，周而复始。一种制度安排是从一个可供挑选的制度安排集合中选出来的，其条件是，从生产和交易费用两方面考虑，它比这个制度安排集合中的其他制度安排更有效。要发生诱致性制度变迁，必须要有某些来自制度不均衡的获利机会。也就是说，由于某种原因现行制度安排不再是这个制度安排选择集合中最有效的一个了，作为一个整体而言，社会将从抓住获利机会（它由制度不均衡产生）的制度安排创新中得到好处。但是，诱致性制度变迁是否发生，主要取决于个别创新者的预期收益和预期成本的比较。对于创新者而言，不同制度安排的预期收益和预期成本是不同的。强制性制度变迁由于制度具有公共产品性，"搭便车"现象又是制度创新过程所固有的问题，所以，如果诱致性创新是新制度安排的惟一来源，那么一个社会中制度安排的供给将少于社会最优水平。所以，国家有必要推进强制性制度变迁来补救持续的制度供给不足。强制性制度变迁由政府命令和法律引入来实现。与诱致性制度变迁不同，强制性制度变迁可以纯粹因在不同选民集团之间对现有收入进行再分配而发生。强制性制度变迁的主体是国家，国家的基本功能是提供法律和秩序，并保护产权以换取税收。作为垄断者，国家可以比竞争性组织（如第一行动团体）以低得多的费用提供一定的制度性服务。国家在制度供给上除了规模经济这一优势外，在制度实施及其组织成本方面也有优势。例如，凭借强制力，国家在制度变迁中可以降低组织成本和实施成本。强制性制度变迁与诱致性制度变迁之间有着密切的联系、它们之间是相互补充的。制度运行不能由寻求某种与制度相关的交易活动的经济个体所决定。

2.7.2 制度是金融发展的核心

金融促进经济发展的绩效为什么表现各异？其内在原因是各国对制度的重视程度不同，影响制度主要有四：一是产权与金融发展，产权没有界定清楚的制度很容易产生引起金融危机（G.H.Jefferson，2000）。二是法律与金融发展，核心观点集中在法律执行效率的直接影响金融发展的程度（LLSV，1996）。三是政治和金融发展，金融发展往往会受到既得利益集团的影响（Rajian，2003）。四是信用文化与金融发展。Kanatas 和 Stefanadis（2005）认为，信用文化是经济增长和金融发展的引擎（易容宪，2006）。

2.7.3 农村金融生态的新制度经济学理论

有效的制度变迁对经济发展的影响主要表现在三个方面，即通过改变激励机制来促进经济增长、降低交易费用进而提高交易效率促进经济增长、通过提高资源配置效率来促进经济增长。既然制度是金融生态的核心，那么在农村金融生态中又怎样？

一是产权是核心。一旦产生产权模糊，相应的就会出现经济体或者政府越过生态边界，占有其他经济体的功能或价值，原有的生态均衡就会被打破，这种越位的"物种"要么自身消失，要么灭掉其他经济体。在中国，农村信用社由于政府的多年扶持发生了"异化",排他性使得它本能地排斥农村金融市场上的新的金融机构的产生。二是交易费用。信息不对称的直接后果是金融交易费用大幅增加。农村金融机构营业网点的大规模撤并、农村储蓄资金大量外流就是对农村金融生态中高昂的交易费用的最好解释。三是制度变迁。中国学者林毅夫首先提出诱致性制度变迁和强制性制度变迁的概念[1]。从中国农村金融制度变迁历史来看,强制性制度变迁一直居主导地位,政府是金融生态环境中的关键因素。四是市场、政府和法律的边界。从金融生态的角度讲,市场、法律和政府是三个不同的生态系统,根据物种边界清晰的要求,各系统的职责一定要明确。如果三者的边界模糊,就可能使市场、政府和法律发生异化,在出现变种性恶性异化的情况下,农村金融的生态平衡将被打破,引起农村金融生态紊乱,出现金融不稳定。

本书梳理的上述理论框架是分析和破解我国城乡收入差距的基础,也是我国乡村振兴的目的。那么,已经基本实现城乡一体化的西方发达国家来说,其经验是什么[2]? 后面章节将对此进行梳理。

---

[1] 20世纪50年代,信用合作社在政府推动下开始兴起;60年代,国家指定当时的人民公社接管信用社;80年代,信用社划归中国农业银行管理;90年代,又实行行社脱钩,实行在国家管理下的自主发展的合作金融发展模式。然而,合作金融的框架虽已确立,但远未达到农民广泛参与的合作金融宗旨。从表象来看,政府对农村金融市场的管制是规范农村金融市场、维护农民切身利益和降低金融交易风险的一些必需的制度安排。事实上这种强制性制度的出现在一定程度上减少了农村金融市场的金融交易数量,导致了农业金融支持的弱化。(林毅夫,2005)

[2] 对标管理,由美国施乐公司于1979年首创,均将其视为现代西方发达国家企业管理活动中支持企业不断改进和获得竞争优势的最重要的管理方式之一,西方管理学界将对标管理与企业再造、战略联盟一起并称为20世纪90年代三大管理方法。

3 国外缩小城乡收入差距的经验

我们从第二章的理论分析可以看出,世界上几乎所有国家和地区都存在由传统农业社会向现代社会转变的一个必经阶段,也就有所谓的"三农"问题。在这个过程中,由于国别之间在政治体制、文化习惯、法律制度、物资资源、人口数量、科技发展水平以及建设新型农村的时间阶段不同,各国的途径也不尽相同。本章在"金字塔三分图"理论构建的基础上,拟从"三农"、金融支持农业、政府行为等剖析出国外的经验与教训以启示中国。当然,基于中国特有的政治、历史、经济、社会和文化,国外的经验并不能简单借鉴,但他们对"三农"的偏爱态度和对城乡平等的尊重,却是一个重要的启示。

改革开放以来,我国经济取得了突飞猛进的发展,国内生产总值接连几年创新高,逐渐成长为全球领先的发展中国家,国家地位不断提升,中国的话语权也不断扩大,在表达自身观点和维护本国权益、维护世界的和平方面做出了很大的贡献。在 2010 年的时候,中国的经济进入了一个腾飞的阶段,国内生产总值第一次超过了当时经济发达国家日本,以 58 790 亿美元的数值,仅次于美国,成为全球第二的国家,也是世界上发展中国家里国内生产总值最高、发展最快的国家。但与此同时,我国的城乡收入差距也不断扩大,城市的规模越来越大、城市居民的人均可支配收入越来越高,城市人民的生活水平进一步得到提升,而农村居民的纯收入比较低,上涨幅度远远低于城市居民,农村的基础设施也很不完善,很多农村地区还保持着原始的样子,经济破败,加上农产品的价格低廉,购买生活用品的费用又很高,农民的生活水平一直处于不富裕状态。甚至有些农村地区的居民无法满足基本的生活必需品的需要。改革开放初期,我国城乡居民的收入差距指数居高,已经达到了 2.37 的数值,经过三十多年的发展,我国的城乡收入差距指数又进一步扩大,达到了 3.33 的高峰值,这一数值表明我国的城乡收入差距已经到了国际警戒的范围内,必须进行适当的干预,采取一定措施,缩小城市居民和农村居民在收入方面的巨大差距。

随着我国城乡收入差距的不断扩大,国内出现越来越多的矛盾,政治、经济、社会、文化等都受到很大影响,社会的不安定因素逐渐凸显出来,国家提倡的构建社会主义和谐社会、缩小贫富差距、实现全面共同富裕、使得全体人民共享经济发展的伟大战略目标的实现受到阻碍，与国家制定的两个一百年的目标也有所背离。因此，中国的城乡收入差距问题引起了国内外专家学者的广泛关注，中国的城乡收入差距现象是由多方面因素综合形成的，最主要的原因是国家在经济发展的早期，实行的集中国家一切资源和力量发展重工业，发展重点城市重点区域，导致城市和农村的收入分配不均衡，农村的大量资源在国家行政指令的作用下逐渐流向了城市，形成了典型的城乡二元经济结构体系。总之，在改革开放以来的三十多年里，由于长期的积累，城乡收入差距越来越大，已经成为一项急需解决的重大社会问题，也是我国长期以来的一项亟待解决的历史任务。为了缩小城乡收入差距，我们要以开放的心态，主动研究和学习西方国家在缩小城乡收入差距方面的经验，了解西方发达国家在经济发展过程中，在经济发展的高速阶段，面临城乡收入差距不断扩大的难题，采取怎样的措施来解决。

在总结了国内外相关专家学者对西方发达国家的研究后，我们发现，东亚国家如日本和韩国，西方市场经济国家如美国、德国、法国、英国，这些国家在经济发展的初期直到经济发展的高速阶段再到发展到一个经济、社会、文化都是相对发达的状态时，在国内都经历了城市居民与农村居民之间在收入差距方面的问题，而如今，这些国家经过一系列政策措施的调整，国内城乡收入差距逐渐缩小，达到了一个相对平衡的状态，农村与城市之间基本上不存在差异，农村的物质生活和精神生活都达到了一个很高的水平。社会矛盾慢慢缓和，整个社会更和谐了。因此，我们要主动学习东亚国家如日本和韩国，西方市场经济国家如美国、德国、法国、英国这些国家的经验，来启发中国在缩小城乡居民收入差距，促进城市与农村协调发展中吸取经验，得到启发，加速中国的现代化发展之路，构建社会主义和谐社会。

3.1 农村建设的模式

本书基于新农村建设的背景，因此，从总体上把握国外"三农"的情况是非常必要的。同时，本书站在历史的角度总结出世界上几种主要的"新农村建设"的发展模式。

3.1.1 国外"三农"问题的总体情况

从世界范围看，所谓的"三农"问题在不同的国家情况不同，本书分述如下：

发展中国家呈现属于典型的二元结构社会，这种结构还在不断固化。这种高度集中于城市的发展模式直接的后果是区域之间、城乡之间发展的极度不平衡。这种不平衡体现为生产活动、就业机会、人口空间分布的不平衡。其结果是乡村的发展受到限制，从而城乡差距逐步扩大，最后是整个国家的经济发展受限。如印度由于长期重视城市的发展，使其农业劳动力一直在70%以上，且没有什么变化，农村落后现象严重。

新兴工业化国家的城乡差别正在迅速缩小，二元结构不断弱化，农村的发展呈现跨越式。经过工业和城市的快速发展后，其工业部门过于集中于大城市的弊端开始逐渐显现，整个经济发展在空间上失衡。随着这些国家发展思路的转变，开始把工业向落后地区和农村扩散，使得农村获得了跨越式发展，农民收入在提高，二元结构在弱化。如韩国从1962年工业化开始以后，其农业劳动力所占的比重逐年下降，到1986年，降至23.6%。1950年到1995年，巴西农业劳动力所占的比重由约60%下降到约30%。①

发达国家的城乡已无多大差别，二元结构基本消除。在一般的发达国家，农业已经转化为"农村工业"，传统的"乡村—城市"划分已经失去意义。农场成为一种所谓的工业企业，农业和其他产业的差别正在消失，农业不再等同于乡村生活和乡村价值观（这是关键）。占全球农业总产值1/3的美国，农业就业人口占总就业人口的比重为3.9%，中小农场的收入高于城市职员，农业人口的生活方式与城市基本没有差别。②

3.1.2 国外农村建设的主要模式

由于"三农"的存在，很多国家在思考与实践。他们开展农村建设的代表模式如下。

---

① 欧洲大陆在发现新大陆以后，很快就转移到美国、澳大利亚，不存在所谓的农民变市民难题。而像美国、加拿大，他们的资源禀赋和约束条件与我们迥异，他们人少地多，随着农业技术的进步，很快就进入到规模经营的层面了。而东亚国家的约束条件普遍是人多地少，资源匮乏。而且，我们的城市化又与"四小龙"不同，他们依靠出口导向的工业化本身就把农村人口吸收得差不多了。现在再回头看，仅仅是我们在工业化的过程中，农民工的收入在GDP中占比少，导致其难进城。

② 具体来说，中心城市的工业和农村分散的工业都转移到小城镇，使小城镇成为第二产业发展基地，进而成为城乡之间相互支撑的经济技术联系。即中心城市不再以生产性功能为主，而是以金融、贸易、信息、服务、文化等第三产业的功能成为周围区域的发展极；中小城镇则以生产性功能为主，充当城市向农村扩散经济技术能量的中介和农村向城市集聚各种要素的节点。具体见李程骅：《城乡一体化与产业优化的战略》，《创新》，2008年第5期。

1. 政府推动的韩国模式

这是发展中国家向发达国家过渡时期，解决农村问题的典型模式，最根本的特征是政府推动。1962 年，韩国人均 GDP 仅为 82 美元，农业增加值占 GDP 的 43%，农业劳动力占就业人口的 63%。"住草房、点油灯、吃两餐"是当时韩国农民生活的真实写照。在 1970 年 4 月，韩国政府投入巨资为解决城乡发展严重失调的问题发起了"新村运动"。在 1971—1978 年财政预算中，农村开发费用增加 7.8 倍，中央和地方财政投资合计增加 82 倍，支持修建包括农村用水系统、扩大农村供电系统和网络、改建村庄、扩建乡村道路，为增加农民收入创造良好环境。经过四十多年的发展，到 2008 年，韩国人均 GDP 已跃升至 20 240 美元，城乡居民收入为 1∶0.84，实现了城乡协调发展。①

2. 中介组织推动的日本模式

这是发达国家利用强大的农协组织推动农村建设的典型模式。在第二次世界大战后，以重振农村经济为目标的新村建设运动，在日本的中介组织农协推动下开始启动。当然，政府在农村运动的推动上，并不干预农民，也不直接提供资金补助，主要是依靠日本农协组织推动，其主要做法：一是组织开展"一村一品"建设，重点抓住产地建设、培育名牌两大重点环节。二是倡导发展 1.5 次产业，旨在提高产品的附加值。三是发挥农协在产品的生产和流通环节的重

---

① 韩国的"新村运动"由朴正熙总统亲自倡导、由各级政府组织和支持的农村地区开放运动开始于 1970 年。第一阶段主要采用政府主导型的模式，重点是农村基础设施建设，通过对农村居住环境、生活质量、新村项目开放、工程建设、新村教育等进行投资，扩大内需，逐步缩小城乡差距，充分调动农民建设新农村的积极性。政府把全国的村按好中差分为自立村、自助村、基础村三等，在村口立上牌子，以激发大家的积极性。1974—1976 年，"新村运动"进入以增加收入为主的全面发展阶段的第二阶段，采用政府培育和社会跟进的发展模式。政府把工作重点奖励发展畜牧业、农产品加工、特色农业、农村保险以及农协组织的建设上，逐步培育社会发展实体，为未来国民自我发展奠定了基础。1977—1979 年为"新村运动"的第三阶段，逐步转入国民主导型的发展模式。这一时期，政府建立和完善全国性新村运动民间组织，政府只是通过制定规划、协调以及提供一些财政、物质、技术、服务等支持，着重调整农业结构，进一步发展多种经营，大力发展农村金融业、流通业，改善农村生活环境和文化环境，继续提高农民收入等。在这过程中，产生极大的正外部效应。

韩国"新村运动"主要特点：一是自始至终强调"勤勉、自助、合作"精神。这种精神后来扩展到城市，发展为民族自立、身土不二、事业报国的国民精神。二是让农民选出"指导者"，自己的事情自己办。三是政府提供物资、资金和技术支持。为了支持农村经济发展，政府还向农民普遍发放长达 30 年的长期低息贷款，争取国际组织贷款。四是注重搞好骨干培训。韩国中央和地方都有相应的培训机构。中央新村运动研修院是专为培训新村运动骨干而建立的。五是强化各级公务员的责任。六是发动全社会帮助农村建设，使新村运动发展为国民精神运动。（林风，2006）

要作用。农协共雇用 2 万名营农指导员,由农业专门学校毕业,取得国家认定资格,由农协作为专门人员。四是政府无偿开设各类免费补习班。五是由农协负责提供农业低息贷款。六是促进农村文化建设。经过几十年的努力,日本农民收入大幅度提高,2002 年人均收入达 2.7 万美元,高于美国的 2.4 万美元。①

3. 农村工业化带动的德国模式

这是以推动农村的工业化带动农村发展的典型模式。"二战"结束后,德国的城乡差距进一步拉大,大量农村人口离开农村涌入城市,城市也因此不堪重负。因而,德国赛德尔基金会倡导"等值化"理念,希望通过土地整理、村庄革新等方式,推动农村的工业化和城市化,实现"在农村生活,并不代表可以降低生活质量"的目的。20 世纪 50 年代,这一农村建设计划首先在巴伐利亚州开始试验,取得成功,然后在全国推广。德国政府通过改善农村设施,推动农村工业化,将农民成功地留在土地上的"巴伐利亚经验",已成为德国农村发展的普遍模式。为了印证这一模式在中国发展的可行性,1988 年 6 月,山东省政府和德国巴伐利亚州以及德国赛德尔基金会与青岛市南张楼村共同合作进行"巴伐利亚试验",合作取得了成功,南张楼村现成为一座现代化新村。②

4. 城市化带动的美国模式

美国只有 300 多年历史,是一个移民的工业化国家解决农村问题的典型模式,又是以城市化带动农村发展的典型模式。其主要做法是:一是以立法的形式推动农村生产力发展。1862 年,美国开始实施《宅地法》,形成了以家庭农场为主体的社会经济结构。1900 年,美国农场总数达到 574 万个,其中土地全部或部分自有的农场占 63.7%。二是以"罗斯福新政"实施为起点,美国全面调整农业政策,以消除农业生产过剩和稳定农场主收益。在经历 1923—1933 年的经济大危机后,美国政府采取了"天量"的农产品价格补贴等支持政策,促使农产品价格有所回升。三是以农村城市化带动农业劳动力的大规模转移。19 世纪初,美国农村人口占总人口 95%左右。到 1930 年前后,美国农村人口占总人口比重降到 43.8%,基本实现了农村的城市化。到 20 世纪 70 年代,美国农村和农业人口转移基本结束,农业也是工业,标志着美国已步入城市化高度发达的国家行列。

---

① 具体见胡方:《WTO 成立以来日本提高农民收入的措施》,《世界经济研究》,2004 年 11 期。
② 具体见邹勇文:《中国式"巴伐利亚试验"的实践及对新农村建设的启示》,《江西社会科学》,2006 年 10 期。

3.1.3 国外农村建设的一般规律

尽管发展模式不同,但是可以看出一般的规律:一是农业生产要达到合理的规模,才能实现较高的经济效益。二是农民需要合作社提供产前、产后服务,以减少市场风险,增加收入。商品经济的发展,促使欧美国家的农民以合作社的形式进入国内外市场。政府依法从税收、贷款等方面鼓励他们从事农产品加工,使合作社长盛不衰。①三是增加农业科技投入,提高农民素质。四是农业产业结构升级由市场调节来实现。在市场经济体制下,农民与消费者的经济关系基本取决于市场状况,政府基本上只进行间接干预,制定政策,指导农民及时调整农业产业结构。五是政府为农业发展提供良好的制度环境和基础设施,提供周到的公共服务。各国都有许多关于发展和支持农业的立法,保障农民的权利,提高农民生活质量,为农业和农村发展提供良好的"公共产品"。

3.2 农村金融制度

从传统的金融理论和许多国外多年的实践来看,金融支持"弱质"的"三农"几乎成为惯例。那么,在发达国家和发展中国家中,又是怎样利用金融支持农业的呢?

应该说,不论是发达国家还是发展中国家,经过多年的发展,大都建立了一个与本国农业经济特点相适应的农村金融体系,也积累了各自不同的经验。因而,分析以美国、德国、法国和日本为代表的发达国家农村金融体系,以及

---

① 1844年,英格兰的一个叫"罗虚戴尔"的小镇,由28个纺织工人成立了人类历史上第一个成功的合作社,其著名的"罗虚戴尔原则"(入社自愿、退社自由、民主管理、公平交易、二次返利)一直成为全世界公认的合作社原则。目前,以美国内生的需求诱致性的变迁模式和日本强制性的变迁模式影响最大。

美国的移民文化使其天生地具有响应共同获利机会的自组织能力,这是美国农民合作社自发的变迁能够成功的主要原因,也就是说,100多年的历史美国农业合作社是在完全市场经济条件下,由农民自发组织形成和发展的。其不以营利为目的,旨在帮助农民解决农产品销售问题,提高农民收入。在管理上采取"民主管理原则",其基本表现形式是"社员多数决"。"社员多数决"已成为合作社广泛接受的基本原则,与商事公司的"资本多数决"原则相区别。具体见朱芙蓉:《美国农业合作组织发展的经验对我国的启示》,www.chinavalue.net/Index.html。

日本是个岛国,农业的特点是土地零星分散、私人所有和小规模家庭经营。日本政府把与农村、农业有关的大量业务,委托给农业协同组合负责。在日本农业现代化的发展过程中,农业协同组合起到了非常重要的作用。具体见范三国:《国外的农业合作组织:以日本为例》,中国社会出版社2006年版。

与中国类似的印度为代表的发展中国家农村金融体系比较有借鉴有意义,从中总结出有利于中国的经验教训。

与之相对的,一般来说,发达国家为满足农业发展的需要,几乎都建立了功能、任务各不相同的农业银行,并配合农村合作银行及其联社,还有完整性质的农业保险机构,从而形成了横向联合、纵向呼应的农村金融体系,其中自上而下,靠政府有计划地促成的,也有自下而上的,靠农民互助的力量逐渐形成的。这些农村金融机构和金融工具相互结合,形成了多元化的农村金融体系,大大促进了农村经济的发展。相比较而言,发展中国家的农村金融体系一般较发达国家要简单,因为发展中国家的农村金融机构与本国的其他政治等制度有着"密切的联系",因而大多数发展中国家和地区并没有重视关于金融结构多样化的理论,仅仅是设立了某些金融机构,提供简单的存贷业务。

3.2.1 发达国家

1. 政策性农村金融体系

由于农业具有弱势性和一定程度上的公共品特性,无论是在发达国家还是在发展中国家,政策金融都在农村金融中占有极重要的地位。在大多数的发达国家,甚至可以说,在某种程度上农村金融实质上就是政策金融。[①]其中,美国和日本最具有代表性。

美国的农村政策金融体系创建于20世纪前期。此前美国没有专门的农村金融机构,农业信贷资金几乎全部由商业机构和个人提供,其特点是贷款数量少、成本高。20世纪初,美国农业进入全面推行机械化的时期(1910—1940),这客观上对农村金融形成了巨大需求。正是在这种条件下,美国建立起农村政策金融体系。其主要经验是:一是通过政策金融与合作金融相结合、运用政策金融来推动合作金融的发展。这主要体现在联邦农业信贷体系的构建上。美国政府分别于1916年、1923年和1933年,先后在12个农业信贷区分别设立了联邦土地银行、联邦中期信贷银行和合作社银行,资本金由政府全额出资并给予税收优惠。后来,这些金融机构又分别在1947年和1968年之前将资本金全部赎回。其中,联邦土地银行主要是为农村、农业生产者以及与农业有关的借款人提供

---

① 主流经济学派对农村政策金融的存在依据与功能定位的解释,主要是依据新古典经济学的"市场失灵"和"政府干预"理论。早期的新古典经济学是从市场机制对公共产品的非适性的角度来解释"市场失灵"和"政府干预",由于农业具有一定的公共性,因此自然就被列入政府通过政策金融进行干预的领域。具体见陈春生:《农村政策金融功能定位与结构特征探讨——外国案例的实证分析》,《西安财经学院学报》,2008年第2期。

长期不动产抵押贷款，法定贷款期限为 5~40 年。联邦中期信贷银行主要是为地方生产信贷协会提供贴现和中期贷款，地方生产信贷协会再贷款给农民，贷款用途主要是农牧生产与经营，期限一般为一年，最长不超过七年。合作社银行主要是为农业使用社和各种农民协会提供信贷和其他金融服务。二是专业性政策金融机构的资本金、补贴和亏损全部由政府承担，即经营主体的政府机构化，其业务设计仅侧重于农户在农业生产、产品销售、基础设施建设和生活等方面无法通过正常渠道解决的资金困难。这样，美国形成了以推动使用金融发展为主导的、以重点支持农业产业化、基础设施建设、弱势农户和农产品风险援助体系建设为主体的农村政策金融体系。（安宁，2008）

相较于美国而言，以农林渔业公库为核心的日本农村政策性金融政策的阶段性表现得很明显：在 20 世纪 60 年代以前的政策目标是支持粮食增产；而后 60、70 年代，不仅要继续支持粮食增产，还要满足果蔬、畜牧渔业等方面的需要；80 年代以后，主要政策目标又转移为培育竞争性农业；90 年代后，对与自由化农产品相关的食品加工制造业进行信贷支持，以提高农产品的附加值和竞争力；1994 年设立了"强化农业经营基础基金"，用于支持核心农户的发展，实质上是进行更深层次的农业结构调整。2000 年日本重新制定了农业基本法，强调了农业、农村的多功能，"公库"的支持范围也相应地进行了扩大。其实，这种支持的范围越来越宽，尤其是其结构呈现出显著的强势政策金融的特征，支持力度也远远超出美国。由于自然等条件，日本农业具有"一般弱势性"和"小规模农户"的双重弱性问题。因此，可以说，这促使日本形成了以专门的政策金融机构和对使用金融强力支持为主体，以信贷担保与信用保险体系、政策性保险与合作保险相结合的农业保险体系为支撑，以对商业金融的支农引导和支持为补充的政策金融体系。

2. 农村合作金融

最早的农村合作金融组织是由德国人雷发巽于 1849 年在莱茵地区创立的，经过 150 多年的发展，农村合作金融事业已经遍及全世界。在西方发达国家，合作金融运动极大地推进了一国的经济发展，体现了其在市场经济中的强大生命力。但是各国农村合作金融起源和成长于互不相同的具体经济环境和历史传统的背景下，所以比较和分析世界主要发达国家农村合作金融的发展模式，总结其成功经验，对于中国无疑有着重大的理论意义和现实意义。[①]德国是世界农

[①] 1995 年国际合作联盟（ICA）100 周年大会上确定国际合作组织原则：自愿与开放原则；社员民主管理原则；社员经济参与贡献原则；自主自立原则；教育、配需不利信息原则；合作社间的合作原则；关心社区原则。具体见张立中：《国外农村合作金融发展模式的比较分析及启示》，上海农业网，www.shac.gov.cn。

村信用合作制的发祥地，美国是当今信用合作非常活跃发达的国家，而日本农协包罗万象，成功经验各有千秋，德、美、日三国农村信用合作组织体系经营业务比较详见表 3.1，表 3.2。

表 3.1 德、美、日三国农村信用合作组织体系经营业务比较

国名	农村信用合作组织	级别	主要经营业务
德国	德国合作社银行	中央	对地区性合作银行贷款，同时也发放其他商业贷款、办理短期信用和票据贴现业务，并参与国际业务，在车外设有分支机构
	合作社银行	地区	为基层农村信用社调剂资金,充分基层社与德国合作社之间的业务媒介和清算中心
	农村信用合作社	基层	直接为农户提供贷款
美国	联邦土地银行	含地区及下属机构	向农场主及为农服务的商人提供用于购买土地和修建建筑物等不动产的长期抵押贷款
	联邦中间信贷银行	地区	为生产信贷协会提供资金
	生产信贷协会	基层	向农场主提供中、短期贷款，补充流动资金
	国家合作社银行	含中央及下属分支机构	专门向农场主合作社提供用于合作社基础设施建设及支持农产品出口等方面的贷款
日本	农林中央金库	中央	办理存款、放款、汇兑、委托代理等业务，有权发行农林债券，并可开办外江业务
	县信用农业协同组合联合会	地区	调剂基层农协之间的资金余缺，并将先进剩余资金存入农林中央金库
	综合农协	基层	既对农户从事信用业务，又兼营保险、生产资料购买、农产品贩卖等多项业务
	全国农业信用组合联合会	中央	不办理信用业务，通过调研，为会员提供情报，协调关系，是农业信用组织的中央联络系统。

资料来源：根据相关资料整理。

表 3.2 德、美、日三国信用合作制的综合比较

	德国	美国	日本
组织机构	三级机构	三类机构	三级机构，共属农协系统
立法	先有信用合作组织再立法	先立法再成立信合组织	先立法再成立农协
政府资助	政府一址投资德国合作社银行	政府参股成立农村合作制银行，现已退股	政府出资扶持农林中央金库，现已退出
监督机构	合作审计全国人民代表大会，属民间机构	农业信用管理局，属政府专门机构	大藏省，属政府机构
在农村金融中的地位	农村合作金融与政府农业金融并重	农村合作金融是主渠道之一，与其他多种金融机构在竞争中求生存与发展	合作金融为主政府金融为辅
遵守传统合作制原则与否	出现盈趋势，承认社员差别	出现盈利趋势，承认社员差别	基本遵守传统合作制原则

资料来源：根据相关资料整理。

3. 农业保险

农业保险是发达国家重要的农村金融制度，以促进"三农"。美国、法国、日本农业保险在经历了多年的探索后，已逐步形成了适合自身特色的经营模式，具有很好代表性。① 一是美国现行农业保险是以政府宏观管理、商业保险公司经营为特征的模式。联邦农作物保险公司负责规则的制定、履行稽核和监督职能，并提供再保险，将农业保险业务全部交给了私营公司经营或代理。二是法国农业保险是以政府资助、各级互助保险公司经营为特征的模式。政府对互助保险协会及再保险机构都定期给予一定的补贴，最高级中央保险公司负责集团政策的制定和对地区或省级保险公司提供再保险，中级的地区或省级保险公司负责

---

① 纵观以上农业保险的制度模式，虽各有特色，但可以得出其基本特征：一是具有强有力的立法保障。二是农业保险的发展具有一定程度的强制性。三是基本上都有行政保护，且由政府提供一定比例的保费补贴。四是政府对农业保险提供再保险支持。五是各国农业保险主要以收支平衡为主要经营目标。具体见孙蓉，《世界各国农业保险发展模式的比较及启示》，《财经科学》，2006 年第 5 期。

对上获得中央保险公司的再保险和对下向农业保险社提供再保险业务，最基层的农业保险社，负责维护和发展乡镇保险业务。三是日本农业保险是民间非盈利团体经营、政府补贴和再保险相扶持的模式。政府负责对农业保险进行监督和指导、为农业共济组合联合会提供再保险、给农业保险保费补贴和管理费补贴，由市农业互助组合、都农业互助联合，农林水产省经营局三级机构负责农业保险业务。

3.2.2 发展中国家

与中国类似，作为农业和人口的大国印度在独立初期，高利贷占印度农村信贷总额的一半以上，其他信贷规模比较低，这极大地影响农村发展。因此，印度从 20 世纪 60 年代开始，实施"绿色革命"，以各种政策和措施来支持农业的发展。它的措施以推行现代农业技术为中心，辅之以农业信贷、财政补贴、价格支持等。随着这些措施的实行，印度支持农业发展的金融体系逐渐完善，在农村长期存在的高利贷也大大减少。

1. 合作性金融机构

印度的合作性质的金融借贷机构分为两类：一类是提供短、中期贷款的合作机构，主要是信贷合作社；另一类是提供长期信贷的合作机构，主要是土地开发银行。

印度的信贷合作社是向农民提供廉价信贷来源，它有三个层次：一是初级的基层农业信用社。其主要向社员提供短、中期贷款，一般是一年，利率比较低。除提供贷款外，它还向社员提供生产资料供应、安排剩余农产品销售等服务。二是中层的中心合作银行。经营活动限于某一特定区域，主要是向由农民组成的初级农业信用社发放贷款，以解决其成员即初级农业信用社资金不足的困难。它在初级农业信用社和邦合作银行之间起中介作用。三是邦合作银行。其是合作信贷机构的最高形式，成员为邦内所有的中心合作银行。它的资金主要来源于从印度储备银行取得的短、中期贷款，还吸收一部分个人存款及中心合作银行的储备，然后再向其成员提供资金，以满足信贷需求。

印度的土地开发银行是为了适应长期信贷的需要而设立的，主要是为农民购买价值较高的农业设备、改良土壤、偿还国债和为赎回抵押土地提供信贷。其分两级，即每个邦的中心土地开发银行直接与农民有货币资金的来往，中心土地开发银行则主要是向初级土地开发银行提供资金，是连接初级土地开发银行与其他金融机构的纽带。

2. 政策性金融机构

印度政府于 20 世纪 60 年代后期发起了"绿色革命",为了解决资金短缺问题,印度储备银行采取了强制性的金融政策。[①]其措施为:一是对商业银行进行国有化改造。二是设立农村地区银行。1975 年开始,印度创立了一种特殊的专门为信贷服务薄弱地区的贫困农户提供信贷支持政策性银行——地区农村银行。到 2004 年 3 月,印度地区农村银行有 196 家,在全国 518 个县设 14 446 个分支机构。三是设立农业和农村发展银行。印度于 1982 年成立了专门的"农发行",农发行的主要业务是为农村金融机构提供贷款,从事农业农村方面的开发业务,根据印度储备银行的授权,对农村金融机构和业务进行监管。四是存款保险与担保公司。由于农村信贷的高风险性,为了鼓励和促进金融机构参与农村金融市场,印度还于 1978 年建立了为农村金融机构提供存款保险服务并承办信用担保业务的存款保险与信用担保公司。同时,在 1985 年推出的《农作物综合保险计划》,后来又于 1999 年推出了《国家农业保险计划》。2004 年印度又出台了《农民收入保险方案指导计划》,主要是向农民提供收入保证。印度政府对小农户和边缘农户给予一定的保费补贴,保费收入弥补赔偿金额不足部分由政府全部承担。

3. 商业银行

商业银行在为合作社和小企业融资,促进印度广大农村落后边远地区的发展方面起了重要的作用。印度商业银行除了向农民提供购买抽水机、拖拉机及其他高价值的农机具等生产资料和购买牲畜、发展果园等直接贷款外,还向有关农业机构提供间接贷款,如向农产品销售和加工机构、土地开发银行、采购粮食的机构等提供贷款。

4. 保险业

印度的农业保险可追溯到 20 世纪 40 年代,由于多种原因,几经波折直到 1972 年农业保险才得以迅速发展。它实行自愿保险与有条件的强制保险相结合的方式,即进行生产性贷款的那些农户必须参加相关农业保险,其他的保险如

[①] 一是于 1969 年和 1980 年两次对商业银行实行国有化改造,并要求每家银行至少要在其所在地区的农村开设一家分支机构。这使得印度商业银行在农村的机构网点数量大大增加(2005 年农村地区银行分支机构的数量比 1969 年增加了 9 倍,达到 47 369 个),银行贷款中农村地区的贷款份额也大大提升(2005 年已达 12%左右)。二是于 1969 年先后启动了"领头银行计划"和"优先发展行业贷款"制度,要求商业银行必需向农业和其他优先发展行业发放一定比例的贷款。在对商业银行采强制性的信贷政策的同时,印度还对农村农业贷款实行利率上限政策和利差、损失补贴政策。具体见王立新:《印度绿色革命国外研究:路径、观点和问题》,《史学月刊》,2007 年第 7 期。

牲畜保险，实行自愿的原则，由农户根据自己的条件选择是否参加。由印度中央政府制定的农业保险计划从 1999 年 3 月起实施，它由印度保险总公司执行，面向所有农户，从银行获得贷款的农户必须参与该计划，而没有获得贷款的农户可自愿参与。另外，印度政府近些年开始开办经济作物保险计划，2005 年已宣布经济作物将被纳入保险范围。印度农业保险公司也制订出多个专项保险计划，主要针对橡胶、茶叶、棉花和甘蔗等经济作物的种植。[①]

5. 简评

印度的农村金融体系，从表面上看是形式多样，比较齐全，但实际它是一个具有很强计划经济色彩的外生型体系，农村贷款交易成本过高，因低效的制度与法律环境，运行效率、可持续性和安全性方面均存在问题，政府长期以来忽视其"造血功能"。事实上，印度人多地少、市场的严重残缺不全、二元经济结构的约束和传统因素的干扰，再加上严重的大量的农村失业人口和贫困人口问题，使其形成了多重弱势。这最终迫使印度建立起一个复杂的农村政策金融体系，但无疑也是社会资源的浪费和社会效率的降低。

实际上，印度与中国最不同之处在于其受西方文化影响较为深刻，其农村金融制度也带有明显的、简单的模仿痕迹。印度的农村金融制度在一定程度上缓解了其严重的"三农"问题。但是，进入 21 世纪，印度的"三农"问题还是非常严重，值得中国认真思考其教训。

3.3　政府行为

从世界各国的历史和实践来看，"三农"成为"三弱"几乎是个世界普遍存在的问题，这也就使得政府行为几乎成为每一个国家或地区解决"三农"的关键。当然，在这里，主要是对一些发达国家的经验进行总结，以启示中国的政府。而大多数发展中国家的政府行为几乎没有规律可循，是非常混乱的，不适合市场经济的需要。毕竟，在中国，政府行为，特别是农村基层政府是农村金融生态环境中的一股独特而重要的力量。

---

① 赵俊臣：《印度的农村金融体系》，http：//active.zgjrw.com/News/2009226/ruraleconomics/649319375900.html。

3.3.1 公共财政提供足够的公共产品

发达国家的工业化水平虽然很高，但是其"三农"仍然是"三弱"。因此，在发达国家的公共财政支出中，农村公共产品支出是一项非常重要的必须履行的法定的内容，它们的农村公共产品供给比较充足，基本足够满足本国农业、农民和农村的需求。

1. 农村基础设施建设

从世界范围来看，农村基础设施建设也是一种投资大、周期长、外部性强的社会公益事业，完全由私人提供易导致供给的不足。因此，世界各国都通过政府直接投资的方式支持农业基础设施建设。有关国家的具体情况如下：一是美国。美国的大规模基建投资是从 20 世纪 30 年代开始的，因为那时候美国的农业发展开始向西部干旱地区推进，农田灌溉设施建设显得越来越重要，政府开始支持灌溉事业的发展。二是法国。法国政府的农业基础设施建设主要包括水利工程和土壤改良、道路建设、自来水、农村用电等。三是日本。日本水利建设投资由国家、地方政府和农民共同负担，以国家和地方政府负担为主。一般情况下，新建农田水利工程建设资金投入，国家和地方政府负担绝大部分。四是韩国。新村建设始终以改造农村为核心，其资金来源于政府投资和乡村集资。

2. 农业科研、教育和推广体系建设

科技在农业发展中起着关键作用，大部分市场经济发达的国家都建立了稳定而完善的农业教育、科研、推广体系，从而保证最新的科技发展成果能应用于农业，以增强竞争力。一是美国主要实行的是政府领导、农学院为主体的科研、教育、推广三结合体系。美国农业部联邦推广局是全国农业科研和推广工作的管理机构，它指导推广部门制定和执行推广计划，协调各州之间的合作和交流。美国各州立大学的农学院不仅从事农业科技的研究和人才培养，还是美国合作推广体系的重要组成部分，以各州农学院为依托建立的农业推广中心，是美国科技推广工作的中级管理机构。农业推广中心下设若干办公室，分别负责本州农业科技推广示范工作。州下面的每个县或地区也都设立一个农业推广站，负责本地区的农业科技推广工作。二是日本实行的主要是政府统一组织和指导的农业技术推广体系，无论是中央还是地方在组织上已经达到了相当完善的程度。三是澳大利亚的农业研究和推广工作得到了联邦政府和州政府的大力支持。联邦政府对其所属的研究机构直接拨款，如联邦政府大力支持"联邦科学和工业研究中心"和"农业经济局"。州政府对州级农业研究机构、实验站、试验室、推广站等进行支持。

3. 公共财政对农业信贷支持

在发达国家，农村金融实质就是"政策金融"，几乎是准公共产品。随着农业生产的现代化，农民越来越不可能完全依靠自身的资本来生产，而"自然属性"决定农业生产风险大、利润低，私人金融机构一般又不愿意向农民提供贷款。为此，各国政府通常都对农场主提供广泛的交易成本低的农业信贷。如美国政府成立了规模庞大的农业信贷体系，向农场主提供不动产抵押贷款、生产和销售的中短期贷款、生产贷款，以及向各种农业合作社提供贷款。农场主家庭管理局是政府向农场主提供担保贷款和直接贷款的最重要机构，提供贷款额高达 90%的担保。2002 年新农业法提出了《美国农场信贷体系（FCS）》，见表 3.3。[①]欧盟运用银行信贷，向农民提供大量优惠贷款，农业贷款利率比较低，银行的利息差额由财政负责补贴。如法国农业信贷银行和地区农业互助信贷银行是面向农业的专业金融机构，提供短期、中期和长期贷款。农业贷款利率大约是非农业贷款利率的 50%，利息差由财政补贴，补贴金融随贷款的增加而不断上升。

表 3.3　美国农业部估算的农业补贴支出

单位：亿美元

	2002	2003	2004	2005	2006	2014	合计
1996 年法案计划额	174	116	108	98	87	83	666
2002 年新法案增加额	34	103	114	105	87	76	519
合计	208	219	222	203	174	159	1185

资料来源：农业部中国农业信息网，http：//www.agri.gov.cn/。

3.3.2　政府倡导高度的信用金融文化

市场经济就是信用经济、契约经济。目前经济学家已经认识到，信用不仅

---

① 美国新农业法的正式名称为《2002 年农场安全与农村投资法案》(The Farm Security and Rural Investment Act of 2002，以下简称新法案)，生效期直到 2007 年，共 6 年。新法案获得了国会两院和两党的共同支持，众议院以 280 对 141 票通过，参议院以 64 对 35 票通过。新法案决定在 1996 年农业法的基础上，增加对农业的投入和补贴。根据美国农业部门估算，按照 1996 年农业法规定，2002 年到 2007 年 6 年期间的各项农业补贴约为 666 亿美元，新法案在此基础上又增加了 519 亿美元，总计 6 年达 1185 亿美元。如果按 10 年推算，则按原来计划为 1073 亿美元，新增加 828 亿美元，合计 1900 亿美元，平均每年 190 亿美元。具体见《美国新农业法主要内容》，中国农业部中国农业信息网，http：//www.agri.gov.cn/。

是一种信誉和荣誉,更是一种甚至本身就可以作为资金来看待的金融资源和金融商品。

从国际经验来看,政府垄断征信市场的做法不符合市场规律。政府有时还会涉及相关利益,难免有偏见,无法承担中介服务的责任,而且效率低。事实上,从欧美和亚洲地区著名的信用管理公司来看,绝大多数公司一直都采取民营方式。法国国营色彩很浓的征信数据库也已经被英国的私人公司收购。信用管理公司采取民营方式是不容质疑的。因为民营公司是中性的,无偏见的,是市场经济中除客户和政府之外的第三方,它们为客户提供信用报告的质量直接关系到它们在市场上的生存问题。美国、英国、法国等都有公平信用法,市场主体在取得授权以后能公平合理地取得和使用与交往对象相关的信用信息。这点,美国《公平信用报告法》就是个典范。西方已经普遍建立个人信用制度,个人可以通过信用方式获得支付能力而进行消费、投资和经营。个人信用可以通过一系列有效的数据、事实和行为来标明,良好的个人信用档案可以视作个人的第二身份证。在亚洲,很多地区缺乏信用文化。亚洲的资本市场仍然是由商业银行占据主导地位,而银行的有关借贷并不是全部由信用驱动,其中部分是由关系驱动。这样的市场不利于培育信用文化。银行的关系贷款也是造成几年前东亚金融危机的主要原因。

因此,良好的金融生态信用文化是国家保持良好金融生态的重要原因。①

3.3.3 清晰的产权与完善的治理结构

在产权清晰的西方国家,一般政府在商业银行中拥有很少的产权,见表3.4。在美国和英国,政府就不拥有银行产权,代之是最好的资本市场。同时,这些商业银行一般都有完善的治理结构,这是其银行体系保持长期稳定性的基础性制度安排。②

---

① 《公平信用报告法》不应该限制被授权的使用者获得信用信息,有合法目的使用者就可以获得信用报告。《公平信用报告法》规定所有公共记录信息,从正常的商业途径可以得到的赊欠账的信息都应该是属于全国性的,并且应该向全国的从业机构开放。《公平信用报告法》的另一个目的是防止信用报告代理机构和使用者以各种不符合条例规定的范围滥用信用报告。这就要求界定数据开放范围和确定征信数据的经营方式都需要以立法的形式进行规范。立法的核心是将与信用管理有关的数据向指定信用管理公司公开,并由后者经过授信以后以服务产品的形式提供给客户。具体见孙杰:《可借鉴的国外信用文化》,《中国贸易导刊》,2002年第7期。

② 在西方国家,企业的法人治理框架决定了企业的决策程序,平衡所有者、管理者和雇员之间的利益,并以盈利为最终目标。西方主要有两种典型的公司治理结构:一是以美国、英国等以市场为基础的治理模式。二是以德国和日本为代表的以银行为基础的关系治理模式。

表 3.4　政府在银行业中拥有的资产所有权和控制权平均份额（%）
（1970-1995-1999-2014）

年度	发达国家	发展中国家	全球	年度	发达国家	发展中国家	全球
GB70	38.49	68.23	59.64	GO99	10.57	24.65	20.97
GB95	22.83	49.29	41.65	SC99	8.52	25.54	21.69
GC50	25.02	49.33	42.3	SC04	9.6	18.66	16.54

资料来源：IMF 研究报告（2014）。

注：1. GB70 和 GB95 表示，在某给定国家的 10 家最大银行中，其政府所拥有的银行资产份额，GB70 和 GB95 分别对应 1970 年和 1995 年。2. GC50 表示，1995 年在某给定国家 10 家最大银行中，其政府所拥有的银行资产份额超过 50% 的银行的资产总和与 10 家最大银行资产总和之比。3. GO99 表示，某国政府拥有的银行资产份额。4.SC99 和 SC03 表示，某给定国家政府拥有占绝对控制权的银行资产份额，SC99 和 SC04 分别对应 1999 和 2004 年。

3.3.4 政府行为适度

在上述的分析上，我们也能看出西方政府对于农业是"过度"支持，但对于很多微观经济主体几乎不干预，做到了适度而到位。

3.3.5 完备的法律等制度体系，交易成本低

西方国家经过近 500 年市场经济发展，形成了非常完备的法律制度体系，而且执法效率很高，社会交易成本低。这也就是所谓的奥尔森曾指出的"市场扩展性政府"（一是个人产权清楚的界定及有效保护；二是必须保证市场的交易合约有效履行；三是保护个人财产不受侵犯）。这非常有利于解决"三农"问题，以优化农村金融生态。

3.4 国外缩小城乡收入差距的经验

3.4.1 美国在缩小城乡居民收入差距方面的经验

美国是经济实力强大的国家，经过两次世界大战的洗礼，美国成为了世界

上经济发展最强盛的国家。18世纪60年代,第一次工业革命开始了,以瓦特发明蒸汽机为标志开启了西欧国家的工业化进程。西欧各国的经济发展摆脱了原始的以手工劳动为主的纺织业、造船业、交通运输业,在蒸汽机的作用下,美国等西欧国家在工业创造发明方面的贡献越来越大,美国经历了第一个发展高峰。19世纪70年代,美国又经历了一个发展高峰。20世纪四五十年代,美国同样在历史的洪流中凸显出来,成为领头羊,经济发展进入到一个高速发达的状态。在美国的工业化过程中,同样经历了城市居民与农村居民之间在收入差距方面的扩大问题,而后经过一系列调整,慢慢缩小,有一点和中国的经济发展路径不同的是美国在工业化发展初期,对城市建设和农村发展都放在同等重要的位置,两者并没有偏废其一,甚至美国政府实行让国家的工业来促进农业发展,为农村提供优良的基础设施、为农民提供高科技的大型机器设备,研究农药、化肥、优良的种子等,来扶持农业的发展,增加农民的收入。在美国工业化发展的初期到中期一直到高速发展阶段,美国政府始终采取一系列政策支持农村发展农民增收,所以,城乡收入差距一直维持在一个相对较低的水平,城乡之间的差距并不是很大。在搜寻有关美国城乡收入差距资料中,可以看出,在1940年,城市居民与农村居民的收入差距不是很大,城市居民每年的人均可支配收入是农村居民人均纯收入的一点六倍,经过十年的发展,城市与农村的差距越来越大,城市居民每年的人均可支配收入是农村居民人均纯收入的两倍。经过二十年的调整,美国政府的一系列支持政策,城市居民每年的人均可支配收入是农村居民人均纯收入1.28倍,城乡居民收入比大大降低了,在1970到1990年的二十年间,城市与农村的收入差距一直维持在1.28和1.33之间,相比1940年到1950年的十年间,已经有了很大幅度的下降。美国政府在扶持农业方面采取的政策、扶持农民增加收入的措施起到了效果。目前,美国的城市居民与农村居民之间已经不存在太大的差别,收入相对持平,国家进入了一个现代化的高速发展阶段,城市居民与农村居民的收入比已经维持在一个较低的水平,城市居民是农村居民收入的1.17倍。在总结了美国在工业化发展时期实施的措施和发展扶持政策中,我们总结了以下几个方面。

1. 加大资金投入到农业基础设施中,为农村发展营造良好的物质基础

在美国整个发展历史中,美国政府对农业的支持无处不在,而且支持的力度越来越大,由于美国政府每年对第一产业农业投入大量的资金、制定优惠的政策加以扶持,美国农业成为了世界上第一大农业出口国,农业已经进入了现代化大机器化生产的阶段,美国政府对农业基础设施的投入也使得美国成为世

界上最大的农业发达国家，抛开其他方面如政治、经济、文化、教育、工业、服务业不说，单单农业这一项，美国已经远远领先于世界上其他国家，这种结果的出现与美国政府在农村投入的巨额资金，加大对基础设施的建设和完善是分不开的。美国政府对农村的基础设施建设投资主要集中于农村的交通设施方面如公路、铁路等，农村的水利系统的建设，完善水利设施，农村的电力系统方面，完善所有农村的供电系统、使得电力获得更加便利、价格合理。加强对农村地区网络设施的建设，使得整个农村网络畅通，联系方便，促进信息交流信息传播。我们知道，基础设施的建设需要耗费大量的资金，依靠私人部门或者企业的建设难免会出现逆向选择和道德风险，农村与城市相比较，私人部门或者企业更愿意把资金投资于回收周期短，成本低、利润高，有长期投资前景的行业里，城市本身掌握着大多数资源，劳动力素质高，投资机会更多。因此，关于国家在基础设施方面的投资和建设，必须由国家来完成。

在1912年，美国政府就从财政中抽取大量资金帮助农村地区修建公路、邮递点，以方便农村地区与外界的联系，促进信息畅通高效传播交流。在1916年，美国国会又通过了一项法案，提出修建农村高速公路，在会议上通过了《联邦高速公路法》。这一法案的提出表明美国政府要对农村地区大量拨款，让高速公路在农村也修建起来，形成城市与农村之间，农村与农村之间四通八达的高速公路网络，为以后农产品的输出、农产品深加工以及吸引大量的投资人兴办乡村企业打下了坚实的物质基础。二十年后，美国国会关于为农村修建电气化展开讨论，《农村电气化法案》得以落地实施。法案中指出，美国政府委托国家电气化管理部门为农村电力系统完善，煤气天然气管道落户农村的战略计划提供长期贷款、贷款利息远远低于市场利率与国家基准利率持平，相当于美国政府为农村提供的无息贷款。这些巨额的贷款被用于农村发电厂的建设，为整个农村装配上完善的电路，输送线路等这一完善系统的供电系统，满足家家户户通电的基本需求，同时发电厂的建设为农村建设乡镇企业，对农产品深加工提供了良好的基础。美国农业部也斥巨资支持农村建设。在2009年，美国农业部为农村地区兴建水利系统拨款六亿美元资金，加大对美国农田水利设施的修建，使美国农业可以摆脱天气的干扰，不受季节影响，实现农业规模化集约化大型机械化播种、施肥、撒农药等一系列农业活动。

之后，美国国会就《农业电气化法案》的相关细则作出修改，提出关于农村地区的电话线路和一系列软件硬件由国家出资兴建，为其提供长时间利率很低的贷款。在克林顿担任美国总统期间，也实施了对农村地区的资金援助和政策扶持，在1994年，提出了加强对农村地区无线网络建设的资助，这在当时来说，具有划时代的意义，已经远远超出了其他国家在农业发展上的政策优惠和直接的资金援助。在2001年，美国政府又为农村的通讯线路建设从财政中拨出五亿美元，资助其发展。接着，美国政府继续加大对农业基础设施的建设，美国政府为了发展农村的高速网络系统，从财政中拿出三点多亿美元用于发展美国十四个农村的高速网络，这项政策的实施由美国农业部牵头完成。正是美国政府这几十年来一如既往加大对农村基础设施的建设，提供大量的资金援助，低息贷款以及向农村倾斜的政策，才使得农村发展进入一个高速发展的阶段，农民收入不断增长，物质生活和精神生活都不落后于城市。美国也由此成为世界上最发达的国家，农产品出口量世界第一，城市和农村达到协调发展。

2. 美国加强对农业农村的多方面政策支持

自从美国开始工业化革命以来，对农业的支持政策在不同时期有不同的优惠，目的都是为了促进农村地区的发展，提高农民的收入。在国家财政方面，美国政府不断增加对农业的投入比重，每年农业的财政支出在整个国家财政拨款中都属于很大一个部分，从美国工业化发展初期，到工业化发展的高级阶段直到现在，美国已经成为世界上最发达的国家，在这一整个阶段，美国政府对农业和农村的支持都占据了国家财政支出的很大一部分。根据统计资料显示，在2004年，美国政府对农业领域的支出达到了780亿元，在2005年，国家进一步提高了对第一产业农业的支持力度，美国政府在财政领域的拨款增加了四十亿美元，达到了820亿美元的高额投入，2015年比2014年财政投入的增加幅度达到了五个百分点。由此可以看出，美国政府对农业领域的繁荣和农民增加收入是多么的重视。当时，美国整个国家的国内生产总值的增长幅度仅仅为五个百分点，而美国农业财政投入的增加幅度几乎与国内生产总值的增长幅度一致。可见美国政府对农业的重视程度。

在美国政府对农业领域的贷款方面，更是从贷款规模、贷款利率、贷款期限、贷款押金等方面给予众多优惠政策。在二十世纪初期，美国国会就美国农村农民的贷款问题通过了最早的法案《农业贷款法》，之后，美国政府为支持农村的基础设施建设，又相继通过了对农业的重大优惠政策，在相关融资贷款政策方面都给予了优惠放宽。21世纪初期，美国国会对针对农村的贷款政策和有关贷款的法案给予修改，目的是为了更好的扶持农村，帮助农村地区尽快发展起来。在2008年的时候，美国对农业贷款的政策为：贷款期限从最初的十五年延长为二十年，把贷款的年利率从四个百分点降低为一点五个百分点，把贷款的数额从最初的二十万元增加为三十万元。这些政策的实施，都为农业和农村的发展提供了良好的条件。

在农产品的价格支持方面，美国政府最初是间接支持，比如说农产品的价格支持政策，为农产品提供价格保护，当农业欠收时，农产品的产量比较低，但是价格相对比较高，这时农民的收入并不比其他年份少很多，同时，美国政府会针对天气因素导致的农产品收成降低的情况，给予农民一定的农业补贴。当农产品在丰收年份时，农产品的产量有一个很大的提升，此时，如果按照市场的价格规律，农产品的价格会在供求情况的影响下下降，相应的农民的收入会降低，但是美国政府为了保护农民的利益，防止这种情况的发生，于是提出了农产品的保护价格，也就是说，要求收购农产品的市场主体在高于市场价格的基础上，以政府提出的最低保护价来收购农产品，保证农民的收入在一个较高的水平上。

之后，美国政府开始从间接补贴转向直接补贴。也就是说，美国政府每年会为农民提供一定的补贴，在农民每年收入的基础上从财政中直接转移支付。美国政府的补贴工具也在发生改变，美国政府最初采取的是"黄箱政策"。"黄箱政策"指的是一些会出现贸易扭曲，本国内的政策要予以调整和改变的政策，具体指的是美国政府直接对农产品的价格干预，比如说，在农业欠收的年份，农产品价格由市场供求决定时不断下降时对农产品的价格直接干预，提出市场上的收购者要以不低于政府提出的保护价格的基础上来收购农民的粮食等农业作物。以及美国政府对农产品的直接收入补贴，比如，美国政府对农业生产所需要的化肥、农药、种子的必需品的直接给予或资金补贴，对农产品推广途径上的补助金等。美国政府实施的"黄箱政策"主观上是促进农民增加收入，保护农民的利益不受损害，使农村地区尽快走上繁荣富强的道路，但是，这种政策客观上，会导致农产品贸易的扭曲，一旦失去了政府这个羽翼的保护，放到市场的激烈竞争中，农业就很可能处于劣势地位，农民的权益会在市场中被市场主体层层盘剥，利益受到很大侵害。农民的收入可能急剧下降。衡量政府实行的是否为"黄箱政策"的标准有几个，首先看，政府是否直接为农产品提供直接的物品补贴，包括对农业生产所需要的各种农用物资。其次，要看政府为了保护广大的农业生产者，对某些农产品的价格给予直接的价格保护。

美国在"黄箱政策"之后，又接着实施了"蓝箱政策"。所谓的"蓝箱政策"指的是美国政府实施的为针对农业生产中的一系列价格保护行为。美国农民要获得国家给予的价格补贴，需要满足以下几个条件：首先，补贴的量是按照政府规定的固定面积和固定的生产量，超过固定面积的部分和超过固定生产量的数额国家不给予补贴。其次，享受的补贴数额不能超过整个国家在当年所生产农产品的平均生产水平的八十五个百分点。最后，畜牧业的补贴上，补贴数额不能超过国家规定的牲畜数量，超过国家规定的饲养数量的牲畜不能够享受国家的资金补贴。后来，美国逐渐废除了"蓝箱政策"，这些针对农产品的补贴是与国家实施的限产计划相关联的，因为农产品产量过高，超过了市场上消费者的需求数量，会使农产品市场价格下跌，农民收入下降，从而，没有更多的资金用来购买生活必需品，导致整个市场上的生活必需品滞销，市场萎靡不振。另外，农产品生产数量的减少，有利于剩余的农民从农业活动中解放出来，将这些劳动力投入到工业生产或者服务业中，对于整个市场社会的和谐发展产生有利影响。但是，另一方面，政府利用行政干预手段对农产品的产品和价格补贴或者价格保护，在很大程度上会扰乱市场秩序，从长期来看，不利于整个市场的良好运转。因此，美国政府对农业政策作出进一步的调整，转向了"绿箱政策"。

"绿箱政策"是美国政府至今都在推行的政策，所谓的"绿箱政策"指的是顺应农产品的生产和销售规律，对整个市场负面影响比较小的政策。具体来说，指的是，政府加大对农产品的推广、保护农业耕地、对农业的投入、建设农村基础设施、保护食品粮食安全、调整农业的种植结构、加强农民的职业技术培训、对农民在农业生产中所需的技术给予指导、不断加大对农业技术的研发力度、对农产品受到自然灾害影响的年份给予直接补贴，加强对环境的保护力度。在农业协定中具体规定了"绿箱政策"。衡量国家政府实施的是否为"绿箱政策"，应该从以下几个方面来衡量。首先，国家实施的政策支持不能来自于消费者转移，必须是政府提出的公共政策。其次，这种政策支持不能是价格支持或者相关农产品的物质补贴。因为，价格保护和农产品的直接补贴会导致市场价格畸形。也会造成农产品贸易的畸形发展。另外，"绿箱政策"一般不会直接规定农业生产的产量或者规定农产品价格，不能规定生产什么种类的农产品，还有，国家实施的具体政策要写入国家的法律法规，不可随意更改。目前，国际上很多发达国家都在实行此政策，几乎减免了农业在生产中的各种税收。美国政府实施的"绿箱政策"有利于提高农产品的国际竞争力，增加农民的收入，促进农村地区的繁荣发展。无论美国政府对农业采取怎样的补贴政策，究其本质，都是为了农业的发展，农民的增收做出努力。随着时间的推移，美国政府在不断扩大对农村地区的补贴数量，扩大农产品的补贴范围。在2008年的时候，美国国会再次修改《农业法案》，加大对农产品的投入力度，对农产品和农村地区的拨付金额创下2900亿美元的新高。

3. 加大对农业劳动者的培训,提高农民的技术水平和文化素质

通过研究搜集美国政府历年的政策和发展战略可以看出,他们不仅在基础设施建设方面加大对农村地区的资金投入、提供低息长期的贷款,为农村长远持续发展提供一个良好健康持续成长的环境,而且不忘对从事农业这一第一产业的主体,即农民提供适当的技术培训和职业教育。在美国,国家规定农村居民必须要和城市居民一样接受教育,农村教育和城市的教育是实行统一规范化,基础教育的十二年必须完成。并且,美国政府还在不断提高对农村农业中基础教育的力度。据有关资料显示,在 2010 年的时候,美国政府在财政预算中对农村和城镇十二年基础教育的投入达到了 6730 亿美元的数值。美国政府对教育的投入如此之大,足以看出教育在整个国家中所占的比重,以及整个国家对教育的重视程度。当时对基础教育的投资数额相当于美国国内生产总值的四点六个百分点,经过六十年的调整巩固提高,相比 1949 年的二点三个百分点,美国政府对国家基础教育的经费提高了整整一倍。

另外,美国政府还非常重视对农业的技术支持,加强对农民的职业技能培训,当一项新的农业生产技术应用于农业技术开发或者新型农业品种的实验时,美国政府就会组织专业的技术团队对原本知识贫乏的农业劳动者展开长期技术培训,指导农民使用新型的生产技术,提高农作物产量。在美国工业化发展的初期,美国政府就十分重视对农民的职业技术培训,为此,在 1862 年的时候,美国国会通过了一项专门针对提高农业劳动者素质,对农民展开定期专业职业技术训练的法案,该法案名称为《莫雷尔法案》。该法案中还指出每个州的州政府要在五年之内至少为农业技术劳动者的职业培训提供专门的学院,为农业技术的研发和将新兴的农业生产技术应用于农业生产实践中去,并将这些新兴的技术传授给当地的农民。据有关资料显示,到现在为止,美国财政部为提高农民的职业技术能力,提高农民精神素质,塑造新一代面向国际化的农民群体,对农民的教育支出已经有六百亿美元的数额。

在加强对农民基础教育和职业技术培训的同时,美国政府还提出将农业的技术研究依托于国内的高校和农业技术研究所,开展农业技术研发的基础性、理论性研究,在时机成熟的条件下,把农村的技术实践与基础性的农业研究相结合,将基础性的理论研究在农业生产实践中应用。运用科学技术提高农业的产量,减少农作物的病虫害,在农作物的基础物质如化肥、农药等农作物生长所需的有机物质进行科学配比,为大规模集约化高效率生产提供良好的条件。在 2008 年到 2012 年的四年时间里,美国农业部将大量的科研费用投入到农产

品的研究和加强对农作物深加工食品的安全监测和防控中,四年间,每年都固定向农产品安全生产和监测部门拨付七亿美元的费用。将这笔财政拨款的四十个百分点用于把研究的理论成果运用在农业领域的实践中来,大部分资金还是用于农业的基础性理论研究。

虽然在农业领域投入大笔经费用于基础性的理论研究,研究成果可能仅仅局限于实验室,也可能在投入了大笔经费之后永远无法将其运用在农业生产实践中,但我们知道,一旦有一项科研成果能够顺利转化为具体的生产技术,可以在生产领域大规模应用时,产生的经济效益是不可估量的。到目前为止,美国已经形成了完整的农业科研体系,而农业科学技术对提供农产品产量和质量,支持农业生产方面已经达到了八十个百分点。正是美国政府对农业的如此重视,才造就了美国的农业在世界市场中首屈一指,成为发达的农业,农业实现了大规模、集约化、高效率的局面,农民的劳动素质也与农业的发达局面相匹配,成为世界上农产品出口量第一的国家。

4. 美国政府为农业发展提供了完善的法律保障

在1929年到1933年间,美国经历了历史上影响很大的经济危机。国内的次贷危机影响了工业、农业、金融业等各个领域。国内的工业生产急剧下降,国内一片萧条。农产品生产过剩,消费者却没有足够的资金购买必需的生活用品,农民的收入也急剧下降,很多农场主的权益受到损害。为了保护农民的利益,解决农产品价格过低仍无人购买,农民收入下降,生活困难的问题,防止"倾倒牛奶事件"再次发生,美国国会通过了保护农民权益和农业生产的法案,该法案名为《农业调整法案》。根据市场的变化和农业发展的实际情况,美国政府对《农业调整法案》进行五年一次的调整,通过法律的保障切实维护农民的权益。将农民的权益用立法的形式规定下来,为农民和农业生产提供法律依据,在农民利益受到损害的时候,能够运用法律的武器来维护自身的合法权益。

在2008年的时候,美国国会通过了农业基本法,实施的期限为从2008年开始到2012年五年的时间。此后,美国还制定了一系列的相关法律法规,比如为了保护农民的土地,对农民的宅基地、在新开垦的土地、荒地等各种土地资源展开了立法程序。针对农业领域的贷款,国家也在法律层面予以规范和保护,通过了《农业贷款法》等法规。在农产品销售、流通、出口贸易方面,美国国会通过了《农产品销售协议法案》等。这些法律法规的制定和实施为农民维护自己的权益不被肆意夺取提供了依据和保障。

3.4.2 日本在缩小城乡居民收入差距方面的经验

日本是亚洲的发达国家。在经历了两次世界大战后，日本的经济受到很大破坏，国内工业农业生产部门都出现萎缩状态。1868 年，日本开始了明治维新，对国内经济、社会、政治各个方面开始了一轮新的改革，之后日本的工业主要以轻工业为主，家庭作坊式的小型工业占据了日本整个国家的主体，轻工业的发展吸收了大量的农村剩余劳动力，为农村地区收入增加做出了一定的贡献。经过一百年的发展，日本经济得到突飞猛进的发展态势，国内生产总值排在全球第二位，仅此于全球第一大经济体美国，当时日本的国民生产总值已经超越了同为"二战"战败国的德国。随着国内工业基础的迅速发展，日本国内城市与农村之间的矛盾逐渐显露出来。究其原因，"二战"以后，日本作为战败国，经济发展受到很大影响，原有的工业基础在战争机器的破坏下，已经溃败得无以为继，原有的建筑、厂房、机器设备、电力系统、交通通讯设施等国内的软件和硬件设施都在战争中被摧毁。

当时的日本为了实现战争之前的工业生产水平，迅速恢复国内的经济社会发展秩序，采取了一项特别的国策。即利用国内的煤炭工业大力发展机械、钢铁等重工业，国内的农业生产部门要为工业发展提供足够的资源，自此，日本的重工业在集中了国内所有资源和国家政策优势之后，得到了迅速发展。然而，随着工业基础的不断增强，国家整体的经济水平有了很大进步。战后国家对重工业倾斜的政策也随着日本整体实力的提升出现越来越多的矛盾。由于重工业的发展主要集中于城市，国内的某些区域，导致城市的基础设施、工业基础、经济发展水平、人民生活水平得到很大提升，城市人均可支配收入也不断提高。农村在战后的角色是全力配合和辅助国内重工业的发展，农业资源在国家行政指令中流向重工业，投资者也更倾向于将资金投进经济发展水平较高、基础设施完善、发展潜力更大的城市。农民生产的农产品要按照国家规定的价格出售，而这种价格一般情况下是低于市场价格的，农民在购买生活必须品以及购买种植农作物所需要的化肥、种子、农药、除草剂时却是在高于市场价格的水平上购买的。在这样的情况下，农民的收入都被国家所攫取，用于支持国内重工业的发展，农民生活越来越贫困，农村的经济发展程度比较低。城市居民和农村居民的收入差距越来越大。

为了缓解国内的矛盾，打破城乡经济结构失调的局面，日本开始采取一系列政策支持农业发展，缩小城乡收入差距。经过几十年的调整，城乡收入差距由原来的最大值三点一三，开始下降，在 1972 年的时候，日本城市居民人均可支配收入和农村居民的人均纯收入之间的差距已经基本消除，达到了一个均衡协调发展的状态。通过研究日本在调整国内农业与工业结构，缩小城乡差距方面的做法，我们总结出了几个方面。以图借他山之石，在学习和借鉴中缩小我国的城乡收入差距。

1. 政府加大对农业的财政支持力度，把保护农民合法权益写入法律

战后的日本，在国家行政指令下，动员全国资源发展重工业，经济得到了迅猛发展，国内生产总值已经跃居世界前几位，但国内的城市与乡村之间的差距越来越大。日本为了解决城市与农村之间的这种矛盾，开始建设新型农村的步伐。在1955年的时候，日本制定了相关国家政策来加快对农村地区的建设和资金投入，在这次对农村地区的财政拨款中，资金达到了四百八十亿日元的数额。经过十年的建设和发展，日本的农村地区开始慢慢走出曾经的贫困状态，农产品的产量慢慢提高，农作物的价格在市场经济的自由调节和国家宏观调控结合下逐渐提升，农民的利益不会像战后初期那样被层层盘剥。随后，在20世纪60年代，日本政府开始实施第一轮扶持农村地区的计划，在这次建设新型农村的计划中，国家扩大对农村扶持的范围，全国百分之八十的村镇都可以接受国家的扶植，享受国家优惠政策。而且，相比第一轮的新农村建设计划，此次对农村地区建设的扶持力度更大，国家从财政拨款从原来的四百八十亿日元，增加到七百二十亿日元，相当于被选中作为扶持对象的每一个村庄都可以获得九千万日元的资助。除了直接对农村地区加大财政拨款以外，日本政府还给予农村地区优惠的金融政策，在此次农村地区建设运动中，每个农村都可以从国家的金融机构获得两千万日元的长期低息贷款。

在每个地区每个村庄，为了发展当地的特色农业，防止整个农村全部生产一种产品导致供给量过大超过全国的总需求，日本政府加以创新，很有创造力地实行特色农作物发展制度。并且，将工业和农业发展有机结合起来，用强大雄厚的工业基础来为农业发展增加附加值，延伸农业的产业链。在农村地区，农产品、渔业、畜牧业、林业等农业原材料会通过工业进行深加工，增加农产品的附加值，促进农民增收，而且，城市的居民也可以享用到丰富的绿色的食品。日本政府还针对农产品的价格实行了一套相应的保护政策，具体指的是，在当农业欠收时，农产品的产量比较低，但是价格相对比较高，这是，农民的收入并不是比其他年份少很多，同时，日本政府会针对天气因素导致的农产品收成降低的情况，给予农民一定的农业补贴。当农产品在丰收年份时，农产品的产量有一个很大的提升，此时，如果按照市场的价格规律，农产品的价格会

在供求情况的影响下下降，相应的农民的收入会降低，但是日本政府为了保护农民的利益，防止这种情况的发生，于是提出了农产品的保护价格，也就是说，要求收购农产品的市场主体在高于市场价格的基础上，以政府提出的最低保护价来收购农产品，保证农民的收入在一个较高的水平上。

　　同时，为了保护农民的利益不受损害，日本政府还为农业发展设立了一套基金管理办法，指的是当农产品由于产量过高，供给量超过了国家所需的总的需求时，就会出现农产品过剩，农产品的价格也会相应的下降，农民的收入会大幅降低，生活水平就会被影响。为此，日本政府成立了风险基金，在农产品价格低于协议所规定的价格时，价格风险基金管理组织就会按照损失的价格差额给予补贴。在遇上自然灾害的年份，农民的收成也会受到影响，农作物产量下降，农民收入降低，风险基金管理组织也会对农民的损失额予以补贴。日本政府除了对农产品实行的价格保护、风险补贴、延长农产品产业链增加产品附加值之外，对农村地区基础设施的建设也进行大力投资。据了解，日本属于岛国，山区众多，可耕种的土地比较少，大部分农民依靠林业和捕鱼为生，要把木材和新鲜的食材尽快运出农村，走向城市，便利的交通设施是必不可少的。日本政府从财政拨款为农村地区修建公路、铁路，形成了四通八达的交通运输网，为农产品走出去提供了便利的条件。日本政府还加大对农村网络通信服务的建设，确保每一个乡村和城市都一样拥有便利的、畅通的信息沟通渠道，更利于农民提高自身素质，开拓视野。国家的惠农政策为了更好更有序长久地实施，日本政府将这些促进农业发展、保护农民利益的政策写入国家法律法规，在国家法律制度强有力的推动下，农民也可以在法律的框架下维护自己的利益，每一届的执政者也不能为了个人政绩随意放弃对农业的扶持。

　　2. 日本建立了农村协作组织，建立农民自己的机构

　　为了切实保护农民的利益，在农产品生产、运输、流通、销售、保险等方面给予农民具体的详细的指导和帮助，由农民自发组织起来的农村协作组织开始组织建立起来。农协组织是由农民自我管理、具有团体性质的非营利性组织，该组织主要负责为农民的生产经营活动提供支持和帮助，从1948年开始，日本就根据国家法律的要求在世界各地建立了农业协作组织，经过短短一年时间的发展，日本农业协作组织已经遍布全国了。日本的农业协作组织保护农产品的合法利益，确保农业及农民不会受到社会上其他行业和组织的层层盘剥，比如发展实力较为雄厚的工业、商人阶层和金融机构等。比如，金融机构拥有强大的金融资本，如果农业不被国家法律所保护，金融资本很容易通过金融工具、

利率政策、信贷政策将农民手中的资产剥削掉,农民存放在银行的资金就很容易贬值,原有资金的购买力就会大大减低。而商业资本都是追逐利润的经济体,如果没有农业协作组织这一整体为农民这一群体代言,拧成一股绳,在市场竞争中用一个声音讲话,提高自身定价、讨论、谈判的话语权,那么商业资本很可能压低农产品的价格,在销售渠道中通过信息不对称,对农民实施欺诈行为,攫取巨额利润,导致农民生产的农产品被贱卖,农民的收入降低。日本的工业在整个国民经济中占据很大比重,而且,由于历史原因,在日本工业化发展的初期,农民在国家的行政命令下,被要求将自己手中拥有的农产品按照低于市场价格的价格在市场中出售,在购买生活必需品和农业生产所需的种子、化肥、农药、杀虫剂等必需的产品物质时,又是在国家规定的高于市场价格的价格购买,由此以来,农民手中的资金就轻而易举地流向了工业。如果没有农业协作组织在全国范围内为农民的利益保驾护航,按照国家早期的政策,农民的资源和财富很有可能继续被工业所盘剥。

另外,日本的农业协作组织在全国范围内都有分布,各都道府县的工作机构之间并不存在行政上的隶属关系,下级的农业协作组织工作机构不受上级农业协作工作机构的管束和命令。但上级的农业协作组织会对下级的农业协作组织给予长期持续的指导,因此,整个国家的农业协作组织是一个完整灵活的系统,工作效率很高。农业协作组织的作用主要为在农作物的生产环节,为农作物的播种、选种、施肥量、时间点等具体的细节给予指导,以保证在农产品生产的源头产量足够丰富;在农产品的流通环节,为农产品的销售寻找销售渠道、开展营销策略、提高在市场交易中的定价权、话语权,以保证农民的权益不受侵害,农产品不会滞销;在金融信用领域,农业协作组织为农民获得贷款奔走操劳,帮助农民减少各个复杂的贷款环节,为农民的信用提供担保,保证农民可以获得相应的资金扩大农业生产,同时,还可以为较为富裕的农民提供一系列的理财建议,促进资本增值;在保险领域,农业协作组织可以为农民购买适合的农业保险,保障农民在农产品受到自然灾害威胁、农产品产量下降时,保险公司给予农民一定的保险补偿。另外,农业协作组织是由农民自发组成的社会互助性团体,代表着整个农民阶层的利益,在农民的利益受到侵害时,可以为农民的合法权益提供保护。

3. 日本将大量资金投入到农业立法、农村教育立法、农村职业技术教育立法

在1868年的时候,日本明治维新时期,国家为了促进整体教育的发展,把

城市居民和农村居民的教育放在国计民生的首要地位，日本政府在讲话中郑重指出教育的重要性。因此，在 1902 年的时候，日本开始在城市地区和农村地区都实行九年制的义务教育，并且，为了保证这项国家政策能够一直实行下去，日本政府还针对义务教育的实施颁布了著名的《学制令》，按照法律的形式强制全民接受义务教育，以提高整个国家的教育水平和国民素质。在《学制令》推行后的六年里，在整个日本，已经实现了全民式的小学义务教育，根据数据显示，已经达到了九十八的百分点。

日本在经历了"二战"之后，国内经济一片凋敝，人民生活水平急剧下降，国家的财政也很紧张，但是，正是在这样的情况下，日本政府还是提出，尽管国家经济现在被摧毁，国内的建筑、设备、厂房、资源都在战争中被破坏，消耗，甚至枯竭，人民的收入来源没有着落，教育还是要放在所有领域的第一位，为了实现战后国家机器尽快实现正常运转，就必须依靠教育这一人才资源。虽然"二战"之后，日本作为战败国，经受了极大的战争破坏，国内基础设施、硬件设备都被破坏了，但是，掌握相应科技的人才却还存在，这才是最重要的。因此，"二战"后，日本政府再次提出要加强国家的教育，发展全民教育，农村的义务教育要义不容辞的推行，农村教育经费全部由国家来承担，可以从地方政府直接转移支付，也可以从国家的财政预算中直接拨付，并且指出，国家要把大力发展教育作为整个民族振兴的基本方针和基本政策来贯彻执行。日本政府为了让农村地区的义务教育能够正常健康推行，保障国家政策的实施贯彻更完全彻底，日本政府就农村地区义务教育的经费使用颁布了相关法律法规，在《义务教育经费国库负担法》中指出，农村地区的教育经费全部由国家免费拨付，农村地区开办学校、购买教育所需的固定设备、基础设施、教师人员的工资以及日常的学校开支费用都由国家支持。在 2001 年的时候，日本政府继续加大对农村义务教育费用的支出，根据对日本其相关的经济和社会发展公报中的数据显示，日本财政对农村地区教育费用支付达到了三兆日元，在整个国家支出中占据了四十五点八个百分点。从这个数据可以看出，日本在教育方面尤其是农村等落后地区的教育方面下了多大的决心和多强大的资金政策支持。

除了在发展农村和城市地区的基础性义务教育方面出了重拳之外，日本政府还大力发展农村地区的职业技术教育和专门针对农民的专业技能培训。日本是一个讲究时效性的国家，"二战"后，其国家经济发展起点比较低，为了尽快恢复"二战"之前经济生产总值高速发展的阶段，必须大力发展工业，而工业领域不仅可以吸纳大量国内的剩余劳动力就业，也可以带动农业和服务业的发展，优化国内产业结构，提升日本的经济实力。工业发展需要大量的熟练工人，因此，日本政府针对这种现象提出了大力发展职业技术教育，培养能够干实事、能够符合实体经济发展所需的职业技术人才。此外，日本政府还加大实体经济的投入力度。1899年的时候，日本政府制定了《实业学校令》，在1921年的时候，又出台了《职业介绍法》，这两项法案规定，要在整个国家大力兴办实业学校，发展职业技术教育，提升国民的专业技能，在实业学校毕业的学生，国家还为了其更好的实现就业，专门设置了就业指导中心，帮助毕业生找到理想的工作，并及时准确的为毕业生解决问题。为了保障日本的职业技术教育可以长时期可持续的发展下去，提升整个国民的专业技能，日本政府制定了相关规范性法律，包括《职业训练法》《职业安定法》等法律。在此后的时间里，这些法案又根据社会发展的实际情况和使用范围给予适当的修改和调整。除了每年对职业教育法律的适时修订，日本政府仍旧继续加大对全国职业技术教育费用的支持，使得职业技术教育能够在源源不断的国家财政资金支持下，整个国家成为实干型经济体，为实体经济的发展提供高素质专业性人才。

4. 日本政府为保护农民收入增长，出台相关措施保护农产品价格

农业是国家经济发展的基础，农业发展是关乎国计民生的大事，而农业在三大产业中的比重相对较小，就工业和服务业的比重来说，日本属于岛国，大部分地区为山区，农业的耕地面积有限，因此，从这个角度来说，农业的发展与服务业和工业相比，明显处于弱势地位。如果没有国家在适当阶段、适当时期、采取一定的支持措施和优惠政策，农业发展很可能受到限制。农民和农村地区都将是整个国家中的弱势，最终阻碍日本实现现代化。因此，日本政府加大对农村地区的投入，在农产品方面，制定了保护农产品价格的措施，对很多农产品，如大米、小麦、玉米、黄豆、渔业、牧业等都采取了价格保护政策，范围很广，几乎是整个国家市场上流通粮食的八十个百分点。日本政府对农产品的保护政策反映在各个方面，首先，在日本的国内市场上，对农产品的价格实施行政调控，制定农产品的保护价格，尤其是对关系到农民生计的大米，政府给予了更多的关注和保护，当大米价格下降时，市场上的购买者要以高于市场价格的价格即政府规定的最低价格来收购大米，这样，在国家的价格保护下，农民的收入得到保证，农民种植农作物的积极性也被充分调动起来，农民收入增加了，对整个国家的消费拉动起了很大作用。除了在日本国内市场上对农产品价格给予保护之外，日本政府还通过关税和非关税的调节，在农产品的对外贸易中给予很大的价格保护。根据有关资料显示，在2004年的时候，日本整个国家的对外贸易产品关税水平为六点三个百分点，而农业领域的关税已经达到

了十七点七个百分点，是整个关税平均值的二点八倍。

通过研究全球所有国家对农业的投入力度发现，日本是所有国家中最重视农业发展的国家之一。日本政府对农业领域农村地区的支持主要表现在，在农村地区进行基础设施建设，完善农村的道路交通设施，修筑公路、高速公路、铁路等连接城市和其他地区四通八达的交通设施网；完善农村地区的水利设施，便利的灌溉设施保证农作物不受天气因素的影响，可以在任何时间段任何季节得到充沛的水源；鼓励农民扩大农产品的种植面积、增加农作物生产的种类，增加自身收入来源，资金不足以支撑扩大规模、承包土地等费用、兴建乡镇企业对农产品深加工的部分，日本政府为需要资金的农民提供长时间利息比较低、抵押物较少的贷款资金，解除农民的后顾之忧，使他们能专心在农业生产上做大做强；完善农村社会医疗保险和农产品保险，对在恶劣的自然环境中农作物受到很大影响、农产品产量大幅度减产的年份，保险公司对农民在农业中的损失提供保障；为农村地区必要的耕作技术、大型机械化作业提供装备。在2000年的时候，日本政府根据世界贸易组织提出的农业协定，逐渐改变国内依靠价格补贴、价格保护、关税限制等的农业政策干扰市场经济的发展，扭曲国内市场和对外贸易。转而向更加绿色健康的方向发展，强调为农业的长期可持续健康发展考虑，从加大对农业的技术指导、发展绿色健康环保有机农业、加强农业基础设施建设方面、培养农民在农业生产中的必要职业技能、定期对农民进行培训、专注于农产品的增产增加种类、减少农作物的病虫害率、加大资金投入到农村地区的基础科研领域的研究和应用领域的研究等，在对农产品价格方面，也从最初的直接价格保护和价格支持变成对农民的直接转移支付，逐步减少不利于农村地区和农业长期健康发展的不良干预。为了保障新的农业发展政策在长期内贯彻执行，日本政府对此进行立法，出台了针对偏远山区和贫困地区的收入补贴制度，法案中还指出，农民在符合国家规定的补贴条件范围内，可以得到最高一百万日元的补贴，而且补贴的范围很广，日本政府每年为农户提供的财政补贴专项资金有七百亿日元之多。由此可以看出，日本政府为了发展农村地区、提高农民收入的决心和信心。在如此巨额的财政补贴中，日本农民发展农业、在农业这个领域中精耕细作的积极性得到极大提高，整个国家的农业也得到了长足的发展，农民在政府强力支持下，摆脱了曾经落后贫困的局面，农民的人均纯收入逐年提高，城市居民与农村居民之间的差距也慢慢缩小了，整个国家逐渐发展成为一个城乡一体化的现代化国家，综合国力也有了极大的提升。

3.4.3 韩国在缩小城乡居民收入差距方面的经验

韩国使用 30 年的时间实现了整个国家的工业化，相比起来，英国用两百年的时间实现了工业化，日本实现工业化用了一百多年的时间，韩国的发展速度极其惊人，在 1950 年之前的时候，韩国还仅仅是一个农业为主导的落后国家，产业结构以农业为主体，经济发展模式还是自给自足式的小农经济模式，国内生产总值和经济发展水平相当于美洲大陆的拉美国家，甚至比拉美国家生活水平还要差，人均国民生产总值在全球所有国家中处于中下游的位置。但是，在经历了短短三十年的发展之后，韩国迅速摆脱之前依靠农业为生的落后型国家的局面，迅速成长为一个新兴的现代化国家，实现了现代化。在 1945 年朝鲜战争结束之后，朝鲜半岛分裂为两个国家，韩国的北部地区主要以矿产资源和国家的基础性工业为主，在战争中被极大地消耗和破坏，而韩国的南部地区以工业为主，在几年的战争中也几乎被摧毁了，因此，当时的韩国经济发展起点很低，面临各方面的困难。从韩国的工业化进程来看，在 20 世纪 60 年代的时候，韩国开始发展国内市场，主要以轻工业为主导，主要生产一些国内消费者使用的简单、技术要求低的产业，比如食品、鞋帽、雨伞、纤维制品等，以减少对国外市场的依赖。在韩国轻工业产品不断满足国内消费者的同时，国内的厂家生产轻工业产品的数量越来越大，国内市场已经无法容纳超额的生产。为了解决这个难题，韩国政府采取行政指令的方法限制国内消费者的进口，加大对本国内部无法容纳的产品销往国外，开拓国际市场。

在国外市场的逐步扩大中，韩国政府把发展出口导向性工业定为国家发展的基本战略，在韩国丰富廉价劳动力、集中全国物质发展轻工业、国家政策支持轻工业发展等优势的基础上，韩国的轻工业制品很快就在国际市场中站稳了脚跟，市场规模不断扩大。随着劳动密集型的轻工业出口量的不断增加，韩国经济得到了迅速发展，但是，国内市场上越来越多的进口资本密集型产品，成为韩国经济发展的重大阻碍。而且，在世界市场中，有些比韩国更落后的国家依靠更加廉价的劳动力和更低的价格在国际市场中与韩国展开激烈的竞争，韩国轻工业产品的出口量迅速下降，严重影响韩国经济的发展，劳动密集型的轻工业制品已经不能满足日益增长的出口需求。加上当时世界发达国家正在实行产业转移，将国内高污染高耗能产业，如钢铁、机械、化工、造船等工业进行转移。于是，韩国政府适时调整国家经济发展战略，抓住国际市场的机遇，将国家的发展方针转向钢铁、机械、造船、重化工等资本密集型产业。由于韩国适应了良好的国际环境，以及集中全国之力发展重化工业，经过短短几年的发展，韩国的国内市场在资本密集型产业方面已经不需要依赖进口了，国内市场需求得到很大满足，国内的汽车制造、电子等迅速发展起来。

随后，韩国政府把发展目光再次转向国际市场，大力发展国内的钢铁产业、汽车制造产业和电子产品。世界上所有国家在经历了"二战"之后，经济发展一度疲软，市场活力不足。此时，世界市场正在面临复苏的态势，韩国政府抓住机遇，积极促进国内资本密集型工业的出口，经济得到迅速发展。总体来看，韩国从20世纪60年代到20世纪80年代的发展顺应了国际和国内发展形势，抓住了历史的机遇，经过短短三十年就实现了整个国家的工业化进程，在全球经济体中都是奇迹的存在。但是，韩国的工业化存在很多问题。韩国政府一味地强调经济高速发展，忽略了国内经济的平衡，一味地强调大力发展重化工业，国内其他领域、其他产业和部门都要为重工业发展服务，导致国家经济发展严重失衡，农村地区的资源在国家行政指令下，不断蚕食农村地区，农民的收入也被国家剥夺，在国家财政预算中，巨额的资金也是用于发展国内的重化工业，农业一直处于从属地位，为工业发展服务，为国家行政服务。因此，20世纪60年代之后，韩国城市居民与农村居民的收入差距越来越大，国内矛盾不断加剧，社会不稳定因素增加。为了彻底解决这个问题，从20世纪70年代开始，韩国政府出台一系列措施、政策，解决城乡收入差距。经过三十多年的努力，韩国的城乡收入差距问题有了很大改善，在2004年的时候，韩国的城市居民人均可支配收入与农村居民人均纯收入已经处于平衡状态，逐步实现了城乡一体化发展路径。通过研究韩国经济发展，总结出其在促进城市与农村地区平衡发展，缩小收入差距方面的经验，以图借"他山之石"，为我国实现城乡一体化发展、缩小城乡收入差距提供借鉴。

1. 韩国政府出台政策支持农村发展

从20世纪70年代开始，韩国政府开始实行新农村运动，在新农村运动中，韩国提倡依靠自己，自力更生，发扬艰苦奋斗的精神在整个韩国掀起一阵自立自强的经济建设风。从1970年开始，在之后的八年里，韩国政府在农村地区的财政投入资金已经达到了20世纪60年代之前的资金投入的82倍。从这个数字可以看出，韩国政府已经决心解决城乡收入差距问题。在韩国政府为农村地区投入资金的用途中，我们发现，农村地区的基础设施建设是发展农村经济、提高农民收入必须解决的问题。从1970年开始，之后三年的时间里，韩国政府大力发展农村地区的基础设施建设，为农民免费提供建筑房屋、生活空间等生活所需的基础设施的建设，经过四年的发展，农村地区和农民都有了很大改变，农村地区的人们都有了自己的住所，可以安心发展生产，农村地区的生产条件也得到很大提高，为国家支持农村地区进行下一步的计划提供良好的基础。

接着，韩国政府开始了下一阶段支持农村地区发展的计划，从 1974 年开始，利用三年的时间，实现农村地区所有农民收入增加，因此，在这一阶段，韩国政府主要利用国际上流行的"绿箱政策"来发展农业，主张在不破坏国内市场秩序的基础上，不过度干预国家经济、扭曲市场价格。因此，韩国政府注重在农村地区的技术推广、农产品产量的提高、农民专业技能的培训和农作物病虫害的防治，通过实施长期有效的政策为农村地区经济发展和农民收入增加提供多方面的支持。经过几年的发展，韩国的农村地区得到极大的发展，农民收入也有很大提高，农村基础设施建设也为农村地区产业发展和农产品的深加工提供了很多机会，招商引资也在农村发展起来，韩国的农村地区逐渐形成了农产品播种、生产、加工、流通等一体化的产业发展格局，农村的剩余劳动力也得以解决，农村地区更加安定和谐。农村地区在韩国政府财政的大力扶持下，兴建了很多了乡镇企业，这些乡镇企业为农产品的深加工和新的农业技术的推广提供了很好的平台。政府还支持不同的地区发展农村特色农作物、特色农产品。在农村地区经济迅速发展的同时，韩国政府还就农民的文化素质提高采取了一系列的措施，在农村地区开办学校和定期的培训，提升农村整体的发展水平。在国家一系列的政策支持和财政资金拨款下，农村地区整体都有了一个飞速的发展，农村的产业化逐步形成、农村地区工业化体系也在进一步完善。目前，韩国农村地区和城镇居民之间的差距已经基本消除，韩国真正实现了城乡一体化发展。

2. 韩国政府支持农民自发自主的农业，并创办农业管理组织

从 1960 年开始，韩国才开始发展工业化，逐步脱离曾经的小农经济模式，从贫困落后的国家中走出来。尽管韩国仅仅利用三十年的时间就实现了国家的工业化进程，整个工业体系建立起来，国内生产总值也有大幅度提升，人民的生活水平和人均收入都有极大的提高。但是，在工业化体系建立过程中，还存在许多问题，国家实行的是重点发展城市地区，集中全国的人力、物力和财力加速经济发展，大部分城市经济发展相对快速。但是，农村地区并没有享受到国家经济发展的成果，反而将仅有的资源和劳动力贡献给了城市和国家，农村地区越来越落后，农民生活也越来越贫困。国家为了改变这种局面，在思想上对农民进行熏陶，在农村地区进行大量的宣传教育，培养农民独立自主、开拓进取、依靠自己的努力致富的态度，让农民接受市场经济的相关知识，改变之

前守旧、故步自封、不思进取的精神。韩国政府在农村地区修建了很多村民会馆，在村民会馆中，农民可以了解到新鲜的资讯、和自身有关联的活动、开放思想的理念，农民们可以在村民会馆中活动、讨论，提升自身水平，开阔自己的眼界。韩国政府在农村地区倡导的农村思想启蒙运动，对农民的思想观念产生了很大影响，整个农村的活力和发展生产的劲头被带动起来，农民的人生观、世界观和价值观都发生质的变化。思想的解放为农村地区以最快的速度赶超城市奠定了良好的思想基础，这也是缩小城乡收入差距的重要一环。

除了在农村地区兴建村民会馆，为农民增长见识之外，韩国政府还根据20世纪60年代出台的法案《农业协助法》，制定了管理和服务农村地区事务的农业协作组织。农业协作组织是一个具有社会团体性质的社团，帮助政府履行部分的公共服务的职责。农业协作组织的职能主要有以下几个方面：首先，农业协作组织定期开展相关的活动，组织农民专业技能培训，提升农民相关的法律意识。其次，农业协作组织还负责农产品早期的生产资料购买、农产品的深加工、农产品的存储环节和销售环节，并且，为了农产品可以更好地提升附加值和在国际市场上的销售量，农业协作组织还负责为农产品打造品牌，提升品牌形象。最后，农业协作组织还负责农民和金融组织之间的联系，为农民可以获得所需的金融服务，为此，韩国政府还倡导在全国兴建为农村地区和农民提供服务的专门的合作式金融。在21世纪初期，韩国的农业协作组织已经在全国范围内设立了代理点，作为遍布全国、服务农民的基层组织，农业协作组织为农村地区的发展、农业政策的落地和农民提高收入都提供了很大帮助。

3. 韩国政府对农村地区不同阶段不同需求的农民进行针对性的教育

朝鲜半岛一度处在日本的控制之下，日本政府在执政期间，对当地的农民实行愚民政策，目的是让韩国人民彻底丧失反抗的意志，实现日本政府长期掠夺和统治。在1945年的时候，朝鲜半岛恢复独立，韩国也摆脱了日本统治的阴影。当时，韩国整个国家的文盲率竟高达七十八个百分点。教育一旦落后，则整个国家就很难发展起来，面对如此严重的国内教育现状，韩国政府首先在1953年的时候，在农村地区普及义务教育，前前后后开展了五次扫盲运动，经过七年紧锣密鼓地推行教育，韩国的文盲率大幅度下降，从之前的七十八个百分点下降为四个百分点，经过这次政府主导的长期性扫盲运动，农民的文化素质得到极大的提高。在1976年的时候，韩国就农村地区的义务教育问题指出，国家财政支持农村所有儿童的六年制基础教育，在接下来的时间里，国家将继续就九年制义务教育做出规划，为了保障农村义务教育的顺利进行，国家出台了相关法律法规，农村地区、城市地区的儿童接受义务教育是法律规定，强制实施，一些贫困地区或者偏远山区家长不得因为各种原因不让儿童参加义务教育。同时，法案还指出，要将九年制的基础性教育进一步向城市扩展，从农村到城市的这一步骤，可以看出农民素质提高在国家发展战略中的地位。

针对不同年龄段、不同基础、从事不同农业分类的农民，韩国政府实行了分类化的专门式教育，针对适龄儿童主张在身体健康的基础上，发展个人品德、提高智力水平、热爱劳动全面发展的综合教育；针对种植特色农作物的农民，开办专门的学校培养农民的专业技能；针对自我期望值比较高的农民，鼓励和帮助他们参加成人高考，进入大学学习。在韩国政府一系列政策措施下，农村地区逐渐形成一套系统化的教育体系，为农民素质提高和整个国家的强大的人才资源库的建立奠定了坚实的基础。

4. 为农产品提供价格保护和直接的农业补贴

在工业化开始的初期，韩国经济发展水平还很低，国内财政在农业方面的支出几乎为零，国家财政只能优先放在重工业和城市发展上，经过几年的发展，国家的工业化建设有了一定的基础，国家的财政预算略有结余。于是，韩国政府开始对农产品和农村地区建设进行补贴和扶持。韩国政府在农产品价格上。实行价格保护政策，在所有实现价格保护的农产品中，主要调控大米的价格，因为，大米是大部分农村种植的农作物，占据了农业生产的很大一部分，而且，大米又是弹性比较小的生活必需品。因此，对大米实行必要的价格保护政策对于提高农民收入很有效。在韩国，对于农民在市场上出售的大米，要以高于市场价格的政府保护价格来购买，在农业生产资料的购买中，国家规定必须以较低价格卖给农民。国家的这一价格保护政策极大地提高了农民发展农业生产的积极性。韩国政府还连年大幅度提高农产品的收购价格来促进农民增收。

随着韩国对农产品实行价格保护政策，其农产品在国际市场中的影响力不断下降，国际市场也被不断侵蚀，农民收入开始下降。于是，在2009年的时候，韩国政府开始对农民实行直接的收入补贴政策，对农民和农村的直接补贴达到了一点八万亿韩元。除此之外，韩国政府还对农民贷款提供补贴和支持、对农业的基础性研究和应用型研究提供大量资金支持、对农业生产所需的农业生产资料的购买给予价格保护。据统计资料显示，目前来看，韩国政府主要为农民和农村地区提供价格上的支持，价格支持占韩国整个国家农业补贴中的九十个百分点，而对农业的直接收入补贴也从之前的一个百分点增加为十个百分点。虽然韩国政府实行的对农产品的价格支持政策对在一定程度上扰乱市场经济秩序，甚至造成价格畸形和对外贸易的畸形发展，不符合国际社会提出的使用"绿箱政策"发展农业，但是，韩国政府的实行的支持农业农村地区发展的政策，确实极大地促进了农村地区经济发展，使农民收入提高，人民生活水平有了质的改善，城市居民和农村居民之间的差距已经基本消除，城乡一体化格局已经形成。

3.5 对我国的启示

通过总结美国、韩国和日本在缩小城乡居民收入差距方面的经验，可以很明显地发现，政府在资金上加大补贴力度、放开对农村的优惠政策、在财政政策和税收政策上也在农村给予放宽、政府重视农村的教育并加大资金的投入、全国性的农业组织结构主抓中央政策的落实等非常有利于解决城乡收入扩大的矛盾。而且，通过对比美国、韩国和日本这三个国家在解决城市居民与农村居民的收入差距问题所用到的时间，我们可以发现，政府政策的落实力度和解决城乡收入差距问题的决心和重视程度会极大地影响效果，这几乎是任何一个国家在解决城市居民与农村居民收入差距问题中都存在的一个现象。

3.5.1 经验

基于上述，其经验可以归纳为六方面：一是长期把"三农"问题居于国家发展的首位。二是政府行为从"守夜人"转变为"适度人"，该支持的倾力支持，不该支持的交给市场。三是法律等制度的完善和执行水平很高。四是有高度的金融信用文化。五是完备的"政策性"的农村金融体系。六是能够做到制度的动态性，不断适应世界农业的发展。

3.5.2 对中国的启示

作为一个传统与现代并存的农业大国，在21世纪，中国必须要以开放的心态，借鉴国外的经验，政府发挥其核心作用，加上形成普惠金融的常态，形成最适合自己的实践，去破解"三农"问题，实现乡村振兴。2017年，全国居民人均可支配收入25 974元。其中，城镇居民人均可支配收入36 396元，农村居民人均可支配收入13 432元。历史总是惊人的相似，作为今天的发达国家的日本、韩国，甚至英国和美国也是在这样的阶段开始自己的类似于中国新农村建设的农村建设。经过数十年的发展，这些国家基本上达到预想的效果，没有城乡差别，实现了我们想要的"新农村"。因此，对于中国来说，在此时选择新农村建设是适时的和理性的。那么怎样勾勒出乡村振兴建设的途径？我们在现有的国外相关实践的经验上，找出对我们破解"三农"问题有用的启示：

1. 我国要发挥政府的主导作用，把解决城乡收入差距问题提上日程

通过研究美国、韩国和日本在发展国家工业化道路的经验，我们看到，解决城市居民与农村居民的收入差距问题一定要有政府的参与，政府所发挥的作用是没有办法取代的。美国政府花费了七十年的时间完成了农村地区的改造和升级，日本政府花费了四十年的时间完成了农村地区的改造和升级，而韩国政府所花费的时间更少，仅仅用了二十年时间就完成了农村地区的改造和升级，实现了国家经济协调发展，城市居民和农村居民都有了富裕的生活。而我国农村长期以来都是以小农经济发展模式为主的自给自足的落后生产方式为主，要完成农村地区的改造，提高农民的收入，促进社会和谐稳定，国家必须要大力支持，在财政资金的拨付上和中央政策的实施上都要给予倾斜。城乡收入差距问题不是一朝一夕形成的，是国家历史积累中和中央政策的时代性在长时间内所形成的，因此，解决这一问题也需要国家做出长远性规划，有节奏、有秩序地推进解决城乡收入差距问题的政策和措施。国家只有做出长远有序的规划，才能在政策实施落地过程中不会因为其他干扰因素阻碍和推迟城乡收入差距问题的有效解决。为了国家政策的落地实施的效果和推行进度，政府可以在各地倡导农民自发组织起来管理和经营自身事务，成立专门的农业经营组织机构，政府给予一定的授权，让农民在具有强大资金基础和中央政府授权的前提下，放开手脚去展开工作，切实为农民和农村地区谋利益，提高农民收入水平和生活质量。

政府在解决城市居民与农村居民收入差距问题起到主导作用，还表现在需要转变自身的职能。原来的全能型政府，包办一切，在计划经济体制中，政府不仅要对经济、政治、文化、社会生活起宏观调控的作用，还是企业的生产者、司法部门的监管者，这种角色的错位、越位现象在国家经济发展过程中长期存在。但要转变政府职能也不是一件容易的事，它是我国经济体制改革必须解决的一个重大问题。政府必须以建设服务型政府为目标，真正做到为人民服务，使政府的组织机构更加符合经济发展需要，改变过去什么都要管、什么都要做、每个领域都要插手的行为，要把政府不该管和不能管的事情分离开，理清政府的管理范围和管理职责，让市场和企业真正在自由竞争的和谐环境中发展，为

市场经济发展提供公平的竞争秩序、为企业营造健康高效的投资环境,为人民生活提供便利的基础设施和便利的政府服务。只要政府能够认清自身的职责所在,明白什么该管什么不该管,什么该做什么不该做,该怎么做,完善国家宏观调控职能,为公共服务的职能,维护市场正常运行、公平竞争的职能和管理公共事务的职能,中国才能从根本上改变农村地区贫困落后的局面,使得城市居民和农村居民真正实现一体化发展。

2. 将对农业支持的政策予以法制化,从中央到地方将政策落实

通过研究美国、韩国和日本在解决城乡居民在收入差距方面的问题,我们发现,各国在制定了扶持农村地区、提高农民生活水平的政策措施之后,都是将这些政策法规用国家基本法的形式确定下来。比如,韩国在农业方面的根本法律称为《农业基本法》;美国政府为了稳定农业发展,减少农业政策实施过程中存在的贪污受贿行为和政府的逆向选择行为,也为了确保农业政策的持续有效实施制定相关法律,这些农业相关的法律也是在国家基本法的基础上实施的,美国农业的基本大法被称为《农业法》。只有把所需的农业法律法规以文字立法的形式确定下来,相关的经济主体才能在自身利益受到损害的时候,通过法律的形式维护自己的合法权益。农业发展政策才可以在不同的时期都可以通过法律的形式顺利实施,才能为农村地区繁荣发展,农民收入水平提高提供法律保障。

中国政府对农业问题也十分重视,从2004年开始就把农业、农村、农民发展放到了国家整体发展的战略规划中来。在2004年的时候,中央就发布了一号文件,指出要对农村地区大力扶持,对农民采取直接补贴的政策,农业在新中国成立初期为重工业和整个工业化进程贡献了很多,现在经济发展起来了,城市居民生活富裕了,农村居民却越来越贫困了,国家要采取有力措施反哺农业,提高农民收入。在关于促进农民增收的意见中指出,对农民使用的农用机械给予直接的补贴、对种田的农民给予直接的补贴、农民每年种植所需要的种子直接由国家提供,并且,农业税赋也大大减少了,城市地区要采取"多予少取"的方针帮助支持农村地区发展,国家也要在政策上对农村地区放宽,激发农民的积极性和农村经济发展的活力。在2005年的时候,国家继续对农村地区放宽政策、加大支持力度。提出了要发展和建设社会主义新农村的意见,意见指出,发展农村经济,实现城乡一体化是我国的重要任务,工业要为农业发展提供必要的条件,支持农业发展,在农村地区也可以兴建农产品深加工的企业,为农民增收提供更多的途径,增加农产品的附加值。城市地区要带动周边落后的农村地区发展,比如,农民种植的农作物可以在城市销售,蔬菜、水果供应给城

市的超市、居民区等，农村剩余的劳动力可以在城市工作、增加收入等一系列长期发展的机制。从各个方面拉动农村经济发展，提高农民收入。除此之外，国家还免除了农民的税赋，极大减轻了农民的负担，提高了农民发展生产的积极性。

在2007年的时候，中央针对农村、农民和农业的"三农"问题进一步加大力度。在发布的发展现代农业的文件中指出，要完善农村地区的基础设施建设，政府为农民出资修路，完善农田水利设施，解决农民在恶劣天气下农作物的用水问题，为每个农村通电、建房；培养农民在农业方面的专业技术、提高农作物的抗病率、为农产品选育良种，因地制宜地在不同土质不同地形种植不同的农作物，发展农村地区的特色农业，延长农产品的产业链，增加农产品的附加值；针对不同的农业主体，国家提供优良的学习平台，发展农村的教育事业，对熟练的大龄农民采取指导农业生产技术的方式，以提高农作物产量和质量，对于农村地区的青少年农民，鼓励他们在专门的农林学院学习专门的农业生产技能，为农村地区的开发做出长远的规划；组织有能力有影响力负责人的农民成立农业互助合作组织，带动农民在播种、生产、流通、加工等环节高效完成，帮助农民解决在农业生产和生活中遇到的问题；对农村地区生活没有保障的农民、单亲家庭、孤寡老人提供必要的资金补贴，发放最低生活保障金。

在2008年之际，中央继续就农村、农民、农业问题给出指导意见，该意见指出要强化农村基础设施建设，深化农业改革，巩固和完善国家对农村地区的优惠政策，确保政策落地。并提出要加强对农业科技的投入力度，培养具有现代化思想的新型农民，为农民提供完备的基础设施、良好的生活环境、提高政府对农村地区的公共服务能力，真正做到做人民的公仆、为人民办实事、解决农民问题。为了防止农村经常发生的"家中一人生病，整个家庭都将被拖垮"的恶劣局面；以及农村地区老人没有收入来源、生活无以为继的现象，国家在农村地区实行了养老保险制度和医疗保险制度，切实为农民解决了一个压在身上的大问题。另外，国家为了提高农民在土地上的积极性，在文件中指出，国家对农民的土地提供保护。

2009年，为了保障农产品不受金融危机的影响，农民的收入不会降低，国家提出稳定农业发展的文件。文件指出，要增加对农业补贴的幅度，政府要提高对农产品的最低保护价格，保证农民的收入不会在出口形势不佳、国内市场需求减少的境况下受影响。还提出要增加粮食储备，以应对金融危机带来的不利影响，针对国际市场收缩、对劳动力的需求降低的情况，国家提出继续加大对农村基础设施的建设、完善农村地区电力装置、用水安全、为农民新建房屋，以此来为农民工提供就业,也促进了农村地区基础设施的进一步完善,增加了农民收入。

2010年,国家继续加大对"三农"的支持力度,把重点放在统筹城乡发展上,对农村地区实行城镇化建设,建立现代化农业体系,将农村粗放耗材的增长方式转变为依靠科技创新、农业技术革新、良种培育、增强农业规模效应等集约化的生产方式。国家在2011年,继续深化对农村的经济改革,促进农民增收,彻底解决农产品"靠天吃饭"的困境,把着力点放在加强对农业水利设施修建中来。我国农业基础薄弱,农民在遭遇自然灾害时,生产会急剧下滑,农民收入会大幅下降,于是,国家在农村地区制定了严格的水资源使用条例,依靠先进的设备和科学技术为农业生产必需的农田水利设施保驾护航,并指出,国家每年将投入大量财政资金用于农田水利设施的投资兴建。在2012年之际,国家就农业科技创新和发展对农村的职业教育培训做出规划。

在2013年的时候,中央继续保持对农业的高度关注,着重发展农村地区现代化农业生产体系,农村的城镇化进程逐渐加速,农村经济发展有了很大的提升,很多农民也从土地劳动中解放出来,在城市谋求发展,农村地区的机械化程度进一步提高,农业生产由原来的需要大量的劳动力转向为只需要极少数掌握机器使用方法的劳动力。农村地区出现了大片荒废的土地,此时,中央就如何解决农村闲置土地的问题作出了决议,在决议中中央指出,要发展创新农业经营体制改革,规范土地流转制度,把土地流转给愿意在农业中发展的农民或者工商企业,把土地的经营权转让给土地的使用者。并且要对土地承包经营权的准入机制做出规范,加强对除了农民之外的人员对农村地区土地承包的监管,杜绝恶意承包农民土地、损害农民利益、扰乱社会经济发展秩序的行为。为了提高农民发展生产、经营致富的积极性,国家政府提出要将农业补贴发放给为农业发展有创新、有干劲、真正需要国家帮助的新一代农业生产经营者,帮助重点农业生产地区、帮助粮食生产的主要产业区,集中国家的财力提高农产品的经营水平和农民的生活水平。在中央一号文件中,第一次对经营家庭农产家庭牧场的农户给予支持和补贴。

2014和2015年之际,国家分别就农村改革和发展现代化农业下达指导意见。2016和2017年,中央就农业结构性问题给出建议,提出要建设现代化的社会主义新农村,用新的理念解决农村、农民、农业方面的问题,对农业发展中出现的弱势群体和不足之处不能视而不见,要培养适应现代化要求的新一代农民,国家加大资金培养具有专业技能的农民,提高农业的科技含量,发展绿色农业,在农村走出一条适合自己的独特之路。对农村荒废的土地,要合理利用,提高土地的使用率。通过梳理这些年来以农村、农业和农民为核心的中央一号文件，我们可以很容易发现，党中央、国务院对增加农民收入、发展农村经济、改变农村落后局面以及发展现代化新型农业的任务非常重视，我国连续实施了一系列的惠农政策，帮助农民摆脱贫困落后的局面，但是由于政策的执行没有落实到地方，国家的许多政策都在半路夭折。有些农业补贴政策即使在一两年之内可以对农业发展起到很大的作用，对农产品的增收、发展现代化农业给予一定的财政资金支持，但是，由于政策的时效性不强，每年都有不同的农业发展政策，使得农民无暇顾及，有些地方各届领导班子也不能延续国家政策的执行和实施，国家以国内生产总值的业绩考核指标方法在很大程度上导致了政府的道德风险和逆向选择行为，有些地方各届领导班子为了个人业绩和升迁着重发展重点城区，对国内生产总值贡献比较小的农村地区自然而然就被忽视。因此，为了保证中央对农村地区产业政策和惠农措施能够在长期内有效执行，国家非常有必要将这些政策措施以法律的形式规定下来，依靠国家强制力执行实施。另外，要加强对各届领导班子在对农村、农民和农业政策落实上的政绩考核制度，对没有完成对农业扶持、发展农村生产力、达到每年规定的农民增收目标的公务人员，给予一定的处分和降级。且为农业产业政策和惠农措施的法规要在立法中得以体现。

3. 中国要继续加大对农村地区的财政支持力度

通过对比美国、韩国和日本等这些已经完成了缩小城乡居民收入差距任务的国家，我们可以很明显地看到，发达国家在农业投入中是长时期、大批量、不间断的财政支出。对于发达国家来说，农业在工业、服务业这三大产业中处于弱势地位，是弱势产业；农民由于所从事的职业不同，与社会上其他行业的工作人员，如金融工作者、工人、教师、学者、医生、公务员职业等，职业属性的不同导致了农民在所有职业中处于弱势，是社会中的弱势群体；农村在历史上由于种种原因，一直处于贫困落后的状态，资源的流失和生产要素向城市等经济发达区域的转移也使得农村地区长期以来处于相对贫穷的区域，因此，农村地区是处于弱势的区域。在同等条件下，发达国家对农民、农业领域和农村地区的补贴已经远远超过了我国对农业领域和农村、农民的补贴额度。通过比较发达的市场经济国家美国、后起的现代新兴国家韩国和日本在对农民、农村和农业方面的措施，这三个国家只是在对农业的财政支持数量上、对农民是采取直接的收入补贴还是间接的农产品价格保护上、对农村支持区域的先后顺序上有所差异，但是，这三个国家在对待农业的问题上，经久不变的原则就是持续不断地对农村地区增加财政投入。总体来说可以分为几个方面。

首先，持续不断的对农村基础设施加大投入，完善农村地区的道路交通设施、农田水利设施、农村的用电系统、房屋的建造、农村地区公共服务设施的完善；加强农业的基础教育和职业技术技能培训，提高农民的素质；政府要完善农村地区农产品的科技含量，提供大量资金保障农业基础性研究的实施推进，同时，要最大程度的使基础性的理论研究在农业的生产实践中得到应用，切实通过农业科学技术的提高提高农作物的产量和质量、运用先进的农业科学技术培育良种、降低农作物的病虫害率、提高农村地区接收信息的宽度和深度。另外，国家政府要加大对农村地区、促进农业发展的政策优惠力度，为需要资金发展乡镇产业的农民提供利息较低的长期贷款，甚至是长时期的无息贷款。在国家财政政策上，对农民转移支付和全民消除农业税，减轻农民的负担，提高农民在生产经营中的积极性。

就美国而言，联邦政府和各个州政府直接承包了各个农村地区的农田水利设施的供给所使用的购置费、修理费、维护费用，不需要农民出一分钱。虽然美国政府在1940年就实现了城乡收入一体化，使得农民收入大幅度提高、农民生活水平已经和城市生活水平之间没有什么差异，农业也实现了大规模机械化生产，但是美国政府依然在不断增加对农业的资金投入。在1979年的时候，美国政府对农业的财政资金投入为64.3亿美元的数额，经过几年的不断发展，在1982年的时候，美国政府对农业、农村和农民的财政资金投入数量达到了145.5亿美元的数额。韩国政府和日本政府在实行了城乡一体化发展、农村经济摆脱贫困落后局面、农村的面貌焕然一新的时候，国家政府仍旧在财政资金上对农业领域、农民生活给予补贴。就日本来看，日本的农业产值对整个国民生产总值的贡献率为一个百分点，然而，日本政府对农业领域的投入、对农民生产的资金支持在整个国内生产总值中的份额达到了十个百分点，这是整整十倍的差距。由此可以看出，日本和韩国、美国政府在农业领域毫不松懈。

其次，无论是日本政府、韩国政府还是作为市场经济发达国家的美国政府，除了在农业基础设施领域、农村职业技术教育和基础性的义务教育、农业科研、农田水利设施等领域持续不断地加大对农业的投入和补贴之外，还额外制定了很多支持农民发展生产的、提高农民收入的政策。从1979年我国实行改革开放一直到现在，国家几乎每年都会出台中央一号文件，针对农业稳定发展、现代化、城镇化和工业化的步伐做出指导意见和制定出政策方针，这些年来，在国家的关注和对农业、农村、农民的政策支持下，我国农村地区的经济有了很大变化，农村地区也改变了之前贫困落后的面貌，农民也不再只固守于自己的一亩三分地，想要出去闯世界的农牧民纷纷背起行囊，出外务工，增加收入。留在农村的农民，在国家给予的优惠政策支持，农业专业技能培训、大型机械化的购置和农民思想开放下，农民面貌有了很大变化。现在，农村地区的医疗保险和养老保险逐步完善，为农民解决了后顾之忧，不像之前那样，家里一个人生一场病，整个家庭几乎遭遇毁灭性的打击。

虽然中国在农村、农业和农民的发展、增收上取得了骄人的成绩，但是，农村地区仍然存在很大问题。首先，国家对农村地区的支持力度仍然不够，全国很多农村偏远地区的道路交通设施只是较之前的泥泞的土路有了改善，平整的公路还不能直接到达每个家门口。其中，可能存在中央政府将财政资金层层下拨，在资金下放的过程中，有的相关部门和执政干部存在道德风险和逆向选择现象，贪污了公款。已经修通的公路也存在施工设施较差甚至是豆腐渣工程的现象。国家政策在县级和村级被落实的时候，比如领取养老保险金，手续复杂，要经过部门的层次审批，年龄比较大的老人由于身体不便对此意见很大，这也是国家需要继续完善的地方。除此之外，很多农村地区的政策落实并不到位，国家每年对农业的直接收入补贴特别低，每个人每年的补贴仅仅一百元，农产品的价格在市场经济的冲击下，本身就处于弱势地位，国家对于农业的价格保护政策并没有在农村和农产品的买卖中得以体现，农民的收入依旧很低，很多农民无法容忍在农村的贫困生活，不得不到城市务工。由于缺乏工业、服务业所必须的技术、文化水平不高，很多农民只能从事危险辛苦的建筑行业，成为最普通的农民工。这样一来，农村的大部分人口只剩下老人和孩子，大部分农田被荒废，农村空壳化现象十分普遍。

另外，国家倡导的发展农村乡镇企业，延长农产品的产业链，提高农产品的附加值的政策有一些也没有落到实处。很多农村还是没有乡镇企业，究其原因，是因为相应支持的财政资金不到位。农民的信贷问题依然没有解决，很多农民不能获得农业发展生产、创立乡镇企业所需资金，大多通过向亲朋好友借的方式，但是，这对于巨额的资金来说是杯水车薪的。因此，从种种现象可以看出，国家在财政资金的投入力度上仍然不足，根据市场经济发达的美国和后起的现代化国家韩国和日本的经验来看，国家在解决城乡收入差距问题上投入资金的多少和时间长短直接决定了国家是否可以完成城乡一体化，打破城乡二元经济结构的任务。

4. 国家要继续加大对农村基础教育、职业技术教育等各种教育的投入

通过研究美国、韩国和日本在改变农村贫困落后居民，增加农民收入方面

的经验可以看出，这些国家都把发展农村的教育，包括职业技术教育、基础教育、成人教育等放在至关重要的位置上。首先，在国家的法律法规中体现出发展农村教育的重要性，保证各届领导干部在发展农村教育上的持续性和加大其重视程度，保障农村教育发展所需的教师专家队伍、基础设施建设和财政资金，打造农村教育一体化发展的模式，为农村农业发展培育大批的专业人才、高素质的人才队伍。从1868年开始，日本政府在改革中就认识到发展农村教育对于国计民生的重要性，于是对农业教育重点扶持。经历了"二战"之后的日本，经济一度衰败，但是，战争虽然摧毁了日本的建筑物等硬件设施，日本的人才资源却得以保存下来，这让日本更加重视教育的发展。在日本的初中课程中，日本政府要求开设农业、工业、水产业等学科，并用立法加以保障。美国政府在法案中指出，国家的公立学校中要设置农业职业技术教育。之后，对农业教育的发展、培养农业专业人才、造就职业农民的法案相继在美国法律中出现，美国国会还规定农业部要负责从事农业专业学科的毕业生职业介绍问题和相关的职业帮助。正是在美国对农业教育持续不断的支持，才培育出现代化的职业农民。

通过搜集的资料可以看到，目前为止，我国农民接受学习培训的时间大概为7.8年，相当于还没有完成初中水平的教育，而作为发达国家的美国农民接受学习培训的时间为12年，相当于已经完成了高中水平的教育。我国农民的文化程度比较低，几乎有80%以上的农民不会参加职业技术培训，70%以上的农民是小学程度、初中程度。我国在2009年的时候，对农业教育方面的财政支出在国内生产总值中所占份额为不到3%，而农业发展水平已经很高的美国在1949年的时候就达到了这个水平。所以，归根结底，国家对农业教育的投入资金不足严重制约了农村教育的发展、农村经济的长期增长。根据有关数据显示，在对农村教育的投入中，大部分资金是由乡镇一级承担，乡镇级政府本身就处于社会组织机构的基层，大部分资金都要依靠国家财政拨款，政府财政来源渠道狭窄。在这种情况下，农村地区的教育本应该由乡镇级以上的行政单位县级、省级和中央政府承担，但是，就目前的调查来看，农村地区教育资金吃紧，农民由于家庭贫困，收入水平低，很难完成国家规定的九年义务教育，能够走出农村几乎很艰难。因此，国家为了使农民走出贫穷落后的局面，在发展农村教育方面一定要保证充足的资金储备，加强对发展农业具体措施的落实，对农业基础性的义务教育、职业技能培训狠抓落到实处，并将其作为国家行政干部业绩考核的标准。

5. 提升金融包容水平

在中国必须建立一个适合中国农村实际的农村金融体系，这种体系不同于印度的政府强制型的农村金融体系，而是能够体现金融功能"内生型"的农村金融体系，能够允许民间金融的存在。同时，推进农村保险市场、期货市场和资本市场的建立。

他山之石，可以攻玉，我们国家的城乡收入差距问题又如何解决？其金融包容和金融生态现状又怎样？本书选取具有典型意义的中部的湖南省和西部的广西壮族自治区作为分析样本，以求更好的代表性。

4 金融包容与城乡收入差距的现状分析

当农民作为一种职业时，农业与农民产生了联系，同样的当农民作为代表居住生活在特定地理环境中的人群，农村与农民联在了一起，也就是说，农业和农村是作为农民生存的具体载体的附着其上的次生性问题。因此，应该说"三农"的核心是农民，农民的核心是城乡收入差距。因此，仅仅用经济眼光难以发现中国"三农"问题的根源，而这更多的是政治、经济、社会、文化等问题的综合体。破解城乡收入差距的途径很多，至少目前看来，提升金融包容水平、实现普惠金融，推进区域金融均衡是最优途径。那么，中国的金融包容和城乡收入差距的现实情况到底怎样？本章拟选取我国西部的广西壮族自治区和中部的湖南省进行个案分析，试图找出制度性的共性。这种分析是"抽丝剥茧"，以此来揭示农村金融包容的真相。当然，这种分析不可能面面俱到，而是寻找农村金融包容的主导因子，利用制度创新引进新物种以诱导高水平农村金融包容，以此实现金融生态的均衡。

4.1 广西金融包容发展的现状分析

4.1.1 金融包容的政策体系逐步健全

金融包容的发展需要政府政策上的支持，2013年11月召开的十八届三中全会首次正式提出"发展普惠金融（包容性金融），鼓励金融创新，丰富金融市场层次和产品"，2015年11月，普惠金融（包容性金融）被纳入国家发展战略，并出台了《推进普惠金融发展规划（2016—2020年）》。广西积极响应国家关于构建包容性金融体系的号召，并出台了一系列金融包容政策，促进包容性金融体系的发展。具体金融政策如表4.1所示。

表 4.1　广西金融包容政策汇总表

出台时间	出台部门	政策名称
2012	区财政厅	《关于进一步鼓励和引导金融支持中小微企业等实体经济加快发展若干意见的通知》
2012	区政府办公厅	《关于支持小型微型企业发展若干金融财税政策的通知》
2013	中国人民银行等十一部委	《云南省、广西壮族自治区建设沿边金融综合改革试验区总体方案》
2014	区政府办公厅	《关于全面推进深化农村金融改革强化金融服务"三农"发展的意见》
2014	区政府办公厅	《关于加强金融支持扶贫开发的实施意见》
2015	区政府办公厅	关于加强金融服务支持生态经济发展的实施意见》
2015	区国税局、地税局、银监局	《广西壮族自治区"银税互动"合作框架协议》
2015	广西银监局	《加强小微企业金融服务工作指导意见》
2015	广西银监局	《加强"双创"金融服务指导意见》
2016	区政府办公厅	《关于印发广西农村金融改革 2016 年工作要点的通知》

来源：广西壮族自治区人民政府公报、广西银监局网站。

2012 年广西财政厅出台《关于进一步鼓励和引导金融支持中小微企业等实体经济加快发展若干意见的通知》，对新设立的金融机构尤其是在县域和金融基础设施薄弱地区设立金融机构的予以财政补贴，对给予中小企业贷款的金融机构按照新增贷款额给予 0.1%～0.15%的财政奖励，以此促进金融机构在金融资源薄弱地区设立分支机构，鼓励金融机构向中小企业提供融资服务。2014 年区政府办公厅出台的《关于加强金融支持扶贫开发的实施意见》规定在农村地区尤其是贫困的行政村推广"三农金融服务室"，为在正规金融机构申请金融服务困难的居民和企业提供贷款绿色通道，并规定较低的利率。同时引导金融机构重点支持那些建档立卡的贫困户、农村中小企业、农村合作社和扶贫龙头企业，对于这些群体的信贷支持将实行差异化监管政策，对回收率超过 92%的金融机构政府将给予财政奖励，回收率低于 90%的当地财政部门将给予损失额的 50%作为补助，以此提高金融机构向这些群体发放信贷的积极性。2015 年区国税局、地税局、银监局联合签署的《广西壮族自治区"银税互动"合作框架协议》具有十分重要的意义，它的签发有助于信用良好的小微企业获得信贷支持，降低他们的融资难度。据不完全数据显示，2015 年有 11 家银行向 1900 余户诚信纳税的中小企业发放贷款 1666 笔,合计 5.49 亿元人民币。2016 年区政府办公厅印发了《关于印发广西农村金融改革 2016 年工作要点的通知》,目的在于完善广西农村地区包容性金融体系,为此,区政府从八个方面对各相关部门提出了 34 项任务,其中包括继续完善农村地区金融基础设施,推广"三农金融服务室";增加对涉农贷款的投放量,尤其要加强对农村特产产业的金融支持;鼓励涉农企业通过资本市场进行直接融资,同时有序推进农村地区"两权"(农村承包土地经营权和住房财产权)工作,帮助农村地区健全担保体系建设等。

4.1.2 金融规模不断扩大,存贷款额度平稳增长

1. 金融机构体系逐步完善

随着经济的不断发展及普惠性金融政策的逐步推进,广西的金融体系不断完善,从国有商业银行业占据绝对主导地位的金融体系发展到以国有银行为主,多元化金融体系如城市商业银行、小型农村金融机构、财务公司和外资银行、新型农村金融机构等和谐共生的金融体系。

表 4.2 广西金融机构构成概况

机构类别	营业网点			法人机构（个）
	机构个数（个）	从业人数（人）	资产总额（亿元）	
1. 大型商业银行	2020	40179	10 974	0
2. 国家开发银行和政策性银行	65	1635	3951.5	0
3. 股份制商业银行	177	3989	3045.3	0
4. 城市商业银行	333	7404	3318.2	3
5. 城市信用社	0	0	0	0
6. 小型农村金融机构	2367	24 368	7106.6	91
7. 财务公司	2	53	110.7	1
8. 信托公司	0	0	0	0
9. 邮政储蓄	994	10 726	1498.4	0
10. 外资银行	4	92	40.4	0
11. 新型农村金融机构	211	2940	269.6	39
12. 其他	1	45	16.21	1
合计	6174	91 431	30 330.82	135

数据来源:《2015 年广西壮族自治区金融运行报告》。

表 4.3　广西 2011—2015 年金融机构发展趋势

机构类别	机构个数（个）				
	2011	2012	2013	2014	2015
1. 大型商业银行	1951	1995	2018	2015	2020
2. 国家开发银行和政策性银行	64	64	64	64	65
3. 股份制商业银行	53	69	86	124	177
4. 城市商业银行	158	168	173	240	333
5. 城市信用社	0	0	0	0	0
6. 小型农村金融机构	2277	2293	2312	2351	2367
7. 财务公司	1	1	2	2	2
8. 信托公司	0	0	0	0	0
9. 邮政储蓄	948	995	1002	1002	994
10. 外资银行	2	2	3	3	4
11. 新型农村金融机构	28	75	132	182	211
12. 其他	0	1	1	1	1
合计	5477	5663	5793	5984	6174

数据来源：《2011—2015 年广西壮族自治区金融运行报告》。

如表 4.2 和 4.3 所示，截至 2015 年年底，广西全辖银行业金融机构共有 6174 个，金融从业人员共有 91 431 人，法人机构共有 135 个。大型商业银行 2020 个，占广西全部金融机构总数的 32.71%；小型农村机构 2367 个，占广西全部金融机构总数的 38.34%，两者共占广西全部金融机构总数的 71%，是组成广西金融体系的主体。新型农村金融机构 211 个，虽然仅占广西全部金融机构总数的 3.4%，但较 2011 年却增长了 618%，可见新型农村金融机构如村镇银行、农村资金互助社和贷款公司等正成为支援农村金融需求的一支重要力量。股份制商业银行 177 个，是 2011 年的 3.3 倍，城市商业银行 333 个，相比 2011 年增长了 111%。这体现了本地商业银行的蓬勃兴起和"引银入桂"政策的日渐成功。总而言之，目前广西已经初步形成了国有大型银行和政策性银行、股份制商业银行、各种农村金融机构和外资银行等共同推进的多元化普惠金融服务供给组织体系。

在与全国不同金融机构所占比例的比较中，可以发现，广西金融机构存在总量不足和结构单一两个特点。如表 4.4 所示，除政策性银行占金融机构总数为

1.86%、大型商业银行占金融机构总数 44.04%这两个数据与全国差距不大外，其他与全国相比存在显著差距。总体来看，大型商业银行、小型农村金融机构、邮政储蓄和新型农村金融机构在广西金融机构体系中依次排名第一至第三，除了国家开发银行和政策性银行、小型农村金融机构和邮政储蓄和新型农村金融机构占金融机构总数的比例高于全国，其他都低于全国平均水平，这体现出广西的金融机构仍以传统金融结构的组成形式为主，股份制商业银行、城市商业银行、外资银行和财务公司等发展不足，信托公司、金融租赁公司、消费金融公司、汽车金融公司、货币经纪公司等仍处于空白状态，反映出金融机构种类上的单一，不利于满足多元化的金融服务需求，未来仍有很大的发展空间。

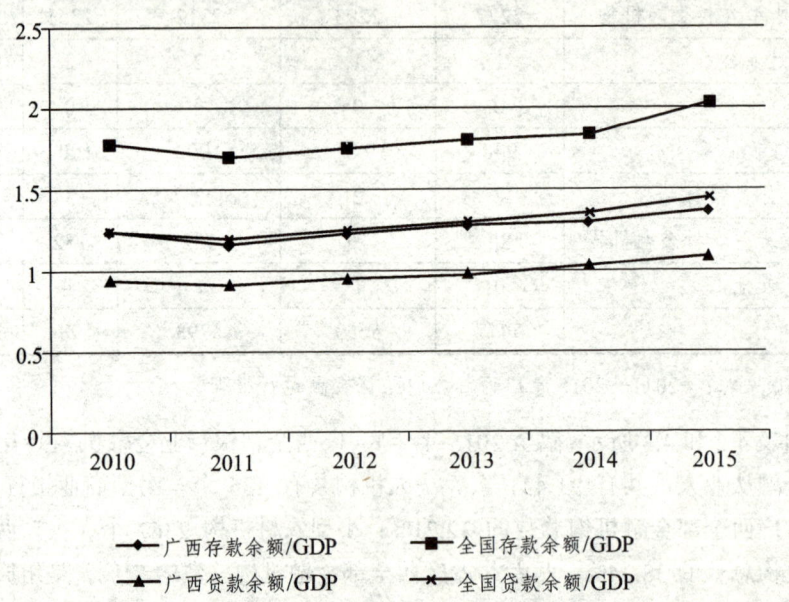

数据来源：中国银行监督委员会 2010—2015 年年报和 2015 年广西统计年鉴。

图 4.1 广西与全国存贷款余额占 GDP 的比重

表 4.4 广西不同金融机构所占比例与全国的比较

机构类别	全国		广西	
	机构数	所占比例（%）	机构数	所占比例（%）
1. 大型商业银行	1 764 617	46.96	40 197	44.04
2. 国家开发银行和政策性银行	62 520	1.66	1694	1.86
3. 股份制商业银行	410 816	10.93	3820	4.18
4. 城市商业银行	346 816	9.23	6797	7.45

续表

机构类别	全国		广西	
	机构数	所占比例（%）	机构数	所占比例（%）
5. 小型农村金融机构	830 241	22.09	24 957	27.34
6. 财务公司	11 871	0.32	55	0.06
7. 信托公司	16 683	0.44	0	0.00
8. 邮政储蓄和新型农村金融机构	245 437	6.53	13 632	14.93
9. 外资银行	47 412	1.26	79	0.09
10. 金融租赁公司	2851	0.08	51	0.06
11. 汽车金融公司	6072	0.16	0	0.00
12. 货币经纪公司	605	0.02	0	0.00
13. 消费金融公司	11 871	0.32	0	0.00
合计	3 757 812	100.00	91 282	100.00

数据来源：《2014年广西壮族自治区金融运行报告》和2015年《中国金融年鉴》。

2. 存贷款额度平稳增长

2010—2015年，广西的存贷款呈稳健增长态势，截至2015年年末，广西全区本外币存款余额和贷款余额分别为2.28万亿元和1.81万亿元，同比增长12.29%和12.75%；存款余额和贷款余额占国民生产总值的比重分别为1.36和1.08，较上年增长6.1%和5.3%。广西银行业金融机构小微企业贷款（含个体工商户和小微企业主贷款）余额4319.61亿元，比年初增长8.69%。辖区法人机构申贷获得率为95.55%，增长4.26个百分点。涉农贷款余额6005.17亿元，比年初增长9.59%。投放扶贫贷款374亿元，实现对广西国家级、省级贫困县全覆盖。同期全国本外币存款余额和贷款余额分别为139.8万亿和99.3万亿，存款余额和贷款余额占国民生产总值的比重分别为2.03%和1.44%，两个比率均高于广西，这一方面说明广西的经济发展水平仍然欠缺，另一方面则反映了资金的利用率不强，贷款对国民生产总值的贡献度不高，金融发展水平与全国平均水平相比仍有较大差距。

4.1.3 金融资源配置水平仍有待提升

金融资源的分布从两个方面来衡量。首先是金融机构的覆盖度，金融机构的营业网点密度是影响金融服务水平最基础也是最重要的因素，金融机构营业网点多、覆盖广、密度大的地方，金融服务的供给环境相对较好，虽然目前随着科技的进步，互联网金融发展迅速，可以弥补金融机构地理覆盖程度上的不足，但就广大农村地区来说，绝大部分的居民并不懂得如何利用互联网去获取金融服务，特别是对于偏远地区来说，广西仍有不少数量的行政村还没有接通互联网络，造成居民只能依赖于金融机构开设的营业网点去申请金融服务，这也是把这一指标作为测度金融包容水平指标的原因所在。在各金融机构对金融资源的配置上可以看出，不论是城乡之间还是不同地区之间，在金融资源的分布上都存在着很大的差距。如表4.5所示，金融机构的覆盖度从地理密度和人口密度两个方面体现，从地理密度角度来看，每百平方公里的金融机构数在0.53~59.28个，最大值是最小值的111倍，差距很大，超过4个的80%分布在市辖区或者县级市，农村每百平方公里金融机构数则普遍在1~3个。从人口密度角度来看，每万人享有金融机构0.45~3.49个，全区平均水平0.17个，有超过62%的县区没有达到这一平均水平，其中又犹以少数民族自治县如都安瑶族自治县、富川瑶族自治县等情况最不容乐观，虽然这与农村地区地广人稀有关，但仍可以反映出农村地区金融资源的不足。

表4.5 广西86个县区金融资源分布情况

地区	人均存款（万元）	人均贷款（万元）	金融机构数/万人	金融机构数/百平方公里	存贷比
武鸣县	3.47	2.04	1.45	2.36	0.59
隆安县	2.67	1.32	1.39	1.86	0.49
马山县	1.94	0.99	0.97	1.66	0.51
上林县	1.82	0.91	0.83	2.03	0.50
宾阳县	1.66	0.91	0.75	3.44	0.55
横县	1.74	1.03	0.83	2.90	0.59
柳江县	2.61	2.19	1.04	2.41	0.84
柳城县	2.16	1.29	0.98	1.75	0.60
鹿寨县	3.65	2.89	1.12	1.34	0.79
融安县	2.08	1.11	0.95	1.10	0.54
融水苗族自治县	2.21	1.26	1.10	1.03	0.57
三江侗族自治县	1.73	0.86	0.82	1.32	0.49
临桂区	6.79	3.45	1.12	2.54	0.51
阳朔县	2.92	1.54	1.10	2.51	0.53
灵川县	3.85	3.02	1.55	2.61	0.78

续表

地区	人均存款（万元）	人均贷款（万元）	金融机构数/万人	金融机构数/百平方公里	存贷比
全州县	1.91	1.02	0.73	1.55	0.53
兴安县	3.58	2.99	1.58	2.32	0.83
永福县	2.54	2.07	1.49	1.29	0.82
灌阳县	2.59	1.51	1.25	1.69	0.59
龙胜各族自治县	3.13	2.01	1.77	1.10	0.64
资源县	3.61	2.22	1.72	1.33	0.62
平乐县	1.67	0.85	0.91	2.19	0.51
荔浦县	2.62	1.93	1.23	2.56	0.73
恭城瑶族自治县	2.39	1.50	1.33	1.59	0.63
万秀区	2.03	1.67	2.02	13.90	0.83
长洲区	1.19	1.67	3.49	16.55	1.41
苍梧县	3.57	2.64	1.34	1.85	0.74
藤县	1.82	1.11	0.74	1.62	0.61
蒙山县	2.32	1.43	1.15	1.80	0.62
岑溪市	1.86	1.28	0.72	2.26	0.69
海城区	15.04	8.26	2.95	59.28	0.55
合浦县	2.18	1.23	0.95	3.15	0.56
防城区	8.84	8.42	1.22	1.94	0.95
上思县	1.95	1.15	1.04	0.92	0.59
东兴市	7.70	4.71	2.77	7.30	0.61
灵山县	1.12	0.52	0.45	2.14	0.47
浦北县	1.58	0.84	0.66	2.18	0.53
港北区	7.23	5.26	1.40	8.33	0.73
平南县	1.48	0.82	0.80	3.85	0.56
桂平市	1.95	0.97	0.83	3.17	0.50
容县	2.81	1.42	1.24	3.63	0.51
陆川县	1.82	1.01	0.98	4.96	0.56
博白县	1.39	0.77	0.71	2.85	0.56
兴业县	1.54	0.81	0.98	4.70	0.53

续表

地区	人均存款（万元）	人均贷款（万元）	金融机构数/万人	金融机构数/百平方公里	存贷比
北流市	1.81	1.09	0.78	4.37	0.60
右江区	6.98	4.93	1.82	1.94	0.71
田阳县	2.27	2.02	1.21	1.73	0.89
田东县	2.44	2.23	1.25	1.71	0.91
平果县	2.41	2.70	1.10	2.03	1.12
德保县	1.43	1.41	0.87	1.12	0.99
那坡县	1.73	0.81	0.89	0.85	0.47
凌云县	1.86	1.06	0.63	0.63	0.57
乐业县	1.86	0.96	0.87	0.57	0.52
田林县	1.98	1.20	1.22	0.58	0.61
西林县	2.12	1.06	1.01	0.53	0.50
隆林各族自治县	1.35	0.77	0.79	0.94	0.57
靖西市	1.44	0.86	0.63	1.23	0.60
八步区	3.17	1.88	0.73	1.32	0.59
昭平县	1.71	0.98	0.94	1.01	0.57
钟山县	2.21	1.21	0.97	2.38	0.55
富川瑶族自治县	2.39	1.33	0.64	1.08	0.56
金城江区	6.40	3.82	2.16	3.15	0.60
南丹县	2.30	1.80	1.34	1.05	0.78
天峨县	2.08	2.16	1.55	0.88	1.04
凤山县	2.07	0.96	0.94	1.09	0.46
东兰县	2.17	1.02	1.01	0.94	0.47
罗城仫佬族自治县	1.88	0.77	0.84	1.19	0.41
环江毛南族自治县	2.43	1.21	1.25	0.77	0.50
巴马瑶族自治县	1.86	0.80	0.92	1.21	0.43
都安瑶族自治县	1.25	0.54	0.56	0.95	0.43
大化瑶族自治县	1.75	1.06	0.78	1.05	0.60
宜州市	1.94	1.24	1.09	1.87	0.64

续表

地区	人均存款（万元）	人均贷款（万元）	金融机构数/万人	金融机构数/百平方公里	存贷比
兴宾区	2.29	1.96	0.76	1.93	0.86
忻城县	1.66	0.78	0.56	0.71	0.47
象州县	2.07	1.23	1.15	1.99	0.59
武宣县	2.17	1.09	0.68	1.47	0.50
金秀瑶族自治县	2.91	1.61	1.64	0.85	0.55
合山市	4.35	1.27	1.45	4.65	0.29
江州区	4.46	3.87	1.19	1.37	0.87
扶绥县	2.26	1.29	1.21	1.83	0.57
宁明县	2.22	1.09	1.01	0.94	0.49
龙州县	3.01	1.92	1.76	1.73	0.64
大新县	2.49	1.30	1.32	1.46	0.52
天等县	2.04	1.00	1.03	1.57	0.49
凭祥市	6.08	2.86	2.75	4.96	0.47

数据来源：中国银行监督管理委员会金融许可证查询和2015年广西统计年鉴整理。

金融资源的流向还需从存贷款余额及存贷比上考察。金融机构的覆盖度只是从"硬件"方面就居民对金融服务的可获得程度进行衡量，它是居民获得金融服务的前提条件。但是金融资源的分布是一种对金融资源投向的结果，因此人均存贷款余额及存贷比就是一种测度金融资源流向群体的指标，它可以较好的反映金融资源的利用状况。如表4.5所示，由于各县区经济发展水平不同，存贷款余额也不尽相同，较发达的北海市海城区，人均存贷款余额达到15.04万元和8.26万元，而一些偏远农村人均贷款额不足万元，最少的仅有5200余元，体现出农村地区金融资源的极度缺乏。在存贷比方面，广西全区普遍存贷比不高，基本维持在0.5~0.6的水平，最高的是梧州市长洲区，存贷比达到1.41，比最低的合山市0.29高出了4.8倍，存贷比超过70%的县区仅占区县总数的23%，这反映了农村资金流向城市，农村地区的金融资源利用度不高，金融包容环境非常恶劣。

4.1.4 金融服务的创新能力显著增强

随着目前我国深入进行金融改革、推进包容性金融体系的政策措施逐步推进，农村"两权"抵押试点推广，以及互联网金融的蓬勃兴起，股权众筹、P2P、网络借贷和互联网保险等金融创新产品不断涌现，这有助于金融包容在社会救济和商业效益之间找到一条可持续发展道路。为此，各金融机构也积极进行创新，推出了很多金融创新产品，促进了包容性金融体系的发展。

2012年12月广西第一家专业农村产权交易平台在田东县成立，主要对各种农村产权如林权、农村土地承包经营权、农业生产设施所有权等进行交易服务，帮助农村地区盘活资产，激发农村地区资本活力，截至2016年11月，该产权交易中心累计交易9.03亿元人民币，办理农村产权抵押贷款5.7亿余元人民币。2014年7月广西农信社推出了专门针对农户和个体工商户的"桂盛信祥卡"业务，通过建立信贷管理系统，对农户和个体工商户资料信用评级，农户和个体工商户可以凭借个人有效身份证明申请信用贷款，并且"一次授信、随用随贷、周转使用"，对农户来说方便快捷。与此同时，广西农信社还针对农村地区不同人群特点进行"量体裁衣"，推出了各种有针对性的金融创新产品，如对农村妇女发放的妇女创业贷、对学生发放的贫困学生助学贷款、对企业适用的企业流动资金循环贷，对农村建房推出的"安居贷"，以及"金香蕉"和"金芒果"等众多金融产品，提高了农村地区的信贷支持力度。柳州银行的"微贷通"是专门对中小企业提供信贷服务的产品，该产品被中国银行业协会评为"2014年服务小微企业二十佳金融产品"，针对中小企业缺乏抵押品的特点，可以满足中小企业贷款"短、小、频、急"的需要。桂林银行、北部湾银行开发的"微贷"在市场也具有较好影响力。部分农村中小金融机构结合当地实际开发的香蕉贷、黑茶通、八角贷受到市场好评。农行广西分行则充分利用当前互联网金融大数据，推出"E农管家""E商管家""银讯通""数据网贷"等针对中小企业的互联网金融产品，通过帮助小微企业获取金融服务，提高资金使用效率，实现更好更快发展。

那么，作为中部农业大省的邻居湖南省的金融包容又怎样呢？

4.2 湖南金融包容的现状分析

湖南省地处我国中部，近五年的金融运行状况总体良好，地区生产总值也从2011的19 635.2亿元增加到2015年的29 000亿元，增长了47.69%，其中属长沙市发展速度最快,其地区生产总值增长了51.44%,在湖南省的经济发展中贡献了很大的力量。下面将从银行业、证券业、保险业这三个行业的发展状况进行湖南省的金融包容现状分析。

4.2.1 银行业发展状况

银行业的发展状况主要从银行的存贷款余额、信贷结构以及湖南省银行业从业人员随着时间的推移所发生的变化状况来进行分析。下面首先来看湖南近五年的存款增长率变化图:

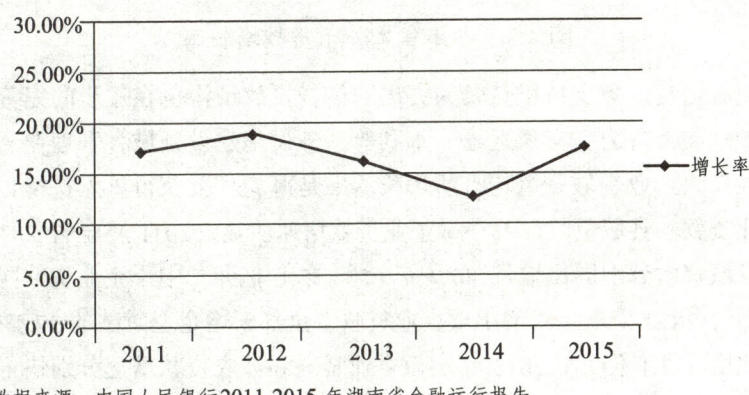

数据来源:中国人民银行2011-2015年湖南省金融运行报告。

图4.2 湖南省本外币存款增长率

从2011年到2015年,根据图4.2显示,湖南省银行业存款业务增速平稳,2011年湖南省全年本外币存款增长17.1%,同比回落1.5个百分点,但是2012年湖南省全年本外币存款增长率相比上年同期提高2个百分点,达到了19.1%,2013年又有稍许回落,增长率为16.1%,2014年,湖南省金融机构本外币存款余额首次突破3万亿元,同比增长12.6%,高于全国3个百分点,2015年,存款业务增长继续增速,同比增长17.6%,分别快于上年和全国4.2个和5.2个百分点。以上数据显示,湖南省的存款业务一直稳定增长,金融发展一直往前推进。

银行业的发展与银行发放的贷款有着千丝万缕的联系,通过分析湖南省2011—2015年的存款数据可以得到图4.3湖南省本外币贷款增长率。

图4.3显示,近五年湖南省的信贷业务增长平稳适度,从2011年到2015年,湖南省的金融机构人民币贷款增长率分别为18.1%、16.2%、15.9%、13.9%、16.5%,全省贷款余额从2011年的13 186.68亿元增加到2015年的23 738.58亿元。

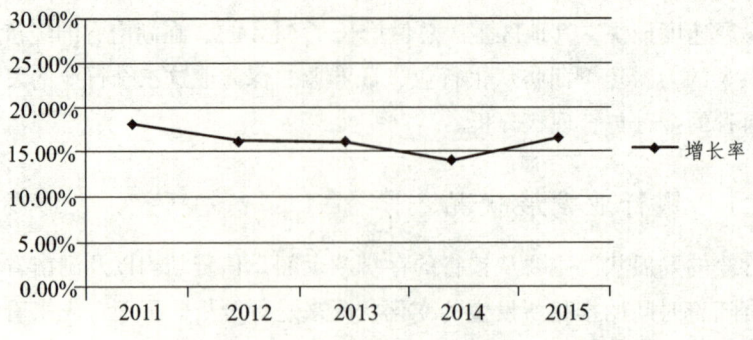

数据来源：中国人民银行2011-2015年湖南省金融运行报告。

图4.3　湖南省本外币贷款增长率

湖南省信贷业务支持重点较为突出。信贷投放结构也在逐步的完善中，一是重点领域支持有力，交通运输、水利等基础设施建设领域，管理业、制造业和战略性新兴产业领域贷款均有所增长。二是薄弱环节获得重点扶持，全省农林牧渔业贷款、县域贷款以及小微企业贷款增速明显，2011年全省农林牧渔业贷款、县域贷款分别同比增长46.9亿元和52.1亿元；中小企业贷款同比增长311.8亿元；2012年全年新增小微企业贷款占全部新增企业贷款的37.4%，县域贷款同比增112.1亿元；2013年小微企业贷款和涉农贷款增速分别快于各项贷款增速6个和8.3个百分点，分别增长了21.9%和24.2%。三是调控领域有效控制，全年"两高一剩"行业中长期贷款有所下降。2015年，全省全面和定向降准政策正向激励作用明显，金融机构累计释放的资金约为414亿元，支农再贷款、支小再贷款、再贴现分别累计同比多放4.6、6.9、2.6亿元。中国人民银行长沙中心支行着力创新货币信贷"1+N"工作机制，推动银行机构加大对小微、"三农"和扶贫领域的精准投入，全年涉农贷款、小微贷款分别新增了1167.1亿元、856.6亿元，全省40个贫困县新增贷款379.6亿元，同比增长23%，比全部贷款增速高6.5个百分点，均实现"两个不低于"目标。

湖南省银行业的发展与银行网点的数量有一定的联系，银行网点数与银行的发展状况成正比，图4.4就是银行网点数2011—2015年的变化图。

将湖南省银行网点数据进行处理可知，湖南省的银行网点数近五年呈现上升的趋势，不过上升的比较平稳，截至2015年年底，湖南省的银行网点数为12 832家，相比2011年增加了7.1%，其中贡献最大的是湖南省的省会城市长沙，其银行网点数增加了25.12%，截至2015年银行网点数增加至1614家，属于湖南省银行网点最多的地市。银行网点增加得最少的为岳阳市，从2011年至2015

年，岳阳市的银行网点数总共增加了 23 家，与长沙市增加的 324 家相比，少增加了 1408.69%。

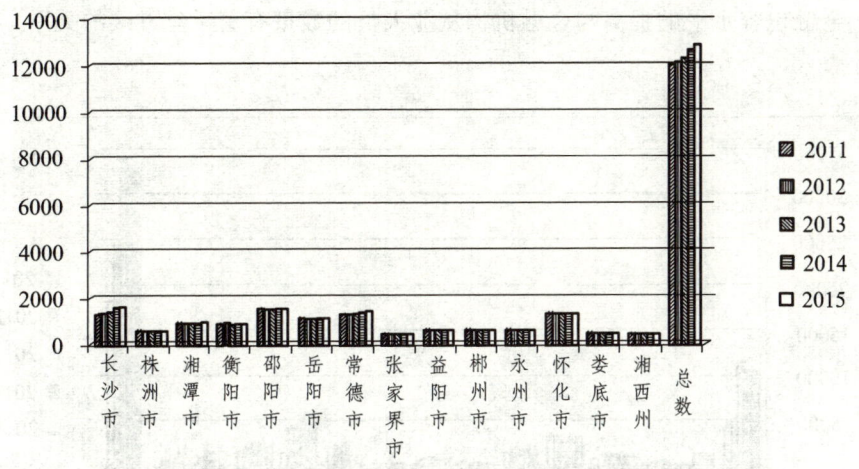

数据来源：湖南统计局 2011-2015 年统计年鉴。

图 4.4 湖南省银行网点变化图

4.2.2 证券业与保险业发展

湖南省证券业务发展从 2011 年到 2015 年由平稳运行转变到了交易活跃，由 IPO 增长速度从 2011 年迅速增长到 2012 年缓慢增长，2013 年之后市场融资功能就逐渐增强。国内上市公司数（不含新三板）从 2011 年的 71 家上升到 2015 年的 82 家，截至 2015 年年末，全省共有法人证券公司 3 家，其营业部 335 家；证券分公司 16 家，其证券营业部 322 家，全省共有沪深证券账户 1018 万户，资金账户 580 万户。近五年，湖南省的证券业务趋于多元化，创新业务快速发展，截至 2015 年年末，全省共有 287 家证券经营机构获得融资融券业务资格；有 224 家证券经营机构获批开展股权质押业务；有 230 家证券经营机构获得期货 IB 业务资格，并且这些数量都在不断地增加。

保险业务不断发展，社会保障功能不断增强。2011 年末湖南全省共有省级保险分公司 43 家，到 2015 年末，共有法人保险公司 1 家，省级保险分公司达到了 51 家，保险深度和密度分别为 2.9%、1050/人。保险产品不断创新，社会保障功能不断增强，农业保险保障力度不断加大，农业的保障范围不断增大，获赔率不断上升。2015 年湖南产险业承担了"三农"、工程、外贸、汽车等产业累计 20.8 万亿元风险保障，同比增长 40.5%。为因自然灾害和意外事故受损的企业和人民群众提供经济补偿133.9亿元,同比增长17.4%。服务民生领域不断拓展,人身险承保各类社保补充医疗业务6180.8万人次,获得补偿3.1亿元。

金融包容水平的提高与金融机构从业人员的数量有着千丝万缕的关系,如图4.5。

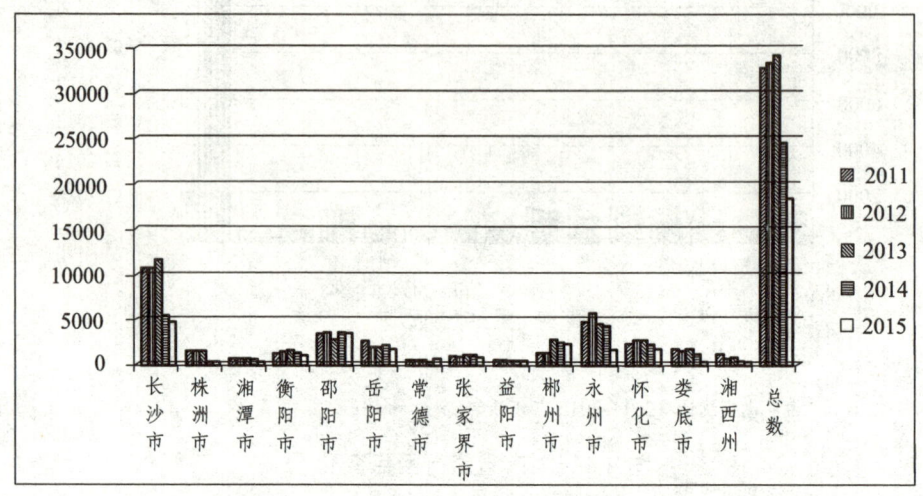

数据来源:湖南统计局2011-2015年统计年鉴。

图4.5 湖南省金融从业人员变动图

从图4.5可知,湖南省的金融从业人员从2011年到2015年总体上是减少的,近五年从业人员从32 677人减少到18 282人,相比2011年减少了44.05%,主要是2014年和2015年金融从业人员减少的比较多。通过分析湖南省各个市州金融从业人员的数据,可以发现近五年金融从业人员减少率最大的为娄底市,减少了92.85%,截至2015年,其金融从业人员仅有108人,位于湖南省最低位。其次就是株洲市与湘潭市的金融从业人员减少最多,分别减少了89.97%与82.18%。

4.3 普惠金融的缺失——三重二元金融结构

2018年中央一号文件明确提出要把普惠金融的发展放在农村,中央为何如此重视"普惠金融"的发展？"普惠金融"的英文对应术语为"inclusive finance",直译应为"包容性金融"。国内学者将该概念引入之后,称其为"普惠金融",

日渐为政策界和金融界所接受。普惠金融特别关注对一些边远地区、分散农户、小微企业和社会低收入群体的金融服务，但不仅仅关涉这些群体，而是关乎所有人。普惠金融的含义主要是：应该特别"接纳"和"包容"边远地区、分散农户、小微企业和社会低收入群体，以快捷便利、成本可负荷的方式满足其有效金融服务需求。普惠金融的推动者一般会把这层含义的普惠金融作为其中心工作。其实普惠金融还有一层更基本的含义：一个金融体系应该满足所有需求者的有效金融服务需求，无论是高收入者还是低收入者，城里人还是乡下人，农民还是工人，大企业还是微型企业，无论这些人或者企业是处在中心地带还是边远地区。这意味着，普惠金融应该首先是金融，遵循商业原则。离开了这层更为基本的含义，就谈不上去"包容"一些特殊群体。如果只是解决特殊群体的金融服务，那不是"普惠"或者"包容"，而是"特惠"特殊群体。不过随着时间的变迁，很多人心目中的普惠金融就是指针对特殊群体提供可负荷的金融服务。

2018年中央一号文件强调普惠金融重点要放在农村，其背景是中国农村人口的人均收入远远低于城市人口，属于普惠金融服务对象的特殊群体也大量集中在农村地区。农村地区这些群体的人员数量更多，问题更为严重，需要形成多种多样、因地制宜的普惠金融服务模式。而普惠金融在促进减贫和推进农村人口创收方面有着不可替代的意义，它直接关系到中国2020年全面消灭贫困战略的成功与否以及确保到2020年小康社会的全面建成。

但是，现实中，农户和农村小微企业的资产往往不符合一些金融机构的抵押担保品要求，也就当不了这些金融机构的抵押担保品。比如农村住宅所有权归农户，宅基地所有权归集体，使用权归农户，但是绝大多数农宅所有权和农村宅基地使用权没有权证化。法律规定也不允许转让给城里人，而且规定必须优先转让给集体成员。也就是说农户的资产往往是资本化不足，或者叫低资本化，不容易变现或者转让。即便一些地区的金融机构把这些资产接受为抵押担保品，一旦出现风险，也很难将它们变现。以前中国实现承包地"三权"分置，也就是所有权、承包权和经营权分置，这是把农村资产激活为资本的一大步骤，但总体上仍然是大的政策框架不变情况下的小小改进。农村小微企业情况也不乐观。一些农业企业或者合作社，承包了山地或者耕地，搞规模经营，它们对这些土地拥有一定年限的使用权，但是这种使用权也不是很安全，拥有所有权的集体真要收回使用权的话，也往往有办法这样做。这些土地使用权也难以用来质押，一般银行信用社也不愿意向这些农业企业或者合作社提供贷款。相关数据见表4.6、4.7。

表 4.6　易县和南召县样本农户的农村信用社贷款用途

		易县			南召县		
		笔数构成（%）	规模构成（%）	平均规模（元）	笔数构成（%）	规模构成（%）	平均规模（元）
非生产性	盖房	4.5	8.3	15 000	14.8	14.6	1750
	看病	18.2	7.2	3250	18.5	7.5	720
	婚丧	9.1	2.2	2000	11.1	12.5	2000
	买消费品	4.5	1.2	2100	11.1	10.4	1667
	孩子上学	22.7	33.3	12 000	3.7	5.2	2500
	还其他款	4.5	0.3	500	7.4	11.4	2750
	小计	63.6	52.5	6757	66.7	61.5	1644
生产性	种植业	13.6	14.2	8533	7.4	4.2	1000
	养植业	0.0	0.0	0	7.4	8.3	2000
	小买卖	9.1	11.1	10 000	11.1	9.4	1500
	加工业	13.6	22.2	13 333	3.7	12.5	6000
	打工	0.0	0.0	0	3.7	4.2	2000
	小计	36.4	47.5	10 700	33.3	38.5	2056
合计		100.0	100.0	8191	100.0	100.0	1781

资料来源：孙若梅，《小额信贷在农村信贷市场中作用的探讨》，《中国农村经济》，2015 年 08 期。

表 4.7　安徽当涂县各金融机构的农户借贷简况

指标	指标水平	权重
有无借贷经历	是	24.1%
	否	75.9%
贷款用途	供子女上学	46.9%
	投资生产	26.6%
	建房	18.8%
	治病	6.2%
	婚嫁	1.5%
不向农信社贷款的原因	没有关系不递交贷款申请	12.8%
	不懂正规的贷款程序而没有进行申请	16.9%
	没有担保和抵押	19.2%
	不需要贷款	52.5%
	其他原因	2.3%

资料来源：2008 年暑假课题实地调查。

在强劲需求的刺激下，非正规金融组织规模不断扩大，其信息成本、管理成本不断上升，而上升到一定程度就不再具有相对于正规金融机构的成本优势了。由于非正规金融中介往往疏于监督，导致债权人不能按期收回资金或根本无法收回，债权人不能按时归还借款，从而引发债券、债务纠纷。因此，随着经济主体金融需求的变化，现在正规金融对其压力越来越大，其具有的优势越来越小，迫使农村非正规金融逐渐从互助型金融组织发展到过渡型金融组织，最后演变成为正规盈利性的金融组织，见表4.8。

表4.8 江西省部分村组农户金融需求情况调查的反馈情况

序号	这是对您的提问	选择一	选择二	选择三
1	您借过钱或被借过钱吗	没有（0）	有1~2次（50）	有多少（82）
2	您的借款主要来源是	亲友（65）	信用社（29）	民间金融（38）
3	您希望借到的金额是	1万元以上（44）	2000~10 000元（67）	2000元以下（21）
4	您能借到的金额是	1万元以上（10）	2000~10 000元（19）	2000元以下（90）
5	您借款的利息是	比信用社低（47）	与信用社同（53）	比信用社高（32）
6	您从信用社借款	很容易借到（25）	很难借到（37）	借不到（70）
7	您借到钱后对您家	帮助很大（81）	帮助较小（36）	说不清（15）
8	您借钱的用途是	农业生产（53）	做生意（38）	盖房婚嫁上学（41）
9	您从信用社借不到钱	缺生产项目（30）	缺熟人担保（54）	信用社手续多（48）
10	您希望村里有信用社吗	迫切希望有（75）	有更好（37）	无所谓（20）
11	信用社的人到您家吗	没有来过（86）	来过（30）	来过多次（16）
12	您有空会去信用社吗	没有去过（21）	偶尔去一下（54）	经常去（57）
13	您那儿有银行吗	没有（61）	农业营业所（16）	邮政储蓄所（51）
14	您接受过类似的调查吗	没有（122）	有1~2次（7）	2次以上（3）

注：在江西的实地调查，有效问卷136份。

当然，农户金融需求具有鲜明的地区差异性。

在中国，农户金融需求表现为明显的差异性，相关数据见表4.9、表4.10。

第一类农户即自然经济或小商品经济条件下的农户，主要分布在广大的西部地区，并且以贫困地区农户为代表，其经济行为特征侧重于满足基本生活需要，农户收入主要是实物收入，现金收入很少。他们的储蓄能力很低，而外部注入资金又很少，无法新增农用生产资料或改进产品质量，农业生产一般维持在简单再生产水平上。

第二类农户指已经从自然经济或小商品经济向完全市场经济过渡时期的农户，大体分布在中国经济欠发达的中部地区。他们的主体要素是劳动力和少量资金，劳动力较多而资金较少的农户可能倾向于选择在保证粮食生产的基础上外出打工；反之，资金充裕而劳动力较少的农户可能更倾向于选择资金密集型的农业或非农产业。

第三类农户是基本融入到现代市场经济环境的农户，主要分布在东部经济较发达地区，无论以粮食生产还是以其他农产品生产为主，都以通过市场，最大限度实现产品价值增值为目的，因此，农户除了务农，还从事着加工、销售等下游产业。他们对资金的需求更大，除了运用自家的劳动力以外，还常常从外地雇用人手帮农、帮工。

表4.9 不同地区农户纯收入分布情况

单位：元、%

地区	0以下	0~5000	5000~10000	10000~30000	30000~50000	50000以上
东部	7.4	26.2	21.8	30.1	6.3	8.2
中部	9.5	31.5	23.5	30.1	3.0	2.4
西部	13.6	42.4	18.5	21.8	2.2	1.5
全国	10.0	32.9	21.7	27.9	3.7	3.8

资料来源：中国农村金融学会《中国农村改革发展30年》，中国金融出版社。

表4.10 不同收入水平农户支出情况

单位：%

农户类别	基本生活支出	生产经营投入	子女教育	看病	盖房和修缮	婚嫁
低收入	31.6	13.7	33.5	9.1	9.3	2.8
中等收入	33.4	20.4	29.1	4.1	9.9	3.1
高收入	24.9	34.8	21.2	1.9	14.8	2.4
全国	31.3	19.7	29.8	5.9	10.4	2.9

资料来源：同表4.9。

由于金融供给的缺陷，导致农村金融需求存在抑制问题，严重影响金融包容和乡村振兴。

（1）农户借款的预期收益低，动机不强。

一般地,农户借贷资金的使用可分为生产性借款(包括农业生产和非农业生产)、生活性借款和非正常借款三类。由此可以认为,农户借款的用途主要是非生产性的资金借贷,而不是生产性投资。这主要是因为农业生产面临着较高的自然风险,而农户的非农业生产也多属于技术含量低、竞争力弱的产业,经营风险大。因此,可以推断其借款的偿付能力较弱,预期收益率较低,而且正规金融机构对农村信贷资金的投向主要集中在农村生产经营活动上,而对农民的生活性借款基本不予考虑,从而抑制了农户不断向正规金融机构借贷的动力。笔者所在的课题组曾经在2016年暑假组织学生在东部江苏常州武进区、中部江西省都昌县和西部重庆市武隆县进行问卷调查,样本数据4000户,基本可以代表中国农行的实际情况,结果如表4.11、表4.12、表4.13。

表4.11 农户借贷简况

指标	指标水平	权重
有无借贷经历	是	24.1%
	否	75.9%
贷款用途	供子女上学	46.9%
	投资生产	26.6%
	建房	18.8%
	治病	6.2%
	婚嫁	1.5%
不向农信社贷款的原因	没有关系不递交贷款申请	12.8%
	不懂正规的贷款程序而没有进行申请	16.9%
	没有担保和抵押	19.2%
	不需要贷款	52.5%
	其他原因	2.3%

表4.12 农户获得农信社小额信贷情况

指标		权重
是否得到小额信用贷款	是	9.1%
	否	90.9%
是否获得农信社小额信用贷款证	是	16.2%
	否	83.8%
是否了解小额信贷是农信社发放以农户信誉为保证	是	39.4%
	否	60.6%
如得到过小额信贷其用途	种植业、养殖业等农业生产费用贷款	59.1%

续表

指标		权重
如得到过小额信贷其用途	为农业生产服务的个体私营经济贷款	13.6%
	小型农田水利基本建设贷款	4.6%
	其他	22.7%

表4.13 农户无借贷需求的影响因素

指标		权重
农信社贷款方便否	方便	50%
	不方便	50%
农信社贷款不方便的原因	手续繁琐	72.7%
	需要抵押	27.2%
	农户家庭资信评定等级低	9.1%
	其他	9.1%
向农信社贷款的可抵押物品	房子	36.4%
	生产设备	13.6%
	没有	31.8%
	其他	18.2%

（2）农户从正规金融机构借款交易成本高，信贷供给不能满足农户需求。

在中国，农村金融几乎都面临着特质性的风险与成本问题。在广大的中西部中国的农村经济依然以小规模农户家庭经营为基础，金融需求者通常有居住分散、收入低下、生产有明显季节性、单笔存贷款规模小、生产项目的自然风险和市场风险比较大、缺乏必要的担保与抵押品等特点，这决定了农村信贷服务的风险较大，信贷成本相对占比很大。此外，农业的自然依赖性强，使得农业投资具有长期性、高风险和低盈利性的特点，这与商业资金追求"三性"要求相悖。农村经济的独特特点，决定了农村信贷的成本和风险大大高于城市工商信贷，从而使中国的农村金融的供给与需求矛盾长期存在。

第一，缺少担保，贷不到款。农户融资的特点包括：一是贷款数额小，通常在千元左右，低的可能只有一两百元，造成正规金融机构工作量大，贷款收入微薄，每笔贷款的成本相对较高。二是缺乏有效的担保和抵押品。农户无经常性的、固定的收入来源，自身可提供的抵押物几乎没有，土地作为特殊的生产资料又不能抵押，正规金融机构对农户贷款没有信任感。农村正规金融机构面对经营规模狭小、对贷款额度需求不大且缺乏担保和抵押品的农户，这就使得正规金融机构给农户融资的交易费用较高。

而农户希望得到的贷款方式特征：一是贷款数目小；二是较少使用担保和抵押品的；三是贷款手续简便、灵活和及时。矛盾的是现有的农村正规金融机构不能提供这样的贷款方式，而农村非正规金融机构能够满足农户希望得到的贷款条件，借款的交易成本较低，民间借贷成为满足农户资金需求的主要渠道。由此可见，绝大多数农户的资金需求是依靠非正规金融机构解决的，这就压制了农户向正规金融机构借款的需求。①

第二，农户贷款需求满足度偏低。2008 年暑期，课题组组织学生对中国东部、中部和西部 31 个县市、150 多个村、2000 多个农户、50 家企业、70 多家金融机构及当地政府，进行了以农村金融发展与农业产业化为主题的实地调研。调研发现，满足农户的贷款需求仍然是农村金融发展的最迫切任务，而又似乎难以解决。在有过贷款经历的农户中，67%的借贷发生在亲友之间和其他非正规金融渠道。正规金融在中部和西部地区农村金融市场的渗透率和覆盖面远不能满足农户的需求，甚至从未有过。

第三，农村贷款需求存在一定的信贷规模约束。农户的小额贷款需求基本不存在信贷规模约束，但大额贷款需求却存在约束。因为中国几乎所有的基层信用社自主发放贷款的审批权限仍然偏低，对数额 1 万元以上甚至 5000 元以上的贷款，仍实行层层审批制度，贷款手续繁杂，正规金融为防范风险，在发放大额贷款时较为谨慎。农村信用社贷款额度太小，难以满足农民日益扩大的贷款额度需求。随着农村经济的发展，农户贷款需求呈现多元化，农户从事产业化生产和个体经营的资金需求额度较大，与农户贷款需求相比，农村信用社根据传统农业需求核定的贷款额度不能满足农户需要。

第四，利率过高，贷不起款。在农村信贷供给以商业性金融机构为主的情

---

① 缺少抵押担保是中国农民贷款难的核心问题。虽然目前真正能为农民提供贷款的农村金融机构不多，但我国的农村金融系统并不缺乏资金，每年数以千亿的资金从农村地区流出，继续着以前"农村支援城市""穷帮富"的现象。其根本原因在于农村金融机构面对分散小农户提供贷款的交易成本高，对农户信息的获取和监督困难，信贷风险相对较大；同时农民缺乏银行在现行制度下可接受的抵押品，因此农村信用社和农行不愿贷款给农户的根本原因是不敢贷款给农民。Coudzwarrd (1968) 提出，如果政府要帮助穷人，要么使他们在既定的利率下有足够的能力取得贷款，要么允许贷款者（银行）收取足以补偿其风险成本的利息率。为了鼓励农村金融机构增加对农民小额贷款的投放，中国人民银行允许农村金融机构的贷款利率适当上浮，农村信用社最高可上浮 230%。农村信用社目前仍缺少竞争对象，是农村信贷资金的垄断供给者，多数信用社搞"一刀切"政策，直接"一浮到顶"，导致目前农民和农村中小企业承受的贷款利率平均高达 10%以上。过高的利率增加了农民的融资成本，加重了他们的经济负担。

况下，农户普遍认为正规金融机构的贷款定价水平超过了其正常承受能力。一方面，基于农村金融服务的风险和高成本性，正规金融机构只能通过提高贷款利率来弥补风险溢价和成本溢价，另一方面，由于农业生产的投资回报普遍低于其他产业，农户所能承受的贷款利率水平相对较低，因此，银行贷款定价水平与农户利率承受能力的脱节成为当前制约农村金融发展的主要因素之一。在调查中发现所有信用社都执行很高的利率。

（3）民间借贷在农户的金融需求中占一定地位，一定程度影响农村金融生态。

金融机构借款和民间借贷是农村融资的两大途径。其中，民间借贷占有很大比例。本课题组在被调查存在借贷行为的 597 户家庭中，66%的家庭选择民间借贷，通过正规金融渠道借款的农户只有 34%。在全国范围上来说，2009 年（实地问卷调查）想借款的农户要占到 6 成，借了款的农户大约是占了 5 成，农村 6 成的农户有借款的需求，但是真正借款的农户大约是一半。从农户借款的渠道来看，非正规的渠道占到了 47.4%，其中亲友借款是最重要的，占到了 45.9%，就每个农户来讲，向农村金融机构借款的比率是非常小的，主要是亲友借款，正规的借款是占到了 52.6%，信用社是 41.9%。

第一，农村民间借贷方式的多样化。一是口头约定型。这种情况大都是在亲戚朋友、同乡、同事、邻居等熟人中进行。他们完全靠个人间的感情及信用行事，无任何手续。二是简单履约型。这种借贷形式较为常见，大都是仅凭一张借条或一个中间证明人即可成交。借款期限或长或短，借款利率或高或低，凭双方关系的深浅而定。三是高利贷型。在利率下调的情况下，个别富裕农民把目光投向了民间借贷，他们以比银行贷款利率高出许多的利率将款项借给急需资金的人或企业，从而获取高额回报。

第二，农村民间借贷服务对象复杂，以个体工商户、私营业主为主。由于农村的商业银行对个体工商业贷款审批非常严格，而农村信用社又以农户小额信用贷款为主，导致个体工商户和私营业主基本上成为信贷支持的盲区。因此，资金短缺者只有从民间寻求支持，这也是民间借贷主要倾向个体工商户和私营业主的主要原因之一。

第三，农村民间借贷的借贷利率差别较大，高利贷现象突出。随着农村民间借贷的发展，其参与主体日渐多元化，利率由借贷双方自行协商确定，基本上失去了监管。更多的情况是根据借款的主体、借款的用途、借款的缓急程度、借款的时间长短而定。民间借贷除了亲戚、朋友之间不计算利息或者极少部分参照银行的贷款利率外，利率一般随行就市，比一般商业银行贷款利率要高出很多。这也是农民很无奈的选择。

（4）农户对正规金融服务的满意度不高。

第一，金融机构的网点布局不能满足农户的需要。银监会 2008 年公布了农村金融分布图局，全国 3 万多个乡镇，平均每 1 万农民拥有的金融机构是 1.54 个，2007 年是 1.26 个。只有 1 个银行营业网点的乡镇有 8000 多个，什么都没有的乡镇达 2868 个，此外，有 2 个县（市）8901 个乡镇仅有 1 家金融机构。农村金融机构网点相对较少，网点远，意味着农户要花费更多的时间来办理金融业务，也就导致更高的交易成本。

笔者所在的县，曾有 56 个乡镇，农村信用社曾有 86 个营业网点，395 个信用业务代办站，农业银行在大部分乡镇都设有营业所，不少乡镇还设有邮政储蓄机构。2000 年后，乡镇由 56 个减少到 36 个，农村信用社减少到 34 个，395 个信用代办站全部撤销，农业银行营业所减少到 4 个，邮政储蓄机构为 9 家。2008 年全县共有金融网点 76 个，每个网点覆盖面积超过 60 平方公里，而在 2003 年则不到 45 平方公里，且这种分布还表现出极大的二元性，县城的网点是 27 个，每万人约有 2.6 个网点，农村网点 49 个，每万人约 0.73 个网点，平均 7.34 个行政村才有 1 个网点。最为突出的例子，是本县的余段乡，该乡有 42 平方公里，5 个行政村，乡村人口 4555 人，2005 年农村信用社从这里撤离后，这里的农户办理金融业务要到 30 公里外的大桥镇信用社去，相当不便。特别是当前国家加大惠农政策，实行粮食直补、退耕还林、合作医疗等相关补贴均通过农村信用社发放，补贴较少的农户领取的补贴往往还不够往返的交通误工等费用。

第二，农户对获得商业银行贷款缺乏信心。很多农户认为从银行或农村合作社获得贷款较难，农户取得贷款的方式主要为担保和农户联保，农户依靠个人信用和良好的还款记录获得信用贷款的比例很低。农户贷款不能得到批准的原因主要是农村信用社资金偏紧或农户缺乏有效的抵押担保。这样导致农户更加缺乏对贷款的信心。

第三，金融服务的产品不能满足农户的需要。除存、贷款服务外，农村金融机构基本没有针对农民和农村企业的其他金融服务，由于区域性的业务垄断，正当、合理、公平的竞争无从谈起，加上农村金融市场开拓成本高、风险大、金融生态脆弱等因素的影响。在金融产品的设计开发上，没有考虑农民自身的金融需求，导致新的金融产品在广大的农村地区长期得不到运用。由于金融机构缺乏对农民的金融宣传，大部分农民对证券、银行卡等金融产品一无所知，根本无法享受与城市居民同等的金融服务。

表 4.14 农户正规和非正规信贷需求的贷款用途

资金用途	是否有正规信贷需求				是否有非正规信贷需求				合计	
	有		无		有		无			
	户数	百分比	户数	百分比	户数	百分比	户数	百分比	户数	百分比
一、存款	25	9%	85	16%	38	8%	72	21%	110	13%
二、消费	134	47%	240	45%	218	46%	156	44%	374	46%
1. 食品支出	2	1%	5	1%	5	1%	2	1%	7	1%
2. 其他消费品	8	3%	25	5%	17	4%	16	5%	33	4%
3. 教育	30	10%	67	13%	65	14%	32	9%	97	12%
4. 医疗	23	8%	24	5%	26	6%	21	6%	47	6%
5. 住房	53	18%	84	16%	77	16%	60	17%	137	17%
6. 婚嫁	18	6%	35	7%	28	6%	25	7%	53	6%
三、生产投资	63	22%	129	24%	93	20%	99	28%	192	23%
1. 种植	6	2%	12	2%	8	2%	10	3%	18	2%
2. 养殖	24	8%	27	5%	31	7%	20	6%	51	6%
3. 小型项目	29	10%	83	16%	50	11%	62	18%	112	14%
4. 较大投资	4	1%	7	1%	4	1%	7	2%	11	1%
四、外出务工	0	0%	0	0%	0	0%	0	0%	0	0%
五、偿还债务	57	20%	6	11%	105	22%	13	4%	118	14%
六、其他	6	2%	8	2%	9	2%	5	1%	14	2%
缺失	3	1%	8	2%	6	1%	6	2%	12	1%
合计	288	100%	531	100%	469	100%	351	100%	820	100%

资料来源：需要说明的是，在判断农户是否有正规信贷需求时样本总体为819户。黄祖辉，《中国农户的信贷需求：生产性抑或消费性——方法比较与实证分析》，《管理世界》，2015年第3期。

（5）农村企业对农村正规金融机构的资金需求受到抑制。

第一，农村企业借款的风险大。其原因是多方面的。从自身看，农村企业一般科技含量不高，生产和管理水平低，财务制度不健全不透明，资产质量较差，风险较大。从农村正规金融机构角度分析，农村企业的贷款与国有大中型企业相比，数额小，频度高，增加了它的融资成本。而且农村正规金融机构对农村企业的经营业务、投资状况、盈利能力和还款信誉等缺乏了解。所以农村正规金融机构缺乏对农村企业贷款的积极性，农村企业从银行贷款难，更多的农村企业只能求之于民间金融，见表4.15、表4.16。

表4.15　中小企业贷款占金融机构贷款余额（2001—2015）

单位：亿元，%

年份	2001	2002	2003	2004	2005	2006	2007
各项贷款余额	112 314.7	131 293.9	158 996.2	17 197.8	194 690.4	225 347.2	26 690.9
乡镇企业贷款	6413.0	6812.3	7661.6	8069.2	7901.8	6222.0	7112.6
乡镇企业贷款占比	5.71	5.19	4.82	4.53	4.06	2.76	2.72
个体私营企业贷款	918.0	1058.8	1461.6	2081.6	2180.8	2667.6	3507.7
个体私营企业贷款占比	0.82	0.81	0.92	1.17	1.12	1.18	1.34

资料来源：根据历年《中国统计年鉴》整理。

表4.16　张家港市、苍南县和武隆县农村样本企业的民间信贷可得性

单位：%

企业获得民间信贷支持占所需民间借贷资金的比例（$α_{if}$）	三县市合计		张家港市		苍南县		武隆县	
	企业数目	占企业总数的比率	企业数目	占企业总数的比率	企业数目	占企业总数的比率	企业数目	占企业总数的比率
未借民间信贷资金，不需要借	30	54.5	12	57.1	13	54.17	5	50
$0<α_{if}≤60\%$	5	9.1	0	0	0	0	5	50
$60\%<α_{if}≤70\%$	4	7.3	2	9.5	2	8.33	0	0
$70\%<α_{if}≤100\%$	16	29.1	7	33.3	9	37.5	0	0
合　计	55	100.0	21	100.0	24	100.0	10	100.0

资料来源：2016年暑假实地调查整理。

注：民间金融对农村中小民营企业发展的贡献十分显著。相对于正式金融，农村中小民营企业对民间金融的需求程度较高。以笔者为主持人的课题调查发现，剔除不需要借、从来未借民间信贷资金的企业，民间借贷的可得性在被调查的较发达地区（江苏省张家港市）和中等收入地区（浙江省苍南县）是很高的。与此相反，在贫困地区（重庆市武隆县），民间借贷的可得性较差。张家港和苍南县的民间借贷活跃程度和民间借贷可得要远远高于武隆县。其实，像张家港市和苍南县这样较发达的东部地区民间资金总量较大，许多民间借款是计息的，这总体上有利于促使资金闲置方向资金需求方借出资金。在这些地区，与企业获得正式金融机构贷款相比，企业更容易获得民间信贷，以至小部分地满足其金融需求。反之，在像武隆

县那样的西部贫困地区,其民间信贷可得性较差的原因,部分是民间资金容量小,农村企业和居民的可借出资金总量有限,部分是民间借款大多限于互助性的无息借款,这种无息贷款其实不利于调动资金(尤其是临时资金)闲置方把资金出借给资金需求方。

第二,农村企业从正规金融机构借款的交易成本大。农村正规金融机构为了降低贷款风险,贷款时企业经理人要频繁地到金融机构那里提供各种信息和报表,同时,正规金融机构的信贷员在正式发放贷款之前也要多次去企业实地调查,证实相关信息。但有农村企业从非正规金融机构获取资金,因为从非正规金融机构融资交易成本相对较小,贷款也较容易获取。农村企业对农村正规金融机构的资金需求受到抑制。为分析更简单,在这里,我们可以设计一个简单的博弈模型,相关博弈图见图4.6。

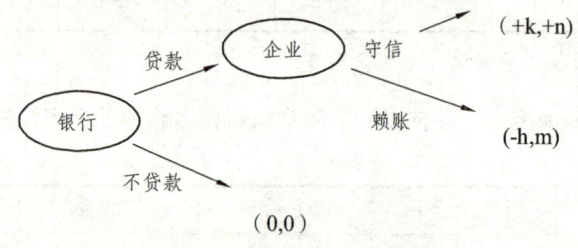

图 4.6 银企博弈图

这里引进一个简单的博弈:正是存在较高交易成本约束,银企博弈陷入了"囚徒困境",帕累托最优策略(k,n),即银行放贷企业守信并未实现,银行从中小企业信贷市场退出成为理性选择,在正规金融制度安排下中小企业融资存在较大缺口。

农村的"弱势群体"贷款难,不是一种正常的市场现象。这与很多年来的金融抑制政策有关。在中国,农户和小微企业很难根据自己的需求自行建立合作金融组织或者商业性金融组织。中国到现在为止仍然缺乏真正的合作金融组织。现在的农信社、农商行和农村合作银行都不是真正的合作金融组织。目前的金融机构大多服务单一雷同,很难把机构和业务下沉到农户周围。这些因素均影响对农户和小微企业金融服务需求的满足。

农业银行被要求做普惠金融,但农行对农户的贷款一般需要抵押担保,或者互保贷款,农行实行的农户三人联保贷款比较有名。但是"三人联保"也可能成问题:如果一人还款,还有两人还没有还款,就影响续贷,而且已还款者还承担着其他两人的连带还贷责任。村镇银行和农村资金互助社是需要银监会审批设立的,它们的信贷服务一般都是普惠金融服务。政府对小额贷款公司的目标要求是提供小额贷款，服务"三农"，不过很多小额贷款公司主要做"过桥贷款"（短期拆借给需要借款还钱给银行、然后从银行续贷的银行客户）或者做银行信用社不愿意放贷的客户的其他类型信贷服务。很多地区有着半正规甚至非正规的农村资金互助组织，有一些在县政府所属部门登记，有一些则没有登记。还有一些专业合作社的内部资金互助安排，还有一些地方工商联或者商会组织内部所设的互助资金。有些互助资金是直接用于内部互助放贷，有一些作为担保基金发挥作用：把本金当做担保资金存放在银行信用社，为其成员从银行申请贷款提供担保，可获得大约五倍于担保资金规模的信贷资金。

通过调查发现，农村金融需求表现为次序性，见图4.7。第一次序，是圈层中的核心，是农户自己的资金。第二次序，找自己的兄弟姐妹、舅子姨妹、侄辈外甥等，这一层基本上是血亲层。第三次序，由农户平日走动的朋友，平时有往来但关系稍疏些的亲戚组成。第四次序，由当地的生意人、商户组成。第五次序，是当地日子过得很好或较好的人，即当地大户、富户、专业户、养殖户、干部家庭，甚至有小孩在外工作经常有钱寄回来的家庭。第六次序，是当地正规金融机构，一般是乡镇信用社，或信用社驻村代办站。第七次序，向散落在民间的高利贷融资。第八次序，会有人组织，派出能说会道之人，往本地方圆几十里地"写税"（写捐）（李似鸿，2010）。

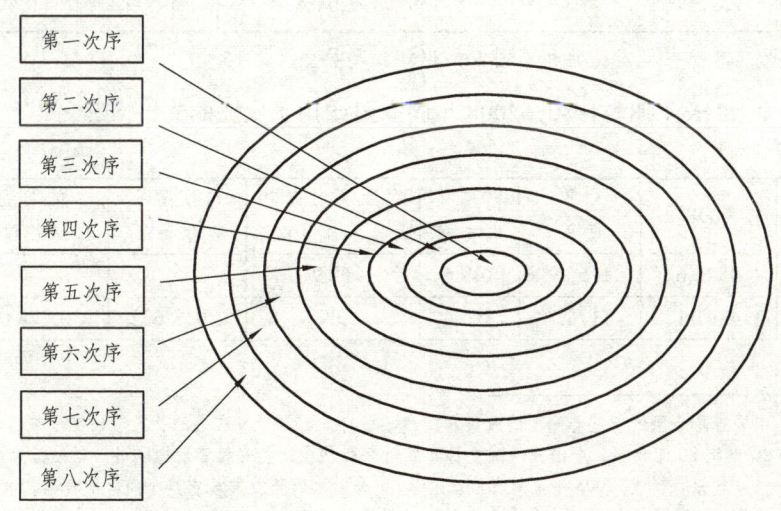

图4.7 贫困的农户的社会关系与融资次序

在目前中国，存在严重的三重二元金融结构，距离普惠金融目标要求还比较远。所谓三重二元金融结构，是指正规—民间金融、城市—农村金融以及国有一民营金融。在这种格局下,农村边远贫穷地区、分散农户、小微企业和社会低收入人群的金融服务可得性尤其差。①

4.4 基本现状分析

正如上述的分析,金融包容、普惠金融都是显性的,而处于"隐形"的根基的制度才是关键。因此,在中国乡村振兴的金融包容的分析中,存在严重的、最核心的基础制度缺失问题。

4.4.1 支农投入不足,效率低下,过度干预农村经济金融

"弱质"的"三农"需要政府的支持几乎是一个世界的通行做法。在现阶段政府对农业的投入相比于城市而言,投入明显不足,见表4.17、4.18。

表4.17 世界农业科技投入强度

国家类别	发达国家 (20世纪90年代)	发展中国家 (20世纪90年代)	美国 (2005年)	中国 (2007年)
农业科技投入强度	2.37%	1.04%	超过3%	0.49%

数据来源:中华人民共和国国家知识产权局公报(2015)。

表4.18 1980—2008年国家财政用于农业的支出情况

单位:亿元

年度	GDP	财政收入	财政支农支出	农业支出占财政收入比(%)	财政增长倍数	财政支农增长倍数
1980	4545.6	1159.9	149.6	12.9	—	—
1981	4891.1	1175.7	116.4	9.9	1.013 622	0.778 037

---

① 中国普惠金融的一些非意图的政策和实践早就存在。属于事实上的普惠金融实践包括:20世纪80年代末,中国社科院农村发展研究所就在一些农村落后地区引入和推行孟加拉乡村银行模式;2003年全国农信社改革,中央鼓励农信社发放农户小额信用贷款;2008年开始,人民银行和银监会大力鼓励发展村镇银行、小额贷款公司和农村资金互助社。2013年11月,十八届三中全会通过《中共中央关于全面深化改革若干重大问题的决定》,正式提出"发展普惠金融,鼓励金融创新,丰富金融市场层次和产品"。2015年和2016年的中央一号文件、政府工作报告反复强调发展农村普惠金融。2017年一号文件提出,加快构建多层次、广覆盖、可持续的农村金融服务体系,发展农村普惠金融,降低融资成本,全面激活农村金融服务链条。今年的一号文件表示,普惠金融重点要放在乡村。

续表

年度	GDP	财政收入	财政支农支出	农业支出占财政收入比（%）	财政增长倍数	财政支农增长倍数
1982	5323.4	1212.3	126.1	10.4	1.045 176	0.842 775
1983	5962.7	1366.9	140.8	10.3	1.178 464	0.941 114
1984	7208.1	1642.8	149.5	9.1	1.416 329	0.999 297
1985	9016.0	2004.8	166.4	8.3	1.728 425	1.112 289
1986	10 275.2	2122.0	167.6	7.9	1.829 468	1.120 575
1987	12 058.6	2199.4	176.0	8.0	1.896 198	1.176 150
1988	15 042.8	2357.2	186.2	7.9	2.032 244	1.244 778
1989	16 992.3	2664.9	231.8	8.7	2.297 526	1.549 775
1990	18 667.8	2937.1	261.4	8.9	2.532 201	1.747 339
1991	21 781.5	3147.5	286.4	9.1	2.713 596	1.914 589
1992	26 923.5	3483.4	303.1	8.7	3.003 190	2.025 774
1993	35 333.9	4348.9	365.3	8.4	3.749 375	2.441 896
1994	48 197.9	5281.2	491.2	9.3	4.553 151	3.283 099
1995	60 793.7	6242.2	524.3	8.4	5.381 671	3.504 979
1996	71 176.6	7407.9	651.9	8.8	6.386 671	4.357 588
1997	78 973.0	8651.1	718.0	8.3	7.458 488	4.799 741
1998	84 402.3	9875.9	1056.7	10.7	8.514 441	7.063 645
1999	89 677.1	11 444.2	938.4	8.2	9.866 540	6.272 890
2000	99 214.6	13 395.2	1044.8	7.8	11.548 580	6.984 128
2001	109 655.2	16 386.0	1261.7	7.7	14.127 080	8.433 971
2002	120 332.7	18 903.6	1361.1	7.2	16.297 610	9.097 989
2003	135 822.8	21 715.3	1541.8	7.1	18.721 700	10.306 060
2004	159 878.3	26 355.9	2213.9	8.4	22.722 560	14.798 770
2005	183 217.4	31 649.2	2278.7	7.2	27.286 150	15.232 240
2006	211 923.5	39 373.2	3110.5	7.9	33.945 340	20.792 000
2007	257 306.0	51 304.0	4309.5	8.4	44.231 400	28.807 069
2008	300 670.0	61 300.0	5946.1	9.7	52.849 380	39.746 660

资料来源：根据历年《中国统计年鉴》计算获得。

表4.19 东、中、西部政府行政效率的比较

	全国	东部	中部	西部
行政支出规模（行政管理费用/财政总支出）	9.5	14.79	9.8	10.69
政府消费规模（政府消费总额/GDP）	14.4	6.4	14.12	19.29

资料来源：《中国统计年鉴》(2008)，中国统计出版社2008年版。

注：从表中可以看出政府消费规模由东向西逐步递增的趋势，表明中西部政府机构庞大、财政能力弱、行政效率较低。西部党政人员规模比较高，一反面反映了西部地区的"官本位"意识比较强；另一方面反映了西部就业岗位少，党政部门成为重要的就业途径。党政人员规模不仅增加了财政支出，而且其具有的"乘数效应"还会增加一系列支出。体现了西部地区正式制度在实施过程中较高的成本将损耗制度的效率，使本来制度就滞后的西部进一步滞后。

表4.20 第一级指标的评价结果和最终地方政府绩效的综合评价结果

城市	影响指标	排名	职能指标	排名	潜力指标	排名	总分	排名
合肥	0.790	2	0.760	1	0.647	2	0.738	1
淮北	0.635	6	0.631	4	0.385	9	0.566	7
亳州	0.380	16	0.448	15	0.181	17	0.356	17
宿州	0.467	14	0.471	14	0.212	15	0.400	15
蚌埠	0.602	9	0.614	6	0.498	6	0.579	5
阜阳	0.305	17	0.448	16	0.355	11	0.381	16
淮南	0.644	5	0.531	13	0.442	8	0.540	9
滁州	0.470	13	0.443	17	0.384	10	0.435	14
六安	0.478	12	0.581	9	0.231	13	0.457	12
马鞍山	0.829	1	0.710	3	0.610	4	0.717	3
巢湖	0.446	15	0.583	8	0.302	12	0.467	11
芜湖	0.764	3	0.728	2	0.695	1	0.729	2
宣称	0.623	8	0.546	11	0.218	14	0.480	10
铜陵	0.712	4	0.592	7	0.645	3	0.641	4
池州	0.537	11	0.547	10	0.206	16	0.452	13
安庆	0.541	10	0.618	5	0.527	5	0.571	6
黄山	0.630	7	0.535	12	0.482	7	0.549	8
平均	0.580	9	0.576	9	0.413	9	0.533	9

资料来源：董梅生，《安徽省政府效能的实证》，《安徽工业大学学报》，2008年第3期。

事实上，国家一方面是对农业投入不足，而与此相悖的是行政开支过大，据中央电视台报道，如2008年，湖南某县地方财政收入1.7亿元，财政支出却

高达 7.86 亿元。其有 43 个乡镇,因此设立了 8 个办事处,每一个办事处管理 4~6 个乡镇,总揽各个乡镇的事务。这也直接导致了行政效率低下,越是经济落后地区更是如此,见表 4.19、4.20。

一般而言效率低下的地方,政府行政力量干预也多,反而使得农村金融市场化程度低下。中国农村金融机构长期以来是以政府为主导的,其发展很难突破政府的各种干预,普遍存在的行政力量对农村金融的接入和干预,不仅影响了农村金融机构正常业务的开展,同时也极大地抑制了农村金融市场化运作。不管政府是采取提供担保等不正规方式间接介入农村金融,还是直接强行与金融机构发生借贷关系,不能对农村金融机构的业务发展进行市场化引导。金融业务不按市场化的效率原则运作,不仅浪费宝贵的金融资源,而且也导致了大量的农村金融机构的不良资产,甚至导致农村地区的信用缺失形成了农村金融供给与农村经济发展互相抑制的恶性循环。这极大地影响农村金融生态。

4.4.2 农村公共产品供给不足

作为国民经济发展的基础产业,中国农业生产资源匮乏,抵御自然风险能力较差,农业从业人员素质不高,农村市场体系和社会化服务体系很不完善。农民不仅需要政府提供各种政策支持,帮助他们适应市场经济规律,摆脱经济上的贫困;而且更需要政府进行制度安排,给广大农民以真正的国民待遇,只有这样,农民才能以平等的身份与地位参与全面小康社会建设。毕竟,几乎每个国家(或地区)都会倾向于在农村提供公共产品。在中国,农村公共产品的提供应该说是具有很长的历史,并且表现出明显的差异性,其差异可详见表 4.21。在这里,着重分析中国农村公共产品的现状及存在的问题。

表 4.21 2014 年中国各地区农村公共服务的综合排位

地区	上海	北京	江苏	浙江	广东	天津	福建	辽宁	海南	江西
排序	1	2	3	4	5	6	7	8	9	10
地区	山东	云南	广西	湖北	河南	吉林	重庆	安徽	河北	湖南
排序	11	12	13	14	15	16	17	18	19	20
地区	黑龙江	宁夏	山西	贵州	四川	陕西	新疆	甘肃	青海	内蒙
排序	21	22	23	24	25	26	27	28	19	30

资料来源:李想,《中国农村公共服务评价体系研究》,《统计教育》,2015 年第 7 期。
注:农村公共服务发展评价指标体系包括农村基本生活状况、农田水利设施状况、农村文化卫生设施状况、农村基础教育设施状况和农村社会保障状况。

2014年西南五省持续干旱带来上千万人的饮水安全问题以及近200亿元的巨大损失，让全国人民忧心如焚。笔者认为：一是小农水设施属公共物品，具有免费搭车性质，其建设需要集体行动。也就是说，只有在整个村庄成员具有较高的集体行动能力的情况下，小农水建设才有可能实现。按照奥尔森《集体行动的逻辑》规则，只要存在着搭便车的可能，单个个体都会尽量避免投入成本，这样导致集体行动的失效。二是分田到户使小农建设集体行动机制失灵。目前我国农村社区不能对农民进行有效组织，农村社区公共服务如果缺少外部投入就会陷入瘫痪状态。如果没有外部资源投入，单纯靠农民在目前分散的状态下来进行的话，是难以走出这种恶性循环的。三是"一事一议"，变成了"一事无成"，难以达成集体行动。四是农业比较利益太低，农民不愿意投资。目前低粮价政策使农业的比较利益太低，农民外出打工收入与务农收入差距太大，使农民不愿意对小农水进行投资。

旱灾折射农村基本经济制度问题：一是农村基本经济制度被破坏了。农村集体经济所有制，统分结合的双层经营体制，就是农村的基本经济制度。改革开放的农村过度强调了分的一面，漠视了统的作用。导致近40年来的农村，集体凝聚力不强。二是国家提供的农村公共产品不足。

根据国内的一些文献，中国古代农村公共品供给制度十分落后，表现出公共品供给范围狭窄、农民负担重等基本特征。民国时期国家行政权力下沉到乡镇，由于没有形成完整的乡镇财政制度，因此农村公共品供给仍然属于低水平或低效率的。2005年全国取消了农业税，农村税费改革规范了农村税费制度，赢得了广大农民赞誉。但是，中国的农村公共品供求失衡矛盾显性，税费改革仅仅是规范了基层政府向农民的收费行为，但并未触及农村公共品供给财权与事责匹配的体制机制深层次问题。为什么？

1. "二元"公共产品供给制度，农村公共产品总体供给不足

从新中国成立初期，中国就实行了优先发展重工业的非均衡发展模式，在城乡二元经济社会结构和"重城轻乡""重工轻农"的管理体制下，政府对农业、农村的"多取"和"少予"，以及向城市倾斜的国民收入分配格局，导致了城乡公共产品的二元供给结构，这种二元供给结构反过来又强化了城乡二元经济社会结构，从而成为制约农村经济可持续、健康发展的"瓶颈"，使"三农"问题更加凸显。由村集体以私人形式供应的公共产品，也因农村经济发展缓慢、近年乡镇企业效益低下、大部分农户收入较低等原因缺乏资金，供给极其有限，造成农村公共产品供给普遍不足。乡镇政府虽然拥有一定的财权，但更多的是

要承担向农村社区提供公共产品的责任,制度外公共产品供给体制使基层政府因资金的不足而不断增加农民负担,使政府应当承担的费用向农民转嫁,这样实际上变相地增加了农民负担。

2. 农村公共产品供给结构不合理

由于我国农村公共产品自上而下的供给机制,忽略了广大农民对公共产品的实际需求,导致农村公共产品的供给结构不合理,造成公共产品供给效率低下,反而浪费了有限的乡村财力资源。同时,在政治目标最大化和经济利益最大化的激励下,对于能增加政府社会福利和官员政绩的一些公共产品供给上,呈现出一种过高的短期性的超过农民需求度和实际承受能力的供给热情。而另一方面,对提高农民素质和农村的可持续发展具有重大意义的公共产品,如农村的教育、医疗卫生、环境保护等方面,则供给短缺,不仅损害了农民的利益,而且直接威胁到国家的长治久安和经济的快速、持续发展。从某种意义上说,农村公共产品供给结构的不合理也是现阶段农民负担增加的重要原因。

应该说,新农村建设是一项长期而艰巨的宏大历史工程,先期开展的大都是一些基础性工作,所以短期内收效不会很明显,这对于有着短暂任期限制的地方政府来说显然是不具备明显吸引力的,他们会惯性偏向于把资源都尽可能投入到能创造 GDP 的"短平快"项目上。

3. 政府公共产品供给权责

长期以来,"所有制决定论"的核心是不同的城乡所有制性质决定了公共产品的不同供给主体——城市以全民所有制为主,公共产品由政府供给;农村以集体所有制为主,公共产品由集体经济组织承担。在这一观念的主导下,农村公共产品的供给主体不是政府,而是农村集体经济组织和农民个体。这样,地方各级政府之间以及政府与村民自治组织之间,公共产品供给的权责划分不明晰、交叉重叠严重,造成农村公共产品供给主体的缺位或错位。乡镇政府事实上承担了许多应该由上级政府承担的如义务教育、计划生育等责任,不仅加剧了基层政府财政的紧张状况,也加重了农民负担。徐小青(2008)调研表明,某些农村地区有 52%的公共服务是由农户自行安排解决的。原因是在这一制度变迁中,财权、事权的不相称,造成农村公共产品供给权责划分的不相称,在某种程度上,也加剧了农村公共产品供给总量与结构失衡的现状。

4. 农民对公共产品的需求表达机制缺失,供给效率低下

根据公共产品理论,公共产品的决策应通过"以手投票"或者"以脚投票"的制度安排,以表现真实的需求意愿。但事实上,作为委托人的农民,其自身

文化素质不高，获取信息困难，而政府却拥有完善的信息资源，这造成二者事实上的信息不对称。代理人凭借独有信息，其行为经常偏离委托人的利益最大化目标，从而形成了"自上而下"的强行供给体系。另外，村民自治体制不完善、投票制度不健全、农民间沟通成本高、搭便车现象普遍存在等问题，导致农民无法对供给进行"硬性约束"，由此在公共产品的供给上便形成了农民人数众多，但影响力微弱的"数量悖论"，农民的组织化程度极低更是强化了这一悖论。

4.4.3 一些基层干部腐败问题严重，官本位意识突出

基层政府是新农村建设的关键，也是优化农村金融生态的关键。虽然经过多次机构改革，但有些基层乡镇政府不仅运转经费庞大，而且相对而言，效率低下，人浮于事，这就造成日益追求经济效益最大化的农民对乡镇政府现状的严重不满。如果农民与乡镇政府的矛盾日益突出，会导致基层政权的稳定性下降。农民将农村出现的许多问题归结为一些乡村干部的腐败无能，使乡镇政府工作人员的形象大受损伤，加之当前社会上一些客观存在的事实，导致农民对基层政权的公正性、正义性产生怀疑，对基层政权的信任危机和认同危机日益加剧。其中，最严重的是一些基层干部的腐败问题。

（1）"村民自治"脱变为"'村官'自治"。

《半月谈》披露了最高检察院最近公布的一组数字：2014 全国有 1739 名村党支部书记、1111 名村委会主任成为涉农职务犯罪案件犯罪嫌疑人。这些案件可以归纳为：一是借宗族势力，"拳头当权"；二是滥用职权，在土地转让、承包、处理纠纷、审批宅基地、计划生育指标等工作中卡拿索要；三是独断专行、办事不公开、不公正、不公平，剥夺群众的知情权、参与权、监督权；四是发包土地、工程，以权谋私；五是参与赌博、挥霍公款；六是在任职期间外出打工，对村务疏于管理，失职渎职，造成严重后果；七是在换届选举中，制造假选票，进行可笑的不正当竞争，甚至贿选。

"村民自治"是中国民主进程中的一项伟大的制度创新，对促进"三农"问题解决是不可替代的。值得注意的是，要警惕在此过程中，未充分尊重广大农民群众的自主权，失去了对"村官"的制约与监督，使"村官"变"贪官"，搞"小腐败"的卷入"大腐败"，这样不仅会动摇社会主义新农村建设的经济基础，还会严重破坏社会稳定。

（2）原因剖析。

"基础不牢，地动山摇；农村不稳，天下难定。"村干部每天都在面对面的

与群众打交道。对于他们中间部分的违法犯罪行为，朴实的村民是深恶痛绝的。笔者通过适当调查，总结出腐败的原因有四：一是"村官"素质普遍文化与道德较低。二是村干部法律意识淡薄。三是对村干部监督不力。在调查中，我们看到，一些村干部自恃身处基层，"山高皇帝远"，同级监督难以监督，上级监督又无法监督。四是腐败土壤未被肃清，还在一定程度存在。

4.4.4　一些基层政府诚信缺失，交易成本过高

在中国，失信现象应该包括政府在内的所有的市场主体，但是政府的失信具有"标杆效应"，也是导致农村金融生态恶化的主要原因。地方政府诚信通过政府对市场经济的干预及其经济效应来影响农村金融生态实现的。地方政府干预的直接经济效应主要有地方政府自身的债务问题与财政风险、市场经济资源配置的扭曲、工商企业与金融机构经营管理自主性的损伤、对企业的偿债能力和意愿以及社会诚信文化的影响等方面。

1. 失信的表现

（1）行政决策缺乏科学性和稳定性。

行政决策是政府行为的首要环节，决策过程的不民主与不科学将会影响政策的合理性与可行性。当前，一些地方政府并没有与当地群众建立起良好的沟通平台，几乎没有进行充分的调研与论证，削弱了政策方案的认可度与可行性。同时，还会导致政策执行过程中文件冲突、朝令夕改等现象的发生，从而影响到政策的稳定性，致使人们对于政府信任的下降。这在乡镇一级的政府比较普遍，特别是中西部地区尤为突出。

（2）行政执行中的违规、违法现象。

在行政管理过程中，一些政府部门及其行政人员相互推诿、违法违规操作造成政府政策的执行不力，损害了老百姓的利益，使得老百姓对政策执行产生怀疑，对政府的行政行为和行政能力产生质疑，个别地方甚至出现了对抗事件。

（3）地方政府对金融的过度干预。

这主要影响到金融部门的独立性和金融制度环境的建设。从政府诚信的界定来看，所有超出地方公共服务职能与合理干预市场职能的行政行为，都可以认为是不正当的，有可能给地方财政带来后续风险。不正当干预会损害金融机构经营的自主性，不利于金融的有效竞争机制和良性发展环境的形成，不仅如此，过度的干预还可能形成一种惯性和地方政府行为的范式，持续性地影响金融制度环境。尤其是，当地方政府超出自身的实力，对经济活动进行干预时，

更可能引致金融生态环境的恶化。因此，地方政府的诚信能力不足，对农村金融机构的不良资产的产生负有一定的责任。

央行相关的调查指出：2001—2007 年，在不良资产的形成中，由计划与行政干预而造成的约占 30%，政策上要求国有银行支持国有企业而国有企业违约的约占 30%，国家安排的关、停、并、转等结构性调整约占 10%，地方干预，包括司法、执法方面对债权人保护不利的约占 10%，而由于国有商业银行内部管理原因形成的不良贷款占全部不良贷款的 20%。由此可以看到，在转轨时期，由政府部门的行政干预所引致的不良贷款大致占到了 70~80%。从数据来看，极其不乐观。

2. 产生的原因

（1）社会发展现实因素。

中国正处于社会主义初级阶段，公共资源分布不够均衡合理，城乡差距、地区差距仍然很大，失业人员众多，分配不公矛盾凸显，官员腐败等现象不同程度存在于社会经济生活中。这些现象从主观及客观上影响了国民诚信意识的形成。另外，由于各方经济利益不一致，一些地方政府的行政权力缺乏有效的监督，对上级政令或法律法规执行阳奉阴违，对下级指令变化多端，严重影响了社会诚信的基础。

（2）历史传统文化因素。

"人而无信，不知其可"，诚信在中国传统中早就被提及。然而，在长期的封建社会中形成的农耕社会，诚信多是建立在小范围的（如村落、宗族等）自然经济基础上。中国进入市场经济建设中，传统文化与市场经济文化双重缺失，导致大家信用观念还很薄弱，没有形成与市场经济发展要求相适应的具有中国特色的信用文化。

（3）相关法制的不健全。

不健全的信用机制和法律法规导致守信成本高，失信成本低，交易成本高。

4.4.5 有关法律制度不完善

法律是一个国家基本的规则，这也是新农村建设中的农村金融生态优化最重要的制度。但是，在现实中，有关法律制度的不完善使得农村金融生态缺乏良性机制。

1. "人治""权治"超越"法治"

中国市场化改革面临着两个基本制度变迁：一是将与计划经济相适应的产

权制度转变为与市场经济相适应的产权制度；二是变"人治"为"法治"。这需要有效的产权制度，需要法律来维护。在我国一些地区，"人治""权治"的传统观念根深蒂固，国民还没普遍养成守法用法的意识，相关法律制度不完善。导致法制精神远未达到成熟市场经济的要求。

2. 不完善的法律体系破坏了金融生态的自发调节机制

（1）金融主体方面法律制度的欠缺，阻碍金融主体的健康成长。

中国现行的法制体系还很不完善。具体突出表现：一是在市场准入方面对不同所有制的金融主体采取差别对待，使非公有制的金融主体发育很不健全，金融生态主体的多元化和生命力受到严重影响。二是在金融产权制度方面，缺乏股东行使权利的有效制度保障，造成所有者缺位现象和内部人控制的问题非常严重。权责利的严重不对称，使得金融机构一旦出现风险，最后往往都是由政府（中央银行）"买单"。三是缺少市场退出方面的符合市场化要求的完整法律制度，金融机构依然难以按市场实施市场退出。

（2）对违法交易惩戒力度不够。

目前，除人民银行制定的《贷款通则》外，没有专门规范贷款管理的新法律，信贷债权缺乏特别的法律保障。这样也就导致所谓的"劣币驱逐良币"。

（3）金融立法方面。

中国的金融立法还存在诸多的缺陷，司法也不够规范，使金融生态系统缺乏根本的保障和有力的支持。当前我国有些金融立法还不系统，不完善、涵盖不完全。同时金融立法往往滞后，在立法上没有能够很好地结合金融市场的发展，立法缺乏前瞻性、立法宗旨落后，从而导致缺乏对金融风险防范的方法。另外，立法进程也比较缓慢。

3. 法律制度不完善，金融债权缺乏保护

在影响金融生态建设因素中最重要的就是法律环境因素。与城市法律环境相比，农村普遍存在着"法律行政化""胜诉率高，执行难"，农村可担保资产不足等问题。

据实地调查，在2003—2007年期间，江西省的农业大县湖口县金融机构共胜诉案件135起，标的金额累计达3585.28万元，结案率和胜诉率都高达100%，由于法院执行手段不多，五年共执行到位金额为656.14万元，案件38起，分别占胜诉案件标的金额的18.3%和案件数的28.15%，执行效果很不理想，由于要起诉和申请执行时相关费用都是由金融机构先垫付，大多胜诉案子很难执行到位，诉讼费、执行费等各项费用找不到兑付对象。同时，这期间湖口县共有 19 家企业破产，涉及标的金额达 3408.79 万元，金融机构按破产程序实际只受偿了 755 万元，受偿率仅为 22.15%。而共有 10 家改制成功，涉及债权总额达 21 414 万元，最后落实债权余额仅为 518 万元，占债权总额的 2.42%。

4.4.6 农村金融监管不力

中国农村金融市场具有人口密度低、市场隔离、风险高和季节性因素导致的高交易成本、缺少传统的抵押品、收入波动较大、分散风险机会有限等特点。世界银行的研究认为，发展中国家的农村金融市场不能有效运行，存在普遍的市场失败。

1. 监管主体自身缺陷

仅就外部银行、证券、保险风险监控系统看，农村金融市场的监管主体或自身存在缺陷或主体缺位。首先，银行业的监管主体在县一级实际上不具备独立的主体资格。银监会的县监管办事处缺乏独立监管权，其大部分监管权上收，由地市以上监管局统一调配人员和组织专项检查，它对于本辖区出现的违规行为和风险隐患缺乏及时、有效排除的能力。作为人民银行县支行，现阶段其监管权主要集中在存款准备金率管理、人民币管理、金融统计、贷款卡管理、国库经收、清算管理、反洗钱等领域。但其监管权是残缺不全的，如有的仅保留检查监督权，而无处罚权（人民银行县支行仅在存款准备金、人民币、清算管理上有独立的处罚权）；有的则有检查权而无调查权。再次，目前中国保险业和证券业在县域缺乏监管主体。因缺乏监管，导致农村保险市场秩序甚为混乱。

2. 监管理念落后

目前世界通行的金融监管理念早已越过行政管理和合规性监管，取而代之的是预防性为核心的事前监管、金融稽查或检查、维护性的事后救助监管等完善的监管内容和体系。而中国现阶段农村金融监管理念还基本上停留在机构的审批、高级管理人员任职资格审查及经营的合规性，对金融机构的日常经营的风险性监管尚不规范和完善，机构审批、高级管理人员任职资格审查后如何对其进行有效的监管则注意得不够，金融检查或稽核也主要是一种合规性检查，而不是现代意义上的金融风险监管。

3. 缺乏对农村民间金融的监管

一是尚无规范农村民间金融组织的专门法律。目前中国金融业几乎为国家所垄断，相关法律主要针对正规金融，银监会也于 2006 年底发布《调整放宽农村地区银行业金融机构准入政策更好支持社会主义新农村建设的若干意见》，指出要"适度调整和放宽农村地区银行业金融机构准入政策，降低准入门槛"，并于 2007 年初先后制定颁布了《村镇银行管理暂行规定》和《农村资金互助社管理暂行规定》。然而这些都只是部门一级规范文件，法律效力较低。对于早在 2005 年就开始试点的小额贷款公司，以及长期存在于中国农村的合会、私人钱庄等其他民间金融组织，甚至连部门一级的管理规定都未出台。二是诸如合会、私人钱庄、基金会、各类民间小额信贷组织等均属于非法金融机构或从事的是非法金融业务活动，当在取缔范围之内。三是配套制度环境不完善。其实，在发展中国家的民间金融的存在有其合理性，国家应给予更多的引导。不同类型国家民间金融比较见表 4.22。

表 4.22 不同类型国家民间金融比较表

	发展中国家和转轨经济国家	发达市场经济国家
产生原因	金融市场不发达和不完备、对政府金融抑制战	信息不对称约束下放款人避免逆向选择和道德
在农村金融市场的地位	农业的弱质性较强，商业金融在农村信贷市场的效率较低，民间金融占有重要地位	农业规模化、机械化经营，农村正规金融发展较好，民间金融在农村金融市场处于次要地位
促进偿付的机制	依靠法律系统	依靠法律系统之外的系统
表现形式	高利贷、合会等初级形式	网络化的民间金融服务体系形式
风险	基本处于自发状态，游离在政府监管的视线之外，不但得不到政府的鼓励与支持，而且常被挤压、取缔，生存与发展空间受到限制，政策风险和经营风险较大。	政府设立各种民间金融服务体系，为资金供求双方提供信息服务等，降低了信息搜寻成本，促进了非正规资本网络的形成，效率较高，且大多处在金融监管当局的监控之下，能较为有效地控制风险。

4. 风险控制主体缺位，监管低效

一个有效的金融风险控制体系应由三个系统构成：市场约束条件下的外部银行、证券、保险风险监控系统，被监督金融机构自身内控系统与社会监督体系。但目前这三个体系均存在问题。一是外部监管系统的基层银监会、证监会、保监会由于机构、人员、素质有限难以有效监管。同时由于历史遗留下的原因，农村金融机构并不在三会有效监管范围之内，由于缺少了必要的约束机构，农村金融机构防范和化解金融风险能力不强。二是被监管农村金融机构,如具有国有商业银行和准集体性质的农村信用合作社,由于产权制度和法人治理结构的缺陷使得内控机制难以有效建立,内部资产结构不合理,资产负债率高,流动性资产比重低,给农村信用合作社运作带来了很大的风险。三是社会监督体系发展滞后,外部审计服务机构行为不规范、不诚信,信息披露制度尚不健全。

5. 农村金融监管目标错位,使外部监管职能难以充分发挥

银监会、证监会、保监会集金融监管、维护金融安全和社会稳定多重职能于一身,在中国缺乏存款保险制度和维护社会稳定的大前提下,监管部门在对农村金融机构监管的时候,只得以牺牲监管效率、降低监管要求或与监管对象在某种程度上的妥协来维护社会、金融稳定;同时由于复杂的内外部条件和环境的制约,地方保护主义和部门利益的影响,监管权力与责任不对称,给监管带来了难度;再加上农村金融机构具有很大的扶农性、政策性的特征,与商业银行的特性有很大的差异,使得三会对商业银行的监管措施在对农村金融机构监管时就显得不足,金融监管职能难以充分发挥。

4.4.7 农村文化、道德制度建设较薄弱

从和谐社会理论来说,和谐的社会主义新农村建设主要包括物质文明、精神文明和政治文明三大方面,要建设社会主义的和谐新农村,优化农村金融生态,还必须加快农民道德建设,培养和造就新农民。农民道德水平及其发展状况对农业现代化的实现和新农村的全面发展发挥着能动作用,如果农民的整体道德水平远远滞后于农业现代化的发展进程,则它最终必然会阻碍农业现代化的实现以及和谐新农村的建设。

1. 社会转型时期农村旧的道德基础不断缺失

随着改革开放的深入和社会主义市场经济的发展,中国农村发生了深刻变化,各种社会矛盾和冲突应运而生,诱发了农民价值观、荣辱观及生活态度的嬗变。这些变化最直接的表现是农村传统道德大面积滑坡,农村良好的社会风气不断弱化。

2. 农村新的道德建设尚未建立

当前的农村道德教育处于缺失的状态。无论是传统的血缘群体间的道德传承,还是村委会和村党组织的思想政治宣传,都日渐衰弱。农村非正规道德教育呈现出自发性、盲目性和软弱性特点,同辈之间在共同的生活、劳动、交流中相互影响,并没有明确道德教育的观念和目的,农民对到底该秉承什么样的

道德并不清楚，对社会主义新道德知之甚少，他们的道德教育是感性的、盲目的。这种非正规的道德教育模式很难承担优秀道德的传承和发展，传统道德原则及善良的风俗习惯正部分丧失，而与社会主义相适应的新的道德建设尚未完全建立。这样也不利于农村金融生态的优化。

3. 个别领域道德失范，诚信缺失

一些地区的农村工作长期存在着"一手硬，一手软"的现象，致使农村道德呈现失范、失衡、失序的倾向。部分农民社会正义感淡化，责任感、义务感消失，是非、善恶、美丑界限混淆。种种道德失范现象不一而足，直接导致了群众信任感、安全感的缺失，妨碍了农村的稳定和谐，严重影响了农村精神文明建设的进程和质量。

当然，构成农村金融生态生境的因子很多，我们只是选择主导因子进行研究。通过研究发现，中国农村金融生态生境的低水平无法支持农村经济主体的多元化和农村金融主体的金融的创新。这就直接导致这种生态无法解决新农村建设问题。

4.4.8　基层两委建设有待提升

农村基层组织是国家政权的基础。基层组织的稳定关系着农村稳定、农业发展、农民富裕和农村全面小康的顺利实现。党的十六大至今，关于如何应对新形势下的发展机遇和严峻挑战，推进农村政治改革和政治文明的发展，加强和促进农村基层组织建设一直是理论界和政策制定部门关注和思考的重大课题。发展农业和农村经济，一靠政策，二靠科技，三靠投入。所有的这一切，归根到底，就是要靠以党组织为核心的农村基层组织团结和带领广大农民去落实，就是靠农村基层组织开展有效的工作去实现。多年的实践证明，农村工作千头万绪，抓好农村基层组织建设是关键。①

在我国，所谓农村基层组织，主要是指村一级社会组织，不仅包括村党支部和村民委员会，还包括村集体经济组织、妇代会、民兵连和共青团等组织。这里面，村党支部和村民委员会是农村社会生活中两个最基本、最重要的组织，是村庄政治舞台上两个最直接、最主要的组织载体。它们上联党和政府，下联

---

① 正在徐州考察的习近平总书记走进马庄村党员活动室，与正在学习党的十九大精神的党员们亲切交流。习近平说，刚才在村史馆看到你们村班子很稳定，说明村干部获得了村民的支持。农村要发展好，很重要的一点就是要有好班子和好带头人，希望大家在十九大精神指引下把村两委班子建设得更强。http: //news.cctv.com/2017/12/13/ ARTI4unM3amqm8sKfxS6WaEk171213.shtml。

广大农民群众，其职能已经涵盖了农村社会管理工作的方方面面，具有其他社会组织不可替代的政治优势。因此，加强农村基层组织建设，首要的是加强村党支部和村民委员会的建设。本书中所研究的农村基层组织，就是专指村党支部和村民委员会（以下简称村"两委"）。随着建设社会主义新农村步伐加快，农村工作内容也发生较大变化，农村基层组织开始面临着新形势、新问题，这就给农村基层组织建设提出了新要求、新部署。如何加强新形势下农村基层组织建设工作，使之更加符合实际、更加适应发展，继续担负起巩固党的执政基础、发展社会主义民主政治、全面建设小康社会和社会主义新农村的组织者、实践者和推动者的历史使命，不但是一个需要认真思考和研究的重大理论问题，而且还是一个需要高度重视和解决的重大实践问题。

课题的对桂林市农村基层两委进行调查，发现：桂林市现辖 6 个市辖区、9 个县、2 个自治县，截至 2015 年年底，全市共有乡镇党委 134 个（其中少数民族乡党委 15 个），村级党组织 1654 个（其中党委 40 个、党总支 620 个、党支部 942 个）。村级党组织下设党支部 4243 个、党小组 8170 个。首先，农村党员情况：全市有农村党员 99 268 名，占全市党员（287 758 名）的 34.5%，其中 60 岁以上党员 38 165 名，占 38.4%；外出流动党员（半年以上）19 212 名，占 19.4%。其次，村"两委"队伍情况：截至 2015 年年底，全市共有村党组织书记 1636 名（空缺 18 名），其中兼任村民委员会主任 220 人，占 13.45%；女性 66 人，占 4.0%；在年龄分布上，呈现出年龄跨度大、老龄化严重的现象：年龄最大是平乐县大发瑶族乡四冲村支书：林维修，1945 年 3 月出生；年龄最小是临桂区会仙镇新立村支书：李媛安，1990 年 11 月出生。截至 2015 年年底，全市在岗大学生村干部数为 306 人，其中女性 217 人，占 70.9%；少数民族 61 人，占 19.9%；985、211 高校毕业生 42 人，占 13.7%；硕士（含）以上学历 13 人，占 4.2%；2016 年服务期满 93 人，占 30.4%。截至 2015 年年底，全市共有贫困村党组织第一书记 621 人，其中 2015 年新选派贫困村党组织第一书记 351 人，其中区派 54 人、市派 162 人（其中男 153 人，女 9 人；45 岁以下的有 99 人，占 61.1%；大学本科及以上学历的有 124 人，占 76.5%；研究生以上学历的有 15 人，占 9.8%，选调生 5 名）、县派 135 人。

如图 4.8 显示，桂林市基层党组织书记整体学历程度较低，在对 1636 名党组织书记的调查中，本科及以上学历的书记仅有 11 名，高中学历书记占最大比重，达到 854 人，其次是初中及以下学历，共有 506 人。党组织书记学历层次偏低，会导致基层领导能力欠缺，缺乏依靠先进思想和技术带领广大农村群众走向共同富裕的能力。

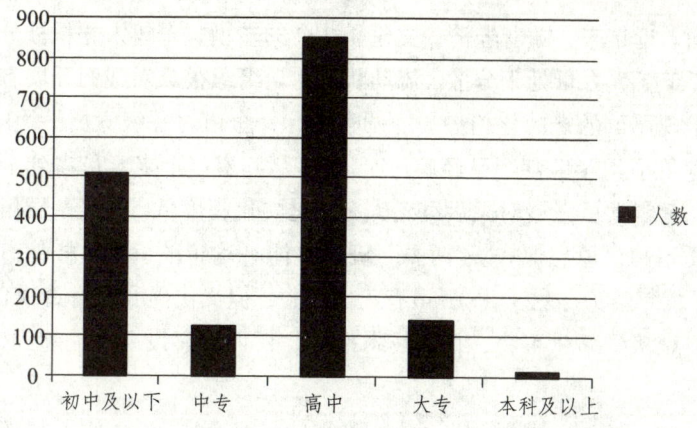

图 4.8 桂林农村党组织书记学历状况

如图 4.9，桂林市基层党组织书记整体年龄偏大，老龄化现象严重。35 岁以下的党组织书记仅有 35 人，而 45～54 岁的书记人数达到 737 人，占基层党组织书记总人数的 45%，55～59 岁和 60 岁以上的书记人数次之，分别为 334 人和 293 人，占比 20% 和 17%。基层领导队伍的老龄化会带来很多负面后果，如接受新思想的能力不足，工作效率缓慢等，这些都不利于基层工作的开展。

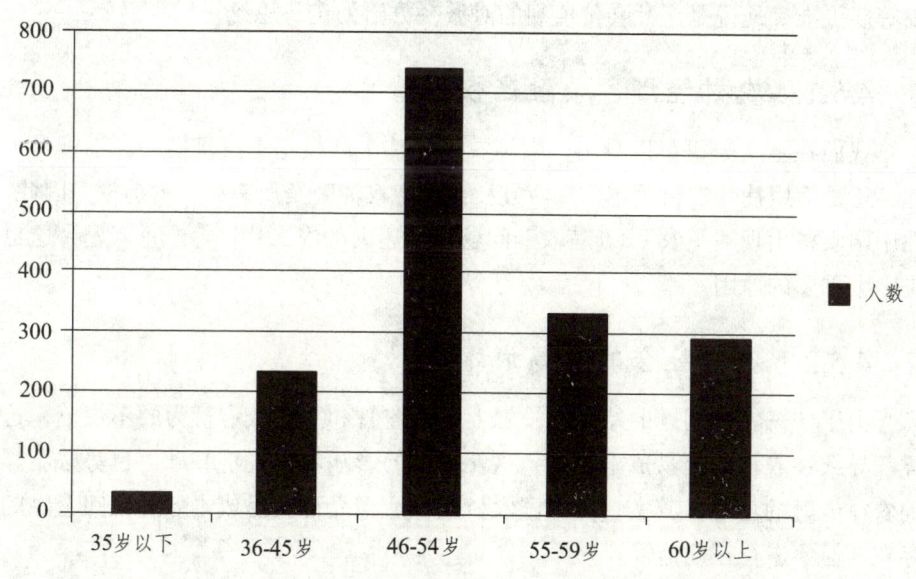

图 4.9 桂林农村党组织书记年龄状况

通过对桂林市基层党建信息的数据统计，可以发现当前基层"两委"班子中一个显著的问题就是党员和干部队伍战斗力不强，主要表现为：一是党员年龄结构失衡。近年来，随着经济、文化、社会的转型，青年入党积极分子数量有所下降，青年新生力量处于分散、流动状态，党组织很难对他们开展有效的教育和培养，出现严重的老龄化趋势。经调查统计，全市村一级党员平均年龄较大，个别村的党员平均年龄甚至已经超过了60岁，60岁以上老党员占到本村全部党员的90%，青年党员发展对象后继乏人。二是文化程度低。村级基层组织干部队伍整体素质不高，思想保守。"两委"班子整体平均年龄偏大（桂林市基层党组织书记的平均年龄为52.25岁），虽有工作经验，但文化程度均偏低，工作缺乏创新精神，很难接受新生事物，在新技术推广，新项目建设上不能起到带头作用。

4.5 低水平均衡制度性根源

当我们对整个问题进行分析后，发现农村金融生态主体群落创新不足、农村经济主体群落单一，基础薄弱，而处于塔基的隐形的制度没有构建起来。事实上，产生问题的根源很多，本书上文进行了一些分析。我们发现核心制度的缺失是关键，如农村产权不清晰、交易成本过高、基层政府的政府管理制度缺陷等。更准确地说是全社会价值观的对城乡分治的定势思维。①

4.5.1 农村经济、金融产权不清晰

我们在上文分析可以看出，中国农村的整个产权基本是模糊的，不管是土地，还是信用社等农村领域。在西方社会，产权清晰是所有问题的前提。因此，在中国农村出现"三农""新三农"问题和"迷失的农二代"等严重问题，这也是一个重要的原因。

4.5.2 农村社会的交易成本高

由于"三农"问题的特殊性，加上金融监管和某些政府行为的不规范，这样就导致在农村的交易成本过高，这就极大的影响农村经济基础，也势必会影响农村金融的功能。其实，在中国农村应该适当允许交易成本低的民间金融的存在，但要进行正确监管。

---

① 所谓新制度经济学（New institutional economics），正如科斯所说，就是用主流经济学的方法分析制度的经济学。其包括四个基本理论：一是交易费用理论，二是产权理论，三是企业理论，四是制度变迁理论。诺斯认为，在决定一个国家经济增长和社会发展方面，制度具有决定性的作用。

4.5.3 农村基层政府管理制度缺陷,"过度"和"缺位"并存

20世纪90年代以来,市场经济体制成为全球绝大多数国家的选择,各国政府行为都以围绕最大限度地发挥市场作用为转移,这也是自由主义经济学的伟大实践。从英国的"撒切尔主义"、美国的自由市场经济模式、法国计划市场模式、德国社会市场模式,到东亚政府主导型等,围绕市场作用的政府行为通行于全球化时代。在中国,基层政府的管理制度存在一定缺陷,行为不够规范,导致一定程度的"过度"和"缺位"并存。

4.5.4 政府"二元分治"制度固化

目前,城乡经济关系中农业利益仍在流失。姑且不论市场经济下的农业比较效益低下,由于工业化、城镇化进程的加快,对土地的需求极其旺盛,但由于现行法定征地补偿价格过低,导致很多被征地农民成为了"种地无田、创业无钱、就业无岗、社保无份"的"四无"农民。无论是回顾历史还是审视现实,我们必须承认中国的改革与制度创新是发端于农村,这也是农业的一个重大政治贡献。但在一定阶段,中国的致城市的制度供给较为充足,而农村的制度供给则出现缺失,城乡的制度供给出现明显的城市偏向。当政府在处理城乡的经济、社会、文化和生态环境各种关系时,往往首先想到的是城市的利益,工业的利益,而对农民、农业和农村利益的考虑,则往往是处于一种从属地位,面向"三农"的制度供给存在很多缺失。

4.5.5 制度变迁模式缺陷,内生力量不够

制度变迁的方式分为诱致性制度变迁与强制性制度变迁。中国农村经济改革的成功更多的是诱致性制度的结构。在目前的农村制度改革中,存在制度变迁模式缺陷。[①]

---

① "亚洲四小龙"在工业化过程中,"四小龙"100元生产总值转化为民众收入是70元,我们是30元。他们的工业化与农民市民化是同步的,工业化中后期大约是90%的人都进城了。我们工业化带动的城市化很大程度上只是"硬件"的城市化,农民并没有变成市民,城市化远远落后于工业化。如果按照这个过程中的农民所获得的收入报酬和福利水平而言,到中国完成工业化时,中国30%的农民可能依然会留在农村,如果加上乡镇人口,这个比例可能还会高。如果能像美国一样,把农业人口减少到2%,像日本一样把农业人口减少到7%~8%的水平,资本下乡就没有问题了。故我们一方面要集中资源城市化,另一方面也要着手新农村建设。新农村建设的战略部署是对的,但更多要依靠内生的力量完成。

4.5.6　中国传统文化被全球文化冲击的影响

当然，文化无所谓好坏之分。中国传统农耕文化，静态的、固定的模式在全球化，工业化的浪潮的冲击下，抵御能力差，加之我们面临加速迈进工业文化的形式所迫，造成了对传统文化的有意或无意的忽视。

而城乡分治下的制度缺失，也使中国农村金融生态恶化。到底程度怎样？这是我们要思考的问题。下一章我们尝试对金融包容和城乡收入差距进行实证，以求更准确找到问题的根源。

5 金融包容水平和城乡收入差异的实证分析

本章在第四章的基础上进行实证分析,给出相对具有共性的能体现金融包容的评价指标体系。本章首先分析国内目前具有代表性的实证案例以说明金融发展与经济增长的关系,进而对广西和湖南两省(区)的金融包容和城乡收入差异进行实证。为了更好的验证实证结果,在对广西和湖南两省(区)的金融包容和城乡收入差距实证基础之上,再对两省(区)的金融生态进行实证,以期找到同向的关联,以准确的接近事实。这是本书的重点和难点,也应该是本书的又一创新之处。

当然,鉴于此类评价无先例可循,无论是指标与方法体系的设计,还是数据的时间维度和空间维度的确立都是一项探索性的艰苦工作。由于有些数据无法获得,或者是无法量化,加上所涉及的原始数据的多达数千,原始数据的整体质量以及整理和清洗过程还有待进一步改进和提高,加之方法体系不可避免的具有主观性成分,势必会影响评价结果的精确性。所幸的是,本书的结果基本符合现实考察,这从一定意义上说明文本的评价体系的设计是较为合理的的,原始数据的采集、整埋和清洗基本上是客观和科学的。当然,金融包容水半和农村金融生态是一个涉及经济、社会活动的每一个方面的庞大、复杂系统,采用任何评价体系都有可能有偏颇之处,本评价体系自然也不例外。总的来看,这样的实证基本上能够反应问题的真相,能为下一章的制度创新框架的论述奠定基础。

5.1 农村金融发展与农村经济增长的实证

作为乡村振兴的金融包容研究基础,本书首先对中国乡村振兴中的农村金融发展和农村经济增长进行实证。更进一步说,我们选择比邻长三角安徽省的金融发展与经济增长的因果方向进行实证,它们之间具体是相互促进、单向促进、还是毫无关系呢?这是本书对于下面金融包容和农村金融生态质量的实证奠定必要的实证基础。

5.1.1 安徽省金融发展与经济增长的因果方向性的实证研究

金融发展与经济增长的关系近年来是经济学家们研究的热点。大多数经济学家从理论与实证两方面对二者的关系进行了充分研究。然而，在关于金融发展与经济增长关系的研究中，有一个非常重要的问题尚未根本解决，即金融发展与经济增长之间的因果方向性问题：是经济增长本身促进了金融发展，还是金融发展导致了经济增长？或者两者互为因果关系呢？这个问题许多经济学家都没有一致的观点。本研究试图从具体的省份加以分析。因为从国家层面研究二者之间的因果关系可能忽略了地区之间的经济及金融发展水平的不平衡，特别是东部沿海发达省份与中西部欠发达省份之间发展水平的较大差距，在这里我们抛开国家层面，深入到地区层面研究二者之间的因果关系。

1. 指标选取

（1）金融发展指标。

金融发展，我们通过用金融发展的规模、效率与金融市场的发展水平等指标来反映。

戈德史密斯（1969）在他的《金融结构与金融发展》中提出了金融发展与金融结构的概念，并认为金融发展是指金融结构的变化，因此研究金融发展就是研究金融结构的变化过程和趋势。他创造性地提出了衡量一国金融结构和金融发展水平的存量与流量指标，最重要的是金融相关率指标（Financial Interrelations Ratio，FIR），是指某一时点上现存金融资产总额（含有重复计算部分）与国民财富（实物资产总额加上对外净资产）之比，通常人们将其简化为金融资产总量与名义 GDP 之比。由于安徽金融资料的相对缺乏，很难获得全部金融资产的数据，我们选取金融机构存贷款余额作为金融资产的一个窄的衡量指标，定义金融相关率为全部金融机构的存贷款余额之和与 GDP 的比。

另外，选取存贷款比率指标（SLR）作为金融发展的效率指标。存贷款比率描述的是金融中介将储蓄转化为贷款的效率，实际上是金融中介效率指标，但是安徽的证券市场规模较小，因此我们认为存贷款比率指标能较好的描述金融发展效率的变化。

STOCK 指标为股票市场筹资额与 GDP 的比，这一指标反映了安徽省证券市场的发展规模。同时，反映证券市场的发展水平的另一个重要指标是债券筹资额，但是由于安徽省债券市场发展较晚，规模相对较小，在这里予以忽略。这是科学的。

(2)经济增长指标。

与多数经验分析选取 GDP 增长率作为经济增长的典型代表不一样,我们选取人均实际 GDP 环比增长率(IRGDP)作为衡量经济增长的指标,年份以 1978 年的物价指数来计价,这样既剔除了人力资本的干扰和物价的影响。列文(Levine,1993)认为用人均实际 GDP 来反映经济增长的数量与质量,有较高的解释力度。具体数据见表 5.1。

表 5.1 安徽省经济增长与金融发展数据

单位:元;%

年份	RGDP	IRGDP	FIR	SLR	STOCK
1984	241.9	103.7	77.5	161.5	0
1985	259.6	107.3	75.8	163.5	0
1986	272.8	105.1	75.1	167.7	0
1987	320.4	117.5	71.1	195.3	0
1988	343.8	107.3	75.0	195.5	0
1989	389.1	113.2	74.6	170.0	0
1990	465.6	119.7	92.5	141.5	0
1991	539.9	116.0	86.9	168.0	0
1992	586.2	108.6	98.8	167.8	0
1993	609.4	104.0	103.0	159.3	0
1994	608.2	99.8	95.9	159.2	0
1995	575.4	94.6	95.8	154.8	0
1996	582.4	101.2	112.4	152.0	0
1997	548.4	94.2	144.3	141.3	0
1998	615.0	112.0	145.3	141.2	0
1999	723.4	117.6	134.7	135.1	6.98
2000	808.1	111.7	125.6	124.5	0.07
2001	959.7	118.8	119.3	115.1	0
2002	1040.2	108.4	126.5	108.0	1.04
2003	1187.5	114.2	135.2	111.9	0.84
2004	1266.8	106.7	148.2	107.4	0.75
2005	1351.7	106.7	150.2	99.7	0.22
2006	1340.9	105.9	160.3	96.0	1.29
2007	1546.8	108.1	167.6	89.6	0.75

续表

年份	RGDP	IRGDP	FIR	SLR	STOCK
2008	1679.8	108.6	179.8	85.3	0.81
2009	1848.0	110.0	190.4	80.5	0.78
2010	2157.2	116.7	185.9	77.3	0.71
2011	2437.2	113.0	191.8	72.0	0.03
2012	2762.5	113.3	199.5	72.3	1.19
2013	3171.0	114.8	196.2	71.9	1.97
2014	3584.8	113.1	194.4	67.4	1.99

数据来源：《安徽省统计年鉴》相关各期整理，我们采用 Eviews5.1 软件处理数据。

2. 实证检验结果

（1）单位根检验。

在计量经济学理论中，因为几乎所有的表示绝对量指标的宏观经济变量都是非平稳的、具有时间趋势，所以在作协整检验前，通常要对变量做平稳性检验，只有变量在 t 阶平稳（I(t)）的条件下，才能做协整分析。本研究采用常用的检验统计量 ADF 来检验变量人均实际 GDP 环比增长率 IRGDP、金融相关率 FIR、存贷款比率 SLR、股票市场筹资额与 GDP 的比 STOCK 的平稳性。经过处理，其具体检验结果如表 5.2 所示。

表 5.2　变量的单位根检验结果

变量	检验类型 (c, t, p)	ADF 值	临界值			是否平稳
			1%	5%	10%	
IRGDP	(c, 0, 1)	-2.172	-3.675	-2.967	-2.622	否
FIR	(0, 0, 0)	2.070	-2.642	-1.953	-1.622	否
SLR	(0, 0, 0)	-1.574	-2.642	-1.953	-1.622	否
STOCK	(0, 0, 0)	3.250	-2.642	-1.953	-1.622	否
△IRGDP	(0, 0, 0)	-7.905	-2.645	-1.953	-1.622	是
△FIR	(0, 0, 0)	-3.796	-2.645	-1.953	-1.622	是
△SLR	(0, 0, 0)	-4.622	-2.645	-1.953	-1.622	是
△STOCK	(c, 0, 0)	-3.905	-3.675	-2.967	-2.622	是

注：（1）c 和 t 表示带有常数项和趋势项，p 表示滞后阶数，样本区间为 1978—2008 年；（2）△表示变量的一阶差分。

如表 5.2，在原始序列水平上，所有的检验结果均没有拒绝有单位根的假设，因此可以认为变量 IRGDP、FIR、SLR、STOCK 均是非平稳时间序列、具有时间趋势。但所有变量的一阶差分均拒绝了有单位根的假设，表明差分变量是平稳的。从而我们认为上述 4 个变量均是一阶单整的，即是 I（1）。所以，对于这些非平稳的经济变量不能采用传统的线性回归分析方法检验它们之间的相关性，而应采用协整方法进行检验分析。

（2）协整检验。

如果一组非平稳的时间序列存在一个平稳的线性组合，即该组合不具有随机趋势，那么这组序列就是协整的，这个线性组合被称为协整方程，表示一种长期的均衡关系。根据计量经济学的理论，协整检验有多种方法。本研究在这里采用 Johansen 协整检验方法来检验变量之间的协整关系。因为，前面单位根检验已知道各变量都是一阶单整的，因此，方法可直接检验变量之间的协整关系，检验结果如表 5.3 所示。

表 5.3 协整检验结果

原假设协整向量个数	特征值	迹统计量	5%临界值	概率
0	0.665 2	52.433 9	47.856 1	0.017 5
至多 1 个	0.347 0	20.703 4	29.797 1	0.376 4
至多 2 个	0.244 2	8.346 2	15.494 7	0.429 1
至多 3 个	0.007 8	0.227 1	3.841 5	0.633 7

由表 5.3 可知，变量之间存在一个协整向量，即无论如何组合，金融相关率、存贷款比率、股票市场筹资额与 GDP 的比与人均实际 GDP 增长率之间存在长期相关关系。但是由于协整关系只能说明变量之间至少有单向的因果关系，并不能说明何为因、何为果或者互为因果，因此我们需要进一步检验安徽金融发展与经济增长之间的因果方向。

（3）格兰杰因果关系检验。

对于安徽金融发展与经济增长之间的因果方向检验，即判断谁为因、谁为果，我们采用非平稳序列下的格兰杰因果关系检验法进行分析检验。格兰杰因果性检验是由美国著名计量经济学家 C.W.Granger 于 1969 年提出的，后由 Hendry 和 Richard 进一步发展，这正计量经济学的重要贡献。在时间序列下，格兰杰因果检验考察两个经济变量 X 与 Y 之间是否存在因果关系，由以下定义确定：在包含了变量 X、Y 的过去信息的条件下，若加上 X 的滞后变量对 Y 的预测效果要好于单独由 Y 的过去信息对 Y 的预测，即变量 X 有助于显著提高对 Y 的预测精度，则称变量 X 能够引致变量 Y，两者之间存在因果关系。格兰杰因果关系与哲学意义的因果关系是有区别的，如果说"X 是 Y 的格兰杰原因"只是表明 X 中包括了预测 Y 的有效信息。实际上，"格兰杰因果性"的正式名称应该是"格兰杰非因果性"，因为格兰杰因果检验的原假设就是 X 对 Y 不存在格兰杰因果关系。格兰杰因果性检验式以及检验 X_t 对 Y_t 不存在格兰杰因果关系的零假设如下：

$$Y_t = \sum_{i=1}^{k} \alpha_i Y_{t-i} + \sum_{i=1}^{k} \beta_i X_{t-i} + U_{1t} \qquad (5.1)$$

$$H_0: \beta_1 = \beta_2 = \ldots = \beta_k = 0 \qquad (5.2)$$

显然如果检验式中的 X_t 的滞后变量的回归参数估计值全部不存在显著性，则上述假设不能被拒绝，反之，如果 X_t 得任何一个滞后变量的回归参数估计值存在显著性，则结论应是 X_t 对 Y_t 存在格兰杰因果关系。上述检验可用 F 统计量完成。

$$F = \frac{(SSE_r - SSE_u)}{SSE_u / (T - 2k)} \qquad (5.3)$$

其中 SSE_r 表示施加约束（零假设成立）条件后模型的残差平方和。SSE_u 表示不施加约束条件下模型的残差平方和。K 表示最大滞后期。T 表示样本容量。在零假设条件下，F 统计量渐近服从 F（k，T-2k）分布。用样本计算的 F 值如果落在临界值以内，接受原假设，即 X_t 对 Y_t 不存在格兰杰因果关系。据此，格兰杰因果检验结果如表 5.4：

表 5.4　1984—2014 年安徽金融发展与经济增长的格兰杰因果关系检验结果

原假设	观测值个数	F 统计量	P 值
FIR 不是 IRGDP 的 Granger 原因	23	7.154 46	0.013 71*
IRGDP 不是 FIR 的 Granger 原因	23	8.597 0	0.008 58*
SLR 不是 IRGDP 的 Granger 原因	23	12.227 2	0.003 38*
IRGDP 不是 SLR 的 Granger 原因	23	1.769 78	0.251 34
STOCK 不是 IRGDP 的 Granger 原因	23	1.436 55	0.338 85
IRGDP 不是 STOCK 的 Granger 原因	23	0.579 38	0.767 67
SLR 不是 FIR 的 Granger 原因	23	7.203 13	0.013 48*
FIR 不是 SLR 的 Granger 原因	23	2.631 62	0.127 44
STOCK 不是 FIR 的 Granger 原因	23	1.032 11	0.498 85
FIR 不是 STOCK 的 Granger 原因	23	1.336 90	0.371 95
STOCK 不是 SLR 的 Granger 原因	23	1.055 57	0.487 75
SLR 不是 STOCK 的 Granger 原因	23	2.162 21	0.181 53

注：（1）检验中变量的滞后期数为 8 期。（2）带（*）数据的表示拒绝原假设。

由表 5.4 可知：格兰杰因果检验拒绝了 FIR 不是 IRGDP 的 Granger 原因、IRGDP 不是 FIR 的 Granger 原因、SLR 不是 IRGDP 的 Granger 原因、SLR 不是 FIR 的 Granger 原因的假设，由此可以说明金融相关率与经济增长互为因果关系，即安徽省的金融（发展）相关率与经济增长之间存在双向因果关系，同时金融中介的效率也即金融发展的效率指标存贷款比率也是经济增长的原因之一，另外存贷款比率也是金融相关率变化的原因，但是，我们并没有发现股票筹资额与 GDP 的比率与经济增长、金融发展的规模指标金融相关率、金融发展的效率指标存贷款比率之间存在所谓的格兰杰因果关系。

3. 结论

基于改革开放以来的 40 年的时间，我们利用协整关系检验法和格兰杰因果关系检验法分别对安徽金融发展与经济增长之间的相关关系和格兰杰因果关系进行了检验。本研究既考虑到了具体到地区研究时的地区发展不平衡，又更深入地研究了地区金融发展与经济增长的因果方向性问题。在金融发展的指标选取方面，我们考察了安徽金融发展的规模扩张、效率变化以及证券市场的发展变化，体现了全面的特点。其实证结论如下：一是实证显示，金融相关率、存贷款比率、股票筹资额与 GDP 的比率与人均实际 GDP 增长率之间存在显著的长期相关关系，表明安徽金融发展与经济增长之间的密切关系，这种关系是全方位的，包含了金融的规模扩张、效率变动以及金融市场的发展。二是格兰杰因果关系检验显示，改革开放以来，安徽金融相关率与经济增长之间存在双向的因果关系，说明安徽金融发展的规模扩张对经济增长具有促进作用，反过来，安徽的经济增长又带动了金融规模的扩张，这一结论与 Levine（1992）发现金融发展与经济增长之间存在一个循环的关系、两者相互促进共同发展的结论相符。此外，安徽的金融发展效率的改善也是经济增长的重要原因之一，但经济增长并没有反过来起到改善金融发展效率的作用。我们没有发现安徽股票市场的发展与经济增长之间存在格兰杰因果关系，这可能与安徽股票市场的规模相对较小、发展尚不成熟有关，安徽股票市场的发展到目前为止尚没有真正起到推动经济增长的作用。三是我们发现安徽金融发展的效率改善是金融规模扩张的格兰杰原因，但反过来金融规模的扩张并没有推动金融发展效率的改善，它们之间存在一种单向因果关系。基于以上的结论，我们认为改革开放以来，安徽省的金融资产的规模增长迅速，金融发展效率有了很大的提高，形成了金融发展与经济增长的良性互动关系，但是，在直接融资方面还是发展不够，特别是股票市场与债券市场的发展比较缓慢，没有能够有效推动经济发展。其实，我们也看到"经济增长没有改善金融发展"的结论,其实这样也表明在中部的安徽制度创新不够,不能通过诱导性的制度创新所致的经济增长去推进金融发展。那么,作为农村大省的安徽农村又怎样?

5.1.2 安徽省农村金融发展与经济增长的因果方向性的实证研究

1. 模型设定

由于现实的限制,在中国广大农村,最大的问题是可利用的样本观测值是有限的,这就使简单模型的应用成为必要,这些模型只能考察我们所关心的基本内容。我们在这里引入了生产函数的传统分析框架,在这一思路中金融发展水平被当作一项"投入"用于生产过程。为此,我们引入反映金融发展和经济增长关系的生产函数:

$$Y=f(K,L,F) \tag{5.4}$$

其中 Y 代表经济产出,K 代表资本投入,L 代表劳动力投入,F 代表金融发展水平。因为在农村地区劳动力是充足的,劳动力一旦达到最大容量,经济面临的规模收益是恒定,为了单独衡量金融发展水平以及与之相关的资本要素对产出增长的作用,我们忽略掉劳动力这个因素,生产函数变为:Y=f(K,F),设函数形式为常用的 C-D 函数:

$$Y = AK^a F^b \tag{5.5}$$

对方程(5.5)两边取对数得:

$$\ln Y = \ln A + a\ln K + b\ln F \tag{5.6}$$

式中 Y 为农村地区的经济增长指标,用人均 GDP 表示,K 为农村地区的人均固定投资,F 为农村地区金融发展水平的衡量指标,用人均贷款额 Loan 来表示。方程(5.6)中,令 $y_t=\ln Y$、$x_1=\ln K$ 和 $x_2=\ln(\text{Loan})$,β_0 用来替换 $\ln A$,β_1 用来替换资本边际产出 a,β_2 替换贷款边际产出 b,u 为误差项,便得到了本研究的计量经济模型:

$$y_1 = \beta_0 + \beta_1 x_1 + \beta_2 x_2 + \mu \tag{5.7}$$

2. 实证分析

(1)单位根检验。

本研究利用目前较多使用的计量经济学的软件 Eviews5.0,首先对模型中的各时间序列进行单位根检验,以确定其平稳性情况。Dickey & Fuller(1974)提出的 DF 检验法是平稳性检验的常用方法。用这种方法检验的结果见表 5.5。

根据计量经济学的原理，我们非常清楚从表 5.5 中的数据可以看出，三个时间序列 X1、X2 和 Yt 在 5%的显著性水平下都存在单位根，是非平稳的，但它们的一阶差分在 5%的显著水平下都是平稳的，即三个时间序列都是一阶单整的。

表 5.5 单位根检验

变数	ADF 检验值	检验类型	滞后阶数	显著水平（临界值）
X_1	−0.047	含常数项	2	10%（−2.661）
D_{x1}*	−3.447	含常数项	1	5%（−3.040）
X_2	−1.411	含常数项	0	10%（−2.650）
D_{x2}*	−4.419	含常数项	0	1%（−3.832）
Y_t	−1.335	含常数项	1	10%（−2.655）
D_{yt}*	−2.695	含常数项	0	5%（−2.365）

注：*表示在相应的显著水平上拒绝有单位根的原假设。

（2）协整分析。

根据上述的理论分析，我们看到虽然反映农村的金融发展和农村经济增长的指标是非平稳的，但是，各指标的一阶差分是平稳的，即各指标是一阶单整的，这些指标可能存在某种平稳的线性组合，这个组合反映了各变量间的长期稳定关系，即协整关系。本文使用 Johanson 协整检验方法进行协整检验，具体结果见表 5.6。

表 5.6 农村地区金融发展和经济增长协整检验结果

零假设协整向量个数	特征值	Trace 统计量值	临界值(5%显著水平)
0	0.697 142	35.887 55	29.797 07
至多 1 个	0.366 912	8.734 356	15.494 71
至多 2 个	0.084 926	1.420 014	3.841 466

由上述的统计值和临界值的比较可以看出，各变量具有一个协整关系。因此可以用经典回归模型对农村的经济增长、投资和金融发展指标进行回归，方程如下：

$Y_t = 1.483\ 547 + 0.953\ 761 X_1 + 0.104\ 696 X_2$

（0.0000） （0.0000） （0.0548） R=0.994225 $\bar{R}$=0.993584

括号中的数字为各系数的标准差，从对 1987 2007 年经济增长和金融发展的数据的回归分析可以看出，农村人均贷款的增长和农村投资的增加，对农村的经济增长是可以起到促进作用的。当然,在这里农村固定资产投资的相关性很高。事实上,在很多中西部地区,农村的固定资产投资几乎成为影响农村经济的决定因素。

(3)Granger 因果分析。

通过分析,各变量间存在一个协整关系,并在此基础上利用回归模型对各变量进行分析,农村人均资本投资对经济增长的贡献率大,人均贷款量对经济的增长可以起到促进作用,但是贡献率相对较小,为了进一步分析投资和贷款对经济增长的关系,本研究采用 Granger 因果分析,来检验金融发展和经济增长间的因果关系。见表 5.7。

表 5.7　Granger 因果关系分析结果

原假设	滞后期	F 统计值	概率
X_1 不是 y_t 的格兰杰 原因	2	8.072 36	0.004 66
y_t 不是 X_1 的格兰杰 原因	2	5.401 72	0.018 25
X_2 不是 y_t 的格兰杰 原因	2	4.186 14	0.037 58
y_t 不是 X_2 的格兰杰 原因	2	3.608 35	0.054 47
X_2 不是 X_1 的格兰杰 原因	2	3.204 76	0.071 46
X_1 不是 X_2 的格兰杰 原因	2	2.423 40	0.124 81

注:由表 5.3 可以看出,在滞后期为 2 年的情况下,Granger 因果分析的结果显示,农村固定资产投资和农村金融发展是农村 GDP 的 Granger 因,农村 GDP 也是固定资产投资和金融发展的 Granger 因,即农村地区固定资产投资和金融发展与农村经济增长之间是相互促动的关系。

3. 结论分析

通过协整分析表明,中国农村地区固定资产投资和贷款量与经济增长之间存在着较为稳定的关系,通过 Granger 因果关系分析得知,农村固定资产投资和农村贷款与农村经济增长之间互为 Granger 因,同时农村贷款和农村固定资产投资之间也互为 Granger 因,表明农村固定资产投资、农村金融发展与农村经济增长之间是相互促进的,这一结果与金融发展与经济增长互为因果关系的学术观点相一致,虽然与国内研究农村金融与经济发展关系的几位学者的结论不完全一致,但本研究是在尊重原始资料,采用 Eviews5.0 得出的结果,符合农村经济和金融发展的现实关系,这是因为:一是农村经济的增长是农村金融发展的基础,是新农村建设和农村金融生态优化的关键。农村的经济基础是农村金融机构存在和发展的物质载体,农村经济的规模、结构和效率决定了农村对于金融服务的有效需求和金融市场的活跃程度。农村产业结构的调整，经营规模的扩张所需要的投资会要求农村金融机构提供更多的信贷支持，如改革开放后，中国农村经济取得了快速发展，特别是乡镇企业的快速发展，有效地带动了金融系统信贷规模的扩张，同时它们发展所积累的剩余资金也为金融机构动员更多的资金提供了必要保证，相反如果没有农村经济的发展，农村金融机构也就失去了发展的基础。二是金融是催化剂，可以促进农村经济的发展。在中国农村地区有农业银行、农村信用社和农业发展银行，这些银行为农业生产和农民生活长期提供着资金支持，虽然由于制度和银行经营体制方面的原因，使得农村资金大量外流，农村资金无法满足农村经济发展的需要，但这些金融机构的存在确实为农村经济的发展在持久地做着贡献。总的看，农村经济是基础。

5.2 基于基尼系数视角的广西城乡收入差距实证

在上述的实证基础上，有必要运用单独章节先来实证广西城乡收入差距的程度。改革开放以来，中国经济取得举世瞩目的成就。广西作为西部地区欠发达省份，在经济增长、人均国民生产总值、城乡居民收入方面，都取得了显著成果。据统计，2013 年广西实现生产总值 14 378.00 亿元，其中农村居民人均可支配收入 6791 元，城镇居民人均可支配收入 23 305 元，分别较上年增长 11%、13%和 9.7%。但通过分析也可发现，城镇居民可支配收入达到了农村居民人均纯收入的 3.43 倍，而且这还没有将社会保障等因素考虑在内。此外，在城乡居民收入构成中，农村居民家庭经营收入虽有所下降，但比重仍较大（50.4%），且主要来源于第一产业。可见，城乡收入差距问题并没有随着经济增长改善，库兹涅茨假说和"涓滴效应"也没有显现出来，城乡差距反而在不断扩大。那么，在经济发展速度较快的今天，城乡收入差距反而被进一步拉大的原因到底在哪？又如何有效解决呢？

5.2.1 基尼系数在城乡收入差距中的分析及应用

基尼系数是 20 世纪初意大利经济学家基尼根据洛伦茨曲线图找到的一种判断收入分配公平程度的指标，计算公式为：

基尼系数=A/A+B。

这里，A 代表洛伦茨曲线图中绝对公平线和实际分配曲线间的面积，B 代表实际分配曲线和绝对公平线间的面积，基尼系数的取值在 0~1，基尼系数越接近 1，表明收入分配越不公平；基尼系数越接近 0，表明收入分配越公平。据此原理，我们可求出不同年份城乡居民收入（支出）差异的基尼系数，根据基尼系数的大小，来比较城乡居民收入（支出）差距的变化，见图 5.1、图 5.2。

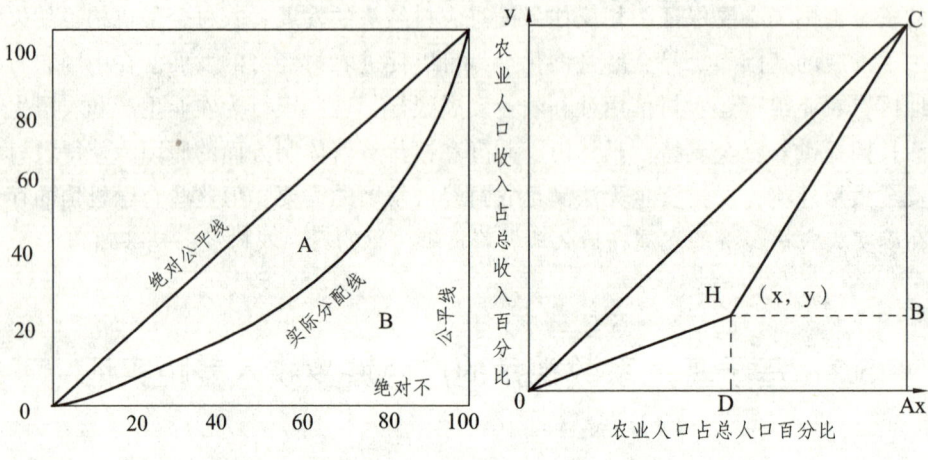

图 5.1 基尼系数　　　　图 5.2 差异面积法求基尼系数

如图 5.2，我们将农业人口占总人口的百分比称横轴 x，以农业人口的收入（或消费支出）占总收入的百分比称纵轴 y，对角线即 x=y 线为均衡线，代表城乡居民收入相等；x≠y 时，代表城乡居民收入不等。由于现今农民收入低于职工收入，所以表示农村收入情况的线段在均衡线下方，它呈一折线，这就是洛伦茨曲线。它同均衡线围成一个三角形面积，这就是城乡收入水平差异面积。计算此差异面积，求出基尼系数，对比不同时期的基尼系数，即可看出城乡居民收入差距扩大或缩小的程度。在均衡线下方的三角形 AOC 面积为 0.5 个单位，在点 H（A，B）处作 HD，HB 两条直线，分别垂直和平行于 X 轴，用 0.5 减去 OHD、HDAB、HBC 这三块面积，剩下的即为所求得的"城乡收入水平差异面积"。

由于 OD=x，DA=1-x，HD=y，BC=1-y，
=1/2-1/2xy-（1-x）y-1/2（1-x）(1-y)

整理得 S=1/2（x-y），这里 x 代表农业人口占总人口比重，y 代表农业人口收入占全部人口总收入的比重。

经过计算，见表 5.8、表 5.9。

表5.8 农业人口占总人口比重及农业人口收入占全部人口总收入的比重数据

地区	Y=农村总收入/总收入				X=农业人口/总人口			
	2010	2011	2012	2013	2010	2011	2012	2013
南宁市	0.2	0.195 8	0.189 2	0.185 2	0.473 8	0.454 5	0.437 2	0.423 3
柳州市	0.184 9	0.182 8	0.179	0.176 2	0.449 5	0.434 1	0.417 5	0.404 7
桂林市	0.325 7	0.318 6	0.305 3	0.301 1	0.612 4	0.595 1	0.572 2	0.558 5
梧州市	0.282 7	0.276 4	0.266 8	0.263 8	0.570 2	0.552 1	0.531 6	0.519 4
北海市	0.254 6	0.247 9	0.239 3	0.236 9	0.513 9	0.496	0.479 9	0.468 7
防城港市	0.252 7	0.246 6	0.239 2	0.236 9	0.517 2	0.498 2	0.480 8	0.469 9
钦州市	0.409 8	0.399 5	0.389 4	0.383 4	0.692 9	0.674 9	0.658 6	0.646 6
贵港市	0.336 1	0.336 1	0.325 8	0.320 5	0.597 8	0.579 3	0.562 7	0.551 7
玉林市	0.314 3	0.311 1	0.301 3	0.298 3	0.604	0.585 2	0.568 1	0.556
百色市	0.374 1	0.370 1	0.364 9	0.358 3	0.734	0.716	0.701 9	0.689
贺州市	0.332 8	0.324	0.315	0.309 8	0.647 2	0.629 6	0.610 6	0.597 4
河池市	0.391	0.380 6	0.371	0.359 9	0.726 5	0.710 5	0.696 4	0.680 1
来宾市	0.351 3	0.342 9	0.336 2	0.334 1	0.668 3	0.650 9	0.636	0.625 3
崇左市	0.411 1	0.403 4	0.397	0.311 7	0.702 4	0.685 3	0.670 6	0.66

资料来源：广西统计年鉴。

表5.9 广西14城市2010—2013年基尼系数

地区	基尼系数			
	2010	2011	2012	2013
南宁市	0.373 842	0.358 615	0.347 988	0.338 104
柳州市	0.364 637	0.351 252	0.338 526	0.328 51
桂林市	0.386 696	0.376 508	0.366 878	0.357 42
梧州市	0.387 546	0.375 73	0.364 827	0.355 514
北海市	0.359 341	0.348 1	0.340 638	0.331 765
防城港市	0.364 524	0.351 582	0.341 574	0.332 915
钦州市	0.383 136	0.375 455	0.369 206	0.363 149
贵港市	0.361 723	0.343 161	0.336 909	0.331 154
玉林市	0.389 683	0.374 148	0.366 803	0.357 683
百色市	0.459 877	0.445 842	0.436 968	0.430 664

续表

地区	基尼系数			
	2010	2011	2012	2013
贺州市	0.414 352	0.405 648	0.395 576	0.387 648
河池市	0.435 501	0.429 915	0.425 343	0.420 179
来宾市	0.417 002	0.408 022	0.399 836	0.391 177
崇左市	0.391 235	0.381 987	0.373 63	0.448 245

注：按照联合国有关组织规定，基尼系数低于0.2表示收入绝对平均，0.2～0.3表示比较平均，0.3～0.4表示相对合理，0.4～0.5表示收入差距较大，0.6以上表示收入差距悬殊。根据上述数据分析可知：广西城乡居民基尼系数呈现上升趋势，有些城市甚至超过了0.4的警戒线（百色、河池和崇左），主要原因是这些地区工业欠发达，农民收入过于依赖第一产业，缺少工资性收入和财产性收入作为补充。其他城市基尼系数相对较平稳，但仍较高。总体来看，城乡收入差距过大是造成广西基尼系数较高的重要原因之一。

5.2.2 影响广西城乡收入差距的因素分析

1. 模型设定

在研究城乡收入分配的影响因素时，不同学者采用不同指标体系。如岑丽阳（2009）从收入分类构成、消费支出构成两个方面深入分析了广西城乡收入差距的具体表现及其成因；许家军（2009）、常伟蔚（2010）利用协整分析和Granger因果关系检验等计量经济学方法检验城乡收入差距与经济增长之间关系；倪成、赵国栋（2009）从广西农业发展水平、城乡产业结构、城乡二元经济结构体制三个方面解释了广西城乡收入差距形成的原因；刘琳、李迎春（2010）以城乡经济发展水平差距、城乡公共服务投入差距、城乡居民生活水平差距作为广西城乡差距指标体系的三个子系统，揭示差距产生的原因。但就城乡差距从基尼系数角度出发，对省市内部的城乡收入差距问题进行的研究却不多见，因此，为实证分析广西城乡收入差距的影响因素，本研究从基尼系数的变化来切入，用SPSS 20对城乡差距与其影响因素之间的关系进行分析。

为了准确判断影响城乡收入差距的各因素的具体影响程度，本模型在考量数据的可获得性的基础上，选取政府财政支出比率、产业结构、城市化率和固定资产投资比率作为解释变量，构建如下模型：

$$Y = \alpha_1 + \beta X_1 + \mu_t \tag{5.8}$$

其中，Y表示城乡收入差距，X为其他解释变量，具体包括政府财政支出比率、产业结构、城市化率和固定资产投资比率等。

2. 分析变量的选择

（1）被解释变量。

选择城乡收入比（即城镇居民人均可支配收入与农村居民人均纯收入之比）作为城乡收入差距的指标（Y）。城镇居民人均可支配收入反映了城镇居民的收入水平，而农村居民人均纯收入反映了农村居民的收入水平。该指标可以衡量城乡收入的相对差距；比值越大，表示城乡收入差距越大，反之越小。

（2）解释变量。

城市化率（X_1）。有观点认为城市化对缩小城乡收入差距有积极作用。如段景辉和陈建宝（2011）认为，在我国城乡二元经济中，城乡期望收入差距带来了劳动力流动，从而导致了要素报酬的均等化，缩小了城乡收入差距。此指标用非农业人口数/总人口数表示。

产业结构（X_2）。在工业化进程中，生产要素从边际生产效率较低的农业部门向边际生产效率较高的非农业生产部门转移，直到两个部门的边际生产效率相等为止。因此，某一区域内，非农产业在产业结构中的比重越高，意味着农户越可能会获得更多收入。本文采用第二、三产业产值的增加值占当期GDP的比重来表示产业结构。

政府财政支出（X_3）。主要用来反映地方政府对当地经济的支持力度。地方政府业绩的重要考核指标是GDP增长率，因此，地方财政支出主要是为了发展当地经济。本研究采用地方财政支出占当期GDP的比重来衡量地方政府经济行为。

农村固定资产投资（X_4）。农业生产能否顺利进行、农民生活质量能否稳步提高，都与农村固定资产投资紧密相关，农村固定资产投资的数量和质量直接关系着农业生产和农民生活，对农民的收入有着十分重要的作用和意义，间接影响着城乡收入差距，故本研究将其引入模型中。

5.2.3 实证分析

表5-10为各变量的描述性统计结果。结果显示：城乡收入存在较大差距，在差距最小时城镇居民收入仍然是农村居民收入的2.609倍，最大时这一倍数高达4.616，城乡收入差距问题十分严重。此外，基尼系数的均值达到了0.378，临近收入分配的警戒线，收入差距问题迫切需要得到解决。广西的城市化率较低，城市化程度较高的地方居民的收入差距较小，反之则较高。财政支出比例

揭示了财政支出对 GDP 的贡献率,有上述数据可知广西的财政支出在推进城乡收入差距缩小方面仍然不足。产业结构比率反映了第二、三产业对 GDP 的贡献率,广西二三产业发展较快,这一趋势将有利于城乡收入差距问题的解决。

表 5.10　各个变量的描述性统计分析

名称	N	极小值	极大值	均值	标准差
城乡差距	56	2.609	4.616	3.331	0.433
基尼系数	56	0.228	0.46	0.378	0.033 8
城市化率	56	0.266	0.595	0.417	0.092 9
财政支出率	56	0.117	0.375	0.193	0.055
产业结构	56	0.705	0.921	0.807	0.054 7
固定资产投资率	56	0.564	1.501	0.934	0.194
有效 N（列表状态）	56				

表 5.11　各变量的 pearson 相关系数分析

	城乡差距	城市化率	财政支出率	产业结构	固定资产投资率
城乡差距	1	−0.817**	0.745**	−0.427**	0.106
城市化率	−0.817**	1	−0.730**	0.759**	0.039
财政支出率	0.745**	−0.730**	1	−0.555**	0.051
产业结构	−0.427**	0.759**	−0.555**	1	0.069
固定资产投资率	0.106	0.039	0.051	0.069	1

注：*** ** * 分别是在 1%、5% 和 10% 水平上是显著的。

表 5.11 为各变量的 pearson 相关系数分析。由分析可知：城市化率在城乡收入差距的原因中起着至关重要的作用,城市化率与城乡收入差距负相关,城市化率越高将越有利于收入差距的缩小。财政支出率与城乡收入差距正相关,这与财政支出一般投向二三产业而对第一产业关注不足有关。产业结构与城乡收入差距也是负相关的关系,随着二三产业比重的提升,将有越来越多的第一产业劳动力流入到第二三产业,农民的收入因此提高,城乡收入差距缩小。固定资产投资率虽与城乡收入差距正相关,但相关性不强,对改善城乡收入差距问题作用有限。

表 5.12　城乡收入差距与各解释变量回归结果分析

变量	模型
城市化率	−8.292***
财政支出率	3.408***
产业结构	4.807***
固定资产投资率	1.564
截距项	3.447***
样本数量	56
F 检验	55.381
调整 R 方	0.798
Durbin-Watson	2.125

注：*** ** * 分别是在 1%、5%和10%水平上是显著的。

表 5.12 为城乡收入差距与各解释变量回归结果分析，结果显示：该模型通过了 F 检验，杜宾检验在 2.125，模型不存在自相关。调整 R 方 0.978，回归拟合度较好。城市化率、财政支出率、产业结构都在 1%的水平上显著。其中城市化率的系数在各解释变量中最大，说明了其对改善城乡收入差距问题的重要作用，产业结构因素和财政支出因素次之，固定资产投资率与城乡收入差距没有通过 T 检验，与城乡收入差距不存在线性关系。

由此，从以上实证可以得到，广西目前的城乡收入差距程度较为严重。接着使用统计软件就影响城乡收入差距的各种因素进行了回归分析，结果显示：城市化程度和产业结构对缩小城乡差距的作用最为显著，改善城乡收入差距问题可以从以下因素出发：①加快城镇化进程。城乡收入差距问题出现的重要原因之一就是我国的二元经济体制，因此，要解决城乡收入差距问题，就必须解决二元经济体制问题。城镇化的普及可以促进农村劳动力转移到二三产业，使农民获得更多的工资收入和财产收入，缩小城乡收入差距。②推动产业结构升级和调整。主要体现在扶持劳动密集型产业，特别是服务业发展。由于农村劳动力受自身教育程度和劳动技能的限制，直接转入城市现代部门存在很多障碍，而服务行业不仅能吸收大量的劳动力，而且进入的门槛很低，正好可以吸收从农村转移出来的劳动力。③合理调整财政支出结构，增加对农村地区的补贴和资助。地方政府应调整财政支出比例，提高对农村地区的支持比例。地方政府应改变只重视城市发展的政策，兼顾农村地区的发展，通过对乡镇企业、农户个体企业及农户生产过程的各方面的财政支持，促进农村经济发展。④建立健全社会保障制度，确立城乡一体化的社会化保障体系。国家要通过相应经济手段和市场机制来解决农村地区的社会保障问题，通过养老、医疗、生育、伤残等保险的不断完善形成城乡互动、待遇平等和保障对接的局面。

5.3 广西金融包容水平的测度

上章主要从广西金融体系的构成、规模和效率、创新及金融机构的分布情况等方面介绍了广西的金融包容发展水平，只是一个定性分析，要获得广西具体的金融包容程度，需要定量分析，因而本部分将在借鉴国内外金融包容测度指标的基础上对广西目前的金融包容水平进行测度和评价。

5.3.1 金融包容指标构建及计算方法

1. 指标选取

最早提出金融包容水平测度指标的是 Beck etc（2007），它从八个指标分别是地理和人口上的金融机构覆盖程度以及存贷款余额对 GDP 的贡献率对金融包容水平进行衡量，八个指标都是对银行业金融机构的测度。Mandira Sarma（2010）后来做出了改进，用一个综合指标来涵盖不同子指标，但子指标的权重采用主观赋权。Chakravarty & Pal（2010）对此进行了改良，采用公理性的测量方法使金融包容水平结果更加客观。

本研究基于上述方法各自的优点，并本着数据可得性原则，从金融服务的渗透性、服务可得性和金融服务的使用效用性三大维度来设计指标，渗透性是从金融服务的供给来说的，主要是按居民地理面积享有的金融机构数（因为县域保险数据不可得，因此采用银行业金融机构数据），服务可得性指按人口数量享有的金融机构数；使用效用性是从金融服务的需求来说的，具体包括存款余额与当地国民生产总值的比值以及贷款余额与当地国民生产总值的比值，两个指标可以综合反映居民对金融服务的使用情况。

广西现辖 14 个地级市，包括 111 个县级行政区（包括 40 个市辖区、7 个县级市、52 个县、12 个自治县），考虑到广西少数民族聚居的特殊情况，本研究从县域数据进行评价分析，试图在获得广西整体金融包容水平的基础上更深入地了解少数民族地区的金融包容状况。本研究利用 2010—2015 年的相关数据进行分析，剔除无效值后剩余 79 个县（市）数据，银行机构数据来自国家银行业监督管理委员会网站，其他数据来源于《广西统计年鉴》。

表 5.13　金融包容水平的测度指标

维度	指标	计算方法
地理渗透性	每百平方公里金融机构数	金融机构数量/百平方公里
服务可得性	每万人享有的金融机构数	金融机构数量/万人
使用效用性	年末金融机构各项存款余额占 GDP 比重	年末金融机构各项存款余额/GDP
	年末金融机构各项贷款余额占 GDP 比重	年末金融机构各项贷款余额/GDP

2. 计算方法

（1）数据标准化。

在确定各维度的数据后对其实际值进行无量纲化，以此消除不同单位数据带来的误差，计算公式为：

（5.9）

其中，Ai 为各指标的实际数据值，Mmin 为各指标最小值，Mmax 为各指标的最大值，d_i 的取值范围是 $0<d_i<1$，d_i 越大，说明该值在所在维度的表现越好，不同县市 i 的金融包容水平为 N 维笛卡尔空间中的 $D_i=(d_1, d_2, d_3, d_4……dn)$。

（2）权重的确定——变异系数法

鉴于各指标对金融包容水平的结果有不同的贡献度，因而需要确定不同指标的权重，本文使用变异系数法，首先计算各项指标的平均值 $\overline{X}$ 和标准差 δ，变异系数 V_i 为标准差与平均数的比值，即

$$V_i = \delta / \overline{X_i}$$

其次将各项指标的变异系数加总求和得出 $\sum V_i$；

最后，第 i 项指标的权重 Wi 为第 i 项指标的变异系数占各项变异系数之和的比重，即

$$W_i = V_i / \sum V_i$$

权重越大，说明此指标对金融包容水平的结果越重要。

（3）确定各维度具体的指标值，即无量纲化后的各项指标数据与该指标权重的乘积，即：

(3) 欧氏距离法计算金融包容指数

在维度为 n 时,可以计算 n 个维度值,一个地区的金融包容程度可以用 n 维空间中各维度指标所构成的一点表示,在 Di=(d_1, d_2, d_3, d_4, …, d_n)上,n 维空间中 O=(0, 0, 0, …, 0)表示完全的金融排斥,点 I=(1, 1, 1, …, 1)表示完全的金融包容。一个地区的金融包容程度可以描述为点 D 与理想点 O 之间的标准化欧氏距离,即

$$IFI = 1 - \frac{\sqrt{(W_1 - K_1)^2 + (W_2)}}{\sqrt{\,}} \tag{5.11}$$

5.3.3 金融包容指数计算结果及评价

1. 金融包容各指标的权重及描述性统计

表 5.14 广西 79 个县区金融包容水平各指标的描述性统计及权重

指标	年份	最小值	最大值	均值	标准差	权重
每百平方公里金融机构数	2010	0.098	4.642	1.643	1.096	0.376
	2011	0.4	4.915	1.815	1.11	0.355
	2012	0.434	5.265	1.845	1.109	0.349
	2013	0.467	5.944	1.883	1.137	0.377
	2014	0.532	6.624	1.929	1.176	0.336
	2015	0.534	7.303	1.965	1.218	0.32
每万人享有的金融机构数	2010	0.094	2.616	0.827	0.392	0.268
	2011	0.43	2.775	0.943	0.428	0.264
	2012	0.434	2.863	0.958	0.398	0.242
	2013	0.568	2.797	1.159	0.375	0.202
	2014	0.447	2.788	1.106	0.413	0.206
	2015	0.45	2.767	1.112	0.427	0.198
年末金融机构各项存款余额占 GDP 比重	2010	0.533	1.607	0.87	0.241	0.156
	2011	0.517	1.526	0.87	0.265	0.177
	2012	0.554	1.957	0.959	0.326	0.198
	2013	0.561	2.06	1.03	0.354	0.214
	2014	0.559	3.127	1.113	0.464	0.23
	2015	0.552	4	1.122	0.507	0.233
年末金融机构各项贷款余额占 GDP 比重	2010	0.261	1.025	0.462	0.163	0.199
	2011	0.279	1.136	0.473	0.166	0.204
	2012	0.299	1.207	0.533	0.193	0.211
	2013	0.332	1.27	0.578	0.193	0.208
	2014	0.35	2.314	0.644	0.268	0.229
	2015	0.351	2.956	0.656	0.318	0.25

由表 5.14 可知，每百平方公里金融机构数在逐年增多，均值从 2010 年的 1.643 增加到 2015 年的 1.965，但地区差别仍然较大，2010 年最小值仅有 0.098，当年凌云县仅有两个金融机构，与南宁市青秀区 283 个差距悬殊，2010—2015 年广西区共增加了 1023 个金融机构，但是绝大部分都增加在市辖区，因而 2010—2015 年的每百平方公里金融机构数虽然平均值在增加，但是标准差却在扩大，说明了地区间金融资源供给的不均衡。每百平方公里金融机构数在金融包容指数中权重最大，2010 年最大为 0.376，今年权重有所降低但也在 0.3 以上，说明地理上的渗透性对金融包容程度的重要性。广西每万人享有的金融机构随着地理覆盖性的增加也在增多，均值从 0.827 增加到 1.112，对金融包容指数的贡献度在 0.2 左右，近年来随着金融机构的增多权重有所降低。年末金融机构存款余额和贷款余额占 GDP 的比重反映了居民使用金融服务的情况，广西目前存款对 GDP 的贡献度在逐步提高，均值从 2010 年 0.87 增加到 1.112，说明了金融在拉动经济方面的作用日益显现，与此相比，贷款余额对经济的贡献度则相对不足，也从侧面反映出居民从金融机构获得贷款的困难程度。以上四个指标，从纵向来看，均值、最大值和最小值随时间都有不同程度的改善，但是标准差逐年增大，四个指标皆是如此，这说明不同地区间的增长速度不同，带来的结果是使金融资源的分配更加不均衡。

2. 金融包容水平测度结果

表 5.15　广西 79 个县（市）2010—2015 年金融包容水平及排名

地区	2010	2011	2012	2013	2014	2015
武鸣县	0.233（34）	0.235（35）	0.230（36）	0.231（41）	0.235（41）	0.244（39）
隆安县	0.301（18）	0.302（19）	0.303（17）	0.305（16）	0.312（14）	0.316（13）
马山县	0.218（41）	0.220（38）	0.228（38）	0.238（36）	0.249（31）	0.279（22）
上林县	0.253（29）	0.255（28）	0.262（24）	0.314（15）	0.314（12）	0.328（8）
宾阳县	0.327（15）	0.323（13）	0.329（11）	0.346（11）	0.345（9）	0.357（7）
横县	0.255（28）	0.269（24）	0.287（21）	0.281（20）	0.259（27）	0.259（28）
柳江县	0.277（24）	0.279（22）	0.291（19）	0.276（22）	0.263（24）	0.261（26）
柳城县	0.194（50）	0.193（54）	0.189（58）	0.180（61）	0.197（62）	0.211（66）
鹿寨县	0.168（57）	0.168（58）	0.213（47）	0.223（44）	0.230（42）	0.247（35）
融安县	0.066（73）	0.185（59）	0.189（59）	0.186（56）	0.210（50）	0.222（57）
融水县	0.192（51）	0.196（53）	0.186（61）	0.196（53）	0.208（52）	0.234（45）

续表

地区	2010	2011	2012	2013	2014	2015
三江县	0.210（45）	0.220（39）	0.225（39）	0.248（32）	0.249（32）	0.251（33）
阳朔县	0.302（17）	0.320（15）	0.311（14）	0.256（26）	0.263（25）	0.306（16）
临桂区	0.283（23）	0.290（20）	0.277（23）	0.288（18）	0.294（18）	0.296（18）
灵川县	0.369（9）	0.379（8）	0.359（8）	0.367（10）	0.329（10）	0.316（14）
全州县	0.213（44）	0.191（55）	0.180（65）	0.176（63）	0.181（67）	0.212（65）
兴安县	0.289（21）	0.307（18）	0.290（20）	0.275（23）	0.279（22）	0.282（21）
永福县	0.175（54）	0.153（68）	0.150（70）	0.135（71）	0.172（70）	0.204（70）
灌阳县	0.092（72）	0.231（37）	0.221（41）	0.215（48）	0.223（45）	0.238（42）
龙胜县	0.060（76）	0.232（36）	0.224（40）	0.175（64）	0.195（63）	0.226（50）
资源县	0.163（59）	0.267（25）	0.262（25）	0.228（42）	0.241（37）	0.255（31）
平乐县	0.266（25）	0.256（27）	0.231（33）	0.213（49）	0.208（53）	0.223（54）
荔浦县	0.326（16）	0.314（16）	0.297（18）	0.268（24）	0.295（17）	0.300（17）
恭城县	0.062（75）	0.205（48）	0.189（60）	0.183（58）	0.194（64）	0.224（53）
苍梧县	0.182（53）	0.145（70）	0.182（63）	0.158（67）	0.159（74）	0.239（41）
藤县	0.130（70）	0.122（74）	0.124（74）	0.132（72）	0.167（72）	0.202（72）
蒙山县	0.046（77）	0.182（61）	0.200（54）	0.184（57）	0.204（58）	0.227（49）
岑溪市	0.196（49）	0.180（62）	0.178（66）	0.181（59）	0.198（60）	0.223（55）
合浦县	0.365（11）	0.370（9）	0.321（12）	0.340（12）	0.304（16）	0.288（20）
上思县	0.145（64）	0.135（73）	0.111（75）	0.094（78）	0.127（79）	0.179（76）
东兴市	0.654（2）	0.734（1）	0.764（1）	0.739（2）	0.787（1）	0.799（1）
灵山县	0.235（33）	0.211（43）	0.211（48）	0.217（47）	0.212（48）	0.209（68）
浦北县	0.231（35）	0.208（47）	0.183（62）	0.175（65）	0.198（61）	0.220（59）
平南县	0.376（8）	0.352（10）	0.350（9）	0.380（8）	0.326（11）	0.308（15）
桂平市	0.340（14）	0.309（17）	0.307（15）	0.319（14）	0.311（15）	0.320（10）
容县	0.408（7）	0.381（7）	0.372（6）	0.405（6）	0.348（8）	0.319（11）
陆川县	0.360（13）	0.321（14）	0.313（13）	0.333（13）	0.314（13）	0.318（12）
博白县	0.301（19）	0.265（26）	0.251（27）	0.281（21）	0.263（26）	0.255（32）
兴业县	0.361（12）	0.344（12）	0.332（10）	0.388（7）	0.354（7）	0.322（9）

续表

地区	2010	2011	2012	2013	2014	2015
北流市	0.429（6）	0.382（6）	0.367（7）	0.380（9）	0.396（6）	0.400（6）
右江区	0.436（5）	0.434（4）	0.396（5）	0.408（5）	0.416（5）	0.424（5）
田阳县	0.107（71）	0.239（32）	0.207（52）	0.243（33）	0.207（55）	0.228（48）
田东县	0.158（62）	0.237（33）	0.218（42）	0.221（45）	0.227（44）	0.238（43）
平果县	0.368（10）	0.348（11）	0.305（16）	0.299（17）	0.270（23）	0.267（25）
德保县	0.229（37）	0.200（50）	0.215（44）	0.181（60）	0.191（65）	0.198（73）
靖西市	0.133（69）	0.117（76）	0.105（76）	0.107（76）	0.131（76）	0.233（46）
那坡县	0.217（42）	0.211（44）	0.215（45）	0.243（34）	0.229（43）	0.206（69）
凌云县	0.015（79）	0.120（75）	0.128（73）	0.125（74）	0.167（73）	0.220（60）
乐业县	0.159（60）	0.165（66）	0.181（64）	0.179（62）	0.204（59）	0.223（56）
田林县	0.173（55）	0.190（56）	0.209（49）	0.201（52）	0.217（46）	0.226（51）
西林县	0.139（66）	0.143（71）	0.160（69）	0.160（66）	0.208（54）	0.215（63）
隆林县	0.139（67）	0.142（72）	0.141（71）	0.157（68）	0.189（66）	0.179（77）
昭平县	0.045（78）	0.149（69）	0.136（72）	0.140（70）	0.172（71）	0.204（71）
钟山县	0.258（27）	0.254（29）	0.234（32）	0.250（31）	0.250（29）	0.257（30）
富川县	0.147（63）	0.160（67）	0.163（68）	0.131（73）	0.175（69）	0.195（74）
金城江区	0.638（3）	0.641（3）	0.636（3）	0.649（3）	0.643（3）	0.644（3）
南丹县	0.214（43）	0.199（51）	0.202（53）	0.190（55）	0.207（56）	0.220（61）
天峨县	0.222（38）	0.250（30）	0.238（30）	0.235（37）	0.211（49）	0.214（64）
凤山县	0.200（47）	0.205（49）	0.236（31）	0.258（25）	0.282（21）	0.278（23）
东兰县	0.186（52）	0.198（52）	0.218（43）	0.234（38）	0.292（19）	0.272（24）
罗城县	0.219（40）	0.213（42）	0.229（37）	0.252（27）	0.245（34）	0.247（36）
环江县	0.167（58）	0.171（64）	0.208（51）	0.210（50）	0.241（38）	0.243（40）
巴马县	0.171（56）	0.172（63）	0.209（50）	0.226（43）	0.241（39）	0.232（47）
都安县	0.221（39）	0.209（45）	0.241（28）	0.239（35）	0.255（28）	0.250（34）
大化县	0.159（61）	0.185（60）	0.197（56）	0.233（40）	0.210（51）	0.220（62）
宜州市	0.288（22）	0.273（23）	0.285（22）	0.286（19）	0.288（20）	0.289（19）
兴宾区	0.265（26）	0.218（40）	0.231（34）	0.252（28）	0.242（35）	0.261（27）

续表

地区	2010	2011	2012	2013	2014	2015
忻城县	0.066（74）	0.065（79）	0.069（79）	0.077（79）	0.129（77）	0.164（79）
象州县	0.237（31）	0.189（31）	0.196（57）	0.210（51）	0.215（47）	0.225（52）
武宣县	0.144（65）	0.103（78）	0.101（77）	0.115（75）	0.152（75）	0.190（75）
金秀县	0.200（48）	0.209（46）	0.214（46）	0.218（46）	0.239（40）	0.247（37）
合山市	0.439（4）	0.433（5）	0.437（4）	0.439（4）	0.442（4）	0.448（4）
江州区	0.239（30）	0.248（31）	0.239（29）	0.234（39）	0.250（30）	0.259（29）
扶绥县	0.231（36）	0.217（41）	0.199（55）	0.191（54）	0.207（57）	0.222（58）
宁明县	0.136（68）	0.110（77）	0.098（78）	0.095（77）	0.129（78）	0.173（78）
龙州县	0.298（20）	0.287（21）	0.258（26）	0.251（29）	0.242（36）	0.238（44）
大新县	0.207（46）	0.189（58）	0.173（67）	0.157（69）	0.181（68）	0.210（67）
天等县	0.236（32）	0.237（34）	0.231（35）	0.251（35）	0.248（33）	0.247（38）
凭祥市	0.664（1）	0.734（2）	0.730（2）	0.753（1）	0.758（2）	0.770（2）

表 5.16 广西 2010—2015 年金融包容水平描述统计结果

年份	N	极小值	极大值	均值	标准差
2010	79	0.015	0.664	0.238	0.126
2011	79	0.065	0.734	0.249	0.119
2012	79	0.069	0.764	0.248	0.117
2013	79	0.077	0.753	0.251	0.121
2014	79	0.127	0.787	0.258	0.114
2015	79	0.164	0.799	0.271	0.108
有效的 N	79				

3. 广西金融包容指数的结果分析

第一，广西金融包容水平呈现出随时间波动上升的趋势，但整体金融包容水平偏低。虽然有少数县市在有些年份出现了金融包容水平的降低，但整体来说仍是上升趋势，均值 0.238 上升到 0.271，年均增长 2.6%，根据国际金融包容水平的划分标准 $0.5 < IFI \leq 1$ 为高水平的金融包容，$0.2 < IFI \leq 0.5$ 为中等水平的金融包容，$0 < IFI \leq 0.2$ 为低水平的金融包容。广西的金融包容程度的均值在 0.2 ~ 0.3，为中度金融包容，金融包容水平仍然偏低。金融包容指数大于 0.5 的只有

东兴市、凭祥市和金江城区,全部位于市辖区或县级市,表明了城区聚集了更多的金融资源。而忻城县、宁明县、上思县、隆林各族自治县、武宣县、富川瑶族自治县和德保县金融包容指数均在 0.2 以下,这些地方少数民族人口较为集中,地形条件相对复杂,在金融基础设施和金融服务条件上都较为落后,如忻城县每百平方公里金融机构只有 0.71,大大低于广西的平均水平。金融包容指数是相对数据,若与发达地区或者全国平均数据进行比较,这一数值可能会更低。

第二,广西各县市的金融包容水平差距较大,且大致与各地区的经济现实情况吻合。市辖区或县级市的金融包容水平较高,东兴市、凭祥市和金江城区金融包容指数分别为 0.79、0.77 和 0.64,金融包容程度较高;而忻城县、宁明县、上思县、隆林各族自治县金融包容程度在 0.16~0.18,远远落后于前面三个县市。各县市的金融包容状况地址与该地区的经济状况相符,金融包容程度高的往往处于经济发达地区,而经济落后的地区尤其是地理位置偏僻的山区则面临非常低的金融包容水平。

第三,少数民族地区的金融包容环境不容乐观。本研究选取县域数据测度金融包容水平的原因之一就是想考察少数民族地区的金融包容状况。在对各指标量化分析后发现,少数民族地区的金融包容环境较为恶劣。以 2015 年为例,在广西 12 个少数民族自治县中,100%的自治县金融包容水平低于 0.3,其中隆林各族自治县和富川瑶族自治县的金融包容水平最低,为 0.179 和 0.198,在广西全区属于落后水平。表现最好的是都安瑶族自治县和三江侗族自治县,金融包容水平为 0.25 和 0.251,这在广西全区排名中等。少数民族地区金融包容水平低的原因主要在于地理位置的偏僻和经济基础的薄弱。由于地理位置偏僻,多处于偏远山区,这些地区的金融基础设施十分落后。除龙胜各族自治县和恭城瑶族自治县外,绝大部分的自治县每万人拥有的金融机构数和每百平方公里金融机构数都小于 1,远远落后于广西的平均水平。此外,少数民族地区的存贷款额也比较低,贷款余额往往不足万元,这使得这些地区的居民难以从事经营性产业,陷入更加贫穷的恶性循环。

5.4 广西城乡收入差异的测度

根据本书第二章对城乡收入差距的概念界定,本章使用城镇居民人均可支配收入与农村居民人均纯收入之比衡量城乡收入差距,样本选自 2005—2015 年,数据来源为广西统计年鉴，详细计算结果见图5-3和表5-17。

1. 广西城乡收入差距的时间变化趋势

由图5.3可知，近十年来广西城乡居民收入均取得了大幅增长，城镇居民人均可支配收入由2005年的8917元增长到2015年的26 416元，年均增长10.38%，农村居民人均纯收入由2005年的2495元增长到2015年的9467元，年均增长12.89%。但是，农村和城镇之间的收入差距仍然较大，城乡收入的绝对差由2005年的6422元扩大到2015年的16 949元，年均增长9.22%，农村地区2015年的人均收入9467元大致与城镇地区2006年的水平相等，不过，随着农村居民收入的增长速度超过城镇居民，两者的相对差在逐步缩小，城镇居民收入与农村居民人均纯收入之间的比值在2005—2009年由3.57增长到3.88后开始逐渐减小，到2015年减小到2.79，尤其是2013—2014年的收入差距由3.43降低到2.84，降幅达17%，这反映了自国家推行的精准扶贫政策落实后收到了显著的效果，城乡收入之间差距问题有所改善。

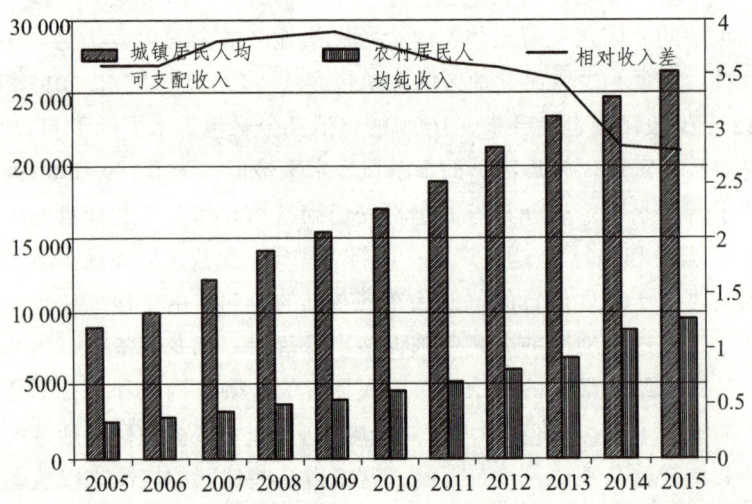

图5.3 2005—2015年广西城乡居民收入及差距变化趋势图

2. 广西城乡收入差距的地区差异分析

表5.17表明，广西各县（市）之间在城乡收入方面存在很大的差距，如平果县的城镇居民可支配收入近六年的的平均水平是33 488元，而罗城仫佬族自治县仅有14 697元，绝对差距18 791元，前者是后者的2.28倍；农村居民人均纯收入最高的是东兴市9918元，最低的是东兰县4058元，前者是后者的2.44倍，反映了不同地区间的经济水平差异。与此同时，城乡收入差距绝对差和相

对差最大的地区是平果县和隆林各族自治县,平果县城镇居民可支配收入比农村人均纯收入高出 25 100 元,隆林各族自治县的城镇居民可支配收入是农村人均纯收入的 5.03 倍,远远高于广西近六年的平均数据 3.33 倍,值得注意的是,在广西 12 个少数民族自治县中,有 10 个自治县的城乡收入相对差超过了广西的平均值,说明少数民族地区的城乡收入差距问题十分严峻。

表 5.17　2010—2015 年广西 79 个县（市）城乡收入及差距的均值和排名

地区	城镇居民可支配收入（元）	农村居民人均纯收入（元）	城乡收入绝对差距（元）	城乡相对收入差距	按相对收入差距排名
上思县	15 106	6622	8483	2.30	1
柳城县	19 462	8250	11 212	2.40	2
兴安县	23 608	9730	13 878	2.46	3
全州县	19 744	8026	11 718	2.49	4
柳江县	21 990	8609	13 381	2.59	5
博白县	19 731	7617	12 114	2.63	6
武鸣县	22 522	8592	13 930	2.64	7
桂平市	19 481	7324	12 157	2.69	8
容县	20 059	7531	12 528	2.70	9
平南县	19 973	7366	12 607	2.74	10
陆川县	20 860	7688	13 172	2.74	11
平乐县	20 363	7408	12 954	2.78	12
鹿寨县	21 654	7861	13 793	2.78	13
东兴市	27 338	9918	17 421	2.79	14
扶绥县	20 885	7448	13 438	2.82	15
兴业县	19 442	6940	12 502	2.83	16
宾阳县	21 412	7613	13 799	2.84	17
宁明县	18 150	6452	11 698	2.84	18
浦北县	21 754	7714	14 040	2.85	19
融安县	19 597	6945	12 651	2.87	20
合浦县	21 644	7535	14 109	2.89	21
灵山县	21 698	7504	14 195	2.93	22

续表

地区	城镇居民可支配收入（元）	农村居民人均纯收入（元）	城乡收入绝对差距（元）	城乡相对收入差距	按相对收入差距排名
荔浦县	23 504	8080	15 424	2.93	23
江州区	20 934	7188	13 746	2.95	24
藤县	19 741	6728	13 014	2.97	25
横县	21 982	7461	14 521	2.98	26
北流市	24 661	8371	16 290	2.98	27
灵川县	24 458	8305	16 153	2.99	28
临桂区	27 567	9327	18 240	3.00	29
右江区	20 519	6908	13 612	3.00	30
苍梧县	18 599	6185	12 414	3.04	31
恭城瑶族自治县	20 958	6940	14 017	3.04	32
岑溪市	22 033	7201	14 832	3.09	33
宜州市	20 336	6609	13 727	3.10	34
阳朔县	27 940	9079	18 861	3.11	35
大新县	20 961	6791	14 170	3.12	36
天等县	17 980	5653	12 328	3.17	37
兴宾区	23 180	7337	15 843	3.18	38
龙州县	18 494	5762	12 732	3.24	39
环江毛南族自治县	16 679	5210	11 469	3.25	40
钟山县	19 445	6034	13 411	3.26	41
永福县	24 100	7421	16 679	3.27	42
象州县	23 004	7049	15 956	3.29	43
隆安县	18 433	5632	12 801	3.31	44
合山市	20 532	6276	14 256	3.31	45
田东县	29 610	9333	20 277	3.32	46
上林县	17 859	5398	12 461	3.34	47

续表

地区	城镇居民可支配收入（元）	农村居民人均纯收入（元）	城乡收入绝对差距（元）	城乡相对收入差距	按相对收入差距排名
资源县	20 597	6213	14 384	3.35	48
武宣县	21 710	6465	15 245	3.40	49
富川瑶族自治县	19 212	5696	13 516	3.43	50
大化瑶族自治县	15 373	4495	10 878	3.43	51
昭平县	19 808	5840	13 968	3.44	52
天峨县	16 957	4945	12 012	3.45	53
田阳县	20 915	6099	14 816	3.50	54
凭祥市	22 552	6494	16 057	3.52	55
蒙山县	19 508	5623	13 885	3.53	56
马山县	18 370	5208	13 161	3.55	57
罗城仫佬族自治县	14 697	4130	10 567	3.61	58
都安瑶族自治县	15 694	4345	11 349	3.62	59
南丹县	22 661	6204	16 457	3.66	60
田林县	20 675	6810	13 866	3.67	61
那坡县	16 775	5493	11 282	3.73	62
凤山县	15 168	4086	11 082	3.74	63
靖西市	22 115	6366	15 749	3.76	64
东兰县	15 234	4058	11 175	3.79	65
忻城县	21 445	5702	15 743	3.79	66
灌阳县	20 238	5367	14 870	3.79	67
三江侗族自治县	19 336	5101	14 236	3.84	68
西林县	16 760	4435	12 324	3.85	69
巴马瑶族自治县	15 668	4088	11 580	3.85	70
金城江区	21 790	5417	16 373	4.04	71
平果县	33 488	8388	25 100	4.07	72
凌云县	19 289	6142	13 147	4.12	73
融水苗族自治县	20 194	4966	15 228	4.13	74

续表

地区	城镇居民可支配收入（元）	农村居民人均纯收入（元）	城乡收入绝对差距（元）	城乡相对收入差距	按相对收入差距排名
乐业县	20 108	6328	13 780	4.23	75
德保县	27 612	7244	20 367	4.46	76
龙胜各族自治县	22 347	4978	17 369	4.55	77
金秀瑶族自治县	22 096	4640	17 456	4.82	78
隆林各族自治县	20 767	4192	16 575	5.03	79

本章主要进行现状分析，首先从政策体系、金融规模、金融资源配置和金融创新能力四个方面分析了广西 2010—2015 年的金融包容发展现状，广西包容性的金融政策支持力度不断增强，同时金融体系不断完善，从国有商业银行业占据绝对主导地位的金融体系发展到以国有银行为主，多元化金融体系如城市商业银行、小型农村金融机构、财务公司和外资银行、新型农村金融机构等和谐共生的金融体系。金融规模不断扩大，存贷款额度平稳增长，金融对经济的贡献度逐年提高。但与全国相比还存在一定差距，如金融规模仍然偏小、金融体系的结构比较单一、金融对经济的贡献度（存贷款余额/GDP）较低、金融资源配置不均集中于城镇等，但广西金融服务的创新能力比较强，出现了很多可行性较高的金融创新产品。

本章第二节对广西 2010—2015 年的金融包容水平进行了测度，前人的研究中关于金融包容的测度一般分为六个指标，本研究主要采用了四个核心指标，包含了金融服务的地理渗透性、产品可得性和使用效用性，鉴于其余两个指标在检验中存在共线性所以没有采用，SPSS 软件检验结果显示，四个指标的方差贡献率超过了 87%，具有较好的解释性。在对结果的分析中发现：广西金融包容水平近几年逐年提升，但整体偏低，处于中低度金融包容状态，金融包容的地区差异化比较显著，有明显的城镇化倾向，市辖区和县级市金融包容水平相对较高，农村地区金融包容水平较低，少数民族地区的金融包容状态比较恶劣，需要引起重视。

第三节是对广西 2005—2015 年广西城乡收入差距的现状分析，2005—2015 为现有所有可得数据，通过数据分析发现：广西城乡居民收入不断提高，城乡居民收入的绝对差不断扩大但相对差在逐步缩小。不同地区之间城乡收入差距存在较大差异，少数民族地区城乡收入差距普遍大于普通县（市）。

5.5 广西金融包容水平对城乡居民收入差距的实证分析

在上述理论分析的基础上，利用本章广西金融包容水平和城乡收入差距计算结果，对广西金融包容水平与城乡收入差距之间的关系展开研究，通过构建面板回归模型，实证分析两者之间的关系。

5.5.1 指标选取和数据来源

（1）被解释变量。

城乡收入差距（Gap）。常见的城乡收入差距衡量指标有城镇可支配收入与农民人均纯收入比值、基尼系数和泰尔指数等。虽然泰尔指数和基尼系数都考虑了城乡不同的人口比重，但基尼系数容易低估城乡收入差距，泰尔指数容易高估城乡收入差距，因此本研究使用城镇可支配收入与农民人均纯收入比值来计算城乡差距，比值越大，城乡收入差距越大。

（2）解释变量。

金融包容指数（IFI）。使用上述计算出来的2010—2015年广西79个县（市）的金融包容结果。

（3）控制变量。

导致城乡收入差距问题的原因有很多，金融包容水平只是其中一个。本研究在借鉴城乡收入差距理论的基础上，选取四个控制变量，如表5.18所示。

表5.18 控制变量的名称、衡量方法及含义

控制变量	衡量方法	含义
产业结构（IS）	第二、三产业增加值占GDP的比重	二三产业比重越高，农民的增收能力越强，越有助于城乡收入差距的缩小
政府财政支出（GE）	政府财政支出占GDP的比重	财政支出会带来多种资源的流入，有助于改善当地经济发展状况，提升居民收入水平，因此，增加财政支出在农村力度可以缓解城乡收入差距问题
滞后一期城乡收入差距（GDPt-1）	前一期城乡收入差距	封思贤，王伟（2014）认为本期收入差距受前期影响显著，贫穷地区要缩小与富裕地区的差距，需要时间
经济发展水平（PGDP）	人均GDP	用人均生产总值代表经济发展水平，是因为经济增长可以增加就业，促进收入提高，从而有助于缓解城乡收入差距

本研究选择 2010—2015 年广西 79 个县（市）作为研究对象，考察广西金融包容水平与城乡收入差距之间的关系，金融包容水平数据来源于中国银行业监督管理委员会和广西统计年鉴整理计算，其他数据来源于广西统计年鉴。

本研究研究金融包容水平与城乡居民收入差距之间的关系，即金融包容是扩大还是缩小了城乡收入差距。因此，选取城乡收入差距（GAP）作为被解释变量，金融包容水平（IFI）作为解释变量，模型如下：

$$GAP_{i,t} = \beta_0 + \beta_1 IFI_{i,t} + \beta_2 IS_{i,t-1} + \beta_3 GE_{i,t} + \beta_4 GDP_{i,t-1} + \beta_5 PGDP_{Ii,t} + \delta_i + \varepsilon_{i,t}$$

i，t 分别表示第 i 个区县和第 t 年；δ 表示不随时间变化的各区县个体差异。$\varepsilon_{i,t}$ 为随机干扰项。

5.5.2 实证的描述性统计

表 5.19　各变量的描述性统计

指标	样本数	极小值	极大值	均值	标准差
IFI	474	0.015	0.799	0.253	0.118
GAP	474	1.113	5.574	3.299	0.654
IS	474	0.538	0.923	0.736	0.085
GE	474	0.064	0.972	0.275	0.171
GDPt-1	474	1.113	5.605	3.402	0.688
PGDP	474	4974.06	55 441.37	21 660.14	9610.40

由表 5.19 可知，金融包容水平（IFI）的均值为 0.253，表明广西处于中度金融包容水平，最小值 0.015，最大值 0.799，反映出广西不同地区间的金融包容水平差距很大。城乡收入差距（GAP）均值 3.299，最小值 1.11，最大值 5.57，说明广西目前的城乡收入差距问题比较严重。产业机构（IS）二三产业增加值占 GDP 的比重最小值 0.538，均值 0.726，说明广西目前第二、三产业在 GDP 中占据主导地位。政府财政支出（GE）占 GDP 的比重均值 27.5%，最小值 6.4%，最大值 97.2%，体现出财政支出的不均衡。滞后一期城乡收入差距（GDPt-1）均值为 3.4，小于城乡收入差距（GAP），说明城乡收入差距逐年缩小的态势。

按是否是少数民族自治县分类后，可以得到如下描述性统计结果：

表 5.20　分区域的变量描述性统计

	指标	样本数	极小值	极大值	均值	标准差
少数民族自治县	IFI	72	0.060	0.255	0.203	0.040
	GAP	72	2.856	5.574	3.868	0.646
	IS	72	0.538	0.845	0.697	0.077
	GE	72	0.176	0.842	0.404	0.145
	PGDP	72	4974.056	35 817.86	15 252.92	6758.098
	GDPt-1	72	2.904	5.605	3.982	0.678
普通县（市）	IFI	402	0.015	0.799	0.262	0.124
	GAP	402	1.113	5.494	3.197	0.602
	IS	402	0.548	0.923	0.744	0.085
	GE	402	0.064	0.972	0.252	0.166
	PGDP	402	6785.422	55 441.37	22 810.56	9600.082
	GDPt-1	402	1.113	5.546	3.298	0.637

由表 5.20 可知，少数民族自治县的金融包容水平比较低，均值 0.203 低于普通县（市），且少数民族自治县城乡收入差距较大，均值 3.868，最大值达 5.574，相同指标在普通县（市）分别为 3.197 和 5.494，表明少数民族地区城乡收入差距问题比较严重。其他指标如产业结构、人均 GDP 和滞后一期城乡收入差距普通县（市）的表现都好于少数民族地区，少数民族地区只有财政支出占 GDP 的比重高于普通县（市），但这也并不意味着政府在少数民族地区的财政投入高于普通县（市），因为这一指标只是一个相对值，普通县（市）GDP 较大，所以低估了这一指标在普通县（市）的作用力。

5.5.3　相关性分析

表 5.21 是对各变量的 pearson 相关系数分析。可以看出金融包容水平（IFI）与城乡收入差距（GAP）表现出明显的负相关，两者在1%的水平上通过了显著性检验，说明金融包容水平越高，越有利于缩小城乡收入差距。其他控制变量中，产业结构（IS）在 10%的水平上与城乡收入差距正相关，说明产业结构升级扩大了收入差距状况，这是因为当前农村仍以农业或初级加工业为主，产品的附加值较低且受气候等天气状况影响脆弱性明显，造成农民增收困难，而城镇地区多以二、三产业为主，附加值较高，居民的收入也随之较高，从而使城

乡收入差距扩大。政府财政支出（GE）在 1%的水平上与城乡收入差距正相关，这与财政支出的城镇化倾向有关。我国的工业化建设把资源集中投入在城市，这促进了城市基础设施建设及现代化进程，与之相比，投入在农村的资源则较少，从而扩大了城乡收入差距。人均生产总值（PGDP）在 1%的水平上与城乡收入差距负相关，说明随着经济发展水平的提高，城乡收入差距状态会得到改善，这是因为经济发展会创造大量的就业机会，吸纳农村地区的剩余劳动力，促进他们收入水平的提高，缩小城乡收入差距。滞后一期城乡收入差距（GDPt-1）与城乡收入差距显著正相关，因为现期城乡收入差距会受上期影响，城乡收入差距不是短期能够解决的问题，它需要较多期的持续改善。

表 5.21　各变量的 pearson 相关系数分析

	IFI	GAP	IS	GE	PGDP	GAPt-1
IFI	1					
GAP	-0.150***	1				
IS	0.341***	0.061*	1			
GE	-0.147***	0.422***	-0.396***	1		
PGDP	0.343***	-0.365***	0.514***	-0.558***	1	
GAPt-1	-0.153***	0.717***	0.057	0.375***	-0.367***	1

注：*** ** * 分别是在 1%、5%和 10%水平上显著。

5.5.4　回归结果与分析

1. 广西全区回归结果及分析

表 5-22 为全国样本的回归结果，模型 1~5 为依次加入产业结构、财政支出、人均 GDP 和滞后一期城乡收入差距后的回归结果，各模型 D-W 检验值均在 2 左右，表明不存在一阶自相关关系，VIF 处于 1-2 之间表明不存在共线性，因而上述五个模型是有效的。

模型 1~5 可以看出金融包容水平与城乡收入差距之间表现出显著的负相关关系，相关性随着控制变量的加入逐渐减弱。在模型 1 中，金融包容指数（IFI）的系数为-0.193，对应的 P 值小于 0.01，即在其他条件保持不变的条件下，金融包容指数每上升 1%，城乡收入差距缩小 0.193，金融包容水平的提升有助于解决城乡收入差距问题。在模型 2-5 中，随着控制变量的依次加入，系数从-0.150 下降至-0.057，P 值也由 0.01 上升至 0.1，显著性有所降低，说明说明产业结构、财政支出、人均生产总值和滞后期收入差距减弱了金融包容对与城乡收入差距的影响。

表 5.22　广西金融包容水平与城乡收入差距的回归结果

变量	模型1 系数（T值）	VIF	模型2 系数（T值）	VIF	模型3 系数（T值）	VIF	模型4 系数（T值）	VIF	模型5 系数（T值）	VIF
常数项	3.510***（49.760）		2.848***（10.974）		1.114***（4.179）		1.106***（4.312）		0.381***（1.795）	
IFI	−0.193***（−3.296）	1.0	−0.150***（−4.021）	1.1	−0.186***（−4.439）	1.1	−0.13***（−3.146）	1.2	−0.057*（−1.704）	1.2
IS			0.127***（2.649）	1.1	0.334***（7.387）	1.1	0.429***（9.375）	1.5	0.191***（4.797）	1.7
GE					0.526***（12.268）	1.2	0.392***（8.456）	1.5	0.208***（5.300）	1.6
PGDP							−0.322***（−6.356）	1.8	−0.116**（−2.707）	2.0
GAPt-1									0.576**（15.837）	1.4
F值	10.863***		9.009***		58.084***		57.520***		120.736***	
Durbin-WaTson	1.902		1.917		1.842		1.924		2.018	
样本数	474		474		474		474		474	

注：因变量为 GAP，***　**　　* 分别是在 1%、5%和 10%水平上显著。

模型 2~5 可以看出产业结构与城乡收入差距之间保持稳定的正相关关系，系数分别为 0.127、0.334、0.429 和 0.191，对应的 P 值均小于 0.01，说明两者之间相关关系显著。系数均为正值，说明产业结构这一变量扩大了城乡收入差距，在保持其他条件不变的情况下，产业结构每上升一个百分点，城乡收入差距会扩大 0.127，这是由于不同产业结构的"增收能力"存在差异，表 4.2 的描述性统计中可以看出产业结构的最小值和最大值分别为 0.538 和 0.923，表明不同地区的产业结构存在较大差距，农村地区产业结构不发达，主要以农业和初级加工业为主，城市地区以二三产业为主，产品的附加值较高，因而产业结构这一变量扩大了城乡收入差距。模型 3~5 可以看出政府财政支出与城乡收入差距正相关，模型 3 中保持其他条件不变的情况下，财政支出每增加 1%，城乡收入差距扩大 0.526，这主要是因为财政支出带有城市化倾向，农村地区财政投入不足，加重了城乡收入差距。模型 4~5 可以看出人均生产总值与城乡收入差距在 1%的水平上显著负相关，人均生产总值每增加 1%，城乡收入差距会降低

0.322，人均生产总值对城乡收入差距的作用十分显著，表明经济发展会因为就业机会的增加和收入水平的提高增加农村地区的收入水平，减小城乡收入差距。解释变量（金融包容指数）对城乡收入差距的影响与前文第二章理论分析一致，控制变量中人均 GDP 与城乡收入差距负相关也证明了第二章第三节金融包容对城乡收入差距的间接影响机制的正确性。

分区域的回归结果及分析：

广西作为五个少数民族自治区之一，少数民族人口总数居于全国首位，为了更好地了解少数民族地区的金融包容对城乡收入差距是否存在积极效应及效应大小，在此将全区样本按照是否是少数民族自治县划分为两个样本：普通县（市）和少数民族自治县，具体回归结果如表 5.23 所示：

表 5.23 分区域的广西金融包容水平与城乡收入差距的回归结果

变量	全区 系数（T值）	VIF	普通县市 系数（T值）	VIF	少数民族自治县 系数（T值）	VIF
常数项	0.381***（1.795）		0.541**（2.335）		−0.211**（−1.531）	
IFI	−0.057*（−1.704）	1.2	−0.134***（−3.409）	1.153	−0.001（−0.035）	1.600
IS	0.191***（4.797）	1.7	0.282***（5.863）	1.717	0.039**（2.060）	1.445
GE	0.208***（5.300）	1.6	0.283***（6.208）	1.538	0.059**（2.864）	1.709
PGDP	−0.116**（−2.707）	2.0	−0.155***（−3.125）	1.825	0.033*（1.839）	1.310
GAPt-1	0.576**（15.837）	1.4	0.419***（9.665）	1.394	0.974***（53.351）	1.348
F 值	120.736***		69.353***		796.269***	
Durbin-WaTson	2.018		1.906		1.923	
样本数	474		402		72	

注：*** ** * 分别是在 1%、5% 和 10% 水平上显著。

表 5.23 为全区样本及按是否是少数民族自治县划分的样本，各模型 D-W 检验值均在 2 左右，表明不存在一阶自相关关系，VIF 处于 1~2 表明不存在共线性，因而上述五个模型是有效的。

回归结果显示，金融包容水平与城乡收入差距整体上呈现负相关的关系，金融包容水平每上升 1%，城乡收入差距会缩小 0.057，即金融包容水平的提高有助于缩小城乡收入差距。分区域的样本回归模型对此则展示了不同的结果，在普通县（市），金融包容水平与城乡收入差距存在显著的负相关关系，相关系数为-0.134，P值0.008小于1%，表明在其他条件不变的条件下，金融包容水平上升1%会使城乡收入差距缩小0.134；而在少数民族地区，相关系数为-0.001，对应的P值0.972大于10%，金融包容水平对城乡收入差距的影响未能通过显著性检验，表明在少数民族地区，金融包容与城乡收入差距之间并不存在明显的线性相关关系，在第二章第三节金融包容对城乡收入差距的影响机制分析中提到，金融包容对与城乡收入差距主要通过直接和间接两种机制，直接机制的发挥依赖于金融机构地理覆盖度上的提高和金融服务使用效用性上的满足，而在第三章金融包容现状时发现少数民族地区的金融服务可得性非常低，金融机构在少数民族地区设置的金融网点非常少，而且与城镇地区相比少数民族地区存贷款余额占GDP的比重也非常低，这说明了在少数民族地区金融基础设施十分薄弱，金融服务的使用效用性暂且不论，可得性都很困难，这使金融包容在这些地区的影响十分微弱，不足以对城乡收入差距产生作用，没能缩小城乡收入差距。

此外，产业结构（IS）对城乡收入差距在全区及分区域的样本中均通过了显著性检验，全区（0.191）、普通县（市）（0.282）、少数民族地区（0.039）均为正值，说明在这些地区都表现出产业结构扩大城乡收入差距的现象，只是影响程度存在差异。普通县（市）产业结构的相关系数为0.282，表明在其他条件不变的情况下，产业结构每上升1%，城乡收入差距会扩大0.282，少数民族地区这一系数为0.039，小于普通县（市），这是因为少数民族地区产业结构相对不发达，相比普通县（市）来说产业结构带来的收入增加较少，因而对城乡收入差距的影响比较微弱。

政府财政支出（GE）对城乡收入差距在全区及分区域的样本都表现出了明显的正相关效果，全区（0.208）、普通县（市）（0.283）、少数民族地区（0.059）均为正值，说明在这些地区都表现出政府财政支出扩大城乡收入差距的现象，前文中也分析到，政府财政支出的城镇化倾向把更多的资源投向到城市，对农村支援力度不足，从而扩大了城乡收入差距。在少数民族地区政府财政支出对城乡收入差距的正相关关系虽然通过了显著性检验，但数值较小，只有0.059，说明了政府在少数民族地区的资源整体投入偏小，未来的财政支出需要向少数民族地区倾斜。

经济发展水平（PGDP）对城乡收入差距在全区及普通县（市）表现出负相关，表明在全区及普通县（市）随着经济发展和人均生产总值的提高，城乡收入差距会逐步缩小，这与第二章第三节中论述的经济增长对城乡收入差距的影响是积极的相符合。但这一效应在少数民族地区却不显著，究其原因，可能是由于少数民族地区经济发展水平还比较落后，现有经济发展主要在城镇地区，还没有能力吸纳农村地区的劳动力，造成农村地区增收困难，城乡收入差距扩大。

最后，滞后一期城乡收入差距（GAPt-1）对城乡收入差距在全区及分区域的样本都表现出了明显的正相关效果，全区（0.576）、普通县（市）（0.419）、少数民族地区（0.974）均为正值，说明在这些地区都表现出滞后一期城乡收入差距扩大城乡收入差距的现象，其中少数民族地区系数最大，为0.974，说明滞后期城乡收入差距在少数民族地区影响较大，这是因为少数民族地区城乡收入差距问题更加严重，造成在计算时会产生较大的系数。

本章主要对金融包容水平对城乡收入差距的影响进行了分析。实证分析发现：金融包容水平与城乡收入差距之间表现出显著的负相关关系，相关性随着控制变量的逐个加入而逐渐减弱，说明产业结构、财政支出、人均生产总值和滞后期收入差距减弱了金融包容对与城乡收入差距的影响。分区域的样本模型显示，这一效应在普通县（市）更为显著，在少数民族自治县则没有表现出两者的相关关系。其他控制变量中产业结构、财政支出和滞后一期城乡收入差距扩大了城乡收入差距，经济发展水平缩小了城乡收入差距。

5.6 湖南金融包容与城乡收入差异测度

在上述对广西的金融包容与城乡收入差异实证的基础上，运用不同计量方法对湖南省的金融包容水平和城乡收入差异进行实证，以期找到共同点。

5.6.1 金融包容水平指标的构建

Beckl（2007）最先从银行服务的可获得性和银行服务的使用情况两个维度8个指标来衡量一个地区普惠金融的发展水平，金融包容全球合作伙伴（GPFI）在2012年提出的金融服务的可得性、使用情况和服务质量三个维度9个指标内容 的指标内容的指标体系，以及金融包容联盟（AFI）提出的由金融服务可获得性和金融服务使用情况两个维度5个指标的指标体系。

在此，借鉴Sama（2008）所构建的关于普惠金融发展指数的计算方法，即假设金融包容有n（$n \geqslant 1$）个维度，B_n表示第n个维度，本文根据我国经济金融业的发展状况以及数据的可获得性，结合其他学者金融指标体系的构建，从渗透性、服务可得性、使用效用性 3 个维度构建了金融包容水平指标体系，数据收集了湖南省 14 个市（自治州）的面板数据，银行业的数据来源于银监会，其他数据来源于《湖南省统计年鉴》，见表 5.24～表 5.35。

表 5.24　湖南省各市、州银行网点统计表（单位：个）

分市州	2010	2011	2012	2013	2014	2015
长沙市	1251	1290	1336	1395	1572	1614
株洲市	570	576	583	593	607	619
湘潭市	910	920	930	940	976	1007
衡阳市	863	875	880	884	898	908
邵阳市	1512	1520	1536	1538	1547	1560
岳阳市	1299	1113	1115	1122	1130	1136
常德市	1220	1293	1315	1333	1379	1408
张家界市	409	415	423	430	434	436
益阳市	568	574	577	583	589	594
郴州市	609	622	632	639	651	663
永州市	636	648	653	656	659	670
怀化市	1253	1298	1309	1313	1320	1332
娄底市	442	444	450	453	459	467
自治州	378	393	401	405	410	418
全省	11 920	11 981	12 140	12 284	12 631	12 832

表 5.25　湖南省各市、州从业人员统计表（单位：人）

分市州	2010	2011	2012	2013	2014	2015
长沙市	9391	10706	10719	11546	5165	4652
株洲市	1338	1436	1496	1521	219	144
湘潭市	3152	679	700	781	640	121
衡阳市	1062	1188	1314	1465	1151	987
邵阳市	2530	3313	3518	2716	3479	3403
岳阳市	3558	2590	1903	1944	2142	1647
常德市	2636	523	529	477	193	558
张家界市	666	922	844	999	1014	769
益阳市	1547	464	540	454	479	475

续表

分市州	2010	2011	2012	2013	2014	2015
郴州市	1650	1210	1269	2739	2289	2194
永州市	2901	4639	5683	4489	4255	1497
怀化市	2848	2383	2587	2659	1950	1576
娄底市	2408	1511	1444	1520	1060	108
自治州	1339	1093	658	734	359	151
全省	39 036	32 677	33 212	34 044	24 395	18 282

表 5.26　金融机构人民币存款余额（单位：亿元）

分市州	2010	2011	2012	2013	2014	2015
长沙市	6375.59	7294.24	8730.49	10 077.24	11 145.43	13 929.52
株洲市	1129.09	1351.12	1581.95	1835.46	2057.57	2401.95
湘潭市	775.83	923.59	1123.60	1391.08	1539.35	1771,13
衡阳市	1299.90	1522.16	1786.64	2096.06	2386.82	2760.00
邵阳市	946.30	1113.10	1317.51	1508.32	1733.80	2055.70
岳阳市	781.20	946.50	1133.17	1309.59	1471.35	1728.28
常德市	961.43	1152.23	1390.15	1629.05	1921.41	2244.69
张家界市	234.45	291.94	343.40	400.32	461.52	539.97
益阳市	606.28	727.73	873.67	1021.83	1156.48	1360.57
郴州市	994.53	1117.38	1309.85	1511.50	1671.48	1929.32
永州市	721.35	841.42	997.34	1169.93	1336.57	1571.37
怀化市	675.35	812.32	978.46	1127.17	1245.24	1476.95
娄底市	653.73	772.09	903.17	1017.45	1122.37	1282.18
自治州	360.34	442.97	544.97	627.68	720.35	862.50
全省	16 553.78	19 334.70	23 037.07	26 756.64	30 073.36	36 009.09

表 5.27　居民储蓄存款（单位：亿元）

分市州	2010	2011	2012	2013	2014	2015
长沙市	1127.28	2484.20	2981.31	3482.97	3870.37	4310.42
株洲市	389.65	793.06	948.31	1097.60	1224.11	1352.60
湘潭市	338.83	587.59	706.94	829.75	934.95	1043.75

续表

分市州	2010	2011	2012	2013	2014	2015
衡阳市	584.37	1110.91	1314.50	1523.61	1718.80	1917.01
邵阳市	408.70	805.93	954.35	1102.03	1269.37	1442.60
岳阳市	282.96	622.69	745.63	859.82	963.33	1087.77
常德市	374.09	781.07	940.15	1112.88	1373.48	1440.92
张家界市	72.09	184.95	226.02	265.58	307.38	351.39
益阳市	249.13	500.33	613.02	731.96	840.20	968.98
郴州市	336.96	755.23	880.80	1004.82	1125.00	1229.19
永州市	295.28	628.28	749.43	866.91	992.30	1120.97
怀化市	226.21	565.88	692.21	807.11	919.31	1031.40
娄底市	242.21	477.78	559.39	638.26	769.77	893.53
自治州	93.33	283.19	345.52	407.05	466.55	528.60
全省	9022.58	10 584.81	12 662.68	14 737.93	16 715.17	18 726.28

表 5.28 金融机构人民币贷款余额（单位：亿元）

分市州	2010	2011	2012	2013	2014	2015
长沙市	6187.40	7261.87	8267.15	9344.00	10 377.71	11 927.56
株洲市	550.63	670.48	806.72	926.45	1109.27	1231.42
湘潭市	532.16	642.77	814.00	974.70	1112.81	1256.07
衡阳市	530.71	608.71	695.73	854.95	1012.30	1180.85
邵阳市	347.42	424.11	523.14	641.65	747.82	886.85
岳阳市	434.17	505.11	580.28	671.38	771.97	883.02
常德市	480.54	544.57	640.50	798.23	922.70	1080.37
张家界市	188.03	218.06	246.77	289.80	338.57	370.72
益阳市	312.44	359.06	423.72	504.66	549.23	616.77
郴州市	369.10	458.54	560.40	661.78	758.25	922.73
永州市	361.95	401.30	426.77	554.09	639.94	791.83
怀化市	356.08	425.92	521.85	619.10	694.83	832.24
娄底市	388.06	452.79	530.35	621.09	695.05	778.67
自治州	161.90	185.34	222.90	259.17	320.22	423.78
全省	11 303.76	13 186.68	15 336.52	17 774.99	20 356.39	23 738.58

表 5.29　湖南各地 GDP（单位：亿元）

分市州	2010	2011	2012	2013	2014	2015
长沙市	4547.06	5619.33	6399.91	7153.13	7824.81	8510.13
株洲市	1275.48	1564.27	1761.32	1949.43	2161.01	2335.11
湘潭市	894.01	1124.14	1282.39	1443.06	1570.56	1703.10
衡阳市	1420.34	1734.30	1957.70	2169.44	2396.55	2601.58
邵阳市	727.29	907.23	1028.41	1130.04	1261.61	1387.00
岳阳市	1539.36	1899.49	2199.92	2435.51	2669.34	2886.28
常德市	1491.57	1811.19	2038.50	2264.94	2514.15	2709.02
张家界市	242.48	298.04	338.99	365.65	410.02	447.70
益阳市	712.28	883.63	1020.28	1123.13	1253.15	1354.41
郴州市	1081.76	1346.38	1517.27	1685.52	1872.58	2012.07
永州市	767.01	945.39	1059.60	1175.45	1301.45	1418.18
怀化市	674.92	845.63	1001.07	1117.67	1181.24	1273.66
娄底市	678.71	847.26	1002.66	1118.17	1210.24	1291.66
自治州	303.54	361.37	397.51	418.94	457.00	497.44
全省	15 000	19 635.2	22 154.2	24 500	27 000	29 000

表 5.30　人均个人消费信贷

分市州	2010	2011	2012	2013	2014	2015
长沙市	1.24	1.53	1.74	2.01	2.30	2.63
株洲市	0.20	0.27	0.35	0.43	0.54	0.65
湘潭市	0.17	0.23	0.26	0.32	0.39	0.45
衡阳市	0.06	0.09	0.12	0.16	0.22	0.28
邵阳市	0.03	0.04	0.06	0.09	0.12	0.17
岳阳市	0.05	0.07	0.10	0.13	0.17	0.22
常德市	0.08	0.11	0.14	0.18	0.23	0.27
张家界市	0.16	0.21	0.26	0.33	0.41	0.46
益阳市	0.05	0.07	0.08	0.12	0.16	0.18
郴州市	0.08	0.10	0.13	0.18	0.25	0.32
永州市	0.05	0.07	0.09	0.14	0.20	0.26
怀化市	0.07	0.10	0.13	0.15	0.25	0.32

续表

分市州	2010	2011	2012	2013	2014	2015
娄底市	0.07	0.11	0.14	0.20	0.23	0.27
自治州	0.07	0.08	0.09	0.13	0.19	0.23
全省	0.20	0.26	0.31	0.38	0.46	0.55

表 5.31 城镇化率（单位：%）

年份	2010	2011	2012	2013	2014	2015
长沙市	0.677	0.685	0.694	0.706	0.723	0.744
株洲市	0.555	0.575	0.591	0.601	0.610	0.621
湘潭市	0.501	0.521	0.540	0.551	0.565	0.583
衡阳市	0.445	0.470	0.479	0.481	0.485	0.492
邵阳市	0.328	0.341	0.361	0.380	0.399	0.420
岳阳市	0.460	0.478	0.493	0.508	0.523	0.540
常德市	0.389	0.401	0.429	0.444	0.459	0.476
张家界市	0.362	0.392	0.411	0.422	0.433	0.446
益阳市	0.399	0.411	0.421	0.433	0.448	0.464
郴州市	0.417	0.433	0.453	0.470	0.486	0.503
永州市	0.354	0.379	0.399	0.413	0.425	0.442
怀化市	0.361	0.378	0.390	0.335	0.413	0.427
娄底市	0.350	0.375	0.392	0.410	0.423	0.438
湘西州	0.347	0.361	0.376	0.388	0.399	0.411
总数	0.433	0.451	0.466	0.480	0.493	0.509

表 5.32 产业结构

年份	2010	2011	2012	2013	2014	2015
长沙市	0.956	0.957	0.957	0.959	0.960	0.960
株洲市	0.903	0.915	0.918	0.920	0.923	0.923
湘潭市	0.893	0.909	0.914	0.916	0.919	0.917
衡阳市	0.814	0.832	0.835	0.844	0.850	0.848
邵阳市	0.761	0.749	0.754	0.775	0.785	0.784
岳阳市	0.860	0.868	0.883	0.889	0.892	0.890

续表

年份	2010	2011	2012	2013	2014	2015
常德市	0.812	0.837	0.852	0.857	0.866	0.869
张家界市	0.871	0.870	0.875	0.876	0.884	0.884
益阳市	0.772	0.781	0.800	0.808	0.815	0.814
郴州市	0.883	0.888	0.896	0.901	0.904	0.902
永州市	0.752	0.759	0.770	0.776	0.783	0.782
怀化市	0.856	0.847	0.855	0.858	0.855	0.855
娄底市	0.853	0.844	0.850	0.855	0.856	0.854
湘西州	0.837	0.850	0.851	0.847	0.849	0.848
总数	0.950	0.978	0.918	0.927	0.928	0.936

表 5.33 财政支出

年份	2010	2011	2012	2013	2014	2015
长沙市	0.089	0.093	0.098	0.098	0.103	0.109
株洲市	0.123	0.123	0.131	0.133	0.135	0.150
湘潭市	0.119	0.119	0.124	0.127	0.130	0.136
衡阳市	0.147	0.150	0.155	0.168	0.172	0.189
邵阳市	0.222	0.215	0.241	0.272	0.275	0.312
岳阳市	0.107	0.108	0.107	0.115	0.118	0.130
常德市	0.119	0.123	0.125	0.140	0.144	0.157
张家界市	0.227	0.229	0.238	0.240	0.260	0.299
益阳市	0.164	0.162	0.169	0.179	0.189	0.203
郴州市	0.149	0.163	0.164	0.180	0.188	0.188
永州市	0.188	0.191	0.208	0.219	0.234	0.249
怀化市	0.216	0.214	0.165	0.230	0.238	0.267
娄底市	0.157	0.155	0.165	0.169	0.168	0.184
湘西州	0.343	0.349	0.380	0.416	0.450	0.495
总数	0.180	0.179	0.186	0.191	0.186	0.198

表 5.34 经济发展水平

年份	2010	2011	2012	2013	2014	2015
长沙市	64 582.5	79 249.3	89 551.81	99 054.62	107 020.6	11 4509.7
株洲市	33 068.37	40 307.93	45 085.75	49 547.08	54 558.56	58 370.45
湘潭市	32 483.47	40 663.41	46 112.55	51 545.22	55 836.18	60 314.48
衡阳市	19 869.34	24 201.79	27 192.92	29 923.31	32 814.17	35 455.95
邵阳市	10 284.51	12 764.94	14 343.24	15 694.13	17 475.27	19 100.21
岳阳市	28 110.52	34 628.73	39 831.25	43 812.02	47 708.53	51 273.36
常德市	26 101.04	31 594.56	35 390.63	39 018.4	43 118.44	46 356.37
张家界市	16 404.84	20 001.34	22 567.74	24 176.81	26 992.76	29 376.64
益阳市	16 534.27	20 480.95	23 495.76	25 683.87	28 535.81	30 710.85
郴州市	23 601.18	29 236.08	32 751.31	36 128.87	39 914.31	42 536.68
永州市	14 764.96	18 136.98	20 151.38	22 067.55	24 158.64	26 118.94
怀化市	14 233.71	17 798.99	20 964.82	19 187.47	24 255.44	25 984.58
娄底市	17 933.47	22 336.29	26 302.04	29 165.34	31 414.41	33 360.71
湘西州	11 905.4	14 102.24	15 400.2	16 111.84	17 440.09	18 881.76
总数	22 830.7	29 770.15	33 370.14	36 618.54	40 075.76	42 753.75

表 5.35 人口（单位：万人）

年份	2010	2011	2012	2013	2014	2015
长沙市	704.07	709.07	714.66	722.14	731.15	743.18
株洲市	385.71	388.08	390.66	393.45	396.09	400.05
湘潭市	275.22	276.45	278.10	279.96	281.28	282.37
衡阳市	714.84	716.60	719.93	725.00	730.34	733.75
邵阳市	707.17	710.72	717.00	720.04	721.94	726.17
岳阳市	547.61	548.53	552.31	555.90	559.51	562.92
常德市	571.46	573.26	576.00	580.48	583.08	584.39
张家界市	147.81	149.01	150.21	151.24	151.90	152.40
益阳市	430.79	431.44	434.24	437.29	439.15	441.02
郴州市	458.35	460.52	463.27	466.53	469.15	473.02
永州市	519.48	521.25	525.82	532.66	538.71	542.97
怀化市	474.17	475.10	477.50	582.50	487.00	490.16

续表

年份	2010	2011	2012	2013	2014	2015
娄底市	378.46	379.32	381.21	383.39	385.25	387.18
湘西州	254.96	256.25	258.12	260.02	262.04	263.45
总数	6570.10	6595.60	6638.93	6690.60	6737.24	6783.03

表 5.36　衡量金融包容水平指标构成

衡量指标　　具体指标	计算方法
渗透性： 每万人银行网点数 每万人拥有的从业人员数	该地区银行网点数/该地区人口数（个/万人） 银行从业人员/总人数（每万人）
服务可得性： 每人金融机构余额 人均储蓄存款	金融机构贷款余额/人口数（万元/每人） 储蓄存款余额/人口数（万元/每人）
使用效用性：存贷比 贷款余额占 GDP 比重 人均个人消费信贷	贷款余额/存款余额（%） 贷款余额/GDP（%） 个人消费贷款余额/总人数（万元/人）

5.6.2　湖南省的金融包容水平的测度

假设金融包容有 n 个具体指标 X_i（i=1，2，…，n），每个维度的计算公式为：

$$A_i = \frac{X_i - MI_i}{MA_i - MI_i}$$

其中，X_i 为第 i 个金融维度的取值，MA_i 是第 i 个维度的最大值，MI_i 是第 i 个维度的最小值，所以，X_i 介于最大值和最小值之间的取值。从上面公式可知，$0 \leq A_i \leq 1$。当 A_i 为零时，表明该地区金融包容水平最低，存在完全金融排斥的现象；当 A_i 为 1 时，表明该地区金融包容水平最高，存在完全金融包容的现象

构建金融包容指数就是计算各个维度的测算值和最理想值之间的差距，并把所有差距整合形成一个测度结果，公式为：

$$IFI = \sum_{i=1}^{n} W_i A_i \quad i = 1,2,\cdots,n$$

其中，W_i 是第 i 个金融维度的权重。

由上面的公式可知，测算金融包容指数的关键是测算各个维度的权重，因

此，采用客观赋权法中的变异系数法来计算各个金融维度的权重。变异系数法是利用变异系数来进行评价，变异系数越大赋予的权重也就越大，反之变异系数越小赋予的权重也就越小，单个维度的权重用该维度的变异系数占所以维度的变异系数之和的比值来表示，公式为：

$$W_i = \sum_{i=1}^{n} CV_i, \quad i=1, 2, \cdots, n$$

其中 CV_i 表示各维度的变异系数。表示各个金融维度变异系数的加总之和，$CV_i = \dfrac{S_i}{\overline{x}}$。$S_i$ 表示标准差，$\overline{X}$ 表示均值。

根据以上公式计算出金融包容水平评价指标权重，见表 5.37。

表 5.37 金融包容水平评价指标权重

衡量维度	平均值	标准差	变异系数	权重
B1	1.84	0.033	0.017	0.01
B2	4.55	1.07	0.24	0.14
B3	2.53	0.60	0.24	0.14
B4	2.05	0.48	0.23	0.13
B5	0.67	0.01	0.02	0.01
B6	0.73	0.05	0.67	0.38
B7	0.36	0.12	0.34	0.19

利用 5.37 表求得的各个维度权重的数值，根据湖南省 14 个市（自治州）2010—2015 年相关数据，对湖南省各市的金融包容指数进行测度，具体结果见表 5.38。金融包容指数只是一个相对的指数，主要便于同一个地区纵向时间序列以及同一时间横向不同的地区之间的比较，不能根据指数的数值就来判断金融包容水平的高低，只能说明不同时期或不同地区之间金融包容水平的差距，如果某个地区的金融包容指数达到 1 也不能说明该地区的金融包容已经发展到了最高水平，反之一个地区的测量指数为 0，也不能说明该地区的金融包容是最低的。

表 5.38 湖南省 2010—2015 年金融包容水平

市、县	2010	2011	2012	2013	2014	2015
长沙市	0.99	0.99	0.99	1.00	0.98	0.99
株洲市	0.19	0.19	0.21	0.21	0.20	0.19

续表

市、县	2010	2011	2012	2013	2014	2015
湘潭市	0.38	0.25	0.28	0.31	0.32	0.27
衡阳市	0.09	0.07	0.08	0.09	0.11	0.12
邵阳市	0.12	0.12	0.14	0.15	0.20	0.23
岳阳市	0.09	0.05	0.04	0.05	0.08	0.08
常德市	0.10	0.05	0.05	0.08	0.07	0.09
张家界市	0.27	0.28	0.28	0.32	0.38	0.35
益阳市	0.11	0.06	0.07	0.08	0.08	0.09
郴州市	0.10	0.09	0.10	0.14	0.17	0.20
永州市	0.15	0.15	0.16	0.16	0.23	0.16
怀化市	0.17	0.15	0.17	0.16	0.21	0.22
娄底市	0.21	0.16	0.16	0.16	0.18	0.14
自治州	0.14	0.13	0.13	0.16	0.18	0.21
全省	0.38	0.27	0.28	0.30	0.32	0.32

数据来源：使用 Eviews 根据 2010—2015 年的各个指标的数据计算所得。

横向比较各市之间的测度结果，发现湖南省各地区之间金融包容水平存在着很大的差距，以 2015 年为例，金融包容程度最高的金融包容水平指数测度值为 0.99，最低的为 0.08。

纵向按时间序列比较各地区之间的金融包容指数，2015 年和 2010 年相比，湖南省的金融包容水平有些省份呈现上升的趋势，但上升的幅度不是很明显，提升幅度最大的是邵阳市，邵阳 20110 年的金融包容水平为 0.12,2015 年为 0.23，这期间上升了 0.11，其次是张家界、郴州。

从整个湖南省地区来看，金融包容水平略有减小。这主要是由于我国商业银行进行改革造成的，大量的从业人员被裁，导致商业银行的从业人员的大幅度减少，以及受互联网金融的冲击，导致银行资产的下降，放贷能力下降等因素的影响。总体来看，湖南省金融包容水平很低，金融包容全省基本处于低度到中低度水平，金融排斥问题严重。

5.6.3 湖南省城乡居民收入差距分析

1. 金融包容下的湖南省城乡居民差距的演变过程

改革开放以来，湖南省的经济社会取得了较大的发展，金融包容的发展使得湖南省城乡居民之间的收入差距呈现减小的趋势。2010 年,湖南省的城镇居民人均可支配收入为 218 812 元,农村居民人均可支配收入为 78 894.1 元;2015 年,湖南省的城镇居民人均可支配收入为 351 789 元,农村居民人均可支配收入为 166 030 元。湖南省的城乡居民收入差距也由 2010 年的 2.773 缩小到 2015 年的 2.119。总体上呈现缩小的趋势。相关数据见表 5-39。

表 5.39　湖南省城乡居民收入差距

年份 分市州	2010	2011	2012	2013	2014	2015
长沙市	2.036	1.974	1.921	1.708	1.695	1.693
株洲市	2.565	2.426	2.362	2.223	2.181	2.173
湘潭市	2.310	2.170	2.081	1.958	1.921	1.905
衡阳市	2.166	2.100	2.015	1.877	1.840	1.840
邵阳市	3.111	3.106	3.010	2.545	2.484	2.417
岳阳市	2.891	2.783	2.656	2.134	2.090	2.084
常德市	2.751	2.637	2.475	2.157	2.108	2.087
张家界市	3.463	3.444	3.419	2.925	2.851	2.745
益阳市	2.742	2.559	2.484	1.869	1.830	1.828
郴州市	2.946	2.826	2.701	2.232	2.190	2.168
永州市	2.972	2.865	2.781	2.090	2.043	2.038
怀化市	3.557	3.229	3.118	3.015	2.966	2.873
娄底市	4.466	4.276	4.030	2.646	2.594	2.523
湘西州	3.818	3.698	3.556	3.130	3.038	2.898
全省	2.773	2.652	2.654	2.185	2.143	2.119

数据来源:《湖南省统计年鉴》,2010—2015 年。

图 5.4 显示出了改革开放以来湖南省城乡居民收入差距的变化过程。大致分为四个阶段:第一个阶段为 1978—1984 年,湖南省城乡居民收入差距呈现缩小的趋势;第二个阶段为 1985—1995 年,湖南省城乡居民收入呈现出大幅度上升的趋势;第三个阶段为 1995—2000 年,城乡居民收入呈现小幅度的下降趋势;第四个阶段为 2000 年至今,城乡居民收入呈现稳步的下降趋势。从图 5-4 可以看出从 2008 年开始,湖南省的城乡居民收入开始出现下降的趋势,结合表 5-39 可以说明随着金融服务惠及偏远地区、低收入人群,城乡居民收入差距逐渐缩

小,但湖南省整体的差距仍然保持在 2 倍以上。

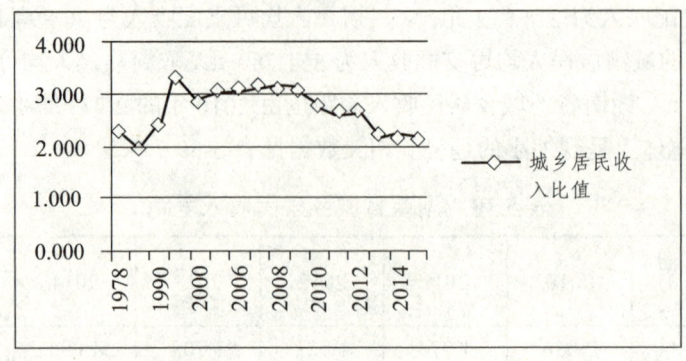

数据来源:《湖南省统计年鉴》,2010—2015 年。

图 5.4　湖南省城乡居民收入差距

2. 湖南省的城乡居民收入的区域比较

为了更加深入的研究基于金融包容的视角下湖南省地区的城乡居民收入差距,对湖南省各个市的城乡居民收入差距进行对比。根据 2010—2015 年的各市的城乡居民收入差距的数值算得的算术平均数来进行比较各市的城乡居民收入差距,如表 5.40:

表 5.40　湖南省的城乡居民收入差距的区域数据

长沙市	衡阳市	湘潭市	益阳市	株洲市	常德市	岳阳市	永州市	郴州市	邵阳市	怀化市	张家界	湘西州	娄底市
1.84	1.97	2.06	2.22	2.32	2.37	2.44	2.46	2.51	2.78	3.13	3.14	2.36	3.42

数据来源:根据 2010—2015 年的湖南省城乡收入差距的数据计算所得。

从表 5.40 可知,经济较发达的地区如长沙的城乡居民之间的收入差距较小,如娄底、湘西这些经济落后的地区,金融服务难以惠及的地区,城乡居民收入差距较大。从这些数据可知:金融包容水平越高,城乡收入差距越小。造成这种现象的原因可能是偏远地区的金融包容水平还较低,政府应该加大力度对这些地区金融机构的发展;还有可能是受城乡二元体制等多种因素的影响,农村地区的金融发展对农村经济的促进作用受到了抑制。

5.6.4　湖南省的金融包容与城乡收入差异关系的实证分析

在上述的关于金融包容与城乡居民收入差距之间的关系进行了分析,发现如张家界的金融包容水平为 0.35，但城乡居民收入差距较大，在全省各市的排名中位于倒数第三，关于影响城乡收入的原因还有待实证考量，本研究将构建合适的计量指标，采用面板数据模型进行实证分析。

1. 变量的定义

城乡居民收入差异（GAP）：衡量城乡收入差异的指标中误差最小的包括：基尼系数、城乡居民收入比、泰尔指数。许多学者主要选择泰尔指数和城乡居民收入比，尽管有学者认为，城乡居民收入比无法反映中国城乡收入差异变动的实际值，但有研究证明，最后结果基本一致，本研究测算城乡收入差异选择用城镇居民人均可支配收入与农村居民人均纯收入的比来衡量。城乡收入差异与城乡居民比成正比，即 GAP 数值越大城乡居民收入差异越大。

金融包容水平（IFI）：金融的发展惠及很多的企业和个人，金融发展水平越高，金融包容性越强。由于惠及了更多偏远地区的人们，促进了农村的经济发展，增加了农民的收入，所以，金融的发展对城乡居民收入差距的缩小起着很重要的作用。

控制变量：城乡居民收入差距不仅受金融包容的涌向，还受城镇化率、产业结构、教育水平等因素的影响，本研究只选取其中几个具有代表性的指标进行研究。

城镇化率（UR），UR 指城镇人口和总人口的比值，UR 数值越大说明该地区的城镇化水平越高，说明更多地区的农民从农业中解放了，农村劳动力的生产效率提高了，农民的收入水平上了一个台阶。

产业结构（IND）：产业结构影响收入水平，第二、第三产业比重越高，农民的增收能力越强，缩小了城乡居民收入差距。此指标用第二、第三产业产值占生产总值的比重来表示。

财政支出（TAX）：该指标用财政的支出与生产总值的比值来表示的，财政支出越多，表面市场上的货币数量越多，这是政府为了促进经济的发展，而这更加有利于城镇经济的发展，所以会加大城乡之间的差距。

经济发展水平（RGDP）：指生产总值与总人口之间的比值，经济发展水平越高即其数值越大，因为经济发展水平较高的地方，农村的劳动力将得到更多的就业机会，这样有利于减小城乡居民收入之间的差距。

各变量定义可详见表 5.41。

表 5.41　各变量定义表

变量类型	变量名称	变量含义
被解释变量	城乡居民收入差异（GAP）	人均城镇可支配收入/农民纯收入
解释变量	金融包容水平（IFI）	三个维度的测算值
控制变量	城镇化率（UR）	城镇人口/总人口
	产业结构（IND）	第二、三产业产值/GDP
	财政支出（TAX）	政府财政支出/GDP
	经济发展水平（RGDP）	生产总值/总人口

2. 实证模型的构建、数据的来源及描述性统计

（1）实证模型的构建。

本研究文实证研究了湖南省金融包容对城乡收入差距的影响的研究，采用面板模型进行估计，同时考虑了城镇化率等变量对城乡收入差距产生的影响，所以，本文建立的面板数据模型为：

$$GAP_{i,t} = \beta_0 + \beta_1 IFI_{i,t-1} + \beta_2 UR_{i,t} + \beta_3 TAX_{i,t} + \beta_4 RGDP_{i,t} + \varepsilon_{i,t}$$

其中，i 表示第 i 个市，t 表示年份，为随机干扰项。GAP 表示城乡居民收入差异，IFI 表示金融包容，UR 表示城镇化率，TAX 表示财政支出，RGDP 表示经济发展水平。

（2）数据来源及描述性统计。

本研究以 2010—2015 年湖南省各市为研究对象，数据来源湖南省各年度的《金融运行报告》、国家统计局以及统计局发布的历年的《统计年鉴》。

由表 5.42 的各变量的描述性统计结果可知，由于湖南省各个地区的经济发展程度不同，地区的城乡收入差距也会不一样。上表的城乡收入差距变量 GAP 的均值为 2.775，标准差为 0.127，最大值为 3.692，最小值为 1.691，说明湖南省的城乡收入差距较大。金融包容水平的均值为 1.045，标准差为 0.232，波动较小，说明湖南省的金融发展水平提升速度较慢，发展水平还不是很高，近几年湖南省产业结构，逐渐由第一产业向第二、三产业转化，产业结构的转化有助于湖南省的经济的发展，这有助于该地区的城乡居民收入的差距的减小。城镇化水平也上了一个新的台阶，更多地区的农民从农业中解放了，农村劳动力的生产效率提高了，农民的人均收入也增加，这也使得湖南省的城乡收入差距具有缩小的趋势。

第五章 金融包容水平和城乡收入差异的实证分析

表 5.42 各变量描述性统计表

	N	极小值	极大值	均值	标准差
城乡收入比（GAP）	84	1.693	4.466	2.573	0.609
金融包容水平（IFI）	84	0.050	1.000	0.220	0.227
产业结构（IND）	84	0.855	0.885	0.858	0.054
城镇化率（UR）	84	0.341	0.744	0.463	0.095
政府财政支出（TAX）	84	0.089	0.495	0.188	0.080
经济发展水平（RGDP）	84	11 905.397	114 509.67	33 800.39	20 525.17

（3）实证方法。

第一，单位根检验。为避免出现"伪回归"的现象，"伪回归"是指变量之间本来不存在有意义的关系，但回归结果却得出有意义的错误判断，造成分析错误，本研究所用数据为时间序列数据，需要检验其平稳性，所以根据单位根（ADF）检验方法对各变量进行检验。检验方法分别是 LLC、Breitung、IPS、ADF-Fisher、PP-Fisher、Hadri Z-stat，单位根检验遵循少数服从多数原则，从表 5.43 可知，变量的原序列大都不是平稳的，但经过一阶差分以后，各变量除了 UR 的一阶差分在 Breitung 没有通过平稳检验其他的都趋于平稳，因此，各变量是一阶单整序列，可以对各变量进行协整检验。

表 5.43 各变量单位根检验结果

变量	检验方法					
	LLC	Breitung	IPS	ADF-Fisher	PP-Fisher	HadriZ-stat
GAP	-9.26759 （0.0000）	-3.25280 （0.0006）	0.50833 （0.6944）	99.5802 （0.0000）	163.081 （0.0000）	5.27054 （0.0000）
D（GAP）	-9.89904 （0.0000）	-2.49556 （0.0000）	-1.84219 （0.0000）	34.3854 （0.0000）	44.6209 （0.0000）	7.96246 （0.0000）
IFI	0.58272 （0.7200）	-0.41665 （0.3385）	0.06500 （0.5259）	16.4633 （0.9585）	17.0395 （0.9476）	5.27168 （0.0000）
D（IFI）	-14.0129 （0.0000）	0.46854 （0.0000）	-4.84230 （0.0000）	60.0123 （0.0000）	87.3162 （0.0000）	6.02614 （0.0000）
UR	27.5179 （1.0000）	0.30060 （0.6181）	2.40929 （0.9920）	0.53754 （1.0000）	0.20090 （1.0000）	6.20273 （0.0000）
D（UR）	-7.52949 （0.0000）	1.19666 （0.8843）	-2.78530 （0.0027）	47.5826 （0.0119）	54.6207 （0.0019）	6.69388 （0.0000）
IND	3.78530 （0.9999）	2.08242 （0.9813）	-4.15695 （0.0000）	3.09060 （1.0000）	2.70507 （1.0000）	5.86578 （0.0000）

续表

变量	检验方法					
	LLC	Breitung	IPS	ADF-Fisher	PP-Fisher	HadriZ-stat
D（IND）	-9.46916 （0.0000）	-1.27200 （0.0000）	-2.83379 （0.0000）	46.8304 （0.0000）	61.7883 （0.0000）	6.14025 （0.0000）
TAX	10.7454 （1.0000）	-4.51413 （0.0000）	5.50108 （1.0000）	0.99344 （1.0000）	0.56833 （1.0000）	5.83576 （0.0000）
D（TAX）	-11.0361 （0.0000）	-3.59229 （0.0002）	-3.51744 （0.0006）	50.5443 （0.0001）	63.7597 （0.0001）	4.70973 （0.0000）
RGDP	18.6942 （1.0000）	2.98676 （0.9986）	-4.36767 （0.0000）	0.13527 （1.0000）	0.04165 （1.0000）	6.20607 （0.0000）
D（RGDP）	-17.2422 （0.0000）	-0.32219 （0.0000）	-7.08123 （0.0000）	76.9927 （0.0000）	127.264 （0.0000）	6.66029 （0.0000）

注：表格中的第一个数据表示为检验统计量的 T 值，括号中的数据是对应统计量的 P 值，D（）为对应的一阶差分。

表 5.44　协整检验的结果

	Statistic	Prob
Panel v-Statistic	-5.581618	0.0040
Panel rho-Statistic	4.385052	0.0013
Panel PP-Statistic	-7.988561	0.00000
Panel ADF-Statistic	-4.544265	0.0000

　　第二，协整检验。协整检验的目的是验证被解释变量与解释变量之间是否存在稳定的长期关系。本文采用单一方程的 EG（Engle-Granger）两步法来进行协整检验。进行协整检验的目的是因为通过上面的单位根检验可知基本上所有序列都是非平稳的，虽然使用一阶差分序列进行单位根检验，结果都趋于平稳，但使用一阶差分检验后使原序列所包含的有用的信息被忽略，一阶差分以后的序列只能描述短期的经济状况，所以，需要进行协整检验来判断各变量之间是否存在长期稳定的关系。只要 P 值小于 0.05，就存在协整关系。协整检验结果表明：GAP 和 IFI、UR、IND、TAX、RGDP 之间存在长期稳定的协整关系。

　　3. 实证结果和分析

　　通过对混合面板回归模型、固定效应回归模型以及随机效应面板模型进行比较，最终选择固定效应回归模型，选择面板 LS-Least Squares（and AR）模型进行估计，回归结果见下表 5.45、5.46。

表 5.45　各变量的相关系数分析

	GAP	IFI	UR	IND	TAX	RGDP
GAP	1					
IFI	-0.084	1				
UR	-0.925**	-0.222	1			
IND	0.451	-0.043	-0.517	1		
TAX	-0.797	-0.055	0.877*	0.164	1	
RGDP	-0.914*	-0.333	0.994**	-0.045	0.324*	1

注：*表示在 0.05 水平显著相关 **表示在 0.01 水平显著相关。

表 5.46　金融包容水平对城乡收入差距影响的回归结果

变量	系数	伴随 P 值
C	10.14896	0.0000
IFI	-0.162	0.0011
UR	2.151	0.4210
IND	-8.994	0.0069
TAX	2.328	0.0028
RGDP	0.000001142	0.0000
R2	0.887614	
调整 R2	0.856491	
F 统计量	28.52008	
P 值	0.00000	

由表可知：金融包容变量 IFI 系数为-0.162，在 5%水平下通过显著性检验，结果表明城乡居民收入差距与金融包容水平有着负相关关系，即金融包容每增加一个单位，湖南省的城乡居民收入差距缩小 0.162 个单位，所以金融的发展缩小了城乡居民的差距。主要有两个原因：一是因为金融服务不是普及到每个人，要想享受金融的服务就要为此付出一些成本，所以就把一些低收入群体如农民排除在了门外，使得这些人难以通过金融服务来提高收入，但随着金融包容的发展，金融服务使更多人的受惠，使他们有资本去创造更多的机会来增加收入，从而缩小城乡居民收入差距。二是金融包容水平的提高促进了宏观经济的发展，经济的发展使那些高收入人群的投资需求增加，他们需要更多的资金，从而促使利息的上涨，那些低收入的人们就有机会把他们手上的资金以较高的利息贷出去，以此获得较高的利息收入，提高了收入水平，从而缩小了城乡居民之间

的收入差距。

湖南省的城镇化率 UR 的系数是 2.151，在 10%水平下没有通过显著性检验，这主要是由于湖南省的城镇化水平虽然在不断的提高，但是，城镇化仅仅是农民向城市的转移，政府关于把农村户口转为城镇户口还没有落到实处，很多进城务工的农民还是不具备真正的城市户口，没有享受到与城镇居民相同的待遇，限制了农民生活水平的提高，而且有关农民的福利以及相关的保障措施等问题也没有得到真正的解决，城镇化率的提高并没有使城乡居民收入差距因此而缩小。

产业结构 IND 的系数是-8.994，在 5%水平下通过了显著性检验结果表明产业结构与金融包容水平有着负相关关系，即产业结构每增加一个单位，湖南省的城乡居民收入差距缩小 8.994 个单位，所以产业结构发展缩小了城乡居民的差距。

财政支出 TAX 的系数为 2.328，在 10%的水平下通过了显著性检验，即政府财政指出的增加将扩大城乡居民收入差距，这是因为城镇的居民更容易得到财政拨款来增加收入。

经济发展水平 RGDP 系数为 0.000 001 142，这与预期的结果不符，这主要是因为一个地区的经济的发达程度主要取决于城镇地区经济的发展，农村的经济发展对整个湖南省地区来说贡献能力有限，因此，经济的发展使得城镇居民的收入幅度大于农村居民收入的幅度。

4. 结论

本研究通过构建金融包容指数，测算了湖南省 2010—2015 年金融包容发展水平，结果显示：2010—2015 年湖南省金融包容水平的都呈现增长的趋势。结合湖南省 2010—2015 年的 14 个市（自治州）的数据，实证分析金融包容及其他影响因素与城乡居民收入差距之间的关系，根据本研究的实证结果，可以得出以下三条结论：一是金融包容的发展有利于缩小城乡居民收入差距。因为金融包容水平的提高可以提高收入水平，又可以通过促进经济的发展间接的促进收入水平的提高。因此，提高低收入水平地区的金融包容水平，有利于增加居民收入，缩小城乡居民收入之间的差距。二是湖南省各地区的产业结构与城乡居民收入差距之间存在一定的关系，根据产业结构的各市六年的数据算得的平均数来进行比较，可以得出第一产业向二、三产业的调整能缩小城乡收入差距，如长沙的产业结构为 0.958，而城乡差距为 1.84；而永州的产业结构为 0.770，而城乡差距为 2.46。三是城镇化率与湖南省各市的城乡收入差距呈现出了不同的关系，如像长沙等经济发达的地区，城镇化率高，城乡收入差距也小，而湘西、娄底等偏远地区的城镇化率越高，城乡居民差距反而越大。经济增长也与城乡收入差距呈现正相关关系，在一定程度上扩大城乡收入差距，但影响不大。

5.7 广西和湖南的金融生态测度

基于第二章的理论分析，在对广西和湖南两省的金融包容和城乡收入差距测度的基础上，对广西和湖南的金融生态进行测度。

5.7.1 广西的金融生态测度

1. 评价体系

对于金融生态的评价原则：一是科学性。指标的选择必须基于当地的金融生态，并能利用科学的统计分析方法度量金融生态的质量。二是系统性。金融生态范围广，因而选指标时要全面。三是可操作性。一般来说，很多数据是很难得到的，在选择指标时要考虑指标数据易获取和量化。四是可比性。所用的指标能多角度作比较，这样可信度较高。

对于指标体系：一是目标层（5个），是对各因素总概况的描述。二是准则层（15个），是有代表性的因子。三是指标层（15个），其具体代表各因素的意思，见如表5-47。同时，本研究按照金融——经济——社会的小到大的范围设计三角形式的评价体系。金融在整个社会中是最小的范围，处在塔尖；而金融是下一层经济中的部分，位于塔腰；经济需在社会这个大环境中运作，社会位于塔基。因此本研究在考虑指标的量化和数据可获得性后设计了五个大方面的目标层，保证体系的有机性，见图5.5。

表5.47 广西金融生态的评价指标体系

目标层	准则层	（代号）指标层	指标性质
经济基础	经济发展水平	x1 人均GDP（元）	正指标
	产业结构化	x2 固定资产/GDP（%）	正指标
	居民生活水平	x3 城镇居民可支配收入（元）	正指标
	经济发展潜力	x4 第三产业占比（%）	正指标
政府公共服务	政府的干预	x5 税收占财政收入的比重（%）	逆指标
	政府主导性	x6 预算内财政/GDP（%）	正指标
	财政平衡能力	x7 财政缺口（预算内支出/预算内收入）（%）	正指标

续表

目标层	准则层	（代号）指标层	指标性质
金融发展	金融深化	x8 贷款余额/GDP（%）	正指标
	金融效率	x9 贷款额/存款额（%）	正指标
	金融机构活力状况	x10 人均城乡居民人民币储蓄存款余额（元）	正指标
	中长期贷款比重	x11 中长期贷款占比（%）	正指标
	保费深度	x12 保费收入/GDP（%）	正指标
诚信环境	通货膨胀	x13 居民消费价格指数（%）	逆指标
	风险情况	x14 商业银行不良贷款率（%）	逆指标
	人口素质	x15 人均事业费支出（元）	正指标
法制环境	执法情况	x16 案件结案率（%）	逆指标

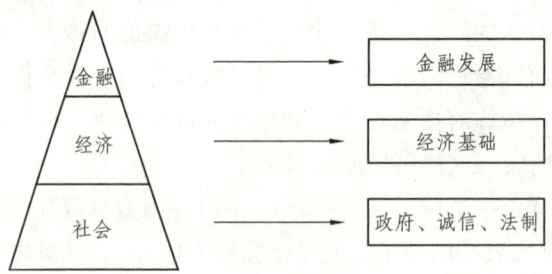

图 5.5 评价体系的设计

注：（1）经济基础。其是金融发展的基础，同时这也影响到金融运作的质量。经济方面是最基础的因子，经济发展的质量水平、结构和潜力等会决定金融业的质量水平、结构和潜力，二者不可分割。一般来说，经济越发达的区域，其中的市场主体对金融服务的需求越旺盛，金融业的影响力就表现得越明显。因此本研究选人均 GDP 等 4 个方面来表示该目标层。

（2）政府服务。金融业运作需政府的政策导向，政府的行为会有意或无意地参与到金融业的发展过程中产生阻碍或促进的影响。由于政府的行为或政策意图很多方面从财政方面体现，所以本文选用税收占财政收入的比重等 3 个指标。

（3）金融发展。地区只有具备大量金融机构网点及丰富的金融资金时，金融才能够有发展的源泉。金融主体自身参与市场竞争及改革发展的动力以及内部治理结构和规避风险的能力都会对金融业的发展产生一定影响。金融业的深化程度及效率等体现了金融业运行的质量，本研究用贷款余额/GDP 等 6 个指标。

（4）社会诚信。信用是金融生态中主要的要素。一个地区的信用环境需靠市场主体长时间的营造，其会影响金融资源合理的配置。若经济参与者不讲信用，社会资金安全将受到威胁，金融机构资产将遭受损失。本研究用不良贷款率及人均教育事业费支出侧面反映社会诚信状况。

（5）法制环境。金融机构及投资者的债权需较佳的法制环境作支撑，法制环境可对金融主体的行为进行规范约束，保障金融有序进展，否则社会上会出现大量的违法行为，交易成本将上升。本研究用案件结案率来量化体现法制环境。

2. 模型的原理及步骤

原理：因子分析方法即把多个旧指标换成几个新指标间的相互关系，据指标相关性的大小在去除不相关的指标，把相关性较强作一类，变成一个共同的因子，不同的类的相关程度就很小，以此留住重要因素而解决指标间的多重共线性。

步骤：①选取旧变量；②对选取的旧数据作量纲化，从相关系数矩阵中根据原则来判断所选因子是否适合做因子分析；③利用分析软件依据特征根大于1的原则进行筛选确定主因子个数；④用软件求出每个因子在主因子上的载荷矩阵，用方差最大化的计算原理对其作旋转；⑤求因子得分的系数矩阵，再进一步得到总得分与排名；⑥据排名情况对结果作分析总结。

原始数据来源：2014年各市统计年鉴及经济运行情况、2009—2014年广西统计年鉴及区域金融运行报告、2014年中国统计年鉴及各省市统计年鉴、2013年中国经济区域金融报告。x1~x16代码代表的意思见表5.47。

3. 横向实证比较分析

如表5.48，因为前面5个的公因子的特征值都超过1，因而需要这5个。根据特征值得到对应特征向量（四舍五入取4位小数），见表5.49。

表5.48 相关矩阵特征值

成份	旋转前			旋转后		
	合计	方差比率	累积比率	合计	方差比率	累积比率
1	4.6778	29.2363	29.2363	3.9655	24.7846	24.7846
2	3.1732	19.8325	49.0687	3.1762	19.8513	44.6359
3	2.3044	14.4027	63.4714	2.2672	14.1702	58.8061
4	1.7302	10.8137	74.2851	2.1220	13.2625	72.0686
5	1.3016	8.1353	82.4204	1.6563	10.3518	82.4204

表 5.49 特征向量矩阵

成份	成分1	成分2	成分3	成分4	成分5
x1	0.2103	-0.0404	0.1799	-0.1440	-0.0421
x2	0.0063	0.0542	-0.0780	0.0089	-0.5047
x3	0.2378	0.0137	-0.0510	-0.0269	0.0415
x4	-0.1141	0.3070	0.0565	0.0118	0.0006
x5	-0.0277	0.0400	0.0482	0.2387	0.3638
x6	-0.2654	0.0559	0.0253	0.0673	-0.0943
x7	-0.2157	0.0695	0.0661	-0.0972	0.0775
x8	-0.0174	0.3194	0.0513	-0.0329	-0.0735
x9	0.0945	0.1563	-0.1418	-0.0001	-0.0418
x10	0.0751	0.0342	0.0209	0.3182	-0.0305
x11	-0.0584	0.0941	0.3708	-0.0097	-0.1074
x12	-0.0316	0.3068	0.0100	-0.0470	-0.0568
x13	-0.0035	0.0665	-0.3780	0.1127	-0.1593
x14	0.1138	-0.0032	0.2985	-0.0584	0.1820
x15	-0.0377	-0.0808	-0.1171	0.5051	-0.0043
x16	0.1615	-0.0569	-0.1368	-0.2321	0.4225

5个因子的得分简式方程：

F1=0.2103*x1+0.0063*x2+…-0.0377*x14+0.1615*x15

F2=-0.0404*x1+0.0542x2+…-0.0808*x14-0.0569*x15

F3=0.1799*x1-0.0780*x2+……-0.1171*x14-0.1368*x15

F4=-0.1440*x1+0.0098x2+…+0.5051*x14-0.2321*x15

F5=-0.0421*x1-0.5047*x2+…-0.0043*x14+0.4225*x15

经运算，得14地市的因子总的得分和排名情况。从表5-50得，南宁排第一位，钦州、柳州和防城港分别排第二、三和四位，这些地市的经济金融发展较佳。而排在倒数三位的是贺州、河池和崇左，这些地市经济和金融发展欠佳。南宁的城镇居民可支配收入等在14地市中是首位，但其人均教育事业费支出和案件结案率较低，有待加强社会诚信环境和法制环境的建设。对于排名靠后的贺州、河池和崇左来说，经济基础等方面的发展水平较滞后。北部湾的金融生态运行质量较佳，但西江经济带的金融生态的运行质量需提升。

表 5.50 14 地市因子得分及排名

地市	因子1	因子2	因子3	因子4	因子5	总分	排名
南宁	0.6750	3.0627	0.5133	-0.0237	-0.3177	0.8183	1
柳州	1.4344	-0.3407	0.1552	-0.0240	0.8869	0.3978	3
桂林	0.3215	0.0804	0.9685	-0.1402	0.1942	0.2332	5
梧州	0.4809	-1.0040	-0.3347	-0.3783	0.3421	-0.1424	7
北海	0.5994	-0.5241	-0.2121	-0.3703	-2.1232	-0.2451	10
防城港	1.1351	-0.3845	1.6396	-0.2640	-0.1407	0.3880	4
钦州	0.1930	-0.2159	-0.4315	3.3389	0.4019	0.4189	2
贵港	-0.7054	0.0144	0.5471	-0.7360	1.8385	-0.0087	6
玉林	0.5712	0.5540	-2.6370	-0.6059	0.3367	-0.1607	8
百色	-0.8188	-0.2264	0.5572	0.0757	-1.1434	-0.2765	11
贺州	-0.9736	-0.0383	-0.6626	-0.1042	-1.3291	-0.4903	14
河池	-2.3903	0.5847	0.1640	0.0250	0.4756	-0.4069	13
来宾	0.0347	-0.5598	-0.7157	-0.7432	0.6815	-0.2319	9
崇左	-0.5572	-1.0024	0.4487	-0.0498	-0.1033	-0.2938	12

4. 纵向实证比较分析

本文选择广西 2009—2013 年 5 年的数据作因子分析。如表 5.51，前 3 个公因子的特征值均大于 1，所以要取前 3 个。（2）据特征值得到特征向量（四舍五入取 4 位小数）如表 5.52。

表 5.51 相关矩阵的特征值

成份	旋转前			旋转后		
	合计	方差比率	累积比率	合计	方差比率	累积比率
1	7.7399	48.3745	48.3745	7.5755	47.3468	47.3468
2	5.7321	35.8256	84.2001	5.8895	36.8095	84.1563
3	1.8875	11.7968	95.9969	1.8945	11.8407	95.9969

表 5.52 特征向量矩阵

成份	成分1	成分1	成分3
x1	0.1295	0.0058	0.0122
x2	0.0886	0.0796	-0.0280

续表

成份	成分1	成分1	成分3
x3	0.1328	-0.0290	0.0227
x4	-0.0402	-0.1326	0.1685
x5	0.0079	0.1553	0.2008
x6	0.1255	0.0250	0.0881
x7	-0.0942	0.1382	0.0422
x8	0.0198	-0.1717	-0.0471
x9	-0.0608	0.1482	0.1360
x10	0.1313	-0.0361	0.0098
x11	-0.0866	0.0797	-0.3655
x12	-0.0225	-0.1581	0.0344
x13	-0.0512	-0.1232	0.1700
x14	0.1219	0.0223	-0.0999
x15	0.1331	-0.0079	0.0409
x16	-0.0023	0.0509	0.5035

3个因子得分简式方程：

$F1=0.1295*x1+0.0886*x2+\cdots+0.1331*x14-0.0023*x15$

$F2=0.0058*x1+0.0796*x2+\cdots-0.0079*x14+0.0509*x15$

$F3=0.0122*x1-0.0280*x2+\cdots+0.0409*x14+0.5035*x15$

经运算，可得前3个因子的总分。如表5.53得，广西的金融生态逐渐变好，基本和社会、诚信情况等不断进步相对应。

表5.53 广西各因子的总分及排名

年份	因子1	因子2	因子3	总分	排名
2009	-1.2755	-0.7299	1.0004	-0.7495	5
2010	-0.6227	-0.0549	-1.6674	-0.5131	4
2011	-0.0795	1.4861	0.3664	0.5565	2
2012	0.8809	0.3600	0.2907	0.5821	1
2013	1.0968	-1.0613	0.0099	0.1240	3

5. 跨省实证比较分析

为更好的对标，本研究选了18省市的数据作横向比较，以此可得广西金融生态所处的地位。由表5.54得前4个公因子的特征值都大于1，因此取前4个。

表5.54 相关矩阵的特征值

成份	旋转前			旋转后		
	合计	方差比率	累积比率	合计	方差比率	累积比率
1	6.2720	39.1998	39.1998	5.6403	35.2516	35.2516
2	2.9228	18.2678	57.4676	2.8003	17.5021	52.7537
3	2.0179	12.6119	70.0795	2.3443	14.6518	67.4055
4	1.2101	7.5628	77.6423	1.6379	10.2368	77.6423

对应的特征向量（四舍五入取4位小数）如表5.55。

表5.55 18省市特征向量矩阵

项目	成份1	成份2	成份3	成份4
x1	0.1531	0.0001	-0.0140	-0.1571
x2	-0.1639	0.0232	0.0096	-0.0670
x3	0.1461	0.0159	0.0465	-0.0559
x4	0.0620	0.1918	0.1130	0.1349
x5	-0.0138	-0.0130	-0.2273	0.0576
x6	-0.0843	0.2993	-0.0307	-0.0722
x7	-0.1686	-0.0355	0.0904	-0.0240
x8	-0.1364	0.0307	0.4378	-0.0111
x9	-0.0326	-0.2375	0.0766	-0.2715
x10	0.1012	0.0029	0.1534	-0.0001
x11	-0.0852	-0.1190	0.1725	0.4935
x12	-0.0267	-0.1281	0.3469	0.1768
x13	0.1607	-0.1317	-0.1134	0.1641
x14	0.0539	0.0777	-0.0838	0.3910
x15	0.0177	0.3404	0.0129	-0.1190
x16	-0.2095	-0.1441	0.3193	0.2316

4个因子得分的简式方程：

F1=0.1531*x1-0.1639*x2+…-0.0177*x14-0.2095*x15
F2=0.0001*x1+0.0232x2+…+0.3404*x14-0.1441*x15
F3=-0.0140*x1+0.0096*x2+…+0.0129*x14+0.3193*x15
F4=-0.1571*x1+0.0670*x2+…-0.1190*x14+0.2316*x15

18省市得分及排名如表 5.56，广西在 16 位，总得分较低，说明广西金融生态环境质量有待提升。

表 5.56　18 省市各因子得分及排名

省市	因子1	因子2	因子3	因子4	总分	排名
广西	-0.0665	-0.8167	-1.5181	0.8004	-0.3180	16
云南	-0.4565	-0.2645	-0.5146	-0.2995	-0.3145	15
西藏	-0.6837	3.5156	-1.0456	-0.0061	0.2361	4
新疆	-0.6859	0.4813	0.2507	-0.7582	-0.1916	10
陕西	-0.3590	-0.4245	0.1645	0.8940	-0.0880	9
甘肃	-1.0060	-0.0906	0.2105	0.4873	-0.2881	14
宁夏	-1.3146	-0.5524	1.8349	-0.8756	-0.3719	17
青海	-1.7588	0.0442	1.0462	-0.7912	-0.5298	18
内蒙古	0.4453	-0.1995	-1.5023	-1.5816	-0.2636	13
黑龙江	-0.1367	-0.6745	-0.5183	0.3542	-0.2116	12
吉林	-0.0047	-0.4846	-0.8638	0.2240	-0.1960	11
辽宁	0.6563	-0.3758	-0.6574	-0.2799	0.0355	7
上海	2.1194	1.0848	1.9236	0.7297	1.2985	1
福建	0.8540	-0.6568	-0.4832	-0.7241	0.0358	6
广东	1.4586	0.1902	-0.0042	0.6899	0.6131	2
浙江	1.3442	-0.1884	0.8769	-2.0080	0.3673	3
海南	-0.1753	0.1822	0.3137	1.5828	0.1768	5
重庆	-0.2301	-0.7701	0.4865	1.5620	0.0100	8

6. 实证结果分析

本研究用因子分析作分析。首先，对 2013 年全区 14 地市的金融生态质量做分析，显示不同地市间质量存在明显不同，南宁、柳州、防城港的金融生态和经济质量最佳。而排名靠后的贺州、河池和崇左的金融生态质量较差，这些地市的经济有待发展。其次，本研究对广西 2009—2013 年的情况作分析在结果中显示全区金融生态逐年向前发展。最后，本研究用 18 省市的数据作分析发现广西的金融生态质量得分较低，排在 16 名，其金融生态较差。本研究最后实证分析的结论是：

一是各地市经济基础薄弱，地域发展极不均衡。其一，2013 年，防城港的人均 GDP 超出 50 000 元，最低的是河池市只有 15 440 元，二者差别大，南宁的人均城镇可支配收入最高是 24 817 元，最低是河池市是 19 653 元，二者相差 5164 元。其二，在纵向看，广西的经济增长速度不断增加，经济发展快。其三，2013 年，广西人均 GDP 于 18 省市中排 15。全区城镇居民的人均可支配收入 23 305 元，排在前 10，最高为上海是 43 851 元。广西与其他 17 省相比，经济发展欠佳。

二是政府服务的职能未能充分发挥。其一，14 地市间的财政缺口相差很大，最大的是河池市为 7.343，而最小的是北海市为 0.875 6。说明各地区财政预算支出与政府平衡财政的能力有很大的差异，对基础建设的重视程度也不一样。其二，在纵向看，广西的财政缺口越来越合理，政府平衡财政的能力越来越有效果。其三，在跨省比较时，对于财政缺口，排在第 7 位，说明其财政平衡能力有待加强。

三是金融业发展程度低。其一，地市金融发展程度各异，在存贷比率及人均城乡居民储蓄额方面，南宁的最高分别是 0.94 和 29 770 元，而最低的比率和余额分别是玉林和来宾为 0.55 和 9643 元。其二，在纵向看，广西的贷款余额占 GDP 比例渐渐上升，表示其贷款规模在总资产规模中的比重越大，其偿债能力变低，资产的质量水平需提高。其三，广西与其他省市在贷款余额占 GDP 比例上相差较大，说明广西金融深化程度和金融运行效率还不够，且人均城乡居民人民币储蓄存款余额在各地市间也相差明显，金融机构的活力状况不佳。

四是社会诚信建设力度不够。其一，在教育事业上的费用支出上，14 地市中有非常明显的距离。其二，在纵向看，全区个人的教育事业费用支出在快速增加，2009 年是 582.48 元，2013 年是 1154.73 元。其三，经分析，广西的不良贷款率较高，人均教育事业费支出与其他省市对比有很大距离，2013 年，上海的人均教育事业费支出 2813.83 元，而广西全区仅有 1300 元，地市中支出最低的是贵港市为 743.27 元，还达不到上海市的零头。

五是法制环境不够完善。在纵向看，广西的案件结案率虽逐年提高，但与其他省市相比仍较低，且地市间的案件结案率差异大，现实中仍存在一些非法活动。

5.7.2 湖南的金融生态测度

1. 评价方法

（1）因子分析法。其基本目的是用少数的几个因子去解释几个指标或者因素之间的关系，即将几个具有相对密切关系的变量归在同一类别当中，每一类变量就成为一个因子，以较少的几个因子反映原资料的大部分信息，因子分析法则是为了寻找这些公共因子的模型分析方法，因子分析法的核心问题有两个：一是如何构造因子变量；二是如何对因子变量进行命名解释。因子分析模型建立后就可以应用因子分析模型进行综合评价。以本研究为例，将湖南省 14 个地州市经济发展的因子分析模型建立后，则可根据该模型由各地区经济的各项指标值来估计它的因子得分，则可知道各地区的经济发展状况。

（2）层次分析法（Analytic Hierachy Process，简称 AHP）。也称层级分析法，指将一个复杂的多目标决策问题作为一个系统，从目标出发分成多个准则，进而分解为多个准则的若干层次，通过定性指标模糊量化方法算出层次单排序（权数）和总排序，以作为多指标、多方案优化决策的系统方法。

层次分析法的计算基本步骤：

建立层次结构模型；明确目标，然后分析影响目标决策的各个因素，并将其调理化、层次化；最后将各个层次、各个因素间的关系连结起来就构成层次结构模型。结构层次模型包括：目标层，如本文的目标层为湖南省 14 个地州市的金融生态环境评价，准则层，即中间层，元素包含了所有可能影响目标实现的准则。本研究选取了经济基础、金融运行、社会保障环境、行政环境、信用环境以及司法环境六个指标作为层次分析的准则层。最后，指标层，对准则层进行评价。本研究选取了区域 GDP、人均 GDP 等 15 个指标进行评价。

构造判断矩阵并赋值；构造判断矩阵：将每一个具有向下附属关系的元素作为判断矩阵的第一个元素（位于左上角），附属于它的各个元素依次排列在其后的第一行和第一列。填写判断矩阵：一般是咨询专家，将两个元素两两之间进行比较，按照重要性程度表赋以不同的数值如表 5.57。

层次单排序及一致性检验；层次单排序即将每一个因素对于其准则的重要性进行排序，计算权向量，一致性检验一般有三个步骤，先计算出一致性指标 $CI = (\lambda_{max} - n) \div (n-1)$，然后再确定评价一致性指标 RI，根据不同矩阵的不同阶数确定相应的平均一致性指标，最后计算一致性比例 CR=CI/RI.并进行判断。

层次总排序及检验；层次总排序即计算最底层各因素针对目标层的相对权

重,采用自上而下的方法逐层计算得出。其检验同层次单排序的检验,这里不再赘述。

表 5.57 重要性含义标度表

重要性标度 a_{ij}	含义(针对 i,j 两个元素相比)
1	前者 i 和后者 j 具有同等重要性
3	前者 i 比后者 j 稍重要
5	前者 i 比后者 j 明显重要
7	前者 i 比后者 j 强烈重要
9	前者 i 比后者 j 极端重要
2,4,6,8	表示上述判断的中间状态对应的标度值
以上数值的倒数	若元素 i 与元素 j 的重要性之比为 a_{ij},则元素 j 与元素 i 的重要性之比为 $a_{ji}=1/a_{ij}$

2. 指标说明

区域金融生态环境评价是为了更好的更有针对性的提高经济发展水平,通过对湖南省 14 个地州市金融生态环境的评价,从而找出有利于经济协调、金融发展的的因素,更有针对性的提出相关的对策和建议从而优化湖南省的金融生态环境,提高湖南省的经济竞争力。指标的选取影响整个评价体系的建立,因此,如何建立合理的指标体系是评价体系最基础也是最关键的一步。正如前文所述,在借鉴前人实践经验的基础上结合湖南省的实际生态环境情况,本研究从经济基础、金融运行、社会保障、信用环境、行政环境、司法环境六个角度出发,选取 15 个指标对 14 个地州市的金融生态环境进行研究,其评价体系如表 5.58 所示。

表 5.58 湖南 14 地州市的金融生态评价系统

评价目标	评价准则	评价指标
湖南省 14 个地州市的金融生态环境	B1 经济基础	X1 区域 GDP(亿元)
		X2 人均 GDP(万元)
		X3 社会消费品零售总额(亿元)
		X4 进出口总值(万美元)
	B2 金融运行	X5 金融机构人民币存款情况(亿元)
		X6 金融机构人民币贷款情况(亿元)

续表

评价目标	评价准则	评价指标
湖南省14个地州市的金融生态环境	B3 社会保障环境	X7 城镇基本养老保险参保率
		X8 失业保险参保率
		X9 居民最低生活保障率
	B4 信用环境	X10 城市居民人均可支配收入（元）
		X11 城市居民人均消费性支出（元）
	B5 行政环境	X12 地方财政收入（万元）
		X13 公共财政支出（万元）
		X14 固定资产投资（亿元）
	B6 司法环境	X15 执行案件结案率

经济基础，所谓经济基础是指一定社会中占主导地位的生产关系的总和。金融是经济发展到一定阶段的产物，并反过来影响经济的发展。经济基础在一定程度上直接影响金融资源配置水平，因此构建区域金融生态环境的指标体系，首先要考虑14个地州市的区域经济基础情况。

金融运行，金融运行即金融结构的运行。金融体系的运行状况的有序性直接影响金融生态环境，因此，对14个地州市的金融体系运行状况可以比较直观地反映各个地区的发展状况。

社会保障环境，社会保障是指国家通过立法使收入再分配的社会化国民生活保障系统。其健全程度在一定意义上体现了社会的公正公平。此外，据研究，中国的区域社会保障健全程度直接关乎银行债权的保全。本研究从养老保险、失业保险以及最低生活保障三个方面对各地区的社会保障环境进行研究。

信用环境，当代社会是契约社会，一系列的经济活动都离不开契约的签订和履行。因此考察信用体系对研究金融生态环境具有重要意义。因为一个区域社会诚信的考量很难用精确的某些数据进行分析，本研究考虑到信用的主体是居民，因此通过14个地州市内居民的生活水平角度出发来分析各地区的信用环境。

行政环境，指直接或间接影响，作用于行政系统的各种因素的总和，如行政系统之外的政治、经济、社会、法律、文化、资源环境等，此外还有行政系统之内的行政体制、职能、领导者等。因此，政府对区域经济和金融的干预会直接影响到金融体系的独立性等，地方政府的干预程度也直接关系到经济资源的配置等。本研究通过地方财政收入、公共财政支出以及固定资产投资三个方面来研究行政环境。

法治环境，法制环境是保障金融体系正常运行的重要条件，金融法治环境对金融生态的稳定性、均衡性以及未来的发展前景均有重要影响，良好的司法环境是金融生态和谐的基础，完善的法治体系能够规范金融主体的行为，保障金融生态环境的健康发展。本研究选取了14个地州市的执行案件结案率来分析该地区的法治环境。

评价的基础数据见表5.59—5.67。

表5.59 2013年湖南省14个地州市 X1~X5 指标数据

市州	X1	X2	X3	X4	X5
长沙市	7153.13	8.45	3090.59	109.64	10 929.52
株洲市	1949.43	4.84	739.66	20.86	2001.95
湘潭市	1443.1	5.03	480.6	19.99	1471.13
衡阳市	2169.51	3.01	909.85	30.33	2460
邵阳市	1130.04	1.26	645.49	11.46	1855.7
岳阳市	2435.51	4.13	930.64	10.33	1528.28
常德市	2264.94	3.94	845.49	6.79	2048.69
张家界市	365.65	1.94	157.37	0.46	509.17
益阳市	1123.13	2.07	473.95	5.05	1160.87
郴州市	1685.52	3.25	709.55	26.15	1629.92
永州市	1175.45	1.91	427.83	7.96	1371.17
怀化市	1117.67	1.85	402.76	1.22	1276.95
娄底市	1118.17	2.34	333.82	0.24	1082.18
湘西市	418.94	1.56	107.11	0.96	762.5

数据来源：湖南省统计年鉴和各市统计公报2013。

表5.60 2013年湖南省14个地州市 X6~X10 指标数据

市州	X6	X7	X8	X9	X10
长沙市	10927.56	20.25%	10.95%	0.42%	37961
株洲市	1031.42	9.82%	6.18%	0.74%	31977
湘潭市	1156.07	8.97%	8.27%	1.16%	27237
衡阳市	1038.85	4.57%	3.12%	0.67%	24515
邵阳市	786.85	2.03%	1.01%	0.69%	20070

续表

市州	X6	X7	X8	X9	X10
岳阳市	783.02	3.79%	0.32%	0.88%	24202
常德市	980.37	7.18%	2.08%	0.67%	22513
张家界市	303.72	1.78%	1.41%	11.82%	17473
益阳市	516.77	4.88%	1.47%	1.25%	20571
郴州市	822.73	3.49%	3.28%	0.37%	23534
永州市	691.83	2.78%	1.53%	0.80%	20938
怀化市	752.24	0.31%	1.23%	0.28%	19693
娄底市	678.67	2.58%	4.34%	0.58%	19838
湘西市	353.78	0.86%	0.38%	0.19%	17267

数据来源：湖南省统计年鉴和各市统计公报（2013）。

表 5.61 2013 年湖南省 14 个地州市 X10～X15 指标数据

市州	X11	X12	X13	X14	X15
长沙市	26 753	6 189 468	8 849 992	5963.86	96.74%
株洲市	20 646	1 713 647	3 001 060	1981.36	91.27%
湘潭市	15 205	973 859	2 111 446	1605.4	95.12%
衡阳市	14 592	1 746 416	4 616 783	1925.93	83.60%
邵阳市	11 284	817 135	4 121 331	1322.6	88.36%
岳阳市	13 395	1 079 782	3 568 048	1954.71	95.83%
常德市	16 838	1 286 445	4 085 226	1657.91	95.35%
张家界市	9207	295 761	1 259 795	236.85	87.20%
益阳市	13 642	685 818	2 750 128	1023.8	84.30%
郴州市	15 069	1 626 511	3 788 178	1968.98	89.32%
永州市	10 267	924 799	3 532 357	1441.35	93.46%
怀化市	12 302	735 607	3 399 317	948.37	80.60%
娄底市	12 993	599 218	2377721	928.39	95.82%
湘西市	9879	461 247	2 462 897	296.83	75.02

数据来源：湖南省统计年鉴和各市统计公报（2013）。

表 5.62　2014 年湖南省 14 个地州市 X1～X5 指标数据

市州	X1	X2	X3	X4	X5
长沙市	7824.81	11.45	3290.59	119.6438	11 829.52
株洲市	2161.01	5.84	789.66	24.8639	2201.95
湘潭市	1570.56	6.03	520.6	21.9977	1771.13
衡阳市	2396.55	3.55	1009.1	31.332	2760
邵阳市	1261.61	1.91	745.49	11.4558	2055.7
岳阳市	2669.34	5.13	1020.64	11.3366	1728.28
常德市	2514.15	4.64	945.49	7.7977	2244.69
张家界市	410.02	2.94	177.37	0.66	539.97
益阳市	1253.51	3.07	573.95	6.0534	1360.57
郴州市	1872.58	4.25	809.55	28.1538	1929.32
永州市	1301.45	2.61	527.83	8.9602	1571.37
怀化市	1181.24	2.6	502.76	1.6173	1476.95
娄底市	1210.86	3.34	433.82	0.4441	1282.18
湘西市	457.00	1.85	227.11	1.163	862.5

数据来源：湖南省统计年鉴和各市统计公报（2014）。

表 5.63　2014 年湖南省 14 个地州市 X6～X10 指标数据

市州	X6	X7	X8	X9	X10
长沙市	10 627.56	22.25%	11.55%	0.42%	37861
株洲市	1131.42	9.82%	6.28%	0.64%	30877
湘潭市	1156.07	9.97%	8.27%	0.86%	28237
衡阳市	1008.85	4.87%	3.12%	0.57%	25575
邵阳市	796.85	2.01%	1.31%	0.49%	20070
岳阳市	789.02	4.09%	0.42%	0.68%	24202
常德市	880.37	7.48%	2.18%	0.47%	22513
张家界市	370.72	2.28%	1.31%	11.82%	18473
益阳市	576.77	5.18%	1.87%	1.05%	21571
郴州市	874.73	3.96%	3.88%	0.37%	24534
永州市	721.83	3.28%	2.03%	0.81%	20938
怀化市	792.24	0.28%	1.73%	0.28%	19693
娄底市	708.67	2.98%	4.84%	0.48%	20838
湘西市	383.68	0.86%	0.48%	0.29%	18267

数据来源：湖南省统计年鉴和各市统计公报（2014）。

表 5.64 2014 年湖南省 14 个地州市 X11~X15 指标数据

市州	X11	X12	X13	X14	X15
长沙市	29 253	7 089 468	9 135 762	6263.48	98.79%
株洲市	20 646	1 813 647	3 411 060	2081.34	92.67%
湘潭市	15 105	993 859	2 210 446	1705.5	97.82%
衡阳市	15 592	1 846 416	4 718 783	2025.43	84.51%
邵阳市	12 384	907 135	4 121 331	1422.6	90.66%
岳阳市	13 395	1 179 782	3 658 048	2054.71	96.93%
常德市	17 838	1 286 445	4 165 226	1757.91	96.25%
张家界市	9807	305 761	1 239 795	266.43	89.20%
益阳市	14 542	665 818	2 650 128	1123.8	85.30%
郴州市	16 069	1 486 511	3 688 178	2068.98	90.32%
永州市	10 267	904 799	3 432 357	1441.35	95.46%
怀化市	13 302	705 607	3 299 317	928.46	81.60%
娄底市	13 693	589 218	2 277 721	1016.39	96.82%
湘西市	10 579	451 247	2 358 397	346.64	77.02%

数据来源：湖南省统计年鉴和各市统计公报（2014）。

表 5.65 2015 年湖南省 14 个地州市 X1~X5 指标数据

市州	X1	X2	X3	X4	X5
长沙市	8510.13	12.45	3367.59	189.6438	12 459.52
株洲市	2235.11	6.34	808.66	34.8639	2701.95
湘潭市	1703.10	7.03	620.6	31.9977	1871.13
衡阳市	2601.58	4.05	1103.1	34.332	2960
邵阳市	1387.61	2.91	825.49	12.4558	2255.7
岳阳市	2886.28	6.33	1120.64	12.3366	1728.28
常德市	2709.02	5.93	1015.29	8.5977	2344.69
张家界市	447.70	3.76	267.37	1.25	589.97
益阳市	1354.41	4.64	653.95	6.5534	1460.57
郴州市	2012.07	5.05	889.55	29.2508	1979.32
永州市	1418.18	3.41	597.83	9.6362	1651.37
怀化市	1273.25	3.25	582.86	2.0164	1576.95
娄底市	1291.66	4.04	503.82	1.8691	1380.18
湘西市	497.44	2.29	297.47	1.063	892.5

数据来源：湖南省统计年鉴和各市统计公报（2015）。

表 5.66　2015 年湖南省 14 个地州市 X6～X10 指标数据

市州	X6	X7	X8	X9	X10
长沙市	11 927.56	23.25%	12.95%	0.52%	39 961
株洲市	1231.42	10.82%	7.18%	0.74%	33 977
湘潭市	1256.07	10.97%	9.27%	1.16%	29 237
衡阳市	1108.85	5.57%	4.12%	0.67%	26 515
邵阳市	886.85	2.71%	1.81%	0.69%	21 070
岳阳市	883.02	4.99%	0.52%	0.88%	25 202
常德市	1080.37	8.18%	2.68%	0.67%	24 513
张家界市	370.72	2.78%	1.91%	12.82%	19 473
益阳市	616.77	5.88%	2.17%	1.65%	22 571
郴州市	922.73	4.49%	4.18%	0.47%	25 534
永州市	791.83	3.78%	2.53%	0.90%	21 938
怀化市	832.24	0.43%	2.03%	0.38%	20 693
娄底市	778.67	3.58%	5.34%	0.68%	21 838
湘西市	423.78	1.06%	0.68%	0.39%	19 267

数据来源：湖南省统计年鉴和各市统计公报（2015）。

表 5.67　2015 年湖南省 14 个地州市 X11～X15 指标数据

市州	X11	X12	X13	X14	X15
长沙市	29 753	7 189 468	9 249 992	6363.28	99.64%
株洲市	22 646	1 913 647	3 501 060	2181.36	93.27%
湘潭市	17 105	1 173 859	2 311 446	1805.4	98.12%
衡阳市	17 592	1 946 416	4 918 783	2125.93	85.60%
邵阳市	13 284	917 135	4 321 331	1522.6	91.36%
岳阳市	14 395	1 279 782	3 758 048	2154.71	97.63%
常德市	18 838	1 486 445	4 265 226	1857.91	97.35%
张家界市	10 007	315 761	1 339 795	296.43	90.90%
益阳市	15 642	685 818	2 750 128	1223.8	86.30%
郴州市	17 069	1 626 511	3 788 178	2168.98	91.32%
永州市	11 267	924 799	3 532 357	1541.35	96.46%
怀化市	14 302	735 607	3 399 317	1008	82.60%
娄底市	14 993	599 218	2 377 721	1108.39	97.82%
湘西市	11 579	461 247	246 2897	356.95	79.02

数据来源：湖南省统计年鉴和各市统计公报（2015）。

$X^1 \sim X^{15}$ 分别表示：

X^1：区域 GDP（亿元）

X^2：人均 GDP（万元）

X^3：社会消费品零售总额（亿元）

X^4：进出口总值（万美元）

X^5：金融机构人民币存款情况（亿元）

X^6：金融机构人民币贷款情况（亿元）

X^7：城镇基本养老保险参保率

X^8：失业保险参保率

X^9：居民最低生活保障率

X^{10}：城市居民人均可支配收入（元）

X^{11}：城市居民人均消费性支出（元）

X^{12}：地方财政收入（万元）

X^{13}：公共财政支出（万元）

X^{14}：固定资产投资（亿元）

X^{15}：执行案件结案率

3. 湖南省 14 个地州市的金融生态评价

（1）基于因子分析的金融生态研究。

本研究数据来自湖南统计年鉴以及 14 个地州市的国民经济和社会发展统计公报。采用 Spss17.0 软件对经标准化后的数据进行处理，KMO 检验结果如表 5.68 所示，可知 KMO 检验得分为 0.806，因此原变量适合做因子分析。然后再对其做相关性检验，Spss17.0 的输出相关矩阵如表 5.69 所示，由检验结果可知，在指标数据中，X1 区域 GDP 与 X2 人均 GDP、X3 社会消费品零售总额、X4 进出口总值、X5 金融机构人民币存款情况以及 X6 金融机构人民币贷款情况相关性高。

表 5.68　KMO 和 Bartlett 的检验结果

取样足够度的 Kaiser-Meyer-Olkin 度量。		0.806
Bartlett 的球形度检验	近似卡方	280.881
	df	28
	Sig.	0.000

表 5.69 相关矩阵

		X1	X2	X3	X4	X5	X6	X7	X8	X9	X10	X11	X12	X13	X14	X15
相关	X1	1.000	.914	.992	.953	.970	.954	.887	.718	-.244	.831	.863	.981	.931	.978	.467
	X2	.914	1.000	.883	.894	.871	.872	.963	.858	-.153	.936	.898	.907	.742	.918	.592
	X3	.992	.883	1.000	.965	.984	.966	.872	.702	-.246	.815	.855	.987	.953	.979	.416
	X4	.953	.894	.965	1.000	.977	.965	.896	.805	-.189	.859	.855	.989	.901	.965	.367
	X5	.970	.871	.984	.977	1.000	.994	.877	.754	-.195	.800	.836	.987	.923	.954	.373
	X6	.954	.872	.966	.965	.994	1.000	.871	.759	-.144	.776	.804	.972	.881	.930	.379
	X7	.887	.963	.872	.896	.877	.871	1.000	.886	-.166	.940	.913	.903	.751	.905	.567
	X8	.718	.858	.702	.805	.754	.759	.886	1.000	-.178	.878	.830	.776	.578	.772	.518
	X9	-.244	-.153	-.246	-.189	-.195	-.144	-.166	-.178	1.000	-.278	-.365	-.223	-.395	-.318	-.028
	X10	.831	.936	.815	.859	.800	.776	.940	.878	-.278	1.000	.942	.863	.727	.886	.497
	X11	.863	.898	.855	.855	.836	.804	.913	.830	-.365	.942	1.000	.885	.796	.890	.403
	X12	.981	.907	.987	.989	.987	.972	.903	.776	-.223	.863	.885	1.000	.931	.978	.395
	X13	.931	.742	.953	.901	.923	.881	.751	.578	-.395	.727	.796	.931	1.000	.933	.302
	X14	.978	.918	.979	.965	.954	.930	.905	.772	-.318	.886	.890	.978	.933	1.000	.505
	X15	.467	.592	.416	.367	.373	.379	.567	.518	-.028	.497	.403	.395	.302	.505	1.000

按照特征值大于 1 的原则，提取主成分因子如表 5.70 所示，X1 和 X2 特征值大于 1，因此有两个满足条件的主成分因子。

表 5.70 解释的总方差

成份	初始特征值			提取平方和载入		
	合计	方差的%	累积%	合计	方差的%	累积%
1	11.952	79.681	79.681	11.952	79.681	79.681
2	1.148	7.656	87.337	1.148	7.656	87.337
3	.934	6.230	93.567			
4	.552	3.677	97.244			
5	.193	1.285	98.529			
6	.084	.560	99.089			
7	.064	.426	99.515			
8	.039	.258	99.772			
9	.015	.101	99.873			
10	.010	.068	99.941			
11	.004	.030	99.971			
12	.003	.022	99.993			
13	.001	.007	100.000			
14	2.830E-16	1.887E-15	100.000			
15	-3.574E-16	-2.382E-15	100.000			

其累计方差贡献率为 87.337%，能够表示大部分信息，可反映出 14 个地州市的金融生态评价信息。主因子的特征值及方差贡献率如表 5.71 所示。

表 5.71 主因子的特征值及方差贡献率

	主因子 1	主因子 2
特征值	11.952	1.148
方差贡献率	79.691%	7.656%
累计方差贡献率	79.691%	87.337%

本研究用主成分因子分析法计算出因子载荷矩阵，为了更好的解释主因子，选用最大方差正交旋转对主因子载荷矩阵进行旋转，结果如表 5.72。

表 5.72 旋转成分矩阵

	成份	
	1	2
X1	.972	-.100
X2	.958	.182
X3	.967	-.150
X4	.970	-.086
X5	.962	-.121
X6	.949	-.069
X7	.957	.167
X8	.848	.233
X9	-.243	.701
X10	.920	.084
X11	.922	-.079
X12	.982	-.110
X13	.886	-.367
X14	.983	-.103
X15	.520	.571

根据上表可以列出各个主因子公式：

F1=0.972X1+0.958X2+0.967X3+0.97X4+0.962X5+0.949X6+0.957X7+0.848X8-0.243X9+0.92X10+0.922X11+0.982X12+0.886X13+0.983X14+0.520X15

F2=-0.1X1+0.182X2-0.15X3-0.086X4-0.121X5-0.069X6+0.167X7+0.233X8+0.701X9+0.084X10-0.079X11-0.11X12-0.367X13-0.103X14+0.571X15

构建评价模型：以各个主因子的方差贡献率占所有主因子的总方差贡献率的比重作为权重进行计算，可以得到湖南省的 14 个地州市的金融生态评价模型如下：Z=0.912F1+0.088F2

根据公式计算出湖南省 14 个地州市的金融生态评价如表 5.73。

表 5.73　湖南省 14 个地州市金融生态评价得分

地州市	第一主因子	第二主因子	综合得分
长沙市	15.36	4.58	14.41
株洲市	5.01	1.38	4.69
湘潭市	5.24	1.07	4.87
衡阳市	6.31	1.58	5.89
邵阳市	4.76	1.03	4.43
岳阳市	4.63	1.12	4.32
常德市	5.28	1.28	4.92
张家界市	1.52	0.34	1.41
益阳市	3.14	0.71	2.92
郴州市	5.01	1.28	4.68
永州市	4.07	0.92	3.79
怀化市	3.77	0.82	3.51
娄底市	2.73	0.62	2.54
湘西土家族苗族自治州	2.66	0.56	2.47

如上表所示，运用因子分析法，14 个地州市的金融生态环境排名为：长沙市、衡阳市、常德市、湘潭市、株洲市、郴州市、邵阳市、岳阳市、永州市、怀化市、益阳市、娄底市、湘西土家族苗族自治州、张家界市。

（2）基于层次分析法的金融生态评价。

根据层次分析法 AHP 的原理，构建出湖南省 14 个地州市的区域金融生态环境评价层次模型如图 5.6 所示：

构造判断矩阵 Aij，一般选用 1—9 标度法，其中 A_{ij}（i，$j=1$，$2……n$）表示要素 X_i 与 X_j 相对于其上一层元素的重要程度的比例标度，根据 5 位专家对各要素的重要性的评估，确定各因素之间的相对重要程度并对其赋以相应的分值，构造出各层次中所有的判断矩阵，然后计算各要素权重并进行一致性检验，得出指标权重 W_j（如表 5.74 示）和各矩阵的 CR 值。其中 A-B，B_1-X，B_2-X，B_3-X，，B_4-X，，B_5-X，，B_6-X 的 CR 值分别为 0.0192、0.0322、0.0412、0.0052、0.0132、0.0061、0.0298，，其 CR 值均小于 0.1，故满足一致性要求。

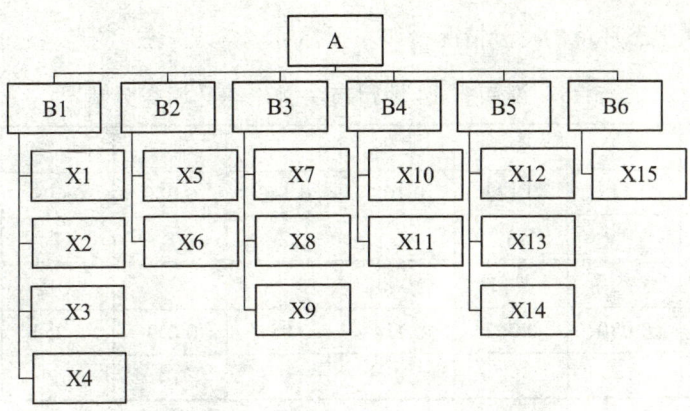

图 5.6　区域金融生态评价层次模型

表 5.74　各指标权重

权重 X	B	B1 0.3812	B2 0.2414	B3 0.1509	B4 0.1003	B5 0.0627	B6 0.0635	排序权重
X1		0.4523	0	0	0	0	0	0.1724
X2		0.1368	0	0	0	0	0	0.0522
X3		0.2432	0	0	0	0	0	0.0927
X4		0.1677	0	0	0	0	0	0.0639
X5		0	0.5632	0	0	0	0	0.1360
X6		0	0.4368	0	0	0	0	0.1054
X7		0	0	0.2687	0	0	0	0.0405
X8		0	0	0.3569	0	0	0	0.0539
X9		0	0	0.3744	0	0	0	0.0565
X10		0	0	0	0.4216	0	0	0.0423
X11		0	0	0	0.5784	0	0	0.0580
X12		0	0	0	0	0.6687	0	0.0419
X13		0	0	0	0	0.1802	0	0.0113
X14		0	0	0	0	0.1511	0	0.0095
X15		0	0	0	0	0	1	0.0635
∑		1	1	1	1	1	1	1

用最终权重乘以标准化的指标值再求和可得用层次分析法的湖南省 14 个地

州市的金融生态环境的得分情况,如表 5.75 示。

表 5.75 湖南省 14 地州市金融生态环境得分情况

地区	长沙	株洲	湘潭	衡阳	邵阳	岳阳	常德
评价值	0.412	0.123	0.108	0.140	0.089	0.099	0.113
排序	1	3	6	2	8	7	5
地区	张家界	益阳	郴州	永州	怀化	娄底	湘西
评价值	0.030	0.062	0.114	0.081	0.071	0.054	0.049
排序	14	11	4	9	10	12	13

本研究采用因子分析得分和层次分析法得分的平均数来确定各地州市的最终综合得分。得分情况如表 5.76 所示。

表 5.76 湖南省 14 地州市金融生态环境评价最终得分及排名

地区	长沙	株洲	湘潭	衡阳	邵阳	岳阳	常德
评价值	7.411	2.407	2.489	3.015	2.260	2.210	2.517
排序	1	5	4	2	7	8	3
地区	张家界	益阳	郴州	永州	怀化	娄底	湘西
评价值	0.72	1.491	2.397	1.935	1.791	1.297	1.260
排序	14	11	6	9	10	12	13

根据表 5.76 可以得出,湖南省的 14 个地州市金融生态发展情况不平衡,长沙、衡阳、常德、湘潭、株洲、郴州六个市的评价值位于前六位,邵阳、岳阳、永州、怀化、益阳为居中的六位,娄底、湘西以及张家界排名靠后。长沙市独领风骚,衡阳、常德、湘潭、株洲、郴州均属于金融生态环境较好的地区;邵阳、岳阳、永州、怀化、益阳、娄底、则属于发展较一般的城市,而湘西、张家界的金融生态环境较差,仍有较大的优化空间。"十二五"期间,长沙的经济社会有很大的发展,为金融业的发展提供了良好的经济基础,基本建成了机构体系较为完备、服务相对比较完善以及监管相对有力的金融体系。在此基础上,长沙的金融业持续健康发展,金融生态环境较好,但是相比起国内其他发达城市,仍需加快发展步伐。长沙目前存在的问题:金融业直接贡献率较低,融资结构不平衡,直接融资占比不高;对金融人才的吸引力不高;各金融机构间发展水平参差不齐,传统金的融机构发展步伐比较缓慢,而新型金融机构发展程度又不够;面向中小微企业和融资弱势群体融资难的问题仍然比较突出;金融

开放度不够，在积极吸引国际金融资本、管理经验、技术手段和人力资源等方面进展缓慢。而湘西和张家界是少数民族聚集地，加上历史、环境、地区、交通等方面的因素，总体的经济总量不大，动力转换不快。湘西全州的人均收入在全省范围内处于末位，而工业上，受原材料供应不足和自身结构的影响，工业实体经济经济量不高，新兴产业的经济量也偏小，拉力作用不够，湘西和张家界相对全省内的其他市来说，经济基础较为薄弱，金融供给不足，地方金融机构无论从数量上还是规模上均比较小，产权交易市场发展较慢，此外，资金的供需矛盾突出，地方政府金融机构不健全，制约了经济和金融的发展，所以总体上金融生态环境较差。

优化湖南省金融生态环境的对策建议：一是加快经济建设进程；二是建立健全的法律制度；三是完善社会征信体系 加快信用体系建设；四是健全完善金融组织体系。

优化金融生态环境，是改善地区投资环境，实现金融业协调、健康、有序发展的重点所在。良好的地区金融生态环境有利于地区金融业的健康发展，激发金融业的活力，更好地防范和控制金融风险。习近平总书记曾指出："金融安全是国家安全的重要组成部分，是经济平稳健康发展的重要基础。维护金融安全，是关系我国经济社会发展全局的一件带有战略性、根本性的大事。"金融生态这一概念的提出正如前文摘要所述，其是国内金融生态环境不断恶化的情况下提出的，故如何优化金融生态对我国当今经济和金融的发展具有重要的战略意义。优化金融生态不是终点，而是一个手段，是为了营造一个适应金融业发展的环境，最终达到促进经济增长的目的。通过对上述的实证分析，发现广西和湖南的金融包容和金融生态表现为良好的一致性，这也是第二章理论分析的逻辑延续。当然，这也为下一章制度创新提供基础。

6 提升金融包容的制度创新框架

前文的分析表明：广西和湖南金融体系不断完善，规模逐步壮大，金融包容水平在不断提高，农村金融生态在不断优化，区域金融竞争力在提升，城乡收入差异在缩小。但与此同时也存在很多问题，比如金融体系与全国相比仍不够多样，金融资源分布非常不均，有显著的城市化倾向；金融产品也比较单一，集中于存贷款，像小额信贷、保险等金融服务形式比较缺乏。实证分析显示，广西和湖南的金融包容水平仍然偏低，处于中低度金融包容状态，少数民族地区金融包容水平低于普通县市。金融包容水平与城乡收入差距之间存在显著的负相关关系，金融包容通过门槛效应、非均衡效应和减贫效应等直接机制和促进经济增长等间接机制促进城乡收入差距的缩小。由于二元经济存在于经济发展中，这使农村的经济发展和农民的收入水平难以促进和提高，也使金融配置资源的效率降低了，从而削弱了金融包容和城乡收入之间产生的互动机制，使得城乡收入差距凸显。因此，应加大发展农村经济的力度，鼓励农村剩余劳动力的异地就业，加快户籍制度的改革，增加农民的收入，突破二元经济带来的限制，加快金融包容水平的发展，促进金融包容与城乡收入差距之间的良好互动。为了促进经济的发展和城乡收入差距的改善，必须采取相应制度创新。

制度作为重要的内生变量。本章在借鉴国外一些成功的经验基础上，拟从新制度经济学的角度在农村金融制度、农村经济制度和生态生境制度等三大方面进行制度创新的论述，这也是本专著的实证结论的政策含义。这种制度创新框架也就基本上通过提升金融包容、优化金融生态，实现普惠金融，以破解城乡收入差距，实现乡村振兴的战略。这是解决人民日益增长的美好生活需要和不平衡不充分的发展之间矛盾的必然要求，是实现"两个一百年"奋斗目标的必然要求，是实现全体人民共同富裕的必然要求。这也是对邓小平在1978年提出的"以农村改革为起点，农业发展为中心，农民富裕为目的"的"三农"思想最好的诠释，当然也是2018年中央一号文件提出的到2050年，乡村全面振兴，农业强、农村美、农民富全面实现。①

6.1 实现功能性的农村金融制度创新，构建普惠的包容性金融

中国的金融改革必须居于功能性，而不是机构性。农村金融制度创新不突破，其他的一些惠农、扶农措施都只会流于短期效应，不能从根本上解决问题。解决农村金融服务滞后的关键是，必须明白，在任何情况下，完全市场化的金融服务都是死路一条。因此，突破口不是继续沿市场化的思路狂奔，而是将之作为政府必须提供的公共产品，通过一个全盘的制度化设计去降低农村金融机构的门槛、催生个性化的小额贷款机构，降低商业金融机构的风险等。在一个完全市场化的梦境中兜圈子，不会有什么正确的答案。居于此，建立多层次的功能健全、服务完善、运行安全的农村金融体系是提升金融包容、优化中国农村金融生态的关键的制度创新。广西目前的金融体系仍是以商业银行类金融机构为主，结构比较单一，金融资源分布失衡，农村地区金融基础设施比较落后，金融机构网点少，金融服务的渗透性不足，难以满足农村居民的需求。在政策方面来说，目前我国对于金融服务的提供还存在严格的准入机制，从而抑制了社会中小型金融机构在农村的扩展，使农村地区面临金融资源稀缺的困境。针对上述现象，政府一方面要加强金融资源在农村地区的渗透度，比如可以通过税收优惠或者差异化的监管政策，鼓励金融机构在农村或偏远地区设立营业网点，以满足这些地区居民的金融服务需求。还可以对给予农户和中小企业贷款的金融机构实施优惠的政策，比如较低的存款准备金率、较高坏账容忍度或者对给予农户和中小企业贷款的金融机构按贷款额度给予财政补贴或奖励，带动金融机构给农户和中小企业发放贷款的积极性。另一方面要调整金融机构的市场准入门槛。鼓励各种民间资本和外来资本设立村镇银行、财务公司、贷款公司等各种新型金融机构，引导民间金融机构如资金互助社、典当行的发展。总

---

① 新华社北京 2018 年 2 月 4 日电：改革开放以来第 20 个、新世纪以来第 15 个指导"三农"工作的中央一号文件 4 日由新华社受权发布。文件题为《中共中央 国务院关于实施乡村振兴战略的意见》，对实施乡村振兴战略进行了全面部署。文件指出，实施乡村振兴战略，是解决人民日益增长的美好生活需要和不平衡不充分的发展之间矛盾的必然要求，是实现"两个一百年"奋斗目标的必然要求，是实现全体人民共同富裕的必然要求。

而言之，就是利用各种合理的手段促进农村建立多元化的金融服务体系。同时，也要借助当前互联网金融的便捷性，通过手机等载体去帮助少数民族地区居民获取金融服务，弥补金融服务地理上的渗透性不足，解决这些地区居民和企业融资难的问题，促进普惠金融体系的形成。针对中小企业，政府应促进多层次资本市场体系的形成，帮助中小企业直接融资，为中小企业提供更多的融资途径。同时可以通过对给这些群体提供金融服务的金融机构给予优惠政策促进金融机构对农村和中小企业融资，比如差别化的利率、较低的存款准备金率等。①

6.1.1 调整现有农村正规金融组织体系的功能定位

中国农村正规金融制度基本上都采取了政府供给主导型的强制性制度变迁模式，但在市场经济体制逐步建立的今天，这会极大地影响制度创新的效果。因此，应当能够将正规金融的政府供给主导型强制性制度变迁模式逐步过渡到需求诱致型模式。政府为农村金融产业的制度创新创造环境，从制度方面保证产业主体进行金融创新应该得到的最低限度报偿或好处（如享受政策和税收优惠等）；提供产业主体的市场准入与退出机制，避免"一哄而上"，以维护金融秩序的稳定；鼓励各种正规金融组织根据金融市场需求和农村经济发展状况，进行自下而上的农村金融制度创新，解决中国长期以来金融制度供给主体缺乏的问题，使农村金融制度创新走上良性循环的可持续的道路。

1. 商业银行——中国农业银行的制度创新

一是坚持商业化方向。农业银行应在保持原有优质客户的同时，拓展服务对象，服务基地立足县域，服务对象朝下拓展到大企业和农业企业中的龙头企业和具有巨大潜力的农村和乡镇中小型企业。此外，农业银行还应更积极主动地支持农产品基地的建设、农产品市场体系建设、农业科技成果转化，为发展农村经济和提升农业经济创造条件。在农民收入水平较高的东部沿海地区，中国农业银行还应积极开展住房、家电甚至是汽车的消费信贷，提高农民的生活质量。二是完善公司治理结构。考虑到国有银行特殊性，国家拥有相当大的股份比例，主要依靠市场监督的治理模式在商业银行治理机制中发挥作用仍将有限。因此，完善农业银行这样的国有银行治理结构所需外部环境，如公司治理

---

① 金融创新是推动金融包容性增长的重要方面，比如说银行里面小额信贷，保险里面有小额保险，这些产品的推广有助于使中低收入的阶层能够享受起高质量的金融服务。另外通过政策来推动多样化的融资，有更多的主体提供金融服务。包容性增长里面还有一个很重要的方面是绿色金融，使金融资源像绿色产业、新能源、清洁能源环保产业倾斜，实现绿色的增长，这一方面可能使金融包容性增长能够取得比较大的共识。

结构因素引入监管中，继续调整和优化国有控股银行产权结构，建立更为科学合理的独立董事的聘用制度和报酬制度，取消不应该的所有商业银行行政级别。

2. 建立政策性银行、政策性担保机构和政策性农业保险的农村政策性金融体系

农村政策性金融的功能定位在于修正"金融市场失灵"，以期达到满足那些不能通过竞争性市场来满足的农村金融需求，实现社会资源配置的经济有效性和社会合理性的有机统一[①]在中国，应该建立政策性农村发展金融集团。

（1）坚持政策性不变。

中国要预防中国思维的欧美化，努力走出有中国特色的农村政策性金融可持续发展之路。我们的改革与发展，必须坚持政策性金融的规定性，始终不能偏离科学政策性金融理论的正确轨道，也不能忘记农村政策性金融制度安排的初衷和宗旨。

（2）资金筹措制度的创新。

当前，由于受各种条件的制约，农业发展银行主要是向中央银行借款。从长远来看，现有农业政策性金融机构应逐步减少对中央银行的依赖，改变目前资金来源渠道过窄且不稳定的现状，逐步拓宽融资渠道：一是借入政府资金。二是发行债券，财政应补贴筹资成本高于投资收益的差额。三是借入其他金融机构的资金，特别是邮政储蓄银行的资金。四是吸收存款和国外借款。这样可以弥补国家财务不足，而且与发行金融债相比，其利息成本要小于发债成本，可以减轻国家财政和农业发展银行的负担。农副产品收购、农业生产资料供销的资金需求，具有期限短、季节性强的特点，因而通过吸收存款，有利于资金的循环周转。五是寻求合作伙伴，建立农业发展基金、农民共同基金。六是统一国家支农资金的管理，统一办理国际金融机构和国际组织转贷业务。

（3）改造为包括政策性银行、担保机构和农业保险等"中国农村发展金融集团"。

从长远发展来看，农业发展银行必须拓展资产运作领域。按照"十一五"期间建设新农村的主要任务的要求，农发行应积极争取逐步扩大支农领域和渠道，加大对农村领域的信贷投入，把质量、效益寓于业务规模增长之中，根据农业、农村发展实际，当前应把农村基础设施、农业综合开发、农村公共事业、

---

① 政策性金融是符合 WTO 协议要求的支持和保护农业的重要手段，其本质是准财政，是财政与金融的有效结合。从国际上来看，政策性金融是世界各国普遍运用的基本符合世贸组织协议要求的重要支持手段，已法律化。

农业中小企业等领域列入农发行重点支持的领域。同时，加快发展中间业务，努力争取转贷、农产品进出口信贷等新业务，积极探索介入农业保险领域，推进农业发展银行业务发展多元化格局的形成，真正实现可持续发展。最为关键的是要将农业发展银行真正地改造为"中国农村发展金融集团"，经营政策性农业贷款担保和政策性农业保险等业务，实现真正的政策性全能金融集团。

3. 强化信用合作社的合作制度，使之与各种农产经济合作组织共同发展

农村合作金融的特殊性是其合作性、地域性，贴近中小企业与农户需求。2003年8月《深化农村信用社改革试点方案》使得大多改造出现了具有城市化倾向的农村商业银行。[①]其实，对农村分散而经济弱小的农民来说，通过自愿的联合实现资金互助是必然。

如前所述，针对农村基层行政村的精减与合并，行政村下的组一级全部取消的实际情况，防止农村社会"空心化"，应在自愿互助的基础上，通过生产合作社等形式把农产组织起来。在种子、生产资料、机器设备的采购当中，在农产品生产、收购、销售的过程当中，尤其是市场开发和客户维护当中，即在"做原料、做产品、做市场"的全过程当中，迫切需要一个稳定可靠的资金链，需要有专门的"财务公司"。基于现有的农村信用社在农村有着全面的网点，应强化信用合作社与农户和农户组织的的互助合作的性质。且对具有真正合作性质的信用合作社，应采取更加有力的政策，把它当成一项支持"三农"、提高并稳定农户增收能力进而提高农户生产生活水平的重大制度创新。[②]

同时应该：一是坚持合作原则，推进产权改革，摈弃"官办"性质。中国信用社长期改革改的是组织形式而不是产权。在农村公共财政资源缺位的情况下，农村信用社事实上承担了部分财政职能。正是由于以上原因，政府自然要使农村信用社具有"官办"性质，控制这个"更方便"的金融工具和资源。二是完善法人治理结构。真正的合作金融体系应是从下而上建立的。其中，基层合作金融组织掌握经营决策权，上层机构一般为基层提供便利服务和开展基层合作金融组织共有的但又不能开展的某些业务。改变现行农村信用社以省联社

---

① 在目前看来，很多学者（林毅夫，陈锡文等）认为中国的农村信用社改革很不成功，违背了合作精神。

② 国外在这方面早就有一些成功的例子。法国农业信贷互助银行体系，就是半官半民、上官下民的合作经济组织；在经营上秉着互助主义的理念，以团结互助、公正、无私、人的责任感、对人的尊重等价值观为其经营准则。日本信用合作体系由基层农协、信农联、农林中央金库和全国信联协会三级机构组成，农产入股参加信农联，信农联入股组成农林中央金库。信农联是农村合作金融体系中的中层机构，以所属会员——也即基层农协为主要业务对象，通过存贷款来调节各基层农协之间的资金余缺，指导基层农协工作。

或县联社为统一法人的一级或二级法人制,实现农民自主管理。经济不发达的中西部地区农村信用社占多数,这部分农村信用社应该把完善合作制放在首位。必须逐步健全和完善法人治理结构,加强内控制度建设,实现"花钱买机制"的改革目标。三是业务管理的创新。农信社明确其"三农"服务对象,推进农村金融创新。

6.1.2 规范和许可农村非正规金融

长期以来,政府管制过于严格,而且由于得不到政府的规范和指导,存在着极大的金融风险、经济和社会风险。因此,农村非正规金融制度创新,应采取政府辅助、政策诱导的制度创新模式。即首先由农民群众和农村金融组织自发进行制度创新,一旦该制度变迁能够提升经济效益,且符合政策目标时,政府便介入制度创新,这将缩短制度创新的时间。若是出现问题不是一律取缔,限制其存在,而是规范其发展,解决其问题。只有这样才能极大地提高整个农村金融产业运行的效率,优化农村金融生态。

6.1.3 建立和完善非银行金融组织体系

完善的农村非银行金融组织有利于完善农村金融主体群落,优化农村金融生态。

1. 农业保险制度创新

一是国家应给予特殊的政策支持。国外经验表明,政府积极的政策性运作是关键。针对中国农村范围辽阔、发展不平衡的特点,从政策上对保险公司开发的为农业、农村、农民服务的产品给予政策倾斜,将优先给予申报这类产品的企业以开设保险公司的牌照。二是建立特殊风险巨灾基金。坚持"低保额、低保障、低赔付"原则,依靠中央财政和地方农业部门的支持,建立农业巨灾保险体系,切实保障对投保农户的保费配套补贴、对保险公司的部分业务补贴及业务支持,并加强对保险公司的监管力度,督促保险公司提高业务处理质量,以保障保险公司的信誉。三是建立多层次为"三农"服务的保险机构,整合农村现有的保险机构,要引导和鼓励中小保险公司到农村开展业务,把分支机构设到农村最基层,到田头和地头。同时,可以考虑以县为单位成立农村保险合作社,允许和鼓励有条件的地方建立农村互助保险合作社。五是完善农业再保险机制。

2. 农村新型金融机构的功能性创新

以村镇银行为代表新型农村金融机构的农村金融制度变迁，从一开始就是增量式改革，不触及原有的市场主体和市场框架，是在体制外先行发展，体现为体制外先行发展——倒逼体制内变革的思路。这就像当年国企改革处于困境的时候，先从体制外发展民营私营经济，民营经济占据半壁江山之后反过来倒逼体制内的国企改革。

（1）小额贷款公司。

一是为小额贷款公司的发展创造良好的法律环境。二是明确监管主体，加强监督和管理。三是实现资金来源的多元化、可持续。四是提高风险控制能力。

（2）农村资金互助社。

一是加强政府引导。农村资金互助社的发起人是农民和农村中小企业，虽说对自己的社员较为熟悉，但缺乏金融从业经验，也不知道如何同监管部门打交道，经营发展受到局限，因此需要更多的政府扶持。二是选择可持续的发展模式。在这里，不能走农村信用合作社之路。目前的改革使农村信用合作社由民办改为"官办"，完全脱离了资金互助的初衷。也不能走农村合作基金会之路。三是灵活监管。就资金互助社本身来讲并不是完全意义上的银行业金融机构，而是一种以传统合作制为基础的会员制的互助性的金融组织，并且这种会员式的经营模式，资金风险基本不具有可扩散性，将其定义为银行业金融机构，并要求其比照商业银行的模式进行审慎性的监管是不合适的。我们认为不应以正规金融机构的运行模式来监管农村资金互助社，允许资金互助社在一定范围内可以从事生产互助活动，其经营场所、经营设备等在保证业务正常运转和安全的前提下也不必给予过高的要求。从经营模式角度，监管部门的重点应放在"社区自助型"的弱势金融宗旨的落实上。即保证资金互助社经营中始终保持互助性质，为社员服务。

（3）村镇银行。

一是政府引导。对于村镇银行，目前存在资金不足、初期客户认同度低的情况，因此，政府应设计相应的机制来解决这个问题。一个可行的方法是中国人民银行和其他商业银行对其提供批发性贷款和再贷款，使村镇银行成为贷款零售商，它们可以利用自己与农户接近的天然比较优势，保证贷款质量和贷款支农功能的有效发挥。同时，政府的财政支农资金，也应通过村镇银行来运作，既可以提高资金使用效率，杜绝寻租腐败现象，也可以有效解决新型农村金融机构资金补足的问题。二是加强监管。加强对村镇银行的监管，减少资金外流。

地方政府可率先建立涉农贷款发放奖惩机制，设定村镇银行涉农贷款的限额，根据额度来确定奖惩依据。对于完成目标较好的村镇银行，可由地方财政出资建立奖励基金，地方政府给予税收、支农再贷款、委托贷款、贴息贷款、财政性存款等优惠政策，以此鼓励村镇银行加大对"三农"的资金投入，避免资金外流。

3. 建立中国农村金融风险分担与补偿的长效机制

中国应该建立以政府为主导，市场功能相配合的符合中国农村金融发展特征的分担与补偿机制。一是建立国家财政贴补的常规机制。二是充分发挥中央银行对农村金融风险分担与补偿的特殊作用。三是建立中央、地方及农村金融机构共同参与的风险补偿基金。四是强化地方政府在农村金融风险分担中的核心作用。地方政府要积极主动搞好农村金融生态环境建设，把优化金融生态环境成效纳入政绩考核的重要内容，地方政府和司法部门要加大维护金融债权支持的力度。政府还要积极介入金融风险资产的处置，主动对因历史原因造成，多年积淀难收的不良贷款尤其是基础设施建设、党政部门贷款，以优质资产置换，由国资公司来组织清收，并建立专门台账管理，利用国有资产管理部门熟悉本地贷款企业和专业化运作的优势，获得农村金融风险最大收益。五是由政府组建政策性的农村信用担保机构。六是成立以龙头企业为主体的农业信贷担保公司。

4. 培育农村证券业，完善农村信托业

资本市场的资金筹集功能有利于"三农"。一是在二板市场设立以农业高新技术的分二板市场。二是发行农业建设债券、企业债券和专项债券。国家有必要发行农业重点建设债券或某种专项债券。对一些符合条件、对行业有重大影响的农企，也可适当允许发行一些企业债券。三是设立农业高新技术产业风险投资基金。长期以来，中国农业科技成果转化率低，特别是高新技术难以实现产业化，不利于"三农"的破解。目前美国大约有4000多家专业风险投资公司，它们每年为上万家高科技企业提供资金支持。

6.1.4 创新农村自助金融制度，拉近正式金融与农户之间距离

正式金融资金规模巨大，风险防范措施健全，制度建设较完善，而面对"三农"的金融需求则高高在上，不能准确了解借款人的信息，且单笔贷款量小，

客户高度分散，发放与清收成本高。而非正式金融则根植于农村，掌握了充分的信息，贷款发放、监督与清收的成本低。二者之间能否有机地结合？其中，农村金融服务创新是关键。

事实上，农村信用社曾在这方面做过极为有益的探索，即在20世纪80年代开始的信用站。信用站在当地吸收存款、发放小额贷款。信用站拥有二者的长处，有正式金融的资金实力与制度建设，又有非正式金融的灵活多样和充分信息。而且，在信用社看来，业务员是农户在金融需求时的代表；在广大农户那里，业务员又成了信用社金融供给时的代表。但是，由于新劳动法、省级联社成立等原因而终止。这样使得村民有些小额的金融需求，往往转向民间金融，有闲置资金，因路途远也不方便存入信用社。①其实，农户贷款的特点是贷前调查不易、贷款金额小、居住分散、清收成本高，收贷时不便于起诉或采取强硬措施，坐柜台内的正式职工往往不愿意发放，而包片业务员则能在熟稔的环境里走村串户。这种形式，实际上是农村信用社在委托农民自己办金融。这就是自助金融，甚至是金融自治的形态。甚至，农业银行营业所、邮政储蓄、村镇银行，还有农业保险业务，都可以到农村社区中寻找合适的业务代办员，从而使正式金融的资金优势、信用保障同非正式金融的信息充分、监督得力、成本低廉等有机地结合起来。

6.1.5 规范发展农村互联网金融

互联网金融的发展对促进金融包容具有重要意义，为大众创业、万众创新打开了大门，在满足小微企业、中低收入阶层投融资需求，提升金融服务质量和效率，引导民间金融走向规范化，以及扩大金融业对内对外开放等方面可以发挥独特功能和作用。作为新生事物，互联网金融既需要市场驱动，鼓励创新，也需要政策助力，促进健康发展。近几年，我国互联网金融发展迅速，但也暴露出了一些问题和风险隐患，主要包括：行业发展"缺门槛、缺规则、缺监管"；客户资金安全存在隐患，出现了多起经营者"卷款跑路"事件；从业机构内控制度不健全，存在经营风险；信用体系和金融消费者保护机制不健全；从业机

---

① 信用站的作用到底如何呢？笔者曾经调查发现老家的信用站（现已撤销）在2010年吸收的存款余额有80多万元，发放的贷款余额70多万元。平时村民卖头生猪，或卖点农副产品，有些现金，一般都会存到信用站上，有小额贷款需求，也会找到信用站上去，若是信用记录好，小额贷款需求一般都能得到满足。且营业时间，白天去也可以，晚上来也行，甚至在特别急切时凌晨一二点敲开业务员的门也能贷到款。村民对信用站相当认可，既把它看成是国家金融机构在村组的延伸，又把它当作是自家的银行。由此可知，信用站在当地很受欢迎且工作还是颇有绩效的。

构的信息安全水平有待提高等。互联网金融的本质仍属于金融,没有改变金融经营风险的本质属性,也没有改变金融风险的隐蔽性、传染性、广泛性和突发性。因此,要鼓励互联网金融的创新和发展、营造良好的政策环境、规范从业机构的经营活动、维护市场秩序,就应拿出必要的政策措施,回应社会和业界关切,深入研究在新的市场环境和消费需求条件下,如何将发展普惠金融、鼓励金融创新与完善金融监管协同推进,引导、促进互联网金融这一新兴业态健康发展。

6.1.6 深入落实金融扶贫政策,提高金融的"造血"功能

2016年3月16日,中国人民银行、国家发展改革委、财政部等七部门联合印发了《关于金融助推脱贫攻坚的实施意见》,意在通过各种金融扶贫政策助推精准扶贫,实现全面脱贫。广西作为经济欠发达地区,深入落实金融扶贫政策对于当地脱贫意义重大。第一,在农村地区通过监管费减免、差别存款准备金率等优惠政策鼓励农业银行、邮政储蓄银行推广"三农金融事业部",单独对涉农贷款审核管理,提高对涉农贷款的比重。第二,落实好扶贫再贷款政策,对扶贫再贷款给予优惠利率条件,以此帮助农村地区开展一些特色产业,帮助农户摆脱贫困。第三,将涉农贷款的不良贷款容忍度提高。对于因自然灾害导致农业减产的,允许将贷款展期并不下调信用等级。同时,将涉农小微企业和农户贷款风险权重下调,促进金融机构增加对小微企业和农户贷款支持力度。第四,加强贫困地区信用体系建设。将信用信息与精准扶贫的档案库进行衔接,并建立针对贫困户的信用评价指标体系。同时,深入推进"信用户""信用村""信用乡镇"的评定与创建,为金融支持扶贫开发创造良好的信用环境。

6.1.7 加强金融创新,提供多样化的金融产品和服务

金融创新是体现在金融服务的载体和金融产品上的创新。目前广西金融包容水平普遍较低,金融产品结构相对单一,这就要求金融机构加强金融创新。在金融产品上,随着居民生活水平的提高,对于金融产品的需求表现出多样化和差异化,因此金融机构要针对不同群体的金融需求推出相应的金融产品。第一,开发金融产品。比如可以针对农户和中小企业贷款"数额小、频次多"的特点,在农村推行小额信用贷款,灵活确定贷款的利率、数额和期限;开发创业贷款、助学贷款,推行联保贷款,以促进农村经营性产业的发展,促进农民增收。对于相对富裕的农户,则可以推出相关理财产品和咨询服务,促进农户

财产性收入的提高。对于已经从事经营性产业的农户，提供金融保险，比如针对农作物和初加工产品的保险，保障农户的经营安全，激发农村开展经营产业的积极性。第二，创新抵押担保形式。针对农户缺少抵押品的问题，推行两权抵押、大型农具抵押、农村科技专利质押等新型抵押形式，大型商业银行可以推行产业链融资，对处于产业链上的农户给予批量授信，盘活农村资金。

在金融创新的载体上，金融机构应顺应当前"互联网+"的趋势，在农村和地理位置不便的地区推广手机银行、金融超市等金融服务。互联网金融一方面可以缓解农村地区金融资源渗透性低的问题，让有金融需求的农户通过互联网办理转账、贷款等业务，另一方面也可以利用其大数据的优势解决农户和中小企业在贷款时面临的信息不对称问题，为其提供"数额小、期限灵活、随借随还"的纯信用贷款，实现农村地区的金融包容。[①]

6.1.8 加大金融开放合作，创新金融模式

对于广西来说，广西要加大和"一带一路"沿线国家合作，加大金融的开放力度，依托广西独特的地缘优势，大力发展沿边金融和跨境金融，继续争取国家给予广西更多的政策优惠，大胆创新，最大限度地为"一带一路"的重要项目提供强大的资金保障。[②]

继续扩大跨境人民币交易结算范围，加强与广西沿线国家的金融交流与合作。长期以来，由于地缘优势，广西与越南保持了友好的贸易合作关系，为了解决广西和越南贸易中出现的资金结算问题、换汇带来的麻烦和风险，提高双边贸易的效率，深化进一步的交流合作，广西首次在东兴试验区开展了人民币跨境交易结算平台。从 2014 年开始到现在，在中国人民银行相关部门的大力支持和广西各部门大胆创新、先试先行的开拓之举上，跨境人民币结算业务不断深入发展，跨境人民币结算业务的服务主体从企业逐渐普及到个人。跨境人民

[①] 2018 年中央一号文件提出，要抓紧出台金融服务乡村振兴的指导意见，并明确要推动农村信用社省联社改革，稳步扩大"保险+期货"试点，探索"订单农业+保险+期货（权）"试点。

[②] 广西要构建面向东盟的国际大通道，打造西南中南地区开放发展新的战略支点，形成 21 世纪海上丝绸之路与丝绸之路经济带有机衔接的重要门户的"三大定位"。习近平总书记 2017 年 4 月在"一带一路"国际合作高峰论坛召开前夕到广西视察时又指出，广西有条件在"一带一路"建设中发挥更大作用，要写好新世纪海上丝路新篇章。他强调，广西要立足独特区位，释放"海"的潜力，激发"江"的活力，做足"边"的文章，全力实施开放带动战略，推进关键项目落地，夯实提升中国—东盟开放平台，构建全方位开放发展新格局。

币的业务种类也从最早的专门为"一带一路"中的重要项目、关键领域服务，逐渐拓展到为沿边居民的小额贸易，边民之间的市场交易行为。跨境人民币的结算从最早的需要到专门的柜台由专业的金融机构服务人员操作发展为现在通过便利的网络和科学技术由个人操作完成。

跨境人民币贷款逐步在广西推广，为广西中小企业解决融资难题，降低融资成本，在国际国内两个融资环境下，拓展传统单一的融资渠道，为企业以较低成本获得资金提供了极大的便利。在接下来的时间里，广西要继续向国家争取优惠的金融实施政策，以广西极具优势的农产品、科技等产品的出口为契机，在双边及多边贸易中，和当地政府、企业和银行合作，努力扩大人民币的交易结算范围。对"一带一路"中交流合作的机构，鼓励扩大采用人民币结算，规范人民币境外结算流程，简化人民币境外结算的手续，对境外使用人民币结算的机构和个人组织专业的使用方法培训，加快建立覆盖所有"一带一路"合作国家的人民币跨境交易结算平台。

根据经济主体在生活、发展生产中的需要，加快推进人民币的跨境汇出汇入业务，为境内境外机构和个人向国内转账、汇款、结算等提供便利，加强广西与"一带一路"沿线国家的交流与合作。同时，要继续推广人民币特许兑换业务在广西的代理范围，争取国家更多的金融优惠政策支持。

广西要大力发展跨境金融，坚持"引进来"和"走出去"相结合，鼓励和支持广西辖内的金融机构和企业走出去，与"一带一路"沿线国家和地区展开合作，在境外建立金融机构营业网点。同时，也制定优惠政策吸引"一带一路"沿线国家和地区到广西建立金融机构，共同为沿线国家和地区重要区域、重点项目和关键领域的合作提供强大的资金支持、金融保障。

对广西区内的企业和机构在境外上市获得融资、建厂等行为要给予保护和支持，提供必要的出口信用保险，降低企业资金风险和在境外市场的不确定因素。与"一带一路"沿线国家和地区的金融机构要通过业务交流，加深广西与各国之间的感情，对金融体系相对落后的柬埔寨和老挝等国家提供金融支持，为其培训高素质的金融人才，加强金融交流与合作。针对中马关丹产业园等产业园区，要加强互助机制，在技术开发、信息共享、人才交流、金融保障等方面深化合作。推动与"一带一路"沿线国家和地区的金融交流常态化。

同时，要加强与香港、澳门之间的金融合作，积极创新金融发展模式，找到适合的金融合作机制，为"一带一路"重要领域、重要项目提供融资支持，加强金融保障体系建设。

6.2 促进物种多元化的农村经济制度创新

农村经济主体群落的制度创新是农村金融生态优化的关键。这其中，以土地制度创新、城镇化制度创新、市场化制度和农民合作制度为关键。这决定农村经济水平。

6.2.1 界定清晰的农村产权制度

产权是经济基础。在中国农村，产权是不清晰的，这不利于农村金融生态的优化。在市场经济的环境里，集体所有制是"私有"产权，是一种对外排他的，对内按份分享的"私有"所有权，它怎么能等同于计划经济、统购统销环境里的"公有"产权呢？

农村集体所有权的外部边界是清晰的。被认为其产权不清晰一般是指内部不清晰，其实，土地集体所有制产权内部也是很清晰的，大致可分为四个部分：一是共同共有产权，共同使用，比如水塘、水系、风水林。这些是不能到户的，给多少钱也不能到户。二是按份所有产权。比如一百个人一百亩田，一人一亩的所有权，增人要增地，减人则要减地，是可以平衡的。但是所有权和经营权可以分离。一百个人一百亩地，可以是1人承包，但要向另外99人交承包费。三是按户占有产权，指宅基地。第四个部分是公共机动产权，用于办工业、水利、修路等。土地集体所有制下的土地产权，不仅对外是清晰的，对内也是清晰的。

6.2.2 推进土地制度创新，构建农地内置金融制度

土地是广大农民最基本的生产资料，每一次土地制度的变革都会不同程度地促进农村社会生产力的发展。改革开放以来，中国相继出台了《农村土地承包法》和《物权法》，农村土地的流转机制开始建立并不断得到完善。2008年6月中央又发布了《关于全面推进集体林权制度改革的意见》。2015年，中共中央办公厅、国务院办公厅印发了《关于引导农村土地经营权有序流转发展农业适度规模经营的意见》，指出伴随我国工业化、信息化、城镇化和农业现代化进程，农村劳动力大量转移，农业物质技术装备水平不断提高，农户承包土地的经营权流转明显加快，发展适度规模经营已成为必然趋势。实践证明，土地流转和适度规模经营是发展现代农业的必由之路，有利于优化土地资源配置和提高劳

动生产率，有利于保障粮食安全和主要农产品供给，有利于促进农业技术推广应用和农业增效、农民增收，应从我国人多地少、农村情况千差万别的实际出发，积极稳妥地推进。当然，这些还没有从根本上进行农村土地制度改革。因此，从根本上推进中国土地改革，是新农村建设的关键，是优化农村金融生态的核心。①

1. 推进"内置金融"的制度创新

当下比较主流的认识是让农民的土地金融资产化，几乎都主张"外置金融"。所谓的"外置金融"是"土地私有化+农村金融外部化"，是鼓励城市金融资本下乡，大力发展私人村镇银行和小额贷款公司等。农村金融主体去农民化，金融收益从农村流出，笔者把其称为"外置金融"。它不仅可以促进土地等产权金融资产化，还可以解决部分村民退出村社，土地产权变现难的难题。事实上，这种思路认为只有给农民完全的私有产权，同时开放农村金融，农民的土地等产权就可以抵押贷款了，农民就有数十万亿计的"金融资产"了。的确在大城市郊区和发达地区，农民的绝大多数土地、山林等都是有"农转非"预期和农业服务业化预期的，推行"私有化"后，土地、山林等产权是可以在各种金融机构抵押贷款的。但在广大的中西部农村，农民的绝大多数土地和山林等，无论是在正规银行、村镇银行或是小额信贷公司里，都是不可抵押贷款的。因为"外置金融"服务不发达农村有三个致命弱点：一是贷款规模小、成本高；二是信息不对称，风险难管理；三是不发达农村农民的农地、山林等，不仅过于零碎、价值偏低，且短周期内升值预期几乎为零，故难以成为"外置金融"机构的有效抵押品。所以，在不发达农村，这种模式只为资本下乡低价兼并农民的土地提供方便，难为亿万分散小农增强内生性发展动力提供帮助。因此，在土地农民集体所有和农户承包经营制度下，配套建立农村社合作金融，合作金融是农民村社组织的内部金融，是农民主导的农村金融，利息归农，笔者把它称之为"内置金融"。它同样可以实现农民土地等产权金融资产化。

---

① 2018年中央一号文件提出针对乡村振兴要解决的"地"的问题，处理好农民和土地的关系，仍然是深化农村改革的主线，也是实施乡村振兴战略的重大政策问题。文件对深化农村土地制度改革部署了许多重大改革任务，如部署完善农民闲置宅基地和闲置农房政策，按照"落实宅基地集体所有权，保障宅基地农户资格权和农民房屋财产权，适度放活宅基地和农民房屋使用权"的方向，探索宅基地所有权、资格权、使用权"三权分置"改革。这项改革不是让城里人到农村买房置地，而是吸引资金、技术、人才等要素流向农村，使农民闲置住房成为发展乡村旅游、养老、文化、教育等产业的有效载体。

2. 农村土地股份合作的农地产权制度创新

土地股份合作是一种适应"产权社会化"要求的农地产权制度创新。一是明确土地股份合作组织的法律地位，完善土地立法以保障农民的土地收益权。土地股份合作组织是农村经济合作组织的一个重要类型，作为"民办、民管、民受益"的新型农民自助组织，其法律地位仍未被明确。建议在《土地管理法》等法律法规的修订中，对农民土地权利特别是处分权、收益权予以明确。二是完善土地股份合作的治理结构和风险保障机制。三是制定扶持土地股份合作发展的优惠政策。要像当初支持乡镇工业一样支持农民发展农产品加工业和农村专业合作组织。财政、金融部门要加大对发展高效农业的资本参与、投入。提高对农业和农村合作经济的支持力度；通过贴息等方式，鼓励农产品加工和营销企业积极参与土地股份合作，引导信贷资金、工商资本等社会资本的参与、投入。四是建立健全土地流转有形市场（交易平台），是土地流转进入规范化。

3. 建立农地金融制度

在现行法律障碍的前提下，借鉴国外经验，加快建立农地金融制度。中国农地金融组织体系可采取"分三步走"：一是选择劳动力市场发达，劳动力的非农化程度较高，易形成较"发达"的农地交易市场的东部地区的农村信用社，开展农地金融试点工作。二以现有农村信用社为组织框架，在其内部设立"农地使用权抵押贷款处"来具体办理农地金融业务，而后协助农民组建土地抵押合作社，专门办理农地金融业务。三是利用农业发展银行职能调整的有利契机，将其改革为国家控制、具有金融融资功能和可从事产业投资的政策性土地银行，实现建立政策性土地金融机构的长期目标（张笑寒，2007）。当然，在中国要最终形成合作性、专业性和政策性的土地金融体系：一是合作性土地金融机构即土地合作金融组织，如在乡镇范围农民合作经济组织内部建立的，如乡土地金融合作社，村土地资金互助社。二是专业性土地金融机构，如在农村信用社内设立"农地使用权抵押贷款办理处"。三是政策性土地金融机构即国家土地银行，可在农业发展银行内设立"农地使用权抵押贷款部"，而后发展为国家土地银行（省级分行）。

6.2.3 提高城镇化水平的制度创新

乡村振兴绝对不是把农民都固守在农村，解决"三农"问题的关键是减少农民数量。要发展城镇，大中小城市协调发展，这样才能将大量农民转移出来，这有利于提升金融包容、优化农村金融生态，缩小城乡收入差距。

1. 推动工业化和城镇化的良性互动推进

针对当前乡镇企业空间布局分散、城镇化严重滞后的现状，今后中国应实行大城市发展和农村城镇化相结合的发展战略，充分利用市场机制和宏观调控功能，遵循分工协作原则，制定相应的产业政策和法律原则，运用税率、利率和信贷等经济参数机制，以中心城镇为依托建立农村工业聚集区，培植新经济增长极，强化聚集效应。

2. 创新土地管理制度，加快建立健全多元化的小城镇土地市场体系

可在严格执行有关审批程序和规划方案的基础上，允许小城镇规划区内属于农村集体的农用地，通过转让、出租、抵押、入股等形式直接进入小城镇的土地一级市场，参与小城镇的土地开发。这样，可以减少地方政府和有关企业对农民利益的侵犯，降低小城镇土地和房地产的使用成本。同时，应采取优惠政策，对小城镇在旧镇区改造过程中通过土地整理等方式形成的富余地，应允许直接进入土地市场。这样做有利于改变当前小城镇对农民吸引力弱的问题。现在，户籍制度常被认为是对农民进城的障碍。其实，相对而言，城镇较高的房价对农民和企业进城的不利影响，可能还超过户籍制度。

3. 统筹构建城乡包容的发展体制与机制

经过改革开放 40 年的发展与进步，整个社会对化解城乡二元的经济社会体制已经有着高度的认同。我们应该充分利用这种认同以及 40 年发展奠定的综合国力，努力摒弃那些已经不合时宜的政策障碍，构建起更加开放的城乡包容的制度。

6.2.4 促进农村市场化的制度创新

农村市场化是农村经济主体群落的关键。因此，必须加快制度创新。

1. 制定农村市场化发展规划，建立完善的政府宏观调控体制

政府对农村市场化建设的宏观调控，是政府运用财税、金融、法律、行政等宏观手段，引导农村市场主体、农村经济诸产业、涉农部门和各地朝着预定的目标发展。建设新农村需要政府为主导，需要政府提供基本的公共设施，但农村经济可持续发展最终要靠市场分配资源。现时期，政府的农村政策应主要放在财政手段的科学补贴上，和最大限度的提供公共基础设施，满足农民参与市场竞争和价格形成的基础性条件需求。

2. 推进农村劳动力非农就业，提高劳动力市场化水平

大量农村劳动力实现非农就业，是提高农村市场化水平，并最终实现农业现代化的前提：一是加强对农村劳动力的培训，提高素质，拓宽就业渠道，提升就业层次；二是加强对农民工权益保护，逐步实现农民工劳动报酬、子女就学、公共卫生等方面与城镇居民享有同等待遇，改善农民工劳动条件，保障生产安全，逐步完善农村养老保险制度，为农村劳动力彻底放弃土地，实现非农就业创造条件；三是还要加快推进户籍制度改革，放宽中小城市落户条件，使在城镇稳定就业和居住的农民有序转变为城镇居民。

3. 加快农产品物流体系建设，提高农产品市场竞争力

农产品物流不仅能使农产品实现其价值与使用价值，而且可以使农产品在物流过程中增值，还能降低农产品生产与流通的成本，提高农产品的市场竞争力。因此，需要增强现代物流意识，强化政府公共服务，优化农产品流通环境，加大对农产品物流基础设施的投入，加快农产品物流标准化进程，培育、壮大农产品物流主体（孙宇，2009）。

6.2.5 推进农民合作组织的制度创新

农民合作组织的发育、成长有其特定的社会政治、经济和文化土壤。中国要结合本国实际，在坚持家庭联产承包责任制和"民办、民管、民受益"原则的基础上，大力发展农民专业合作经济组织，使之成为推进社会主义新农村建设的重要平台。

1. 政府要切实认识到发展农民合作经济组织的历史必然性

作为世界性的经济现象，政府要认识到这是必然。一是要规范政府行为，建立和完善农民专业合作经济组织发展的政策支持体系，完善对合作组织的指导、协调、服务功能。二是应始终以尊重农民意愿为前提，体现主要是解决农民分散生产经营中遇到的困难，提高农民组织化程度，降低交易成本，保护自身的合法权益的职能。三是各级政府给予足够的重视。

2. 发展农民合作组织要大胆创新

创新机制建立于创新意识和创新氛围基础上，是合作经济组织发展的源动力。随着国际市场一体化程度的提高和市场竞争的加剧，美、德、日农民合作经济组织的发展出现如横向合并和纵向一体化、股份制、专家管理等变化趋势中。因此，在指导中国农民合作经济组织发展的实践当中，要从各地自然、经济、社会等条件出发，因地因时制宜，引导、鼓励农民创新，尊重农民的创造，坚持多种形式发展农民合作经济组织。

3. 健全其内部管理制度和运行机制

农民合作组织之所以有强大的生命力，源于自愿、民主、平等和联合等原则。在中国，要把坚持合作制的基本宗旨和基本原则与中国实际情况结合起来，通过健全资产运营机制、建立有效的激励和约束机制、完善内部积累与发展机制等以健全机制。

6.2.6 推进农民创业的制度创新，打造"新型农民"

近年来欧美国家一直把完善农村创业政策作为发展农村的一条重要准则。创业在农村中曾经发挥过巨大作用，由此而产生的大量乡镇企业就是明证。政府应该进行二次制度创新。

1. 提供优惠的制度

最近几年，中国对创业问题高度重视，并采取了一系列措施促进创业。但对农民创业问题一直重视不够，由此而导致农民创业政策很不健全，不仅缺乏总体的创业政策框架，而且也缺少具体的支持政策：既没有针对农民的融资项目，也缺乏相应的创业基金支持。未来中国应该制定国家层面的激励农村创业的政策框架体系，并通过解除各种管制来改善农村创业环境，比如设立农民创业基金、提供各种融资贷款服务、创业教育与培训，减轻农民创业的行政、管制和税收负担等，推进农民创业。

2. 加强农村教育

乡村振兴的主体是农民，毫无疑问，重视对农民的人力资源开发，进一步加大农民的教育和培训投入力度，是实施中国新农村建设战略的重要途径。实施新型农民开发就是要提高我国农村人力资源质量，而农村人力资源质量的提高的关键又在于农村的教育发展水平。针对当前我国农村人力资源质量难以适应新农村建设任务需要的现状，必须大力发展农村教育，加大对新农民培训或培养投入力度，提高农民的综合素质。

6.2.7 推进农业供给侧改革

2017年2月，2017年中央一号文件《中共中央、国务院关于深入推进农业供给侧结构性改革加快培育农业农村发展新动能的若干意见》提出，要深入推进农业供给侧结构性改革。其实,增加农民收入、保障有效供给,这也是文件中明确提出的农业供给侧结构性改革主要目标。应该说,在我国当前我国农业农村发展的基本面是好的,发展稳中有进、稳中有新。但也面临着很多困难和矛盾,包括农业农村发展动能不足、农业结构不合理、农业经营方式不适应以及不可持续等,推进农业供给侧结构性改革势在必行。农业供给侧改革要抓住两个关键:结构调整和深化改革。两者的结合就是农业供给侧结构性改革,这也是推进农业供给侧改革工作最主要的着力点。具体来讲,调结构要推进三大调整,强化三大支撑。即调优产品结构、调好生产方式、调顺产业体系,同时要发挥好科技支撑、基础支撑和三园三区等平台的支撑作用。而改革要实现三个激活,即激活市场、激活主体、激活要素。[1]

6.3 构建高水平均衡的农村金融生态生境的制度创新

乡村振兴的农村金融生态的优化不但取决于农村金融主体群落和农村经济主体群落,更重要的农村金融生态生境制度创新,这是农村金融生态的"塔基"。

6.3.1 彻底改革"城乡二元"制度

在中国,"城乡二元"更多是人为的。事实上,"三农"形成的根源并不在于政府投入不足,而是多年的"二元"治理结构。所以,政府在此过程中应该充当积极的角色,因为制度本身也属于公共产品的范畴,由政府来充当创新的主体当然会更加富有效率。如果不能从根本上改革中国的城乡二元制度,包括制度和文化,如养老保险、医疗保险等,一切都只是空谈。[2]

6.3.2 建立公共财政支持乡村振兴建设的长效机制

长期以来的"城乡分治"造成了中国二元结构。在乡村振兴的建设中,要

---

[1] 《农业部关于推进农业供给侧结构性改革的实施意见》,见 http://www.ndrc.gov.cn/fzggqz/ncjj/nczc/201702/t20170207_837357.html。

[2] 与其他任何国家不同,中国的城乡问题具有独特的内在原因。城乡问题的产生不仅仅是一个经济社会发展过程中产生的问题,而且与我国特殊的城乡二元制度体系紧密相连。为了在较短的时间内摆脱小农经济的落后状况、加快追赶西方国家的现代化步伐,在特殊的环境中,新中国成立后采取了一种以农业资源换取工业化的特殊方式来实现国家强大的目标。

建立健全长期支持乡村振兴的公共财政体制。这是农村金融生态优化的关键。

1. 建立财力基本均衡保障机制

公共财政支持乡村振兴建设，必须构建均等财力保障机制。从区域上看，要逐步缩小市与市、县与县、乡与乡之间的财力悬殊，使不同地域公共服务能力大致相同，加大对中西部的转移支付。从级次上看，要逐步改变省市县乡财力水平差异过大状况，使各级政府都能获得履行基本职能所必须的财力保障。从城乡关系上看，要逐步改变城市居民享有公共服务和公共产品多，而农村居民享有少的状况。这样，使得使县乡财政困难得到进一步缓解，使农民群众享有公共服务得到相应提高。同时，财政部门要积极推进行业内资金整合与行业间资金统筹相互衔接配合，探索建立涉农资金统筹整合长效机制，实现中央宏观指导与地方自主统筹的有机平衡，并切实优化财政支农资金供给结构，提升国家支农资金供给效率。

2. 建立多方共同参与投入机制，发挥政府财政的政策和资金导向功能

一是国家扶持与乡村振兴建设主体的农民参与并重。二是充分发挥财政支持与市场调节作用。要合理界定财政支持范围和重点，确保不越位、不缺位。同时，充分发挥市场机制作用，积极鼓励和引导社会各方面资金增加对"三农"投入，逐步实现财政支持和市场调节有效配置。三是必须处理好增加财政投入与提高财政资金使用效益关系。

3. 拓宽财政支农的范围

一是重视农村基础设施建设投资和农业科研、教育及技术推广体系建设。二是重视财政对农业信贷和农业保险的支持，从而建立起完整的政府农业支持和保护体系。三是重视农村社会事业发展的投入，包括农村教育、卫生、社会保障及其反贫困等。这对于改变农村落后面貌，缩小工农城乡差距，起到了至关重要的作用。四是积极拓宽资金筹集渠道，争取将更多的真金白银投到乡村振兴上。比如，为解决土地增值收益长期"取之于农、用之于城"的问题，破解"农村的地自己用不上、用不好"的困局，财政部将会同有关部门建立行之有效的资金管理方式，将高标准农田建设等新增耕地指标和城乡建设用地增减挂钩节余指标跨省域调剂收益，通过支出预算全部用于巩固脱贫攻坚成果和支持实施乡村振兴战略。

6.3.3 建立具有中国特色的农村公共产品供给创新制度

要破除农村公共产品供给体系中的行政障碍,进行一系列的综合配套改革,建立实现城乡统筹、工农业协调发展的均等化的公共产品供给制度,促进城乡一元化。

1. 建立城乡统筹均等化的公共产品供给制度

一是走政府主导型的强制性制度变迁之路。具体而言,在统筹城乡供给方面,基于农村公共产品供给总量不足和结构失衡的双重矛盾,应把公共资源的分配、国民财富再分配和公共财政投资的重点放在农村,切实保证农村公共产品的充足供给和有效供给。二是走市场主导型的诱致性制度变迁之路。由于社会经济发展水平及国家财力的限制,加上"二元"制度的固化及强有力的路径依赖,目前还不可能在全国范围内通过单一的强制性制度变迁构建城乡均等化的公共产品供给制度,特别是对于准公共产品的供给,政府必须走强制性制度变迁与诱致性制度变迁相结合之路,充分发挥市场的作用,分阶段、分步骤、分区域逐步构建城乡统筹的公共产品供给制度。

2. 逐步完善财政资金使用结构和集体资金管理体制

经验表明经济发展使得公共产品供给的相对规模呈现不断上升之势。一是深化基层行政体制改革,压缩行政性公共产品供给,减少行政管理费用。二是明确财政支农重点,加大对农民直接受益项目的支出,必须进一步明确财政支农资金的使用方向,将更多的资金用于农村教育卫生事业、科技创新、农业市场信息有效传播等项目建设,改善资金的使用结构、提高使用效率,使农民在这些项目中直接受益。三是完善集体资金管理体制,提高透明度。要完善集体公共资金管理,提高使用透明度,就必须扩大农民的知情权,政务公开、村务公开应成为民众的法定权利;同时,也要逐步完善公共产品供给及资金使用情况的听证制度,进一步扩大农民的质询权和参与决策权。

3. 建立多元农村公共产品供给体系

一是按照公共产品的类别和层次,科学合理地划分各级政府提供公共产品的职能边界。在中国,具体而言,涉及整体性、全局性、长期性的农村公共产品应主要由中央政府提供;区域性农村公共产品主要由省级政府提供;地方性农村公共产品主要由地方政府提供;社区性农村公共产品主要由农村自治组织和农民共同提供。二是强化政府投资主体地位,确保财政投入逐年增长,并制定相应的激励和惩治措施,规范政府的投资行为,明确投资重点,保障专款专用。三是引入市场机制，开拓筹资渠道。政府应动员社会资源为农村提供公共产品，特别是准公共产品，并创造有利条件，给予政策、税收优惠，积极鼓励民间资金投向农村公共事业，引导民间资金向民间资本转变，以拓宽农村公共产品筹资渠道，形成农村公共产品供给主体多元化的格局。

6.3.4 推进基层两委制度创新

农村基层组织是农村经济社会发展的直接领导者和组织者，肩负着精准扶贫、乡村振兴的历史重任。破解后农业税时代基层组织建设的新课题。其实这在很大的程度上决定基层政府的依法执政的能力及水平，对于提升金融包容水平、农村金融生态的优化很关键。历史的经验证明，农村的各项事业必须依靠党组织建设，落实全面从严治党责任，加强和改善党对经济社会发展的领导，激发干部群众干事创业的积极性、主动性、创造性，以推进广大农村的社会经济发展，为全面建成小康社会提供坚实的组织保障。农村的村党支部和村民委员会是两个最基本、最重要的组织，是基层农村两个最主要、最直接的组织载体。依据我国法律，二者的职能涵盖了农村社会管理工作的方方面面，具有其他农村基层组织不可替代的政治优势，成为我国农村基层政权的重要基石。因此，加强农村基层组织建设，首要的是加强村党支部和村民委员会的建设。

1. 探索农村集体经济实现形式，为农村基层组织建设创造新的经济基础

一是因地制宜发展壮大集体经济，积极探索集体经济的多种实现形式。要多渠道盘活存量集体资产，通过拍卖、租赁、承包等方式，实现集体资产保值增值。充分利用和挖掘集体资源潜力，培植新的经济增长点。搞好农业综合开发，发展高效农业，增加农民收入，民富则村强。大力发展个体私营经济，积极招商引资，培植新税源。二是各级党委、政府和金融机构，要从巩固税费改革成果，巩固基层政权，维护农村社会稳定的高度出发，化解农村债务，减轻基层组织债务负担。

2. 创新管理体制

一是推进人事制度改革，提高基层组织行政效率。乡镇要按照市场经济要求，切实转变职能，精简分流人员。一般乡镇行政编制应控制在 30 人以内。目前，乡镇承担的经济管理和行业管理职能应转交给专业合作组织。将站所人财物全部上划县主管部门统筹。最大限度地发挥基层科技推广机构对农村经济的指导服务作用。适当调整村、组规模，村干部干部人数一般不超过 3 人。二是

切实转变乡镇政府的行政管理职能。

3. 创新干部选拔任用机制，提升农村基层干部整体素质

建立和完善农村干部选拔任用、教育培训、保障激励和监督管理新机制，努力培养造就一支适应新农村建设任务的高素质农村基层干部队伍。

4. 创新监管机制，预防乡村干部腐败，实现"村民自治"

正如前文所述，由于监管的不力，中国的基层干部的腐败还仍然存在，一些地方形成了所谓的"小村官，大腐败"。这不利于新农村建设和优化农村金融生态。监督管理要将村务公开制度落到实处。实现村务公开是从源头上治理腐败的一条重要措施，只有让群众来监督"村官"手中的权力，他们才不敢滥用权力。所以，要真正反腐败，就必须把监督权力的权力交给群众，同时，要大力进行法制宣传，进一步提高守法意识。

6.3.5 建立完善与高效的法律制度

法治环境包括健全完善、公正平等、运行有效的法律法规体系，公正文明执法、廉洁高效服务的依法行政环境，公正司法、依法办案的司法环境，成熟的公民社会的形成及全社会的法律至上意识等。这是新农村建设的规则，也是农村金融生态生境的根基。

1. 加强教育，提高农民法律意识

一是深入开展农村法制宣传和理念教育，坚持法制教育与法治实践、道德教育相结合。根据农村的特点，采取多种形式向农民传输法律知识，培育具有较高法律素质的新型农民，使农民能自觉用法律武器捍卫自己的权益。二是大力发展农村经济，完善农村市场经济体制，为农民法律意识现代化提供经济基础。三是培养农民的契约精神。

2. 形成适时的农村法律法规体系

一是加强农业立法。当今世界上的发达国家，都经历从农业社会向工业社会转型的过程。如美国在独立后，从落后的农业大国发展为现在的超级农业大国，其原因之一就是建立了一整套动态的比较完备的国家支持农业的法律，如《2008年农业法》。中国也必须如此。二是政策性金融的法律定位，我们应借鉴日本成功经验，制定特殊的《中国农业发展银行法》，使农业发展银行切实承担起对农村金融市场的政策性服务功能。三是合作金融的法律定位，立法使其真正体现合作性，而不是目前的"又商又合"，使农村信用社这一企业更好地服

务于新农村建设。四是民间金融机构的法律定位,建议出台《民间借贷法》,赋予民间金融有效的法律地位,纳入法制化轨道。这样做既有利于民间借贷在法律框架内规范运作,有利于优化农村金融法律环境,促进金融生态的进一步完善。五是农业保险机构的法律定位。六是细化新型农业金融机构法律。银监会出台六项新型农村银行业金融机构监管细则不够细化,必须尽快出台具体的解释,以促进新型农村金融机构发展。七是制定《贷款法》等规范贷款的专门法律,从法律层面上对金融机构的信贷行为进行规范。八是完善金融资产的刑事保护制度与金融企业破产法律制度。九是农村金融监管的法制化。十是加强信用立法,规范信用秩序。应充分借鉴发达国家在信用管理方面的法律、法规,这是农村金融生态的诚信基础。

3. 法律执行必须是高效和公正的

提高执法效率,这对于中国来说至关重要。中国必须要让每个市场主体在高效和透明的制度环境下进行交易,确保法律的执行的高效和公正。

6.3.6 建立有效的农村金融监管制度

在新农村建设中,农业的弱质导致农村金融的高风险。因此,必须建立灵活的农村金融监管制度,从而满足农业、农村、农民对农村金融的多功能,以提升金融包容水平、优化农村金融生态,达到普惠金融的常态。

1. 适当放松对农村金融管制

农村金融数量小,具有地域性,风险不是普遍性的特点也就意味只要监管到位,合理引导,农村金融的风险是可以预防和化解的。同时,农村金融不能照抄城市的管理模式监管,影响农村金融的改革内生力。当然,放松农村金融的管制并非是放任自由,更不是取消监管,按照"宽准入、严监管"的基本原则,在结合农村实际的基础上,对农村金融的风险控制和稳定应该更加科学化和个性化,做到"因时因地的制宜",使制度监管更加具有适应性和符合农村实际,积极引导各类银行业金融机构按照商业可持续原则到农村地区投资创业,为支持社会主义新农村建设做出新的贡献。①

---

① 中共中央总书记、中央财经委员会主任习近平 2018 年 4 月 2 日下午主持召开中央财经委员会第一次会议,研究打好三大攻坚战的思路和举措,研究审定《中央财经委员会工作规则》。习近平在会上强调,防范化解金融风险,事关国家安全、发展全局、人民财产安全,是实现高质量发展必须跨越的重大关口。

2. 建立"条块"结合的混业监管制度

中国农村人口占绝大多数,农村金融有着点多、面广、数额小、服务周期长、风险大等诸多的特殊性。而现在的监管形式是中央集中统一监管,难免鞭长莫及。此时,更应该让地方政府参与金融协调与监管,发挥本土金融的作用,巩固最后一道金融防线。在笔者看来,地方政府金融办就是建立和巩固最后一道防线的有力实施者和组织者。目前"一行三会"的监管体制,出现了监管真空与监管重叠并存的问题。建议中国能否在保留现有监管体制的同时,设立一个新的机构来平衡调节各监管机构的功能和纷争,组成一个金融监管委员会来对所有金融业务进行监管。

3. 建立全新的金融监管理念

农村经济的脆弱性,正式金融的高风险性和非正式金融的不规范性,决定了农村金融监管的复杂性。因此,农村金融监管制度创新必须:一是由合规性监管向合规性和风险控制并重监管转变。二是由封闭控制型向开放透明型转变。三是由随机粗放监管向制度化、集约化监管转变。四是由静态监管向动态监管的转变,时刻关注、控制、防范和化解金融机构的风险。五是推进农村金融监管的内控机制创新。

4. 民间金融监管的制度创新

民间金融存在的必然性,使得必须对民间金融进行监管。对于经济相对欠发达的农村,农村经济的基本单位是那些中小规模的农户及中小企业,交易规模较小,参加者相对比较分散,交易方式较为传统。对此,必须引导和规范。而在经济相对发达农村地区,非正规金融的交易规模已经较大,参与者的组织化程度也较高,资金的逐利目的明显,交易方式较为规范。这类农村非正规金融已具备正规金融的主要特征,可在政府相关部门进行备案管理,在逐步规范后,纳为正规金融组织,接受金融监管。

6.3.7 完善信用体系建设,形成包容性的金融生态环境

金融包容体系倡导以合理的价格为低收入群体提供金融服务,在实施过程中金融机构需要注意的问题主要有两个,一个是信用体系建设还不到位造成审批困难,还有一个就是降低价格和评估条件带来的风险问题。针对第一个问题,金融机构需要从以下两个方面改进:第一,建立并完善社会信用担保体制,可以通过建立一批信用乡、信用镇、信用企业等示范性区域,扩大对这些地区的

信贷投入，以此对其他地区形成带动作用，促进诚信型社会的形成。第二，完善农村信用体系。鉴于针对农户和中小企业的征信系统尚未全面展开，造成这些群体在申请金融服务时手续繁杂且利率价格较高，而且广西目前对农村地区进行信用管理的主要是农信社，但单纯依靠农村社必定造成信用统计数量和质量上的缺陷。因此，通过中央银行、大型商业银行、农村金融机构和中小金融机构合作的方式完善社会信用体系势在必行。可以由人民银行主导，金融机构负责统计以往的信用记录，并将各方面资料通过整理，按照一定的评分标准进行打分形成农户个人信息档案库和企业信息档案库，供金融机构在确定金融服务价格时作为参考。针对第二个问题，要建立信息披露制度，督促金融机构在开展金融服务时注意风险的防范，尤其是一些非正规金融机构，要加强对其日常检查非日常监管，保证金融包容在安全稳定的环境下展开。

其实，信用文化对于中国的乡村振兴来说，几乎是命根子。这是提升金融包容、优化农村金融生态的核心。信用文化实际上就是借贷合约对借款人约束的"硬度"，本质是一种产权关系。

1. 加强基层政府的信用建设

在中国政治文明的发展进程中，人们倾向于相信政府的行政权力，而不是相信市场运行的法则及其有效性。这种思维惯性进一步导致信用文化的缺失。在新农村建设中，基层政府的信用是个风向标。加强政府信用建设，提高政府公信力，人民群众从政府行为中受到感召，并自觉效法，从而形成以诚信为本、操守为重的良好社会风尚。

一是提高行政公信力，广泛开展政府信用建设。结合农村地区的实际，充分发挥农村地区政府的主导作用，强调社会配合，以制止转化、逃废银行债务和深化诚信宣传教育为重点，以银行信用环境建设为着力点，建设优良的农村地区招商引资的信用环境。二是进一步完善"农村信用工程"活动。三是减少基层政府直接干预。

2. 开展社会信用教育，增强社会信用资本意识

鉴于我们社会信用制度基础薄弱，对信用缺失的危害性认识不足。因此，要保证信用制度建设的健康正常发展，急需通过各种形式加大信用制度的教育与普及工作。因此，必须对全民进行信用观念的灌输和诚信道德的教育，把它作为社会主义精神文明建设的一项基础工作，通过开展形式多样、时效长久、主题明确的学校教育、家庭教育、行业教育、社区教育，加深人们对诚信是财富、是资源、是资格、是文化的认识，使诚信成为人们交往的道德准则，强化

"守信光荣、背信可耻"的观念，确保诚信入耳、入眼、入脑、入心，以提高民族信用水平和信用素质。

3. 增强企业法人信用意识，加强企业信用建设

一是银行信贷文化建设。曾经，山西票号依靠一种以同乡为纽带的信用机制保障而成为中国银行文化的代表。目前，有的单位在一家银行拖欠贷款又在另一家银行得到贷款，甚至某些银行还鼓励、默许企业以"金蝉脱壳"等方式逃废其他银行贷款"提升效益"后再发放贷款。这使得违约、不讲信用的收益远远大于成本。故必须建立好的银行信贷文化，并在行业内倡导和发展这种文化。二是强化农村企业的信用观念，体现诚信文化。

4. 规范中介市场服务

一是加大对中介服务体系的考核力度。二是政府要重视对县域民营担保中心的建设工作，财政担保基金要及时到位，并适时建立民营企业项目库，加大对库内企业的推介工作和贷款担保工作，增大县域民营企业对金融机构的吸引力。三是深化中介机构改革，加快对县域中介服务机构如会计师事务所等与各职能部门的脱钩工作，实行市场化管理，积极引入有资质的民营中介组织，提高县域中介机构的竞争力度。四是中介文化建设。其实，中国需要的不仅是更多的法律，更需要的是良好的法律执行效果。

5. 建立和完善个人征信体系，夯实全社会信用体系基础

一是政府推动是构建完善与发达信用体系的核心动力。二是建立个人信用信息征信机构。目前，中国在个人征信体系的建设上没有固定模式，结合农村地区的实际（借鉴湖北省恩施自治州的情况），我们认为应该采取政府推动与市场运作相结合的办法，分步实施，逐步扩大，并将个人信用记录作为一种信息商品推向市场。三是加强对个人信用信息的采集和汇总。四是促进信用信息开放和信息资源共享。

6. 构建学习型新农村，培养现代金融意识

要进一步加强农村精神文明建设，提高农民的思想道德素质，树立与现代文明相适应的思想观念，促进学习型新农村的建设。一是要抓住新农村建设的契机，不仅要大力建设农村的物质文明，也要建设农村的精神文明，提高农民的科学文化素质和思想道德素质。重视农民的思想道德教育，要用先进的、科学的、民主的、文明的思想去战胜落后的、腐朽的封建思想残余。二是加强基层党组织的战斗堡垒作用和"致富能人"的带头模范作用，引导农民自觉的学

习和发展。三是促进农村学习风气,培养农民自我学习的习惯,例如各级政府通过送知识下乡,筹建农民图书馆等制度措施,推进农村学习风气的养成。

当前农村居民难以获得金融服务总结来看有两大原因,一是金融知识的缺乏,广西由于自身地理位置和经济水平制约,居民的教育水平普遍较低,金融知识缺乏,对金融产品的意识基本局限在将富余资金存入银行获取利息,造成即便在国家出台了普惠金融政策之后农村的金融包容水平也没有得到明显改善。二是缺乏金融机构认可的抵押品和信用记录,造成资信评估困难,贷款的难度和成本都比较高。针对上述两个问题,金融需求主体应做出努力。首先,应积极接受金融知识教育,农户应意识到金融对于改善自身经济状况的重要性,及时参加政府和金融机构开展的金融知识宣传活动,了解最新的普惠金融政策、银行卡、网上银行、小额信贷等符合自身条件的理财产品和信贷产品,从而可以合理使用资金,在保障自身生产经营的条件下进行多渠道投资,如购买债券、基金等,拓宽财产性收入来源渠道,提高自身收入。其次,居民应珍视自己的信用资产,保持良好的信用记录,这是形成普惠金融良性循环的开始。个体信用状况的保持有利于形成"信用区域",吸引金融机构以较低的价格扩大对农村地区的金融服务,为农村生产活动提供资金支持,提高农村地区的金融包容水平。

当然,在这里,对于提升金融包容水平、优化农村金融生态、破解我国城乡收入差距的制度创新还有很多。其实,如何把这些制度协调好、执行好,形成有机的、整体的系统性的制度集合体才是最重要的。

7 结论与展望

7.1 结 论

"但愿苍生俱饱暖",这是明朝学者于谦的诗句,它体现了当时人们对温饱的向往。民之所望,政之所向。党的十八大以来,我国创造了世界减贫史上的奇迹:2012年年底,我国有9899万贫困人口,到2017年年底还剩3046万人,5年时间里减少了6853万人,年均减少1370万人。贫困地区农民纯收入增幅比全国农村农民收入增幅高2.5个百分点,创造了历史上的最好成绩。通过脱贫攻坚的大量投入,贫困地区的基础设施、公共服务得到显著改善,贫困群众的生产生活条件得到明显改善,贫困地区特色优势产业得到发展,生态环境得到了明显改善,创造了中国特色的脱贫攻坚制度体系。当然,截至2017年年底,我国深度贫困地区贫困发生率超过18%的县还有110个,贫困发生率超过20%的村还有16 000多个。从十九大到二十大,是我国"两个一百年"奋斗目标的历史交汇期,这个历史交汇期对于我国社会主义现代化进程有着特殊重要的意义。在这5年的时间里,第一个百年奋斗目标要实现,第二个百年奋斗目标要开篇。如期全面建成小康社会、实现第一个百年目标,是我国社会主义现代化建设进程中一个重要的里程碑,标志着我们将跨过实现现代化建设第三步战略目标必经的承上启下的重要发展阶段,实现我们党对人民、对历史作出的庄严承诺,意味着向着把我国建成富强民主文明和谐美丽的社会主义现代化强国的目标奋勇前进。

恰逢2018年,我国改革开放以来第20个、新世纪以来第15个指导"三农"工作的中央一号文件《中共中央国务院关于实施乡村振兴战略的意见》对实施乡村振兴战略进行了全面部署。实施乡村振兴战略,是解决人民日益增长的美好生活需要和不平衡不充分的发展之间矛盾的必然要求,是实现"两个一百年"奋斗目标的必然要求,是实现全体人民共同富裕的必然要求,到2020年,乡村振兴取得重要进展,制度框架和政策体系基本形成;到2035年,乡村振兴取得决定性进展，农业农村现代化基本实现；到2050年，乡村全面振兴，农业强、农村美、农民富全面实现。其实，这也和本书的研究是一致的，当前金融机构与精准扶贫脱贫相配套的普惠金融服务仍存在一些问题和不足，尚无法有效满足农村贫困地区产业发展和扶贫对象多样化的需求，比如农村地区的金融机构和网点较少，金融服务覆盖面和渗透率偏低等。由此，必须提升农村金融的包容水平，优化金融生态，坚持农村金融改革发展的正确方向，健全适合农业农村特点的农村金融体系，推动农村金融机构回归本源，把更多金融资源配置到农村经济社会发展的重点领域和薄弱环节，更好满足乡村振兴多样化金融需求，缩小城乡收入差距，实现我国社会的均衡发展，实现真正的全面小康。

  2018年恰是贯彻党的十九大精神的开局之年，是改革开放40周年，是决胜全面建成小康社会、实施"十三五"规划承上启下的关键一年。"民亦劳止，汔可小康。"习总书记指出：小康不小康，关键看老乡，一个民族都不能少。目前，我国的城乡收入差距仍然比较凸显，表现为城乡经济社会发展的不均衡，也是十九大习近平总书记指出的"中国特色社会主义进入新时代，我国社会主要矛盾已经转化为人民日益增长的美好生活需要和不平衡不充分的发展之间的矛盾"。由此，本专著重点选取了广西壮族自治区和湖南省两个农业大省为样本（以更接近中国的实际），从金融包容的视角，通过优化金融生态，提升区域金融竞争力，勾勒破解我国城乡收入差距的途径，其实也是普惠金融的思想。站在前人的肩膀上，也许有一点收获。"事非经过不知难"，从题目的调整到框架的构建，从数据的获取到资料的查阅，从课题的申报到实地的调查，从指标体系的选择到制度创新的论述，笔者和研究生王艳红、李慧平、韩煜，学校基建处李蓉很努力地历经三年的辛酸，仅仅是处理的数据就近万个，阅读近千篇文献，走访近百个县域。没有现成的路可走，许多资料源于实地调查，很多数据几乎不可获得，几经放弃又几经坚持。不敢说这是一本多么优秀的专著，但至少是一篇用心做了数年，有一点点思想的专著，问心无愧。

7.1 研究的几点主要结论

  本书从理论的高度上，创新性的从金融包容的视角，理清金融包容、金融生态、金融排斥、区域金融竞争力和城乡收入差异的内在逻辑。同时，从农村金融主体群落、农村经济主体群落和农村金融生态生境三个维度设计"金字塔三分图",试图构建普惠金融的框架。在此创新的基础上,本书利用双重差分法、主成分法、聚类法的等多种计量方法对金融包容、金融生态和城乡收入差异进行时间和空间两个维度的实证,以此找出制度创新框架的最优途径,以破解我国的城乡收入差异的二元结构的社会经济难题,以更好地服务我国的扶贫攻坚,实现全面建成小康的历史使命,这也是十九大提出的三大任务之一。应该说,结论具有较好的普遍性、真实性和准确性。

(1)从国内外文献看,几乎所有的学者都鲜少涉及"三农"、金融包容、金融生态、金融竞争力、普惠金融和城乡收入差距的系统性理论论述,更少给出系统的实证研究。因此,本课题的研究具有新颖性和开创性。同时,从研究方法看,本书打破了传统的金融理论研究农村金融的范式。

(2)从对国外相关实践的研究上看,城乡收入差距或者"三农"问题,实质上是工业化和现代化进程中的结构变革和社会转型问题,带有某种普遍性。世界经济发展的实践证明:一个国家在工业化初始阶段,农业客观上承担了为工业化、城市化提供积累任务。当工业化和城市化达到相当程度后,无一例外的采取政府扶持。

(3)中国自古就是一个农业大国。现代化进程就是"农业、农村和农民"以自然萎缩直至消融的消极方式融入工业化和城市化的进程之中。然而,这种方式显然不能适用于农业人口巨大的中国的"三农"。因此,在中国,"三农"问题的存在是长期性的。"三农"形成的根源不仅在于政府投入的不足,而更多是"二元"治理结构。

(4)"三农"、金融包容、金融生态、普惠金融、金融竞争力和城乡收入差距具有内在逻辑关系。制度作为重要的内生性变量,已直接影响农村金融生态。农村金融生态的优化更多的在于制度创新。到底什么是农村金融生态?应该说,现有的研究几乎都是遵循统一简单指标罗列的逻辑。课题从农村金融生态的最内在的逻辑关系构建"金字塔三分图"。从定性看,农村金融生态存在严重的制度缺陷。从实证看,选择具有中国"三农"代表性的大省广西和湖南为个案,从三个层次对农村金融生态进行时间和空间两个维度的实证。

(5)2010—2015年,广西包容性金融的政策体系逐步健全,金融规模不断扩大,存贷款额度平稳增长,金融对经济的贡献度逐年提高。但与全国相比还存在一定差距,如金融规模仍然偏小、金融体系的结构比较单一、金融对经济的贡献度(存贷款余额/GDP)较低、金融资源配置不均集中于城镇等,但广西金融服务的创新能力比较强,出现了很多可行性较高的金融创新产品。广西金融包容水平整体偏低,处于中低度金融包容状态,金融包容的地区差异化比较显著,有明显的城镇化倾向,市辖区和县级市金融包容水平相对较高,少数民族地区金融包容水平较低。广西城乡居民收入不断提高,城乡居民收入的绝对差不断扩大但相对差在逐步缩小。不同地区之间城乡收入差距存在较大差异,少数民族地区城乡收入差距普遍大于普通县(市)。当然,在湖南也呈现类似的结论:2011—2015 年,湖南省各市州的金融包容程度呈现出明显的区域差异性,其中,湖南省的省会长沙的金融包容程度在湖南省内最高,近五年的金融包容变化区域稳定,没有明显的提升和下降态势。2014 年之后,邵阳市的金融包容出现明显上升态势,而湘潭市、株洲市和常德市自 2014 年后金融包容发展出现明显的下降趋势。作为湖南省的湘西地区的张家界市的金融包容反而处于相对来说比较高的水平,原因可能是张家界市地域面积与 GDP 数值比较偏低,这就导致其指标数值相对来数偏高。

(6)一叶知秋,管中窥豹。金融包容水平与城乡收入差距之间表现出显著的负相关关系,相关性随着控制变量的逐个加入而逐渐减弱,说明说明产业结构、财政支出、人均生产总值和滞后期收入差距减弱了金融包容对与城乡收入差距的影响。分区域的样本模型显示,这一效应在普通县(市)更为显著,在少数民族自治县则没有表现出两者的相关关系。其他控制变量中产业结构、财政支出和滞后一期城乡收入差距扩大了城乡收入差距,经济发展水平缩小了城乡收入差距。

(7)制度是发展的原动力。在对中国金融包容和城乡收入差距的定性和定量研究的基础上,可以看出在农村存在金融政策不够完善、农村金融组织不够完善、金融基础设施滞后等问题。因此,金融包容要求经济、金融系统和社会构成一个有机整体,相互协同、配合与适应,共同发展。特别是,从最深层的思想深处要认识到城乡的平等性。

7.2 研究的不足和进一步思考

金融包容与城乡收入差距是一个理论和现实意义兼具的问题,由于提出的时间尚短,很多方面都有研究空间。国内的金融包容、金融生态和城乡收入差距研究无法复制到本课题的研究中,本书的框架是原生的,必定存在很多不足。一是课题的理论设计不可能考虑到影响农村金融包容和金融生态的全部,而且由于农村法律、政府公共服务等方面统计信息的缺乏和不完善,使得在评价农村金融包容的指标选择存在着较大的困难,采用任何评价体系都有可能有偏颇之处。金融包容和城乡收入差距的宽度较广,不仅银行机构,诸如保险机构、证券机构和其他非正规金融机构如民间金融组织都是金融包容体系的一部分,只不过目前除了银行机构其他部分的数据难以获得,因而没有在测算维度内,造成目前对金融包容水平的低估。特别是今天的互联网金融的影响程度没有纳入指标体系。可以说,课题查阅了目前能获取的所有的相关资料和数据,过程异常艰难。由于很多无法获得也就难以量化更多的制度性指标,使得本书的实证不能选择更多指标。这些都会影响研究的精确度。二是课题在研究时总希望面面俱到,显得研究主题庞大,虽力图抓住主干,但难免挂一漏万。三是在对金融包容与城乡收入差距的关系上,本书只是总体分析了两者存在线性关系,并没有从金融包容的各个效应去分别建立模型考察内在影响机制,未来可以从这一方面研究提高内外逻辑性。作为全新的课题,我们的目的只是抛砖引玉。为此,在今后研究中还需要用更合理的指标来评价,研究仍有完善空间。

在破解城乡收入差距的进程中,还面临一些诸如养老保险、医疗、教育等全社会"城乡分治"的文化。到底什么是公平和公正?亚当·斯密在 200 年前就有诠释,今天更多是需要政府去改革。幸逢我们这个好时代,正如李克强总理所说的:"对改革开放 40 周年最好的纪念,就是改革更深化、开放更扩大。"毕竟改革的难题只能靠创新去解决。在中国,未来更必须依靠拉内需以增长。内需的动力于农民,农民的动力于改革,改革的动力于利益。如何给农民利益,这是我们每个人必须思考的命题。

行文至此,言犹未尽。笔者是满怀勇气和忐忑不安的心情完成专著,也原创性给出了一个较科学的包括观点、方法和政策的从金融包容、金融生态、区域金融和普惠金融的视角去剖析城乡收入差距。一则,农民的儿子深知农民之苦;二则,创新意味更大风险。笔者厚积薄发的大胆创新也就意味文章可能存在更多不足。毕竟,这是一个崇尚创新的时代。当然,正是在社会的包容、鼓励和呵护下,我才有勇气不断的在思想中前行。这是我人生的力量,铭记一生,感激一生。

参考文献

一、外文文献

[1] SATYA R. Chakravarty, RupayanPal. Measuring Financial Inclusion: anaxiomatic[J]. Working paper, Indira Grandhi Institute of Development. Mumbi, 2010(8).

[2] FERNAND N A. The state of financial inclusion Asia: Anoverview[C]// Presen-tation at the AFI Global Policy Forum.Nairobi, September. 2009.

[3] SARMA M. Index of financial inclusion[J]. Indian Council for Research on International Economics Relations, 2008, 30(8A).

[4] RANGARAJAN COMMITTEE. Report of the Committee on Financial Inclusion[M]. Goverment of India 2008: 18-19.

[5] SARMA M. Index of Financial Inclusion: A Measure of Financial Sector Inclusiveness[R]. Berlin Working Papers, 2012.

[6] FULLER, D, MELLOR, M. Banking for the Poor: Addressing the Needs of Financially Excluded Communities in Newcastle upon Tyne[J]. Urban Studies, 2008(7): 1505-1524.

[7] LEELADHAR, V.Taking Banking Services to the Common Man: Financial Inclusion [R]. Commemorative Lecture by Shri V.Leeladhar, Deputy Governor, RBI, FedbankHormis Memorial Foundation, Ernakulam, 2005(12).

[8] SINCLAIR S. Social Influence Effects on Automatic Racial Prejudice[J]. Journal of Personality Psychology, 2001(5): 842-855.

[9] KEMPSON, E.Whyley, C. Access to Current Accounts[M] .London:British Bankers Association, 1998.

[10] MEHROTRA, N. Puhazhendhi, V.Nair, G. G. Sahoo, B. B. Financial Inclusion-An Overview[R]. Department of Economic Analysis and Research,

NABARD, 2009.

[11] BECK T, Demirgüç-Kunt A, Levine R. Finance, inequality and the poor[J]. Journal of economic growth, 2007, 12(1): 27-49.

[12] CAGETTI M, De Nardi M. Entrepreneurship, frictions, and wealth[J]. Journal of political Economy, 2006, 114(5): 835-870.

[13] HONOHAN P. Cross-country variation in household access to financial services [J]. Journal of Banking & Finance, 2008, 32(11): 2493-2500.

[14] SALAZAR-CANTÚ J, Jaramillo-Garza J, Álvarez-De la Rosa B. Financial Inclusion and Income Inequality in Mexican Municipalities[J]. Open Journal of Social Sciences, 2015, 3(12): 29.

[15] MACKINNON, RONALD. Money and Capital in Economic Development[J]. Washington DC: Brookings Institution, 1973.

[16] SHAW, E. S. Financial Deepening in Economic Development[J]. Oxford: Oxford University Press, 1973.

[17] HELLMA, T. Murdock, Stiglitz J. Financial restraint: Towards a new paradigm, Aoki, Masahiko et al. (eds.)The Role of Government in East Asian Eeonomic Development[J]. Comparative Institutional Analysis.Oxford: Clarendon, 1997.

[18] KUZNETS, SIMON. Economic Growth and Income Inequality[J]. American Economic Review, 1955(l):1-28.

[19] GREENGOOD J, Jovanovic B. Finance Development, Growth, and the Distribution of Income[J]. Journal of Political Economy, 1990(98): 1076-1107.

[20] AGHION, PHILIPPE, PATRICK BOLTON. A Trickle-Down Theory of Growth and Development with Debt Overhang[J]. Review of Economic Studies, 1997(64): 151-172.

[21] KIMINORI MATSUYAMA. Endogenous Inequality[J]. The Review of Economic Studies, 2000(67): 743-759.

[22] TOWNSEND, ROBERT, KENICHI UEDA. Transitional Growth with Increasing Inequality and Financial Deepening[J]. IMF Working Paper Wpy, 2001(108).

[23] GALOR O, ZEIRA J. Income distribution and macroeconomics[J]. The review of economics studies, 1993(60): 35-52.

[24] CLARKE GEORGE, XU L X, COLIN, ZOU H F. Finance and Income Inequality: Test of Alternative Theories[Z]. Word Bank Policy Research Working Paper, 2003(2984).

[25] BECK, THORSREN, ASLI DEMIRGUC-KUNT, ROSS LEVINE. Finance,Inequality and Poverty:Cross-Country Evidence[R]. World Bank Policy Research Working Paper, 2004: 423-442.

[26] MAURER N. S. HABER. Bank Concentration, Related leading and Economics Performance: Evidence from Mexico[J]. Stanford University MMEO, 2003.

[27] HONOHAN, PATRICK. Financial Development, Growth and Poverty: How Close Are the Links?[R]. World Bank Policy Research Working Paper No. 3203, 2004.

[28] IYIGUN, MURAT F, ANN L OWEN. Income Inequality, Financial Development,and Macroeconomic Fluctuations[J]. the Economic Journal, 2004, 114(4): 352-376.

[29] JALILIAN, HOSSEIN, COLIN KIRKPATRICK. Financial Development and Poverty Reduction in Developing Countries[R]. Working Paper No.30, University of Manchester, 2001.

[30] RASHMI UMESH ARORA. Finance and inequality: a study of Indian states [J]. Applied Economics, 2012(44): 4527-4538.

[31] CLAESSENS, S. Access to Financial Services: A Review of the Issues and Public Policy Objectives[J]. World Bank Research Observer, 2006, 21 (2): 207-240.

[32] RAVALLION M. Growth and Poverty: Evidence for Developing Countries in the1980s[J]. Economics Letters, 1995(48): 411-417.

[33] AGHION P, P BOLTON. A Theory of TrickleDown Growth and Development[J]. Review of Economic Studies, 1997, 64: 151-72.

[34] KUZNETS S. Economic Growth and Income Inequality[J]. American Economic Review, 1995, 45: 1-28.

[35] BANERJEE A, A NEWMAN. Occupational Choice and the Process of Development[J]. Journal of Political Economy, 1993, 101: 274-98.

[36] CGAP. Global Standard – setting Bodies and the Poor: Toward Proportionate Standards and Guidance [J]. Washington, D. C.: CGAP. A white Paper Prepared by CGAP on behalf of the Global Partnership forFinancial Inclusion. 2011.

[37] BECK T, DEMIRGUC – KUNTA, PERIA M. S. M. Reaching Out: Access to and Use of Banking Services Across Countries[J]. Journal of Financial Economics 2007, 85(10): 234-266.

[38] LEE C – C, CHANG C – P. FDI, FinancialDevelopment, and Economic Growth: International Evidence[J]. Journal of Applied Economics. 2009, 7(2): 249- 271.

[39] KEMPSON E., WHYLEY G. Kept out or Opted out? Understanding and Combating Fiancial Exclusion. Bristol: Policy Press, 1999.

[40] KEMPSON E.,WHYLEY G. Understanding and Combating Fiancial Exclusion. Insurance Trends, 1999: 18-22.

[41] KUNT A. D., KLAPPER L. Measuring Financial Inclusion-the Global Finandex Dababase. World Bank Workong Paper, 2012: 5-7.

[42] WAI U.T. Taxation Problems and Policies of Underdeveloped Countries, IMF Staff Paper 9(3), November, 1962.

[43] DEMIRGÜ-KUNTA., THORSTEN BECK, PATRICK HONOHAN. Finance for All? Policies and Pitfalls in Expanding Access[R]. World Bank Policy Research Report, 2008.

[44] DUPAS P., ROBINSON J. Savings Constraints and Microenterprise Development: Evidence from a Field Experiment in Kenya[J]. Applied Economics, 2013(1): 163-192.

[45] UNITED NATIONS. Building Inclusive Financial Sectors for Development[R]. UN Publications, 2006.

[46] GREENWOOD J., BRUCE D. SMITH. Financial Markets in Development, and the Development of Financial Markets[J]. Journal of Economic Dynamics and Control, 1997, 21(1): 145-181.

[47] GOLDSMITH R. W. Financial Structure and Development[M]. New Haven CT: Yale University Press, 1969.

[48] DEMIRGÜC-KUNT A., THORSTEN BECK, PATRICK HONOHAN. Finance for All? Policies and Pitfalls in Expanding Access[R]. World Bank Policy Research Report, 2008.

[49] HAGEN KOO. The Political Economy of Income Distribution in South Korea: The Impact of the State's Industrialization Policies[J]. World Development. 1984.

[50] LESTER C. Thurow. Analyzing the American Income Distribution[J]. The American Economic Review. 1970.

[51] CHIAKI MORIGUCHI, EMMANUELSAEZ. The Evolution of Income Concentration in Japan, 1886—2005: Evidence from Income Tax Statistics[J]. The Review of Economics and Statistics. 2008.

[52] BECK T, AUGUSTO DE LA T. The Basic Analytics of Access to Financial Services[J]. Financial Markets, Institutions and Instruments. 2007(16): 79-117.

[53] SARMA M, PAIS J. Financial inclusion and development[J]. Journal of International Development, 2010(3): 1-16.

[54] WORD BANK. Financial Inclusion Strategies Reference Framework[R]. www.worldba-nk.org, 2012, (8)[J]. Journal of Rural Studies. 1993 (9).

[55] SHERMAN CHAN. Financial Exclusion in Australia. The Third Australian Society of Heterodox Economists Conference[C]. University of New South Wales. 2004.

[56] S. REGAN, W.PAXTON. Beyond Bank Accounts: Full Financial Inclusion[Z]. Production & Design by EMPHASIS. 2003.

[57] ARDIC O.P., HEIMANN M., MYLENKO, N. Access to Financial Services and the Financial Inclusion Agenda Around the World: A Cross Country Analysis with a New Data Set[R]. PR Working Paper, 2011. No.5537.

[58] P. FERNANDEZ. The Role of Self help affinity Groups in Promoting Financial Inclusion of Landless and Marginal/Small Farmers Families[Z]. Rural Management Systems Series. 2006.

[59] K. C. CHAKRABARTY. Financial Inclusion and Banks — Issues and Perspectives[Z]. U-NDP(The United Nations Development Programme) Seminar on Financial Inclusion, Partnership between Banks, MFIs and Communities, New Delhi, 2011.

[60] BECK T., DEMIRGÜC-KUNT A., HONOHAN P.. Access to Financial Services: Measurement. Impact and Policies[J]. World Bank Research Observer. 2009(1): 119-145.

[61] ARORA, R. "Measuring financial access", Griffith University Discussion Paper in Economics, 2010(7).

二、中文文献

[1] 肖翔. 金融包容的国际比较及其启示[J]. 江西社会科学, 2013（7）: 12-13.

[2] 田霖. 我国农村金融包容的区域差异与影响要素解析[J]. 金融理论与实践, 2012（11）: 18-23.

[3] 肖本华. 包容性增长视角下的普惠制金融研究[J]. 上海金融学院学报, 2011（6）: 17-22.

[4] 阚占菊. 新疆城乡金融包容性发展研究——基于二元结构视角[D]. 乌鲁木齐: 新疆财经大学, 2012.

[5] 刘波, 王修华, 彭建刚. 金融包容水平与地区收入差距——基于湖南省87个县（市）2008～2012年的经验数据[J]. 当代财经, 2014（11）: 46–56.

[6] 王修华, 何梦, 关键. 金融包容理论与实践研究进展[J]. 经济学动态, 2014（11）: 115–129.

[7] 许桂红, 周晨. 我国各地区普惠金融发展程度的实证分析[D]. 沈阳: 沈阳工业大学, 2015.

[8] 涂水斌. 中国金融包容水平的测度[J]. 现代工业经济和信息化, 2016（3）: 56-59.

[9] 卞金鑫、吴青. 中国金融包容性发展研究——基于金融机构的视角[J]. 现代管理科学, 2016, 10: 89-93.

[10] 李丽. 金融包容文献综述[J]. 时代金融, 2015（5）: 102-103.

[11] 郝阳. 新疆金融包容发展研究[D]. 乌鲁木齐: 新疆财政大学, 2014.

[12] 王艺明, 蔡翔. 财政支出结构与城乡收入差距——基于东、中、西部地区省级面板数据的经验分析[J]. 财经科学, 2010（8）: 49-57.

[13] 欧阳志刚. 我国城乡收入差距的变化特征及其地区差异[J]. 生产力研究, 2009（19）: 31-46.

[14] 徐学谦. 国外解决收入差距问题的几点经验[J]. 红旗文稿, 2011（8）: 30-31.

[15] 罗必良. 缩小城乡收入差距的城镇化战略[J]. 农村经济, 2013（1）: 9-11.

[16] 鲁钊阳. 农业生产性服务业发展对城乡收入差距的影响[J]. 南京社会科学, 2013（2）: 23-29.

[17] 王修华, 关键. 中国农村金融包容水平测度与收入分配效应[J]. 中国软科学, 2014（8）: 150-161.

[18] 吕勇斌，李仪. 金融包容对城乡收入差距的影响研究——基于空间模型[J]. 财政研究，2016（7）：22-34.

[19] 徐敏，张小林. 普惠制金融对城乡居民收入差距的影响[J]. 金融论坛，2014（9）：9-15.

[20] 董晓林，张晓艳. 金融发展对城乡居民收入差距的影响——基于空间计量模型的实证研究[J]. 南京农业大学学报：社会科学版，2013（3）：33-39.

[21] 任碧云，张彤进. 包容性金融发展与个人职业选择及收入变动：理论与经验研究[J]. 金融经济学研究，2015（5）：16-28.

[22] 杨楠，马绰欣. 我国金融发展对城乡收入差距影响的动态倒U演化及下降点预测[J]. 金融研究，2014（11）：175-190.

[23] 张彤进. 包容性金融发展的城乡收入分配效应研究——基于产业结构升级的视角[J]. 山西财经大学学报，2016（6）：28-40.

[24] 汤凯，田璐. 包容性金融对农户收入的影响研究——以河南与江浙地区比较为例[J]. 河南工业大学学报，社会科学版，2013（3）：6-11.

[25] 刘诗海. 基于金融发展视角下中部地区城乡居民收入差距问题研究[D]. 湘潭：湘潭大学，2014.

[26] 叶伟超. 普惠金融的发展对城乡居民收入差距的影响——以华东七省为例[J]. 哈尔滨商业大学学报：社会科学版，2016（4）：50-58.

[27] 谷秀娟，白君易. 中国金融发展与城乡收入差距的实证研究——基于31省面板数据[J]. 西南金融，2015（10）：3-8.

[28] 李利，李娜. 基于金融发展视角的湖南省城乡居民收入分配差距问题研究[J]. 产业与科技论坛，2013（22）：33-34.

[29] 王茂溪，朱玉林. 湖南省金融发展与城乡居民收入差距关系实证研究[J]. 中南林业科技大学学报：社会科学版，2013（5）：47-50.

[30] 郭敬生. 包容性增长视角下城乡居民收入差距扩大的原因与对策分析[J]. 河北青年管理干部学院学报，2011（2）：77-79.

[31] 张小林. 新疆普惠金融对城乡居民收入差距的影响研究[D]. 石河子：石河子大学，2016.

[32] 周泽炯，王磊. 农村金融发展对城乡居民收入差距的影响效应分析及其检验[J]. 农村经济，2014（10）：49-53.

[33] 骆琳琳. 安徽省农村金融发展对城乡居民收入差距的影响研究[D]. 合肥：安徽农业大学，2015.

[34] 胡振华，陈恒智. 农村金融发展、城镇化与城乡居民收入差距实证分析[J].

经济问题探索, 2013（6）: 63-68.

[35] 章奇, 刘明兴, 陶然. 中国的金融中介增长与城乡收入差距[R]. 北京大学中国经济研究中心（CCER）工作论文, 2003（11）: 71-99.

[36] 姚耀军. 金融发展与城乡收入差距的经验分析[J]. 财经研究, 2005（5）: 49-59.

[37] 刘敏楼. 金融发展的收入分配效应——基于中国地区截面数据的分析[J]. 上海金融, 2006（1）: 8-11.

[38] 乔海曙, 陈力. 金融发展与城乡收入差距"倒 U 型"关系在检验——基于中国县域截面数据的实证分析[J]. 中国农村经济, 2009（7）: 68-76.

[39] 尹希果, 陈刚, 程世骑. 中国金融发展与城乡收入差距关系的再检验[J]. 当代经济科学, 2007（1）: 15-23.

[40] 王修华, 邱兆祥. 农村金融发展对城乡收入差距影响机理与实证研究[J]. 经济学动态, 2011（2）.

[41] 陆静. 金融发展与经济增长关系的理论与实证研究——基于我国省际面板数据的协整分析[J]. 中国管理科学, 2012（20）: 177-184.

[42] 史永东, 武志. 我国金融发展与经济增长关系的实证分析[J]. 预测, 2013（4）: 1-6.

[43] 庞晓波, 赵玉龙. 我国金融发扎与经济增长的弱相关性及其启示[J]. 数量经济技术经济研究, 2003（7）: 13-20.

[44] 何德旭, 饶明. 金融排斥性与我国农村金融市场供求失衡[J]. 湖北经济学院学报, 2007（5）.

[45] 焦瑾璞, 陈瑾. 建设中国普惠金融体系[M]. 北京: 中国金融出版社, 2009.

[46] 陆磊, 丁俊峰. 中国农村合作金融转型的理论分析[J]. 上海: 金融研究, 2006（6）.

[47] [美]约翰.P.鲍威尔逊. 国家和农民: 试验中的农业政策[M]//詹姆斯. A.道, 等. 发展经济学的革命. 黄祖辉, 蒋文华, 译. 上海: 上海三联书店, 上海人民出版社, 2000.

[48] 张立军, 湛泳. 中国农村金融发展对城乡收入差距的影响——基于1978-2004年数据的检验[J]. 中央财经大学学报, 2006（5）: 34-39.

[49] 王志强, 孙刚. 中国金融发展规模、结构、效率与经济增长关系的经验分析[J]. 管理世界, 2003（7）: 13-20.

[50] 武志. 金融发展与经济增长: 来自中国的经验分析[J]. 金融研究, 2010（5）:

58–68.

[51] 星焱. 普惠金融的效用与实现：综述及启示[J]. 国际金融研究，2015（11）：24-36.

[52] 蔡昉. 城乡收入差距与制度变革的临界点[J]. 中国社会科学，2003（5）.

[53] 茶洪旺. 中国经济发展中隐忧：城乡居民收入差距扩大的经济社会效应分析[J]. 经济研究参考，2012（1）.

[54] 马晓春，李先德. 韩国粮食补贴政策的演变及启示[J]. 世界农业，2010（1）.

[55] 薛进军. 中国的不平等——收入分配差距研究[M]. 北京：社会科学文献出版社，2008.

[56] 韩长赋. 我国农业农村发展成就辉煌[N]. 农民日报，2015-10-12.

[57] 陈文胜. 农业供给侧结构性改革：中国农业发展的战略转型[J]. 求是，2017（3）.

[58] 余佶. 农业供给侧结构性改革要守住三条底线[J]. 红旗文稿，2017（7）.

[59] 陈文胜. 资源环境约束下多重目标的中国农业发展转型[J]. 农村经济，2014（12）.

[60] 陈锡文. 推进农业供给侧改革突破改革深水区[J]. 中国乡村发现，2017（2）.

[61] 田霖. 金融普惠、金融包容与中小企业融资模式创新[J]. 金融理论与实践，2013（6）：17-20.

[62] 田霖. 金融包容：新型危机背景下金融地理学视阈的新拓展[J]. 经济理论与经济管理，2013（1）：69-78.

[63] 田霖. 我国金融排斥的城乡二元性研究[J]. 中国工业经济，2011（2）：36-45+141.

[64] 蒋满霖，王艳红，夏洁，陈小玉，李子豪，李坤. 金融包容视角下广西城乡收入差异实证研究[J]. 商业经济研究，2017（7）：211-213.

[65] 蒋满霖，王艳红，夏洁. 新常态下金融包容的文献综述——基于金融排斥、金融生态辨析的视角[J]. 会计之友，2016（22）：13-17.

[66] 陈小玉，夏洁，李社金. 金融包容与广西小微企业融资渠道创新[J]. 中国乡镇企业会计，2016（10）：38-39.

[67] 田霖. 城乡统筹视角下的金融排斥[J]. 工业技术经济，2007（7）：136-156.

[68] 王修华. 新农村建设中的金融排斥与破解思路[J]. 农业经济问题，2009（7）：42-48.

[69] 董晓林，徐虹. 我国农村金融排斥影响因素的实证分析——基于县域金融

机构网点分布的视角[J]. 金融研究, 2012（9）: 115-126.

[70] 胡振, 刘艳, 范静. 基于灰色聚类的吉林省农村金融排斥地域差异研究[J]. 湖北社会科学, 2013（12）: 6217-6221.

[71] 刘长庚, 田龙鹏, 陈彬, 戴克明. 农村金融排斥与城乡收入差距——基于我国省级面板数据模型的实证研究[J]. 经济理论与经济管理, 2013（10）: 17-27.

[72] 焦瑾璞, 黄亭亭, 汪天都, 张韶华, 王瑱. 中国普惠金融发展进程及实证研究[J]. 上海金融, 2015（4）: 12-22.

[73] 田霖. 我国农村金融包容的区域差异与影响要素解析[J]. 金融理论与实践, 2012（11）: 39-48.

[74] 徐敏, 张小林. 金融集聚、产业结构升级与城乡居民收入差距[J]. 金融论坛, 2014（12）: 26-32.

[75] 王修华, 陈茜茜. 农户金融包容性测度及其影响因素实证分析——基于19省份的问卷调查数据[J]. 农业技术经济, 2016（1）: 108-117.

[76] 苏宁. "金融生态环境"的基本内涵[J]. 金融信息参考, 2005（10）: 6.

[77] 张慧莲, 汪红驹. 中国经济"新常态"[J]. 银行家, 2014（6）.

[78] 田杰, 陶建平. 农村普惠性金融发展对中国农户收入的影响——来自1877个县（市）面板数据的实证分析[J]. 财经论丛, 2012（3）: 57-63.

[79] 粟勤, 朱晶晶, 刘晓莹. 金融包容、金融深化与经济增长——来自65个发展中国家银行业的证据[J]. 云南财经大学学报, 2015（1）: 99-108.

[80] 邢会强. 金融法的二元结构[J]. 法商研究, 2011（3）: 84-90.

[81] 戚莹. 金融公平：金融法新理念——以金融包容为实践路径[J]. 海峡法学, 2012（3）: 71-79.

[82] 霍昱廷. 欧美金融立法新价值取向研究——以金融衍生品与金融包容为例[J]. 江西社会科学, 2013（3）: 173-178.

[83] 周仲飞. 提高金融包容：一个银行法的视角[J]. 法律科学（西北政法大学学报）, 2013（1）: 183-190.

[84] 冯果, 袁康. 走向金融深化与金融包容：全面深化改革背景下金融法的使命自觉与制度回应[J]. 法学评论, 2014（2）: 69-81.

[85] 王蓉. 中小企业融资困境与金融支持的对策研究——基于江苏省中小企业的问卷调查[J]. 会计之友, 2012（9）: 51-53.

[86] 李韬, 罗剑朝. 金融机构对农户的信贷配给程度——基于Tobit模型的微观

实证研究[J]. 会计之友, 2014 (7): 53-56.

[87] 谢丽华. 关于农村金融排斥问题的思考[J]. 理论探讨, 2012 (8): 26-29

[88] 李红. 优化我国金融生态的建议[J]. 农村经济, 2008 (6): 62-63.

[89] 易宪容, 卢婷. 论金融市场基础性制度[J]. 江苏社会科学, 2006 (1): 47-54.

[90] 王景武. 金融发展与经济增长: 基于中国区域金融发展的实证分析[J]. 财贸经济, 2005 (10): 23-26.

[91] 张军洲. 中国区域金融分析[M]. 北京: 中国经济出版社, 1995.

[92] 胡鞍钢, 邹平. 社会与发展: 中国社会发展地区差距研究[M]. 杭州: 浙江人民出版社, 2000.

[93] 梁宇峰. 资本流动与东西部差距[J]. 上海经济研究, 1997 (8).

[94] 潘文卿, 张伟. 中国资本配置效率与金融发展相关性研究[J]. 管理世界, 2003 (8).

[95] 巴曙松. 转轨经济中的非均衡区域金融格局与中国金融运行[J]. 改革与战略, 1998 (4).

[96] 汪兴隆. 货币资金区域配置失衡的考察及其调整——金融支持西部大开发的思考[J]. 财经研究, 2000 (6).

[97] 郭金龙, 王宏伟. 中国区域间资本流动与区域经济差距研究[J]. 管理世界, 2003 (7): 47-55.

[98] 胡永平. 经济增长与投资关系的实证研究[J]. 商业研究, 2004 (13).

[99] 门洪亮, 李舒. 资本流动对区域经济发展差距的影响分析[J]. 南开经济研究, 2004 (2).

[100] 伍海华. 金融区域二元结构及发展对策[J]. 经济理论与经济, 2002 (8): 22-27.

[101] 卢佳, 金雪军. 中国区域金融发展: 地理环境与经济政策[J]. 金融理论与实践, 2007 (C6): 26-29.

[102] 罗望, 胡国文, 何乐, 秦丽. 金融资源区域配置的失衡性探析——四川与东部部分省市金融增长的比较分析[J]. 西南金融, 2004 (6): 8-12.

[103] 胡鞍钢. 向不平衡发展挑战——《中国: 不平衡发展的政治经济学》[J]. 领导决策信息, 2000 (18).

[104] 金雪军, 田霖. 金融地理学视角下区域金融成长差异的案例研究[J]. 河南师范大学学报, 2004 (2): 37-40.

[105] 金雪军, 田霖. 金融地理学研究评述[J]. 经济学动态, 2004 (4): 73-77.

[106] 金雪军，田霖．章华．演化视角下的区域金融成长度差异[J]理论探索，2004（5）：9-11.

[107] 田霖．金融地理学视角下的区域金融成长差异研究[D]．杭州：浙江大学，2005.

[108] 谈儒勇．中国金融发展和经济增长的实证研究[J]．经济研究，1999（10）：53-61.

[109] 范小明．京津沪渝金融竞争力差异研究[D]．重庆：重庆工商大学，2013.

[110] 杜强，贾丽艳．SPSS 统计分析从入门到精通[M]．北京：人民邮电出版社，2011.

[111] 蒋满霖，王艳红，夏洁，陈小玉，李子豪，李坤．金融包容视角下广西城乡收入差异实证研究[J]．商业经济研究，2017（7）：211-213.

[112] 韦政伟，孙芳．广西区域金融发展差异的变动态势研究[J]．经济研究参考，2017（23）：91-94.

[113] 袁龙．跨境金融支持广西参与"一带一路"建设的作用和政策建议[J]．区域金融研究，2017（8）：10-11.

[114] 樊向前，范从来．城市金融竞争力影响因素和评估体系研究——基于金融地理学的信息视角[J]．江苏社会科学，2016（2）：37-46.

[115] 贾中正，李伟平，隋佳，丁焕强．城市金融竞争力研究[J]．金融理论与实践，2014（2）：30-37.

[116] 林晓，韩增林，郭建科，赵林．环渤海地区中心城市金融竞争力评价及辐射研究[J]．地域研究与开发，2014，33（6）：7-11.

[117] 梁小珍，杨丰梅，部慧，车欣薇，王拴红．基于城市金融竞争力评价的我国多层次金融中心体系[J]．系统工程理论与实践，2011，31(10)：1847-1857.

[118] 柯戈．互联网时代我国网络金融服务国际贸易竞争力发展探究[J]．宏观经济管理，2017（S1）：341-342.

[119] 贾中正，李伟平，隋佳，丁焕强．城市金融竞争力研究[J]．金融理论与实践，2014（2）：30-37.

[120] 邓伟根，潘捷，张守哲．区域金融视角下城市金融竞争力与辐射力研究——以大珠江三角洲地区为例[J]．金融经济学研究，2014，29（4）：107-117.

[121] 卢佳瑄．基于主成份分析法的云南省区域金融竞争力评价[J]．西部经济管理论坛，2014，25（2）：81-86.

[122] 张童炜．江苏省农村商业银行竞争力评价指标体系研究[D]．南京：南京

理工大学，2009.

[123] 王冠楠，项卫星. 中美金融国际竞争力差距与双边金融市场开放[J]. 亚太经济，2017（5）：38-46+174.

[124] 扈剑晖."一带一路"战略背景下广西区域经济比较优势研究[J]. 商业经济研究，2016（12）：214-215.

[125] 王伟，杨娇辉，汪玲. 金融竞争力、信贷过度扩张与经济增长[J]. 管理科学学报，2018，21（1）：58-71.

[126] 王伟，杨娇辉，邱婉萍. 金融竞争力、金融开放与双边对外直接投资头寸[J]. 中山大学学报（社会科学版），2018，58（2）：197-208.

[127] 印宏亮，潘继南，蔡慧. 广西推进国际产能合作对策研究[J]. 广西经济，2016（7）：43-44.

[128] 李国强."一带一路"倡议与图们江区域合作的新机遇[J]. 东疆学刊，2016，33（4）：93-99.

[129] 蒋满霖，张冠杰. 我国商业银行竞争力实证分析[J]. 现代经济信息，2016（12）：282+284.

[130] 罗薇薇，曾五一. 两岸金融合作的空间与路径探析——基于区域金融竞争力的比较分析[J]. 统计与信息论坛，2017，32（11）：69-75.

[131] 贾中正. 城市金融竞争力研究[J]. 金融研究，2013（10）：30-37.

[132] 罗苑玮，乔博. 广西城市金融竞争力实证研究[J]. 广西社会科学，2016（5）：22-27.

[133] 刘刚，屈恒，吴思虹. 中国对外直接投资、金融联系度及其对经济增长的影响——基于金砖国家视角[J]. 金融论坛，2017，22（8）：12-23.

[134] 陈文新，祝艳梅. 丝绸之路经济带国内节点城市金融竞争力水平评价[J]. 商业经济研究，2016（7）：160-162.

[135] 张晓燕. 金融中心及其辐射域研究——以环渤海经济圈为例[J]. 经济问题，2014（10）：43-46.

[136] 何德旭，苗文龙. 金融排斥、金融包容与中国普惠金融制度的构建[J]. 财贸经济，2015，（3）：5-16.

[137] 朱富强. 林毅夫的新结构经济学为何引发如此争议——兼论如何正确认识和参与学术争论[J]. 学习与探索，2017（3）：5-10.

[138] 王艳红. 广西金融包容与城乡收入差异研究[D]. 桂林：桂林电子科技大学，2017.

[139] 蒋满霖. 中国农村金融生态研究[D]. 杨凌：西北农林科技大学，2011.

[140] 蒋满霖. 农村金融生态质量评价指标体系研究[J]. 科技与经济，2008（2）：11-15.

[141] 蒋满霖. 新农村建设中金融发展与经济增长互动研究[J]. 安徽工业大学学报：社会科学版，2008（2）：51-56.

[142] 蒋满霖. 安徽省金融发展与经济增长的因果方向性实证研究[J]. 区域金融研究，2009（8）：34-40.

[143] 蒋满霖. 新农村建设中农村金融生态质量的实证分析[J]. 华中农业大学学报：社会科学版，2010（1）：101-109.